本书出版得到广州创钰投资管理有限公司和中央统战部国务院侨办侨务理论研究武汉基地资助，在此一并致谢！

华侨华人家国情怀与文化认同研究

主编◎李其荣
副主编◎彭慧 詹娜 陈铁

图书在版编目（CIP）数据

华侨华人家国情怀与文化认同研究／李其荣主编．—北京：中国社会科学出版社，2021.5

ISBN 978－7－5203－8006－5

Ⅰ.①华… Ⅱ.①李… Ⅲ.①华侨—研究—世界②华人—研究—世界 Ⅳ.①D634.3

中国版本图书馆 CIP 数据核字（2021）第 064123 号

出 版 人 赵剑英
责任编辑 张 林
责任校对 杨 林
责任印制 戴 宽

出 版 中国社会科学出版社
社 址 北京鼓楼西大街甲 158 号
邮 编 100720
网 址 http://www.csspw.cn
发 行 部 010－84083685
门 市 部 010－84029450
经 销 新华书店及其他书店

印刷装订 三河弘翰印务有限公司
版 次 2021 年 5 月第 1 版
印 次 2021 年 5 月第 1 次印刷

开 本 710×1000 1/16
印 张 24.5
字 数 401 千字
定 价 138.00 元

第四届国际移民与海外华人丽水论坛
新中国成立70周年
与华侨华人的家国情怀国际学术会议
International Academic Conference on the 70th anniversary of the Founding of the People's Republic of China and the Feelings of Home and Country of Overseas Chinese
指导单位：浙江省政协港澳台侨和外事委员会　浙江省归国华侨联合会
主办单位：丽水学院　丽水市归国华侨联合会　华中师范大学国务院侨办侨务理论研究武汉基地
协办单位：广州创钰投资管理有限公司　马来西亚道理书院　丽水学院商学院
承办单位：丽水学院华侨学院
中国·丽水
2019年12月20—23日

第四届国际移民与海外华人丽水论坛
FOURTH INTERNATIONAL AND OVERSEAS CHINESE LISHUI FORUM
中国·浙江·丽水 2019.12.21

目　录

第四编　华人社团与华文教育研究

第五编　华侨华人与中外文化交流研究

第六编　华侨华人参政与治理能力现代化研究

第七编　双向移民与社会治理研究（上）

第八编　双向移民与社会治理研究（下）

前　言

“第四届国际移民与海外华人丽水论坛”国际学术研讨会综述

2019 年 12 月 21—23 日，新中国成立 70 周年与华侨华人的家国情怀国际学术会议在浙江丽水召开。此次会议在浙江省政协港澳台侨和外事委员会、浙江省侨联的指导下，由丽水学院、丽水市归国华侨联合会、华中师范大学国务院侨办侨务理论研究武汉基地主办。来自马来西亚、印度、韩国以及中国的 100 余名专家学者和华侨代表出席了会议。中国侨联副主席、浙江省政协副主席吴晶，福建省社会科学院副院长李鸿阶，丽水市政协副主席朱山华，丽水学院校党委书记廖思红分别在开幕式上致辞，丽水学院华侨学院院长李其荣教授主持开幕式。

福建省社会科学院副院长李鸿阶研究员，韩国国民大学、中国人文社会研究所金珠雅教授，浙江越秀外国语学院西班牙语系主任张一江副教授做了主旨报告。李鸿阶探讨了华侨华人对构建人类命运共同体的重要作用，认为华侨华人是中国和世界联系的桥梁和纽带；金珠雅研究新加坡和马来西亚华人的多元文化接受性，提出新加坡多元文化教育促进了国家的团结，马来西亚华人以独立而融合的面貌成为该国的一员；张一江探讨了浙江—拉美经济的互补与合作，认为两地双向移民使双方需要增进彼此的合作。

研讨会设八个专题，主要围绕四方面内容进行了深度探讨：一是华侨华人对构建人类命运共同体与“一带一路”建设的作用研究。这是本次会议的重点。与会学者就华侨华人作为人类命运共同体的重要载体、加强人文交流、增加社会融入、确立利益共同体、互利共赢，以及华侨华人、华商、华社对“一带一路”建设的重要作用、文化传播等议题进行了广泛交流。二是中外文化交流与文化认同研究。大家探讨了马来西亚、新加坡、泰国、日本、印度、西班牙、意大利、美国、加拿大等国中外文化的交流、华侨华人的文化接受度、双重文化认同、中华民族共同体意识的建构，以及华人参政议政的努力等，特别是对马来西亚、美国华文教育发展的研究更体现了华侨华人对母国的深厚情感。三是对侨乡、侨商、华人社团的研究。包括侨乡社会变迁、侨刊的传播作用、侨资企业的发展、华商大会、中国旅美科技协会的影响、宗教信仰与企业家精神、侨批中的家国情怀等方面内容。四是移民与社会治理。这是本次会议集中探讨的领域，学者们不仅分析了国内外的移民政策，还就中国的国际移民治理进行了热烈讨论。

丽水华侨学院执行院长陈铁主持闭幕式。华中师范大学詹娜副教授对本次会议作了总结，她认为会议呈现出三个特点：一是从“走出去”到“站起来”的研究，当今华侨华人在居住国发挥着越来越重要的作用，因此，研究更突出对其参政和治理能力的探讨；二是从“融合”到“传承”的研究，随着中国实力增强，华侨华人对母国的认同感越来越高，由此对双重文化认同、传播中国文化的研究越来越多；三是从“离乡”到“回归”的研究，在新中国成立70周年之际，祖（籍）国的强大吸引着越来越多的华侨华人回国（来华）发展，激起学者对侨商、侨乡等议题的广泛探讨，也开拓了我国对外来移民治理的研究。

第一编

华侨华人与构建人类命运共同体研究

华侨华人与构建人类命运共同体研究

李鸿阶　童　莹*

2013 年 3 月，习近平主席在莫斯科国际关系学院的演讲中，首次提出了人类命运共同体概念。此后，习近平主席在主场外交和各种重要的多双边舞台，都积极宣介构建人类命运共同体的重要性。2017 年 1 月，习近平主席在联合国日内瓦总部的演讲中，全面系统地阐述构建人类命运共同体的基本内涵，提出了建设“持久和平、普遍安全、共同繁荣、开放包容、清洁美丽的世界”新主张。① 党的十九大报告把“坚持和平发展道路，推动构建人类命运共同体”列为重要的执政方略之一。构建人类命运共同体是完善全球治理体系、促进世界繁荣发展的“中国方案”，海外华侨华人作为中国与世界沟通的“纽带桥梁”，是人类命运共同体身体力行的参与者，实实在在的受益者。构建人类命运共同体，与海外华侨华人具有密切的内在逻辑联系。

一　广大海外侨胞是构建人类命运共同体的重要载体

2010 年 7 月 25 日，习近平在出席海外华裔及港澳台地区青少年“中

* 李鸿阶，福建社会科学院副院长、研究员，中国华侨历史学会副会长；童莹，福建社会科学院华侨华人研究所助理研究员。

① 习近平：《共同构建人类命运共同体——在联合国日内瓦总部的演讲》，《人民日报》2017 年 1 月 20 日。

国寻根之旅”夏令营开营仪式上发表重要讲话指出：团结统一的中华民族是海内外中华儿女共同的“根”，博大精深的中华文化是海内外中华儿女共同的“魂”，实现中华民族伟大复兴是海内外中华儿女共同的“梦”。[①] 2014 年 6 月 6 日，习近平主席在会见第七届世界华侨华人社团联谊大会代表时，深入阐述了“根、魂、梦”的关系。2019 年 5 月 28 日，习近平主席再次强调“广大海外侨胞是推动住在国同中国各领域交流合作的‘桥梁’，更是共筑中国梦的重要力量”[②]。

“根、魂、梦”有利于凝聚侨心侨力，并从族群渊源、文化认同上将广大侨胞与构筑“中国梦”有机联系起来，明确了广大侨胞在构建人类命运共同体的重要作用。“中国梦”强调中华民族血脉相连的家国情怀，这就决定了中华儿女无论在哪里生存，都与团结统一的伟大祖国有着客观的现实关联。[③] 在我国近代史上，历经战乱频繁、山海破碎、内忧外患的悲辛时期，彼时的海外华侨华人以“卖猪仔”的契约华工方式，被贩卖到东南亚种植园辛苦劳作，甚至为此付出了惨重的生命代价，却迟迟得不到公平待遇。住在国的排华浪潮此起彼伏，给海外华侨华人带来了深重苦难。进入 21 世纪后，随着中国和平崛起，与东南亚国家关系改善，当地华人族群认同和文化认同的信心增强。日本京东大学东南亚研究所教授施蕴玲（Caroline Hau）认为，2000 年以后，东南亚华人群体过去曾被贬低、被压抑的华人性（Chineseness）复兴，华人在当地社会的接受程度更高，能够公开而活跃地体现自己的族群认同。[④] 可见，强大的祖籍国是海外华人文化自信的坚实保障，无论是广大归侨还是海外华侨华人，都与祖籍国人民福祸相依、荣辱与共，凝聚成了牢不可破的“华人文化共同体”。

杜维明先生阐述了建构“华人文化共同体”的重要意义，认为“文

---

① 陈键兴：《2010 年海外华裔及港澳台地区青少年中国寻根之旅夏令营开营，习近平出席并讲话》，《人民日报》2010 年 7 月 26 日。

② 李昌禹：《习近平会见第九届世界华侨华人社团联谊大会和中华海外联谊会五届一次理事大会代表》，《人民日报》2019 年 5 月 29 日。

③ 刘进：《习近平“根、魂、梦”论述与“中国梦”思想的内在联系》，《五邑大学学报》2015 年第 1 期，第 12 页。

④ Caroline Hau，Becoming “Chinese” in Southeast Asia，in Peter J. Katzentein（ed.），*Sinicization and the Rise of China*，London and New York：Routledge，2012，pp. 175 – 206.

化中国”涵盖三个意义世界。第一个意义世界包括中国大陆、中国港澳台地区和新加坡；第二个意义世界由散居于世界各地的海外华人组成；第三个意义世界包括从事中国研究以及关切中国文化的国际友人群体。[①]“文化中国”超越了区域、国界和种族界限，塑造了中华文明的源远流长、不断发展，既是中华文化融入世界、交流对话的显著标志，也是世界文明互学互鉴、和谐共生的重要成果。在“文化中国”的牵引下，海外华侨华人的流动与迁徙，对中华文化传播起到了推波助澜的作用。数千年来，以古代丝绸之路为载体，中国与世界各国人民频繁往来，促进了多元文化的交流碰撞，在丝绸之路沿线国家和地区人民的日常生活中，都或多或少地融入了“中国元素”。可以说，“文化中国”在华侨华人的跨国流动和交流交往中，不仅塑造了跨区域共同体的文化表达，而且起到了重要的“媒介”和“纽带桥梁”作用。

陈志明教授释义的“华人民族学文化圈”理论，认为世界各地的华人虽然受到地方化和文化变迁的影响而具有多样性，但仍然共享着华人文化的某些相似特征。华人社群的信仰、饮食文化、认同心理、跨国社会组织和本土化过程，都构成这个跨区域圈层结构中华人文化特性的主要表达方式。[②]海外华侨华人经历了从落叶归根到落地生根的转变，在住在国完成了不同程度的本土化进程。这些分属于不同国家和区域的华侨华人，因其发展脉络、环境变迁和文化涵化的差异，形成了诸多相对独立的华人圈。由故土延伸的血缘、地缘和信仰为基础而形成的多重网络关系，将世界各地的华人圈连接成了一体。其中，对故土眷恋及对中华文化的认同，在多元、多层次的华人圈层结构中具有宏观整合作用；作为整体的“华人民族学文化圈”，构成了人类命运共同体的重要一环。

海外华侨华人是“华人命运共同体”的实践主体，与住在国人民同呼吸、共命运，共同推动着人类文明进步和社会发展。海外华侨华人与住在国人民同享生态和经济资源，面临着共同的社会风险和治理危机。

---

① 《杜维明文集》第5卷，武汉出版社2002年版，第409—410页。

② 陈志明：《迁徙、家乡与认同——文化比较视野下的海外华人研究》，段颖、巫达译，商务印书馆2012年版，第13—16页。

倘若住在国发生重大的社会动乱，生活于此的海外华侨华人同样无法置身事外。经过数百年来的族群互动发展，海外华侨华人与住在国人民早已结成了休戚与共的命运共同体。从这个意义说，海外华侨华人不仅是中国与世界沟通的重要“桥梁”，而且是构建人类命运共同体的连接纽带。在人类命运共同体架构下，全球中华儿女齐心协力共筑“华人民族学文化圈”，并作为“纽带”“桥梁”与住在国人民一起，共同缔造人类命运共同体，为世界各国发展提供新机遇，为人类进步做出新贡献。

二 人文交流合作是构建人类命运共同体的内在要求

习近平主席指出：每一种文明都是美的结晶，都彰显着创造之美。交流互鉴是文明发展的本质要求，有利于构建人类命运共同体。[①] 2013 年以来，习近平主席在出访活动的重要讲话中，都提到人文交流合作的重要性。2017 年 1 月 18 日，习近平主席在联合国日内瓦总部的演讲中提出：要坚持交流互鉴，建设一个开放包容的世界；人类文明多样性是世界的基本特征，也是人类进步的源泉；文明差异不应该成为世界冲突的根源，而应该成为人类文明进步的动力。[②] 同年 5 月在北京召开的第一届“一带一路国际合作高峰论坛”上，世界各国就探讨多层次、宽领域的人文合作，营造多元互动、百花齐放的人文交流局面达成了共识，致力于积极推动“经济合作同人文交流双轨并进”。

人文交流合作是习近平主席对广大华侨华人的充分肯定和殷切期待。2013 年 10 月 4 日，习近平主席在吉隆坡出席马来西亚各界华侨华人欢迎午宴致辞中指出：马来西亚华侨华人是中马友谊和合作的亲历者、见证者、推动者；你们到中国投资兴业，捐资助学，推动两国文化交流，为中马关系发展牵线搭桥，充分肯定了华人华侨在中外人文交流领域的促

---

① 习近平：《深化文明交流互鉴，共建亚洲命运共同体——在亚洲文明对话大会开幕式上的主旨演讲》，《人民日报》2019 年 5 月 16 日。

② 习近平：《共同构建人类命运共同体——在联合国日内瓦总部的演讲》，《人民日报》2017 年 1 月 20 日。

进作用。[①] 同年9月25日，习近平主席在致第十二届世界华商大会的贺信中，希望广大华商“在推动中国人民同世界各国人民的交流合作，做出新的更大的贡献”[②]。2014年6月6日，习近平主席在会见第七届世界华侨华人社团联谊大会代表时，殷切希望华侨华人“继续弘扬中华文化，不仅自己要从中汲取精神力量，而且要积极推动中外文明交流互鉴，讲述好中国故事、传播好中国声音，促进中外民众相互了解和理解，为实现中国梦营造良好环境”[③]。

文明因交流而丰富多彩，不同文明要互学互鉴。海外华侨华人是传播中华文明的重要使者。千百年来，海外华侨华人“居”“游”在故乡与他乡之间，自觉不自觉地把优秀的中华文化、先进的科学技术和普世价值观传播到世界各地，不仅将海外生活的一方水土视为家乡的延伸，而且深受迁入地的文化习俗影响，“落地生根”于当地社会，由此构建了本土化华人社会，实现了推陈出新、弘扬广大，让中华文明代代薪火相传。这种多元的华人文化本身，是不同文明合作交流、兼容并蓄和融合发展的结果。随着现代民族国家建立，民族运动崛起，跨国人口交流受到了“民族”“国家”等政治边界阻碍。与此相伴而生的，移民在移入地遭遇了诸如主权当局的排斥性政策，或民族主义情绪引发的排外心理。[④] 民族主义、霸权主义、地方保护主义和恐怖主义，日益成为人类不同文明交流的破坏者。举凡近代以来，屡次发生的族群冲突、区域战争甚至于两次世界大战，其背后交织着不同文化和意识形态的碰撞。“冷战”结束后，西方国家建构的“文明冲突”“历史终结”等话语体系，是以发达国家中心视角来看待世界的多样性，目的是继续强化“中心”与“边缘”世界体系，保持发达国家意识形态的优越性。共建“一带一路”倡议秉持共商共建共享原则，遵守国际普遍接受的规则标准，尊重各国人民自

---

① 杜尚泽、暨佩娟：《习近平出席马来西亚各界华侨华人欢迎午宴——希望华侨华人为促进中马友好合作再立新功》，《人民日报》2013年10月5日。

② 习近平：《习近平致第十二届世界华商大会的贺信》，《人民日报》2013年9月26日。

③ 刘维涛、王尧：《习近平会见第七届世界华侨华人社团联谊大会代表》，《人民日报》2014年6月7日。

④ 李明欢：《国际移民与人类命运共同体构建：以华侨华人为视角的思考》，《华侨华人历史研究》2018年第1期。

主选择发展道路的权利，致力于加强国际发展合作，占据着国际道义制高点，就是对上述论断的有力反驳，具有强大的生命力。

构建人类命运共同体是引领世界和平发展的“中国方案”，旨在促进多元文化共生共存，创造“和而不同”、互利多赢的全球化社会，让全球治理、繁荣发展的成果更好地惠及全体人民。“和而不同”源于中国先秦思想的文化精神，蕴含着“天人合一”的宇宙观和“中和位育”的心态秩序。早在2000年，费孝通先生就提出创造“和而不同”的全球社会，与构建人类命运共同体理念不谋而合。费孝通先生强调在全球化时代，不同民族和不同文化的和谐共生，需要加强不同文明之间的对话，特别是“中心”与“边缘”的对话。① 和谐共生首先要尊重世界文化的多元性和平等性，涵养不同民族的文化自觉和文化自信，以求“各美其美”；其次要加强不同文明间的交流对话，促进相互理解，消除心理隔阂，增强文化互信，做到“美人之美”。习近平主席在联合国教科文组织的演讲中指出：一花独放不是春，百花齐放春满园，只有做到“美美与共”，才能真正创造“和而不同”的全球社会。

建设“和而不同”的全球社会，需要各国达成公共外交政策共识，这种共识最终要落实到民间的交流交往中。海外华侨华人是世界各国人民认识中国的重要“窗口”，也是中国融入世界的重要载体，引领全球化发展的重要“桥梁”。中国倡导的“协和万邦”国际观，在海外华侨华人跨国流动的生动实践中得到了体现，海外华侨华人成为推进不同文化、不同区域和社会文化交流交往的必不可少力量。当前，与中国经济领域的发展相比，中华文化和中华价值观的传播显然仍不尽如人意。② 因此，如何利用海外华侨华人的“窗口”“桥梁”作用，加深对住在国文化习俗的了解，用当地人听得懂的语言方式讲好“中国故事”，传播好“中国声音”，促进人文交流交往是未来我国侨务工作的努力方向。

---

① 麻国庆：《费孝通先生的第三篇文章：全球化与地方社会》，《开放时代》2005年第4期，第21页。

② 李明欢：《探索“中国方案”的“侨务篇”》，《五邑大学学报》2017年第3期，第2页。

三 民心相通是构建人类命运共同体的有效途径

人类命运共同体理念饱含了对和平发展、繁荣富强、美好生活的渴望。然而，这一远大理想的实现并非一蹴而就，需要全世界人民的共同努力和长期奋斗。共建“一带一路”五年多来，尽管政策沟通不断深化，设施联通日益加强，贸易畅通持续提升，资金融通快速扩大，民心相通日益密切，人类命运共同体作为全球共识写入了联合国文件，但国际治理等问题仍然存在，局部战争硝烟尚未消散，恐怖主义威胁远未遏止，国家利益冲突依旧突出，贸易摩擦时常上演，这些困扰人类发展、和平幸福的阻力，在短期内仍无法消除。因此，应将构建人类命运共同体看成长远的社会过程，只有经过不同时空的人们长期的、共同的社会实践才能达成。在这个过程中，民心相通是重要的社会基础，而文明互鉴、人文交流是实现民心相通的条件。①

“国之交在于民相亲，民相亲在于心相通”，世界和平进步植根于民众。习近平主席多次提到了民心相通对构建人类命运共同体的重要性。2013 年 10 月 24 日，习近平主席在周边外交工作座谈会上强调指出：要着力加强对周边国家的宣传工作、公共外交、民间外交、人文交流，巩固和扩大我国同周边国家长远发展的社会和民意基础。② 关系亲不亲，关键在民心。海外华侨华人分布广泛，已融入当地社会，与各族人民保持着直接、密切的往来，担负着推动中外民心相通的历史使命。2015 年 9 月 23 日，习近平主席在美国西雅图出席侨界举行的欢迎招待会上指出，华侨华人要“积极主动宣介中华文化，讲好中国故事”，“促进两国人民友谊，夯实中美关系民意基础”③。

---

① 张国雄：《人类命运共同体视野下的“侨”研究》，《华侨华人历史研究》2018 年第 1 期，第 11 页。

② 钱彤：《习近平在周边外交工作座谈会上发表重要讲话强调：为我国发展争取良好周边环境》，《人民日报》2013 年 10 月 26 日。

③ 习近平：《习近平在西雅图出席侨界举行的欢迎招待会时的讲话》，《人民日报》2015 年 9 月 25 日。

改革开放40年来，中国经济实现高速发展，已成为世界第二大经济体。随着综合实力增强，中国坚持奉行互利共赢的开放战略，积极参与全球治理，日益走近世界舞台的中央。但受意识形态因素等影响，中国的和平崛起引起了西方世界的不安，“中国威胁论”“中国渗透论”一度甚嚣尘上。有人会说：这与少数中资企业在海外投资过程中，没有理解好地方文化，照顾好当地人利益有关，导致一些国家对中国产生“强国必霸”的疑虑，由此说明了民心相通的重要性，推广“和而不同”中华文化的前瞻性，讲好“中国故事”的紧迫性。

华侨华人是外国人眼里“中国形象”的直观表达，他们的一言一行都牵动着民心相通工程。海外华侨华人虽然是中国民间外交的“天然桥梁”，但不等于说所有的海外华侨华人都有发挥“桥梁”作用的强烈意愿。要充分认识和尊重海外华侨华人在政治、社会和文化上的差异性，他们可以是“中国梦”理念的接受者，也可以不是政治领域的主要践行者。① 因此，如何调动海外华侨华人的积极性、主动性，充分发挥他们了解社会、融入当地的优势，消除心理隔阂，达成理解包容，拉近距离是新时期侨务工作的主要任务。

习近平主席构建人类命运共同体，促进民心相通理念，是我们做好新时期侨务工作的根本遵循。在与世界各族人民的交往过程中，要积极引导海外华侨华人“弘义融利”。习近平主席在论述“中国必须有自己特色的大国外交”时指出：在处理中外关系时，要“努力寻求同各方利益的汇合点，通过务实合作促进合作共赢”，“真正做到弘义融利”。② 在与住在国人民的交流交往中，海外华侨华人要树立正确的义利观，做到真诚相待，在不违背原则的情况下，兼顾当地民众的利益，在相互理解、支持和融合中实现共赢发展。要深化与其他族群人文交流，注意积累非华人关系网，彼此互尊互信，积极弘扬丝路精神，广泛凝聚共识，努力讲好世界人民愿意听的“中国故事”、传播好“中国声音”。

---

① 刘宏：《华侨华人与“中国梦”》，《公共外交季刊》2013年第2期，第15—16页。

② 习近平：《中国必须有自己特色的大国外交》，《习近平谈治国理政》第2卷，外文出版社2017年版，第444页。

四　华侨华人社会融入是构建人类命运共同体的客观需要

习近平主席的“根、魂、梦”等重要论述，是我们做好新时期侨务工作的根本遵循和行动指南。目前，习近平侨务思想重要论述中的社会融入问题，尚未引起学术界的广泛关注。其实，习近平主席在福建、浙江、上海等省市工作期间，就呼吁华侨华人要融入住在国社会。2003 年 2 月 27 日，时任浙江省委书记习近平在致美国福建公所成立十三周年的贺信中指出：祝侨胞们努力融入主流社会，为促进中美友好和中国和平统一大业，做出新的贡献。① 2011 年 6 月 17 日，时任国家副主席习近平在接见中国侨商投资企业协会第二届会员代表大会全体代表时，对海外侨胞提出了四点殷切希望之一，要“积极融入当地社会，增进中国与各国人民相互了解和友谊”②。2012 年 2 月 16 日，习近平在洛杉矶华侨华人举行的欢迎晚宴上，要求旅美侨胞“积极融入当地主流社会，尊重住在国法律，尊重当地社会和民族风俗”，“注重回馈当地社会”③。

华侨华人融入主流社会，与民心相通、构建人类命运共同体关系密切，属于全局性、前瞻性问题。海外华侨华人数量多、分布广，他们聚族而居（如部分国家的唐人街），与住在国本地族群具有一定的社会边界，在劳动力市场分割结构作用下，形成了以华侨华人移民为主的“族群飞地”（ethnic enclave）。目前，华侨华人族群的聚集现象已很普遍，但在部分国家还存在不同程度的制度性歧视，海外华侨华人尚未完全融入当地社会。究其原因，由于殖民时期遗留问题以及政治因素影响，造成华侨华人在当地社会流动的空间狭窄；而近代中国积贫积弱，华侨华人遭受欺凌和剥削，加之华人文化固有的隐忍、宽容和安守本分品质，长此以往造成了海外华侨华人更多关注自身的生存发展，较少地参与当

---

① 中国华侨华人历史研究所：《习近平论侨务》，2018 年，第 349 页。

② 刘维涛：《习近平会见中国侨商投资企业协会第二届会员代表大会全体代表》，《人民日报》2011 年 6 月 19 日。

③ 中国华侨华人历史研究所：《习近平论侨务》，2018 年，第 378 页。

地的政治和社会活动。改革开放以来，中国综合国力持续增强，加快共建“一带一路”，倡导多边主义，积极构建中国特色大国外交，努力营造发展机遇和增长空间，帮助发展中国家摆脱贫困，缩小发展差距，实现可持续发展，体现了大国气度、高度自信和责任担当，为人类对更好社会制度的探索提供“中国方案”，积极构筑人类命运共同体，实现和平发展、合作共赢。构筑人类命运共同体不仅需要宏观政策协调，积极发挥民间社会的“润物细无声”作用，而且要依赖海外华侨华人的有效传播，形成更加持久、更有感召力的社会氛围。

目前，西方发达国家掌握着全球话语体系，实现“中国方案”不可能一蹴而就。“中国方案”要被世界接受，必须坚持开放包容，丰富多边主义内涵和国际合作新理念，遵守国际普遍接受的规则标准，扩大各国利益交汇点，为治理世界和平赤字、发展赤字、治理赤字、信任赤字提供明确靶向，努力增进世界人民的福祉。“中国故事”需要有人讲，但要讲得生动，让人听得懂，真正传播好“中国声音”。如果华人社会网络长期与本地人相对隔离，所讲的“中国故事”只能自说自话。随着中国经济地位提高，国际角色转变，海外华侨华人应适时调整自己的定位，在安身立命的同时，努力打破相对固化的社会阶层结构，鼓励参与住在国的社会公共事务，积极融入当地社会。只有真正融入主流社会，树立良好的形象，掌握一定的话语权，海外华侨华人才能获得与当地人平等对话的权利，有效拓展发展空间。只有让更多的人听懂“中国故事”，才能了解“和而不同”的中国理念、“合作共赢”的中国诚意，主动讲好“中国故事”，积极传播“中国声音”。只有让更多的人愿意接纳“中国故事”，为“中国方案”发声，才能提升中国国际舞台的议程设置权、规则制定权和国际话语权，使人类命运共同体成为规范国际行为的重要准则、中国的“世界方案”。

海外华人与“一带一路”建设：论马来西亚华商与华社的角色

[马来西亚] 娄雅图　祝家丰*

一　前言

中国国家主席习近平于2013年9月向国际社会提出了建设“新丝绸之路经济带”，同年10月又提出“21世纪海上丝绸之路”的合作倡议，这两次倡议共同构成了“一带一路”的思想，旨在打造汇集亚欧的区域经济体，亚洲方面东南亚地区是其中最重要的一环。基于与中国源远流长的交往，在此倡议提出后，马来西亚政府和华商华社率先表态大力支持。

新中国成立70周年以来，中马双边关系不断加强深化，两国的政治经济、文化交流都往来密切，在整个过程中，拥有着一脉血缘与共同文化记忆的马来西亚华侨华商华社必定是“一带一路”的重要建设者。

二　“一带一路”政策简介

何为“一带一路”呢？“一带一路”的英文为The Belt and Road，缩写为B & R。其中，“The Belt”也就是“B”，是“丝绸之路经济带”的简称；而“Road”也就是“R”，则是“21世纪海上丝绸之路”的简称。

* 娄雅图，马来西亚马来亚大学中文系博士生；祝家丰，马来亚大学中文系副教授。

这两个提议分别是中国国家主席习近平于2013年9月7日在哈萨克斯坦纳扎尔巴耶夫大学作题为《弘扬人民友谊 共创美好未来》的演讲时，提出共同建设“丝绸之路经济带”和当年的10月3日在印度尼西亚国会发表题为《携手建设中国—东盟命运共同体》的演讲，提出共同建设“21世纪海上丝绸之路”。“一带一路”的定位，首先是全球的公共产品，其次是共赢的国际合作平台。越来越多国家在了解了“一带一路”政策后，反响热烈。可以说，目前的“中国方案”便是共同建设“一带一路”，拓展全球开放合作、改善各国经济治理体系、促进各国共同繁荣发展、推动构建各国人民的人类命运共同体。[①]“一带一路”的核心概念是“和平合作、开放包容、互学互鉴、互利共赢的丝路精神。这是人类文明的宝贵遗产”[②]。

共同建设“一带一路”倡议的建设目标是，“面对新时代的挑战与机遇，中国愿同各国合作伙伴共建‘一带一路’，通过这个合作平台，增添共同发展新动力，把‘一带一路’建设成为和平之路、繁荣之路、开放之路、绿色之路、创新之路、文明之路”。共同建设“一带一路”美好倡议的核心要义可以概括为共商、共建、共享原则，在“一带一路”建设的框架内，各国携手应对挑战，共同开创机遇，共同谋求发展新动力、新空间，实现优势互补、互利共赢，不断朝着人类命运共同体方向迈进。

三 马来西亚及当地华商华社与“一带一路”

马来西亚，地处两洋（太平洋与印度洋）间，全境被中国南海分成马来西亚半岛和沙巴砂拉越半岛，与新加坡及泰国为邻，优越的地理位置，成就了它在沟通亚欧经济贸易中，稳居至关重要的地位，并且与东南亚大陆之间留下了丰富的沟通和贸易历史。这些贸易关系也促进了更广泛的思想、文化和语言交流。考古学家证明，至少从公元前200年开始，中国商人一直向南航行至马六甲海峡，并与来自印度次大陆各地的

---

① 习近平：《推进“一带一路”建设工作5周年座谈会》，2018年8月27日。

② 习近平：《“一带一路”国际合作高峰论坛上的演讲》，《携手推进“一带一路”建设》，2017年5月14日。

商人会面和交易。供给点和交易中心沿着这些贸易路线在沿海地区出现，随着时间的推移，贸易中心的出现促进了文化的广泛交流。

6 世纪和 7 世纪前后，马来半岛形成了一个细致的贸易体系。最早的遗址位于马来半岛的东海岸和西海岸，主要是集运中心，当地产品在被出售到其他地方之前被运送到这些集运中心。随着时间的推移，在东部和西部之间的海上丝绸之路上的大型贸易中心出现在半岛上，因为这些海上航线主导了全球贸易。这些地区主要位于马六甲海峡北侧入口的西海岸，它们成为全球贸易重要的通道。

对于大多数马来西亚人来说，马来西亚的一切源起马六甲。而马六甲最早与外国的关系，始于600 多年前的“中国郑和七下西洋”，七次中的五次，郑和都命令舰队驻扎在马六甲。据记载，在这 5 次中，两国不仅有了贸易和商业，郑和还带领部队保护马六甲免受暹罗和爪哇的入侵。马来西亚当地华人把这里称为“三宝山”。马来西亚的马来人，称这里为 Bukit-Cina，直接翻译过来就是“中国山”。郑和所带领的船队，将当时享誉世界的中国制造的瓷器、丝绸、茶叶等通过船队带到了古马六甲王国，促进了当时的马六甲繁荣的贸易，为马六甲乃至当时的马来西亚的经济发展做出了巨大贡献，塑造了马来西亚人民对中国的正面历史认知。随着“一带一路”倡议的提出，再次让马六甲乃至马来西亚感受到中国和平发展、互惠互利的诚意。

四　马来西亚华商华社参与的中马经济交流溯源

时间追溯到 20 世纪 50 年代，当时的英国殖民者，从中国沿海广东、福建等地，强行征召约 900 万名华工到马来亚，修建基础设施，开采橡胶业。而后，一部分人就地留居，经过一段时间的累积和经济活动的逐渐增多，华商和华社粗具规模。但是，由于资本有限及受到当时社会的政策限制，华商经济仅局限于中小型零售业。伴随着华侨华人经济实力的发展，急需的资本积累和不断高升的金融需求，促使华商摆脱单一的生产行业去涉足金融经济，就此终止了欧洲资本对马来西亚银行业的资本垄断，为以后的中马经贸发展，铺垫了丰富的物质基础。

华商领袖带领的第一个马来西亚国家贸易代表团于1956年访问中国，得到了中方热情的接待。随即举行了中国传统土特产商品商务座谈会。会议得到了双方各大商务代表的热烈欢迎，更是现场签订了大量贸易合同。经贸的大门就此打开，此后，中马经贸逐渐频繁，在华商及华社的媒介作用下，在广大华裔的推进下，中马贸易额迅速增长。“马来西亚国家统计局统计，中马双方的贸易额从1955年的2700万马币，仅用了三年，便上升至9700万马币，成交额成倍增长”①，这依靠于华商华社的牵线及积极地扩大经营。伴随着马来西亚新的经济政策开始实施，华商资本也逐渐融入大马社会，并具有一定的大型化、规模化等特点，也开始了粗具规模的跨国经营投资（见表1）。

表1　　2001—2013年中国与马来西亚双边贸易情况　　单位：亿美元

年份	出口额	进口额
2001	32.2	62.0
2002	49.7	93.0
2003	61.4	139.9
2004	80.9	181.7
2005	106.1	200.9
2006	135.4	235.7
2007	177.4	287.2
2008	214.6	321.0
2009	196.3	323.3
2010	238.0	504.3
2011	278.9	621.4
2012	365.3	583.0
2013	459.3	601.5

资料来源：Un Comtrade数据库（数据包含货物贸易和服务贸易总值）。

斗转星移，到了2010年元旦，中国—东盟自贸区全面建成，中马双边贸易加速飞驰，双边贸易额从2009年的519.63亿美元激增至742亿美

① 中国商务部数据统计。

元，增长率近50%。2013年，中马确立两国“全面战略伙伴关系”，并且在“一带一路”政策的大力支持下，双边货物贸易被注入了“新力量”，随之而来的便是双边货物贸易金额总数不断刷新历史新高。①

在全体华商华社的努力下，马来西亚成为中国在东盟的最大贸易伙伴国，而中国成为马来西亚的第一大进口来源地和继新加坡后的第二大出口市场。中国商务部统计，截至2018年，马来西亚与中国双边货物进出口额已经达到777.7亿美元，增速迅猛。基于中马深厚的关系基础，以及马来西亚政府及执政联盟希望联盟均表示继续大力支持，并积极参与“一带一路”建设的决心，中马双边贸易合作必将有着美好的发展前景，必将得到持续和高速的发展。②

中马双边投资合作概况。马来西亚对华投资始于1984年，主要投资行业为橡胶、食品等小型加工工业，且主要投资地点集中于沿海等地，如广东、福建等。20世纪90年代初期，中国开始了全面对外开放，华商抓住了机遇，积极参与到对华投资浪潮中，随着投资额加倍增长，涌现了一批著名的华商，如丰隆集团、郭氏兄弟集团以及金狮集团等。而时任马来西亚总理的马哈蒂尔，也鼓励马来西亚本地的马来商人积极同华商进行合作。1993年，马哈蒂尔带领由商人组成的近300人的代表团访问中国，这在一定程度上促进了中马贸易的往来。正是由于强大的政策支持，1996年投资金额创历史新高，投资领域更是从最初的单一领域扩展到能源、交通、金融等领域，投资的地区也开始向全方位化发展，从开始的沿海部分地区，逐渐向内地扩展。

马来西亚交通部部长陆兆福表示，中国历经40年的改革开放，已经在世界经济领域取得了令人瞩目的成就，亦鼓舞了亚洲、非洲、拉丁美洲等发展中国家的人民。他指出，马来西亚新政府十分重视马中两国的贸易关系及科技交流，尤其希望在马的中资企业能通过技术转移，协助马来西亚培训熟练的技工。他强调，马来西亚新政府将继续加强与中国的双边关系，促进马中双方的经贸合作，以创造更多商机。另外，他也在新亚洲国际论坛的开幕典礼上，对中方投资表示欢迎，且冀望马中两

① 中国商务部数据统计。

② 中国商务部及马来西亚数据统计局数据统计。

国的政府与企业机构，能善用双方的资源与发展优势，以更开放及透明的方式互通有无、互利互惠。

目前，马来西亚已在多项交通基建和贸易项目与中方达成共识，如中国中车在霹雳州华都牙也的列车制造中心（CRRC Rolling Stock Centre inBatuGajah）、金马士—新山（Gemas-Johor Bahru）的双轨铁路工程、马中关丹产业（MCKIP）、数码自贸区（DFTZ）等。

最突出的表现是，中国和马来西亚两国开启了共建双边产业园区的新规划，这也预示着两国开始了区域经济合作新模式的探索。2012 年，两国更是决定在马来西亚关丹市合作建设马中产业园区，此举开创了“两国双园”的园区国际合作新模式。中马两国共建双边产业园区，完全符合中马两国的根本利益。在“一带一路”倡议得到越来越多国家积极响应的大环境下，中马“两国双园”成为助力“一带一路”倡议和经贸合作的项目标志。中马钦州产业园区不断加强体制机制创新，以建设具有自由贸易功能的中国第四代开发园区为目标，探索以资本为导向的园区开发模式，积极落实“两国双园”联合合作理事会议定事项，不断加强“两园”互动，各项开发建设取得了显著成效。经过六年左右的开发建设，“两国双园”基础设施配套体系基本形成，产业合作加快推进，部分重点项目相继投产，合作机制日益完善，为中国先进产能“走出去”和马来西亚及东盟传统优势产业“走进来”搭建了良好平台，为中马全面战略伙伴关系的发展做出了积极贡献。①

自 2000 年以来，华商集团在保证原有投资金额的基础上，继续增加对华投资力度，达到 3.89 亿美元，增长近半数。2018 年中马双边贸易额达到 1086.3 亿美元，中国成功地连续十年成为马来西亚最大的贸易伙伴。② 马来西亚希盟领袖、拿督斯里安华于近期访华时表态，“在中美贸易战中，中国不会被美国所打垮，马来西亚作为中国的友好合作伙伴，愿意和中国通力合作”，安华也表示“马来西亚一直大力欢迎来自中国的投资，并希望与中国扩大合作范围，不仅限于基础设施建设，亦可增加人工智能、机器人学、技术转让等领域的全方位合作”。

---

① 《加快建设国际陆海贸易新通道》，《经济日报》2018 年 11 月 23 日。

② 根据中国商务部数据统计。

马来西亚财政部部长林冠英表示：“马中关系有着深厚的基础，马来西亚政府致力于继续发展与中国的关系，将继续支持和积极参与‘一带一路’的建设，努力推动双边经贸的合作往来。”近年来，马来西亚对华进口和出口都呈现强势增长，尤其在制造业领域增大外国直接投资的批准量，而中国又是主要外资来源地，这吸引大量侨资企业将马来西亚作为新兴投资的目标国家。

五 华商华社“从侨到桥”

“一带一路”政策以五通即“政策沟通、设施联通、贸易畅通、资金融通以及民心相通”，来推动并促进区域以及世界经济的合作与发展。其中“民心相通”是“一带一路”建设的社会根基，“一带一路”沿线国家可以通过旅游、文化学术交流等人与人之间的来往促进民心相通。只有民心相通了，“一带一路”的建设才能顺利推进。“一带一路”的建设首要便是民意，也就是受众基础，毕竟“一带一路”倡议的最终目的是使各参与国人民得益。有效的办法就是通过大量的民间往来，建立互信，去凝聚民间牢固可靠的支持。“四海之内皆兄弟”是一句简单易懂的儒家的话，但它有力地概括了“一带一路”建设的重要元素与基本精神。“一带一路”迄今已经约有70个国家参与，对这些参与国，不论大小、远近、贫富，中国都一视同仁，以四海之内皆兄弟的精神相待。中国在经济领域取得惊人的成就后，便积极地帮助较落后国家发展经济。许多发展中国家缺乏资金建设基础设施，而国际金融机构的货款条件苛刻，这些国家在求助无门后，转而向中国要求协助。中国对这些需要协助的国家没有拒人于千里之外，而是不吝地给予援手。

“一带一路”是一个基于但不限于古丝绸之路沿线国家的开放式的国际经济合作大平台，各国可以根据自身的资源储存及发展水平，以不同的形式参与这项倡议。古丝绸之路虽源于中国，却是沿线各国拥有不同文化的人民创造和发展起来的。“一带一路”的建设强调丝路精神，那就是：“和平合作、开放包容、互学互鉴、互利共赢。”如果以两个字来概括其含义，那就是丝绸之路精神的“包容”。“一带一路”参与国的政体、经济水平、文化信仰等都不同，但“一带一路”以开放包容的精神，互学互鉴，以和平合作的理念，创建互利共赢的结果。习近平主席利用古丝绸之路这一地理与历史概念，提出了以丝路精神为建设理念的“一带一路”倡议，构建“人类命运共同体”。

马来西亚华商华社具有以下四点优势：第一，华商经济实力快速增长，已成为马来西亚经济发展的一支重要力量。第二，华商华社聚集了各行业、各领域、各学科的专业型和高端型人才。第三，所谓“海洋本无路，处处都是路”，就看“航海家”有无开拓的魄力与勇气。在华商网络中，除了资本的流动，还有观念与信息的流动。华商网络之中的经济资源、人脉关系是不可忽略的，它具有强大的互通性与可能性，华商华社积极融入当地主流，与当地社会各界和政府相关部门都建立了良好的沟通与人际关系。第四，华商华社熟悉所在国政治、法律、文化环境，便于利用资源，有助于更清楚透彻地向所在国家的“一带一路”参与者，传递中国改革开放的实时信息，展示中国潜力和巨大的发展创新能力，拓展国际“朋友圈”和“财富圈”，吸引更多的双边投资和高级人才参与发展。

华商华社成员不是居住国的政治主流，在落实“一带一路”的建设中，海外华人能做好的，就是为中国与居住国筑路搭桥，促进民心相通。海外华人熟悉居住国的民风国情、政经环境，可以为“一带一路”的建设筑路搭桥，给中国企业提供正确可靠的资讯，减少或减低中国企业在“一带一路”沿线国家可能出现水土不服的现象。

华商华社成员可以做落实“一带一路”，民心相通的好帮手：推广宣扬“一带一路”，促进两国人民的互相沟通交流，避免使“一带一路”沿线国家的老百姓被西方媒体误导，使“一带一路”的建设更加顺畅。许多专家学者都认为，落实“一带一路”建设应该文化先行，海外华侨华人是传播中国软实力的代言人，是体现中国“一带一路”软实力的自然载体。以下简要通过五点概述华商华社的具体桥梁作用：

1. 民心相通，打好合作根基

在当前复杂的国际背景下，真正为跨区域合作、互利共赢起到作用的，还是“民心相通”，以推动“一带一路”沿线国家和地区之间的人文交流，挖掘共同价值观，求同存异，实现社会共同发展。华商华社关注较多的是经贸内容和文化内容，可见华商华社本身比较关注经济利益方面的内容和文化传播方面的事情。当然，“一带一路”侧重于经济建设方面，因此更多的关注点在经贸方面，但是文化传播决定了民心相通这个基础大事，故也备受关注。马来西亚中国总商会总会长陈友信提出：“世界上，无论哪个国家，在别国投资，需要保持一个重新学习的态度，积极融入当地国情及社会文化，这样才能确保双方持久合作。”

2. 协调政策沟通，为顺畅合作护航

目前，华商侨商已经融入“一带一路”沿线国家与地区的政经文教，建设“民心相通”首先可以让华商网络发挥他们的人脉作用，让他们引导这些“走出去”的企业关注当地的法规与文化，以及当地的社会责任，例如当地的文教工作、基础建设等，实现与当地人民和谐相处。一是华商华社借助论坛等，向一些中小型企业家，大马巫裔及印裔，宣传“一带一路”政策，以自身独特的语言及政策理解优势，让对方对此政策有深入了解，尽量消除其大部分疑虑，为马国企业采取开放的态度迎接中国投资者，多开展各种经贸活动，提供最重要的支持。二是消除各个商家的忧虑，由于中国经济的迅速崛起，当中资企业进入马来西亚后，当地中小型企业对自己是否遭受冲击非常担忧。中国崛起并提倡“‘一带一路’的经济策略和思维，使得大马许多企业倍感全球化经济的压力。华商华社可以给予中国投资者最直接的建议如：中资企业在大马投资时，可以把一部分工程分给当地人；也就是说，中资被成功引进后，要让当地中小型企业受惠，要坚持‘一带一路’政策所倡导的‘共商’（共同沟通）、‘共建’（共同建设，不独挑大梁）、‘共享’（资源和信息共享）、‘共赢’（共同创收）”①。

3. 提出宝贵意见，促进贸易畅通、金融流通

海外“一带一路”项目要落地的时候，必须接地气，兼顾到当地的国情、民情乃至商情，这是不争的事实，必须身体力行。一是要资源输出。例如，中资企业需把技术传授给当地人，让当地人真正掌握技术和使用技术，多创造就业岗位，多关注马来西亚当地人的切身利益，多给予当地人参与建设的机会，才能切实让马方解除后顾之忧，让中国企业

---

① 骆立、陈中和：《马来西亚华团对“一带一路”倡议的回应——以〈星洲日报〉为样本的分析》，《公共外交季刊》2019 年第 1 期。

备受大马人民的欢迎。实例便是，在马中资企业过去几年共为当地培训了近2万名员工，他们中间有的是工程师，有的是技术工人，有的是企业管理层。他们通过培训实现了更大的提升，拥有了更多人生机遇。而且这种培训不仅将继续下去，还将不断扩大，将有越来越多的马来西亚人享受到这一宝贵机遇。二是要提高中资企业营运管理能力。如马来西亚留华同学会会务顾问陈志成提出，“中资企业在对外投资时会遇到一些特殊情况，因此，中资企业急需提高自身营运管理能力”，以便突出自身在大马的竞争力及融入大马经济市场。三是要注意穆斯林市场的认证，这在马来西亚尤为重要。如东盟中国经济贸易发展促进会会长吴国强提出，“中国在清真认证上比较匮乏，而不具有清真认证的产品，比较难以开拓当地的穆斯林市场”。[①] 而穆斯林市场在大马经济中占有不可或缺的地位。

4. 设施联通，加强软硬件建设

硬件上，大马在电子商务方面需要加强改善。软件上，增强人才培养及相应的职业技能教育。缺乏高技术水平的人力，会在一定程度上影响投资方的投资决策和高精尖产业的投入。华商华社积极沟通，一是提出马来西亚政府牵头，出台相应政策，增强软硬件方面发展的支持。二是希望中国凭借丰富的建设经验，在推进“一带一路”政策的大力推动下，协助马来西亚共同提高软硬件建设。但是，目前马来西亚与“一带一路”沿线他国诸多的基础设施建设合作的项目中，基础设施建设缺口非常巨大。这既是挑战，又可以看作一个巨大的市场机遇。

5. “一带一路”政策的软实力推手

一个政策的软实力发展的形势、推展的形式不一定要坐而论道，重点要做的是如何把大道理化繁为简，将文化融合进生活中。在中国全力推进“一带一路”倡议之际，发挥软实力尤其显得重要。中国在发挥中华软实力方面有得天独厚的优势：中国作为享誉世界的历史文化古国，自不乏历史底蕴，软实力的元素比比皆是；中国人有着浓厚的爱国情怀，华侨华人有着浓厚的故土感情，自古已然，本属民族性格的亮点。因此，

---

① 骆立、陈中和：《马来西亚华团对“一带一路”倡议的回应——以〈星洲日报〉为样本的分析》，《公共外交季刊》2019年第1期。

华商华社更是现成的中华软实力推手。各个华商华社积极组织举办各种“寻根之旅”及夏令营，让参与者寻根问祖，开展交流活动，而中国方面中华全国归国华侨联合会，也多次举办“亲情中华”系列活动，四海一家亲，共圆中国梦。这促进了寻根溯源，民族自豪感及民族认同的建立；促进在马来西亚的中文教育书籍及刊物的出版发行；沟通中马双方的高等教育，为双方输送培养高级人才，这些人才势必更好地促进“一带一路”建设和两国的持续发展。

六 总结

中国经过 40 年的改革开放之后，GDP 激增了 816%。从 1978 年的 1495 亿美元，增长到 2019 年的 12.2 万亿美元。而过去的 10 年里，中国每年为世界贡献了 30% 的经济成长。中国在累积了足够的资源、科技成果和发展经验后，愿意与其他国家分享这些成果、经验与资源，促进世界各国的经济发展。因此，“一带一路”倡议是中国为世界提供的公共产品，是中国崛起作为大国后，为世界的繁荣与和平做出的担当。马来西亚是中国推进“一带一路”沿线国家战略海上丝绸之路的重要链接处，是中国海外华人最多的国家之一。华人是马来西亚总人口第二大的族群，约占总人口的 1/4 华人在马来西亚约占 23%。在马来西亚，华人多居住在经济发达的城市，多数华人从事经济贸易相关工作，并且马来西亚有着众多的华社，频繁的沟通和经贸往来及资本的积累，促使华人也就是华商华社在马来西亚的经济建设方面发挥着举足轻重的作用。2019 年美国《福布斯》公布的马来西亚“十强”富豪名单中，八席为华裔。马来西亚华裔在大马的经济地位，是几代人拼搏奋斗而来，是不断地开拓市场，励精图治，付出无数勤劳汗水和拼搏努力得来的，从一无所有到如今占据国家经济的重要一席，不仅背井离乡在陌生的土地生存下来，还取得了令人敬佩的成就。华人的成就离不开华商华社的重要贡献和团结一致的发展。

希望联盟政府，自执政以来多次公开表达对“一带一路”倡议的支持。马哈蒂尔总理盛赞，“一带一路”的倡议是惠国惠民的倡议，它连通东西方的经济，促进各个地区、各个国家，共同抓住机遇，共同发展。

两国政府多次重申，共同努力发挥“两国双园”联合协调理事会机制作用，为共同推进中马钦州产业园和马中“关丹产业园”建设提供各自优惠及支持政策。中马两国的紧密合作及交流，恰好也为马来西亚华人提供了良好的历史机遇，马来西亚华人在文化传统、教育体系、语言等诸多方面具有的优势是海外华人中屈指可数的，能够有效提升华人对马来西亚的文化贡献、政治贡献、经济贡献，这种积极作用是其他族群难以替代的。中国在世界事务中发挥积极作用并不断扩大影响力，提升了世界华人的自信心、自豪感 ，客观上也能够提高其他民族对华人的认同感和尊重，马来西亚华人也不例外。

在新中国成立 70 周年之际，回顾中马贸易合作的历史，回顾华商华社所代表的整个华人社会在马来西亚的拼搏奋斗，以及积极发挥作用架起中马合作的桥梁，伴随着中国“一路一带”建设的加速推进，中马合作必然迈上新的阶段。华商华社逐渐拓展在马来西亚的政治、经济、文化、教育、社会等领域的参与度和贡献度，这无疑将对中国“一带一路”建设的实施提供强有力的支持，无疑对马来西亚的国家经贸提供了强有力的促进，马来西亚人民会切实体会到经贸带来的经济条件及生活水平的提高，给自己带来福利。这些实实在在的成果和进步，让马来西亚政府和人民更加坚定地支持“一带一路”倡议，让更多马来西亚各界人士投入“一带一路”的合作大潮中。

华侨华人链接“一带一路”民心相通建设

刘芳彬*

“一带一路”建设是构建人类命运共同体的重要实践平台。它秉持共商共建共享的原则，旨在借用古代丝绸之路的历史符号，高举合作共赢、和平发展的旗帜，积极发展与沿线国家的经济合作伙伴关系，共同促进民心相通。“五通”之间相互联系、相互影响。其中，民心相通属于政治互信、经济融合、文化包容的利益共同体、命运共同体和责任共同体。当前，“一带一路”建设的主要内容是实现政策沟通、道路联通、贸易畅通、货币流通，是“一带一路”建设顺利实施的关键。

一　民心相通是“一带一路”建设的社会根基

自“一带一路”倡议提出以来，中国政府秉持“亲、诚、惠、容”的外交理念，以开放合作、互利共赢的精神，积极推进构建区域利益共同体，契合了丝路沿线国家发展的共同需求和愿望，得到沿线国家和国际社会的高度关注和认同。在各方共同努力下，共建“一带一路”合作取得丰硕成果。正如习近平总书记在第二届“一带一路”国际合作高峰论坛开幕式上讲道，共建“一带一路”是通向共同繁荣的机遇之路。五年多来，“政策沟通范围不断拓展，设施联通水平日益提升，经贸和投资

* 刘芳彬，中央社会主义学院副教授。

合作又上新台阶，资金融通能力持续增强，人文交流往来更加密切”。“共建‘一带一路’的朋友圈越来越大，好伙伴越来越多，合作质量越来越高，发展前景越来越好。”① 同时，由于各成员国在制度、政策、文化、信仰等方面的差异，一些国家政府和人民对中国提出的“一带一路”倡议的理念仍存在较多顾虑、误解及歧义。大量调研资料显示，当前国际社会对中国的认知和了解与现实的中国差距很大。比如，在东南亚的印度尼西亚、菲律宾、泰国、越南、柬埔寨等国，中国的影响力远不如预期。尽管随着“一带一路”的推进，我们在这一地区的经济投入很大，但是，我国协和万邦、睦邻友好的外交准则并未完全渗透于各国人民。相反，在欧美污名化中国的“渗透论”“霸权论”“锐实力论”等舆论宣传下，很多民众对“一带一路”建设抱有猜忌和恐惧的心态，严重影响了中华民族复兴所需要的和平的国际环境，影响了“一带一路”倡议和“构建人类命运共同体”理念在国际舞台上的人心认同。从根本上讲，告诉世界一个真实的中国、增进中外人文交流、推进中外民心相通，已是摆在决策层和学界面前的一个刻不容缓的重大课题。

“国之交在于民相亲，民相亲在于心相通”，“唯以心相交，方成其久远”。推进民心相通建设，需要深刻把握民心相通的深刻内涵及其与“一带一路”建设互动关系。其一，“民”在这里是个泛指，指的是各个层次的所有人，不仅包括“普通民众”，还包括各级政府官员、社会精英。“民心相通”是指中国与“一带一路”沿线各个国家和地区人民通过沟通相互了解、相互认知、相互信任，进而达到友好合作、共商共建共享未来“命运共同体”的共识境界。其二，民心相通是“一带一路”建设的重要内容之一，与政策沟通、设施联通、贸易畅通、资金融通并驾齐驱，构成“一带一路”建设的全方位、立体化工作格局。其中，民心是最大的政治，是最基础、最坚实、最持久的互联互通，是其他“四通”的重要基础。只有增进相关国家和地区的人民对“一带一路”理念的理解认知、塑造积极友好的社会共识氛围，促进中外民心相通，才能为“一带一路”建设顺利推进夯实民意基础，筑牢社会根基。可以说，民心相通

---

① 《习近平在第二届“一带一路”国际合作高峰论坛开幕式上的讲话》，新华网，2019 年 4 月 25 日。

建设既是目标也是手段，没有民心相通作努力方向，“一带一路”建设的目标体系就不够完善均衡；没有民心相通作基础保障，“一带一路”建设也很难行稳致远。习近平总书记强调，国家关系发展，说到底要靠人民心通意合。“要坚持经济合作和人文交流共同推进，注重在人文领域精耕细作，尊重各国人民文化历史、风俗习惯，加强同沿线国家人民的友好往来，为‘一带一路’建设打下广泛社会基础”，“要切实推进民心相通，弘扬丝路精神，推进文明交流互鉴，重视人文合作”。

二 华侨华人参与“一带一路”民心相通建设的独特优势

共建“一带一路”倡议源于中国，机会和成果属于世界。华侨华人居住在世界各地，与住在国民众同舟共济、友好相处，是中国连通世界的重要桥梁，是中国与世界发展的独特机遇。贯彻落实“一带一路”建设，参与“一带一路”民心相通工程，广大华侨华人具有丰厚的优势资源。

（一）“一带一路”沿线的华侨华人资源

我国是侨务资源大国，有6000多万海外侨胞分布在世界近200个国家和地区。[①] 其中，影响较大的各类华侨华人社团2.5万多家，华文学校近2万所，华文传媒包括报纸、电台、网站等1000余家，[②] 遍布各地的中餐馆、中医诊所、中国城、唐人街等几十万个。这是一支庞大的力量、一个宝贵的资源库，是沟通中外的重要平台和媒介，在传播中华文化、促进中外友好合作、文化交流互鉴中可以发挥不可替代的作用和影响。

“一带一路”沿线各国是海外华侨华人的聚集区，特别是东南亚是海外侨胞最集中、历史最悠久的地区，蕴藏着巨大的潜能。从人数规模看，

---

① 许又声：《国务院关于华侨权益保护工作情况的报告》，中国侨网，2018年4月26日，http://www.chinaqw.com/sqfg/2018/04-26/187402.shtml。

② 华媒：《“一带一路”建设华人优势独特担当多种角色》，中国新闻网，2019年7月22日，http://www.chinanews.com/hr/2019/07-22/8902694.shtml。

4000多万华侨华人生活在东南亚地区,[①] 国际人才众多，经世代繁衍，他们已经深深融入当地，成为当地人口的组成部分，与当地社会形成各种盘根错节的关系，具有广泛的人脉资源。从经济实力看，东南亚地区是传统的华商资本集中地，有着成熟的商业网络。据2016年的数据统计，全球华商企业资产总额约4万亿美元，其中，东南亚华商经济总量为1.1万亿美元至1.2万亿美元。[②] 东南亚证券交易市场上市企业中，华侨华人经济实力雄厚。香港《亚洲周刊》国际华商500强名单显示，新加坡和马来西亚各有64家和48家企业上榜，泰国上榜企业11家，菲律宾14家，印度尼西亚6家。[③] 泰国华侨华人在商业、金融、制糖、运输、纺织和农产品加工产业中具有重要地位。近年来，随着华商资本的不断积累，东南亚华商在经营上已经实现了规模化和多元化。在资本运营上，集团化和国家化的趋势在加强，成为当地经济的重要支柱，在当地影响巨大，是推进“一带一路”建设中民心相通的重要力量。

（二）华侨华人助力民心相通的独特优势

共建“一带一路”，推动区域合作发展、和平稳定，是包括华侨华人在内全人类孜孜以求的共同愿望和奋斗目标。长期以来，侨居各地的华侨华人尊重住在国的历史、文化及价值理念，与当地各族裔人民和平相处、共同生存和发展，建立了深厚的友谊，为中国与住在国关系发展、住在国经济社会发展、中国参与全球化发挥了积极作用，他们是推进中外民心相通可资倚重的独特力量，具有不可替代的独特优势。

其一，双重情感认同。海外侨胞都具有强烈的双重情感，他们既对中国感情深厚，同时也对居住国忠诚负责。华侨华人对中国和居住国的双重感情认同是促进中国与住在国民心相通的最可信赖的载体。他们从心底里希望中国与住在国友好相处，而自己则非常愿意充当祖籍国与住在国之间的牵线搭桥友好使者、释疑解惑，增进所在国与祖籍国的了解

① 裘援平:《海外侨胞是建设海上思路重要力量》，人民视频网，2014年9月18日，http://tv.people.com.cn/n/2014/0918/c387919-25683166.html。

② 谢俊、申明浩:《海外粤商研究》,《世界华商发展报告（2018）》，第167页。

③ 侨务工作研究:《论“一带一路”建设中侨务优势的发挥》，中国侨网，2016年10月26日，http://www.chinaqw.com/jjkj/2016/10-26/109632.shtml。

互信。历史上，很多华人精英在促进中外关系、中国同一些国家建立外交关系中发挥了重要作用。比如，中国与马来西亚的建交、中印（印度尼西亚）复交、中韩建交以及中新建交，马来西亚华人李引桐、印度尼西亚华人实业家唐裕等功不可没；20 世纪 70 年代中美握手言和，美籍华人陈香梅、杨振宁等从中穿针引线、发挥了不可替代的重要作用；近年来，中国与 120 多个国家的 300 多个城市建立关系，在缔结友好省市、友好城市、发展政府和民间的合作与交流方面，海外侨胞也都做了大量的工作。

其二，双重语言文化优势。华侨华人的跨国经历赋予他们独特的知识结构储备：既懂中国又懂住在国；既熟悉两个国家的语言文化、政治历史、风土人情，明晰两国政府和民众的思维方式和文化习惯，又了解中外文化、社会环境、法律制度等方面的差异，在推进中外文化交流合作、中外文明互鉴共通等方面，可以发挥不可替代的作用和影响。同时，长期的跨国生活和工作使海外华侨华人社会逐渐形成具有鲜明特色的“侨文化”，这一文化既传承中华优秀文化基因，又汲取住在国文明、文化营养，具有明显的跨文化、跨地域特点，使华侨华人能够自由游弋在两种文化之间，成为中华文化与其他文化交流、沟通的桥梁和使者。所以说，华侨华人所具有的双重文化浸润优势，可以准确把握中国文化与住在国文化的“异同点”和“共振点”，可以“采用外国人听得懂、易接受的话语体系和表达方式生动鲜活地”宣传和介绍中国，讲好“中国故事”，传播好“中国声音”，促进中华文明与当地文化的交流互鉴，促进“一带一路”民心相通。

其三，与当地社会的深度融合优势。海外侨胞分散在世界几乎所有国家和地区，在各地扎根发展，甚至几代人都绵延生活在当地，与当地社会深度融合。作为当地社会的重要组成部分，华侨华人为当地社会的建设与发展做出了积极贡献。随着华侨华人社会的内部演变和代际交替，新华侨华人、华裔新生代正在成为华侨华人社会新兴的中坚力量。华侨华人在世界各国人数渐长、融入日深、人脉广阔。他们在危机事件公关、消除误解、信息咨询以及促进中国与各国人民的友好和信任中，可以发挥不可替代的“人脉中介”作用。

其四，跨国流动优势。当前，各国联系交流的不断增强仍然是世界主流，世界人口的跨国流动日趋频繁。华侨华人利用全球化时代的高度流动性和便于联系性，搭建起跨越地理、文化、政治边界的华侨华人网络。他们或往来于住在国与中国之间、或游走于世界各国，促使各国人民在交流中超越隔阂、在互鉴中超越冲突，为中外民心相通可以发挥桥梁和纽带作用。

三 凝聚侨心侨力共建“一带一路”民心相通工程的路径选择

华侨华人是中国大发展的独特机遇，是“一带一路”民心相通建设可资倚重的可靠力量。2015 年 3 月，国家发改委、外交部、商务部联合发布的“推动共建丝绸之路经济带和 21 世纪海上丝绸之路的愿景和行动”实施方案提出，“发挥海外侨胞以及香港、澳门特别行政区独特优势作用，积极参与和助力‘一带一路’建设”。[①] 积极挖掘海外侨胞所蕴藏的能量服务于国家发展，是实现中华民族伟大复兴和构建人类命运共同体战略目标的内在要求。

（一）华侨华人参与“一带一路”民心相通建设面临的挑战

1. 广大海外侨胞的政治认同、对祖（籍）国的心理认同程度以及生活环境差异性大

在“单一制”国籍政策下，海外侨胞分为“华侨”和“华人”两大类。华侨是指定居国外的中国公民，华人主要指已加入外国国籍的原中国公民及其外国籍后裔。由于华侨与外籍华人国籍身份的不同，导致两者政治认同、政治效忠对象不同，在国内外政治上、法律上的权利与义务不同。据侨务部门统计，海外侨胞 6200 万人，其中华侨 600 多万人，占海外侨胞总人数不足 10%；外籍华人 5000 多万人，[②] 占海外侨胞总人

① 《授权发布：推动共建丝绸之路经济带和 21 世纪海上丝绸之路的愿景与行动》，新华网，2015 年 3 月 28 日，http：//www. xinhuanet. com//world/2015 –03/28/c_ 1114793986. htm。

② 许又声：《国务院关于华侨权益保护工作情况的报告》，中国侨网，2018 年 4 月 26 日，http：//www. chinaqw. com/sqfg/2018/04 –26/187402. shtml。

数92.3%。这就意味着海外华社的主体是"外籍华人"，意味着绝大部分海外侨胞的生活方式、生活态度已经由旅居转为定居、由落叶归根转为落地生根，深度融入当地社会，认同当地社会的社会制度、文化价值。海外华社完成了由华侨社会向华人社会的转变。正如新加坡前内政部长黄根成指出："东南亚的华人已经不再是一群旅居者。他们没有意愿重新回返中国。他们已经选择在东南亚各地安家落户，养儿育女。他们的前途和他们居留国的前途是息息相关的。"① 严格区分华侨华人的国籍界限是我国侨务工作的重要原则之一。

2. 国家间关系、住在国政策和舆论会影响华侨华人的参与

华侨华人处于中国、住在国、国际社会的三维空间，国际局势的变化、华侨华人住在国与中国之间关系波动或交恶都会影响其对华态度，影响当地华侨华人的生存和发展，也会影响华侨华人参与中国发展和建设的积极性。比如，当前美国等西方国家掀起新一轮"中国威胁论"，当地华侨华人就受到极大的影响。2018年7月30日，美中政策基金会主席、美国国会图书馆中国服务处前主任王冀（Chi Wang）等在香港英文媒体《南华早报》发表《随着美国对华恐惧情绪日益严重，华裔人士正面临前所未有冷战》一文，表达对社会怀疑华人忠诚的不满。文章写道：当今美国，与"冷战"年代麦卡锡主义"相似的氛围正在我们的社会中形成。……恐惧和猜疑不仅限于国会听证会，这种情绪已经蔓延到每个政府部门，甚至美国社会的每个角落。如今，即便中国留学生和美籍华人也已经受到波及"。他说，虽然在美国生活了70多年，退休前为美国政府工作了50年，"我的华裔背景使我变得不再值得美国社会信任……我发现自己在这个无比熟悉的环境里不再受到欢迎了"，"自从踏上美国的土地以来，我从未有过今天这样的感受"。② 最近，随着中美贸易摩擦的逐步升级，美国以"中国渗透"为名目，污蔑孔子学院是中国在美扩张政治影响、进行价值传播的工具，并针对赴美留美

---

① 1994年元月，黄根成在新加坡举行的"东南亚华人文化、经济与社会国际学术会议"开幕典礼讲话。

② 马力、王冀：《随着美国对华恐惧情绪日益严重，华裔人士正面临前所未有冷战》，观察者网，2018年8月4日，https：//www.guancha.cn/ChiWang/2018_08_04_466837.shtml。

的中国学生冠以“开展非传统间谍活动”的罪名进行无端滋扰，给在美华侨华人积极参与中美之间正常交流、沟通中美民众之间的友谊造成很多不利影响。

3. 中国与“一带一路”沿线国家之间人文交流发展不平衡

“一带一路”的发展极不平衡，一些国家民众对“一带一路”倡议极为陌生。部分海外侨胞对“一带一路”倡议高度关注，但对于“一带一路”倡议的内涵、原则以及相关的政策措施以及“走出去”的企业情况等并不了解，存在很多困惑。我国媒体大量的正面宣传报道，很难赢取当地民众的理解和支持。另外，相关部门对于人文交流的内涵不明确；人文交流在“一带一路”建设中的定位不太清晰；政府相关部门的协调不够；官方色彩较浓，民间角色不够突出；对内话语和对外话语的区别重视不够；合作共赢思维有待加强；人文交流成效评估缺乏等，① 都不利于“一带一路”倡议的有效落实。

（二）创新思路引导华侨华人参与“一带一路”民心相通工程

1. 引导侨胞发挥华社“三宝”优势，着力宣介中华文化的精神价值和世界意义

文化的交流和沟通是民心相通的基础。海外华社的三大支柱：华文教育、华文媒体、华人社团是中华文化在海外传播传承的重要载体，是当地民众和政府了解中国、认知中华文化最直接的媒介。随着中国在国际社会影响力的不断提升，“汉语热”持续升温，极大地增强了华侨华人中华文化认同和民族自豪感，为海外华文教育、华文传媒的发展壮大提供了良好的国际环境，也为“一带一路”视野下深化跨文化交流、沟通提供了重要的社会基础。值得注意的是，在海外弘扬中华文化，首先要从文化的交流沟通开始，才能打通彼此的心灵，避免“各说各话”的尴尬。我们要引导侨胞充分发挥华社“三宝”的资源优势，通过多样化的形式和途径、生动鲜活地向住在国社会宣介中华文化的精神价值和世界意义，增进中国与各国人民友谊，促进中国与沿线国互信互联互通。习

---

① 曹云华：《关键是民心相通——关于中国—东南亚人文交流的若干问题》，《对外传播》2016年第5期，第4—7页。

近平总书记强调，弘扬中华文化，“关键要把中华文化的精神标识提炼出来、展示出来，要把传统文化的当代价值、世界意义提炼出来、展示出来。”① 而不应仅仅停留在舞个狮子、包个饺子、耍套功夫以及书法美食、唐装汉服等符号化的平面维度上，不能满足于向国际社会提供一些表层的文化符号上。同时，宣介中华文化促进中外人文交流不能厚古薄今，更要注重展示当代中国的发展进步、当代中国人的精彩生活，推动反映当代中国发展进步的价值理念、文艺精品、文化成果走向海外，既要贴近中国实际、贴近国际关切，又要入乡随俗贴近国外受众，影响主流人群，为“一带一路”建设的贯彻落实和中华民族伟大复兴的“中国梦”营造良好的舆论环境。

2. 引导侨胞讲好“合作共赢”的故事，传递中国和平友好的声音

“合作共赢”是共建“一带一路”的原则，讲好“合作共赢”的故事是促进民心相通的着力点。从国际移民史的角度考察，中国一直是一个移民输出国，但中国人移居海外的历史，总体上看是一部和平移民史：没有掠夺、没有殖民、没有扩张、没有霸权，没有弱肉强食的炮舰政策、没有强加于人的不平等条约、没有干涉别国内政引起的文明冲突，也没有过强制性文化输出。中华民族是一个爱好和平的民族，和为贵、求同存异是中华文化的优秀传统、核心理念，反映在国际关系上就是协和万邦。自古以来，在处理中国和周边国家的关系时，坚持“礼”的制度与“道义”话语权：安边为本、睦邻为贵，以德服人、怀柔远人、天下归心。这与西方国强必霸的逻辑完全不同。历史上，海外侨胞凭着勤劳勇敢善良与当地民众“共舟共济”“共同奋斗”，为当地社会的发展做出巨大贡献。比如，东南亚的早期开发、巴拿马运河的开凿、北美太平洋铁路等，都承载了中国人与当地民众的共同记忆和共同智慧。我们可以引导侨胞从中国与当地“共享的历史”中挖掘“命运共同体意识”，讲好“合作共赢”的故事，传递好中国和平友好的声音。

3. 引导侨胞参与公共外交，塑造中国和平友好的国际形象

国家形象是民心相通建设的重点。近年来，为了在国际社会重塑国

---

① 《习近平在全国宣传思想工作会议上的讲话》，新华网，2018 年 8 月 22 日，http：//www. xinhuanet. com//politics/2018 －08/23/c_ 1123318327. htm。

家形象，我国推出了很多大型国家形象工程，比如孔子学院、文化“走出去”、媒体“走出去”、纽约时代广场的中国人形象等，投入巨大的人力、物力和财力，取得了一定成就，但效果远不如预期，存在很多问题。海外侨胞联通中外的民间身份可以发挥不可替代的作用。其一，在国外，每一个华人就是一张中华民族的名片、中国的一块牌子，代表着中国的形象，是住在国政府、当地民众了解中国、认知中国的重要载体。其二，无论是国家形象的塑造还是国家形象“走出去”，都需要具有充分的海外知识，具有对当地社会民情、社情的充分了解。海外华文媒体、社团可以以民间的方式避免“官宣的政治色彩”、以“当事人”的身份给当地民众以“亲切感、信任感”，客观报道中国的发展，展现有血有肉、有优点也有缺点、有成绩也有失误的真实中国。其三，广大海外侨胞可以充分利用他们融通中外的优势，熟练地游刃于中外文化之间，以住在国公共舆论运作规则，针对不同地区、不同对象，运用各地区、各群体听得懂的语言和思维方式，讲清楚中华优秀文化的价值精髓和世界意义，“阐释好中华文明政治共同体的独特政制之道、中华文明民族共同体的民族和谐之道、中华文明文化共同体的包容开放之道、中华文明命运共同体的和平发展之道”①，全方位展示中国和平、和谐、务实、求同存异等正面形象，有效消除他们对中国国家形象的误解。

四 结语

“一带一路”建设旨在实现政策沟通、设施联通、贸易畅通、资金融通、民心相通。其中，民心相通既是目标也是手段，是其他“四通”的重要保障，是“一带一路”建设顺利实施的社会根基。广大华侨华人穿行于中外两个国家、两种制度，携跨文化、跨文明、融通中外的资源优势，是“一带一路”民心相通建设的独特机遇。积极挖掘华侨华人所蕴藏的巨大潜能，服务于“一带一路”建设、服务于中华民族伟大复兴是党和国家的一项重要任务。当然，我们也应注意到如今大多数华人已加

① 潘岳：《中华共同体与人类命运共同体》，《学习时报》2018 年 12 月 19 日。

入住在国国籍，成为住在国公民，在政治上效忠于住在国。尊重外籍华人的政治选择、民族情感，维护华人的合法权益，鼓励引导华人做中外友好联谊的“超级联系人”，涵养中外民心相通的人脉资源，始终是我们工作的出发点和归宿。

第 二 编

华侨华人家国情怀与文化认同研究

马来西亚和新加坡华人多元文化接受性调查

——以问卷调查内容为中心

［韩国］金珠雅*

一 导论

所谓多元文化接受性（Multicultural Acceptability），是指“对非本民族、非本地区、不同群体不带有集体偏见，与自己的文化同等承认，为与他们建立和谐的共存关系而努力的态度”①。

马来西亚华人和新加坡华人都有华人的民族认同感，但是有不同的立场，本文针对立场迥异的马来西亚华人和新加坡华人，实施了一项关于“接受多元文化”的问卷调查。马来西亚与新加坡同属马来半岛地区，也经历过英国的殖民历史。这里的华人都有相同或相似的移民历史。但是，随着新加坡的独立，居住在该地区的人开始实行独立的国家体制。在人口构成方面，华人已成为多数而非少数的情况下，新加坡一直在努力构建“无歧视的多元文化社会”。对于政府的这些政策方针和努力，作为主流民族的新加坡华人对此有何看法？而一直是少数民族身份的马来西亚华人对本国的多元政策又持有什么样的态度呢？我们为了比较不同地区的多元文化接受性，以 ISSP（国际社会调查：国家认同与市民性）为

---

* 金珠雅，韩国国民大学中国人文社会研究所教授。

① 女性家族部：《国民多文化收容性调查研究》2015 年。

基础做了一项问卷调查。

马来西亚华人从15世纪开始流入马来半岛，主要来自福建省、广东省、广西壮族自治区、海南省。马来西亚华人社区，可以说是除中国大陆和中国台湾外，海外地区中华文化保持、保存最好的地方。特别是，以华人团体为中心，对中华文化及华文教育给予大力支持，与中国的交流也非常活跃。马来西亚是继新加坡（74%）之外“华侨华人”人口比例最高的国家，达到23%（在吉隆坡等大城市，人口比例甚至过半），马来西亚华人在经济、政治和整个社会中发挥着举足轻重的影响力。虽然马来西亚政府实行马来人优先政策，但对少数民族或其他宗教的活动给予了一定的空间，从而形成多元文化共存的社会。根据以文化多元主义和宗教一元主义为目标的马来政府的方针，以伊斯兰文化为中心的马来人文化与华人文化分离，则构建了马赛克形式的多元文化社会。

新加坡过去从马来联邦获得独立时还只是一个小城市国家，现在已成为世界金融和贸易的枢纽，成为东南亚的富国。华人人口占总人口的74%，也是除中国以外的海外地区唯一一个华人人口超过半数的国家。由于华人人口占多数而非少数，新加坡可以被视为华人民族特点最突出的国家，但实际上，新加坡在国家建立阶段就树立了多元文化国家的形象，排除了单一民族的色彩。

二 新加坡与马来西亚华人的多元文化接受性

新加坡的多种族构成成为其退出马来联邦的主要契机。在华人占大多数的新加坡看来，马来西亚政府的马来人优先政策是难以接受的政策，马来人对社会中占有大量财富的华人的反感是马来联邦新加坡的威胁因素。新加坡这种非自愿的独立，曾使新加坡陷入危机，但又超越“宗族”，成为推动“国民”团结的新契机。

1. 多元文化可接受性（见表1）

表1　　多元文化可接受性（N＝150）

区分	问卷项目（居住国＝新加坡或马来西亚）	新加坡				马来西亚			
		平均	标准偏差	极小值	极大值	平均	标准偏差	极小值	极大值
归属感	1. 我认为自己是居住国的成员	4.57	0.628	2	4	2.61	0.683	1	4
	2. 我在居住国因民族差异受到过歧视	3.68	0.559	3	5	2.59	0.581	1	4
	3. 我对居住国多样的文化环境感到满足	3.41	0.569	2	5	2.77	0.595	1	4
	4. 我为成为居住国的成员而感到骄傲	3.49	0.610	2	5	2.85	0.633	2	4
	5. 我参与了其他民族的文化活动	3.52	0.588	2	5	2.97	0.639	1	4
	6. 比起特定国家的国民，我认为自己是世界公民	3.61	0.566	3	5	2.93	0.757	1	5
多样性	7. 居住国社会尊重文化的多样性	3.53	0.564	1	4	2.98	0.687	2	4
	8. 居住国社会互相尊重不同的宗教文化	3.23	0.618	1	5	2.91	0.655	1	4
	9. 居住国社会互相尊重不同的民族文化	3.45	0.630	2	5	2.90	0.655	1	5
	10. 居住国社会尊重不同社会经济背景的人	3.51	0.576	2	5	2.90	0.693	1	5
	11. 居住国社会互相尊重不同的政治见解	3.39	0.683	2	5	2.99	0.700	1	4
	12. 居住国的舆论报道相互不同的民族和文化	3.39	0.693	2	5	2.99	0.794	1	5

续表

区分	问卷项目（＊居住国＝新加坡或马来西亚）	新加坡				马来西亚			
		平均	标准偏差	极小值	极大值	平均	标准偏差	极小值	极大值
态度	13. 居住国的文化多样性（种族、宗教等）的扩大对国家竞争力有帮助	3. 33	0. 662	2	5	3. 09	0. 768	1	5
	14. 世界上无论哪个国家都喜欢多样的民族、宗教、文化的共存	3. 41	0. 716	2	5	3. 08	0. 790	1	5
	15. 随着移民的增加，居住国的文化变得更加丰富	3. 23	0. 718	1	5	2. 96	0. 818	1	5
	16. 接纳多样的种族作为国民会妨碍团结	3. 22	0. 776	1	5	2. 94	0. 779	1	5
	17. 相比起原籍国的文化，移民应该遵从居住国的文化	3. 23	0. 725	1	5	2. 86	0. 828	1	5

（1）新加坡的问卷调查结果

关于“多元文化接受度”的问卷调查主要包括三大方面。第一项是作为居住国社会成员的归属感有关的内容；第二项内容涉及居住国是否尊重多样性；第三项是人们针对社会文化多样性对居住国所造成的影响具有何种态度。在有关作为新加坡成员是否得到认可（或是否被接受）的问题中，平均分为4. 57 分，为5 分尺度的上上值。这是体现新加坡人归属感的指标，与其他国家的华人相比，这是相当高的数字。换句话说，新加坡华人对自己构建的新加坡社会自豪感和归属感非常强烈。关于是否因种族不同而受到过歧视的问题，第2 题中，“3. 68”的比例较高。如此多的华人之所以感到歧视，是因为新加坡实行马来人优待政策，以保持与马来西亚及东盟国家的友好关系。特别是，第6 题中，在民族认同和国家认同不一致的情况下（所谓“diaspora”）生活时，作为“世界公民”的自我认同（第3 题）比“居住国的认同”更加坚定。关于第二项内容“尊重多元文化”，大部分人认为新加坡尊重文化多样性（3.53），尊重不同的宗教（3.23）、民族文化（3.45）、社会经济背景（3.51）和政治见解（3.39）。这被认为是新加坡努力增加种族间交流的机会，以促进种族和谐，提高对对方的了解的结果。新加坡政府摆脱英国殖民地时期的民族间分离政策，强调种族融合，鼓励废除民族学校，让不同民族在相同学校共同接受教育。虽然华裔学者对上述政策持反对态度，但李光耀的政治哲学和教育理念促成了族裔间的教育融合。一方面，新加坡政府引入了新的城市规划，废除了以前按族群划分居住地的政策，使原有的生活方式也发生了变化。另一方面，资源有限的新加坡为了吸引人才，正在引入战略移民政策。随着新加坡国际地位的提高，来新加坡旅游的外国人逐渐增多，这还体现在就业和定居方面。在从多种族社会起步的新加坡，作为主流阶层的华人对最近的文化多样性有什么看法？调查结果显示，在回答诸如文化多样性是否有利于国家竞争力，移徙者增加后新加坡文化是否更加丰富等正面问题时，大部分人选择了中间值。也有意见认为，如果将多种种族接纳为国民，将会损害国家的凝聚力。这与其他发达国家一样，新加坡也是竞争激烈的社会，以居住为目的的外国人的流入虽然对国家有所帮助，但也会带来加重个人竞争的结果，因此被调查者表现出双重态度。

（2）马来西亚的问卷调查结果

华人在马来西亚是否被认可为成员（或者说是否被接受）的问题中，平均分为2.61分，接近5分尺度的中值。可以说，虽然出生、成长于马来西亚，但仍然处在“他们”和“我们”之间的模糊边界线上。特别是，在民族认同感和国家认同感不一致的情况下（拥有地位“diaspora”），作为“世界公民”的自我认同感（2.93）高于作为马来西亚成员的自豪感。正如第2题、第3题、第4题中提到的那样，不是因为是少数族裔而受到差别待遇，也不是对马来西亚的多文化环境非常不满。虽然也有作为马来西亚人的自豪感（2.85），但是又不是完全属于这个国家的人。关于第二个内容“尊重多元文化”，大部分人认为马来西亚尊重各种文化的多样性（2.98）、尊重不同的宗教（2.91）、民族文化（2.90）、社会经济背景（2.90）和政治见解（2.99）。很多人认为居住国社会（马来西亚）尊重多种文化，其原因是马来西亚从殖民时期开始就实行种族隔离政策，独立后马来人优先政策与少数族裔社会的文化有关。马来西亚华人社会由华人团体、媒体和教育等组织组成，既可在马来西亚生活，又可以保持和延续华人的文化与传统，开展独立的民族活动。例如，马来西亚华人毕业于用中文授课的华侨学校，可以到以中文为主要语言的马来西亚华人团体或华人媒体就业。像这样，由于华人社会构建了独立的体系，处于“马来人优先政策”不利处境的华人也对此并无不满或反抗，并甘愿承受一定程度的不合理的居住国文化。此外，调查方认为已然成为居住国社会名副其实的成员的马来西亚华人对新的移徙者可能有抵触情绪，于是就他们是否有意接纳移徙者提出了问题。但调查结果显示，马来西亚华人对此持肯定态度，认为多种文化越传入马来西亚社会，对国家竞争力越有利（3.09）。最后一个问题不是作为先住居民（或土著居民）的立场，而是作为移民定居的他们应该遵循母国和居住国的文化中的哪一种，对此，相对来说（2.86）的意见是，最好遵循居住国的文化。

2. 多元文化政策

(1) 新加坡的问卷调查结果

本问题大致可分为两个内容，一是与新加坡社会多元文化政策和社会平等有关的问题。二是关于新加坡社会今后对移民更加开放的态度是否正确，与移民接受性有关的问题。新加坡对多元文化政策的满意度为3.95，相对较高。拜访过的新加坡华人大多认为新加坡的多元文化政策很成功。多文化政策的成功落实，奠定了构建安全社会的基础。正如先前在多元文化接受性方面所看到的那样，新加坡在建国之初，不仅把尊重少数民族意见，优待他们的国家理念反映在宪法中，而且在政策上实行少数民族优待，政府对少数族裔的扶持和公平性是：这是因为新加坡的少数民族优待政策不仅包括政治和法律，还包括语言、教育和宗教方面。特别是，马来人享受着作为土著人民（原住民）的待遇，并享受着优惠政策。最后，对于是否应该对移民表现出更加开放的态度，持肯定态度的回答（3.30）和担心国家财政负担的意见（3.08）也大致相同。当被问及新加坡在接纳多元文化方面是否有限时，分值2.99，略低于中值，但大部分人对本国的多元文化政策给予高度评价。新加坡吸取了因种族矛盾而经历的惨痛教训，制定了照顾少数民族的政策和稳定的社会体系，对外构建了国家安定的形象，使金融、旅游等国际社会信赖的基础产业得以成长（见表2）。

表2　　多元文化政策（N＝150）

区分	问卷项目	新加坡				马来西亚			
		平均	标准偏差	极小值	极大值	平均	标准偏差	极小值	极大值
多元文化政策	1. 我对居住国的多元文化政策感到满足	3.95	0.767	2	5	3.19	0.560	2	5
	2. 居住国政府制定的多元文化政策反映了少数民族的意见	3.10	0.683	1	5	2.52	0.642	2	3
	3. 居住国政府在政策上支持移民保留传统文化	3.21	0.499	2	5	2.74	0.573	1	4
	4. 居住国政府为国民统合实施多元文化教育	3.32	0.679	2	5	2.86	0.733	1	5
	5. 居住国不管文化背景（种族、宗教等）提供同等的社会保障服务	3.33	0.650	2	5	3.00	0.714	1	5
	6. 在居住国不管文化背景（种族、宗教等）可以自由进行经济活动	3.23	0.595	2	5	2.82	0.733	1	5
接受性	7. 居住国的移民政策应该更加开放	3.30	0.721	2	5	2.91	0.727	1	5
	8. 随着居住国的移民和外国人的增多，国家财政负担会加重	3.08	0.629	2	4	2.94	0.735	1	5
	9. 居住国政府对非法滞留者采取强有力的措施	3.07	0.642	2	4	2.90	0.825	1	5
	10. 居住国接纳多样的文化（种族、宗教等）方面有一定的局限	2.99	0.839	1	5	3.05	0.865	1	5

（2）马来西亚的问卷调查结果

对马来西亚多元文化政策的满意度为3.19，略高于中间值。对“是否反映了少数族裔的意见”的提问，回答是“中值以下（2.52）”，但对“与文化背景无关，提供同等社会保障服务（3.00）”等社会平等问题，判断政府能保持平衡。但是，与保障社会（3.00）相比，在经济活动（2.82）方面感到更加不平等。这是因为，作为少数族裔，要想在马来西亚做生意，必须承受让马来人名义上成立老板等经济上的损失。特别是，与其他种族相比，个人和企业从业率高的华人，承受着这种不利和不便。第二个问题，关于华人对新移民或外国人的接受性问题，对移民政策应更加开放的积极意见也做出了肯定答复（2.91），但对国家财政的负担（2.94）或非法滞留者表示关切。特别是马来西亚接受多种文化仍有局限，分值为3.05。这意味着，将伊斯兰教定为国教，今后要想走向多元文化社会，还有很多问题需要解决。

三 新加坡与马来西亚华人的社会关系及政治参与

最后询问了居住国社会中关于华人社会关系和政治参与的意见。新加坡承担着全球华侨华人网络枢纽的作用。但是，除了新加坡之外，其他国家的华人不是居住国的主流族裔，而是少数族裔。多数还是少数，可能只是一个数字，但在社会关系和政治参与方面，却可能处于另一种状况。处于少数人立场的华人，通过民族共同体和民族网络，在居住国构建华人社会，延续他们的民族认同感，而新加坡华人则作为居住国的主流族裔。

（一）社会关系

通常来说，华人以“三缘”（血缘、地缘、业缘）为中心建立了强有力的连带关系，这种民族纽带关系比许多民族都密切。特别是，在经营事业或金钱交易时，最看重“信用”的华人社会，了解了他们所认为的社会关系。提问“华人”“马来人”“其他少数族裔”的人与人之间的关系，提问内容分为“亲密感”“信任”“平等”“歧视”“纠纷”和“参与”六个方面（见表3）。

表3　　社会关系（N = 150）

区分	问卷项目	新加坡				马来西亚			
		平均	标准偏差	极小值	极大值	平均	标准偏差	极小值	极大值
亲密感	1. 我和其他华人相处得很好	4. 11	0. 681	3	5	3. 29	0. 525	2	4
	2. 我和马来人相处得很好	3. 29	0. 619	2	5	2. 69	0. 646	1	5
	3. 我和少数民族的人们相处得很好	3. 23	0. 581	2	4	2. 89	0. 710	1	4
信任	4. 我信任其他华人	3. 27	0. 702	2	5	3. 00	0. 705	1	5
	5. 我信任马来人	3. 37	0. 628	2	5	3. 15	0. 822	1	5
	6. 我信任少数民族的人们	3. 43	0. 584	2	5	3. 03	0. 862	1	5
平等	7. 我认为其他华人是平等相待的	3. 45	0. 630	2	5	2. 91	0. 867	1	5
	8. 我认为马来人是平等相待的	3. 29	0. 773	2	5	2. 91	0. 867	1	5
	9. 我认为少数民族的人们是平等相待的	3. 29	0. 727	1	5	2. 83	0. 901	1	5
歧视	10. 我被其他华人歧视过	2. 73	1. 029	1	5	3. 13	0. 838	1	5
	11. 我被马来人歧视过	2. 42	1. 154	1	5	2. 89	0. 719	1	5
	12. 我被少数族裔歧视过	2. 35	1. 141	1	5	2. 80	0. 695	1	5
纠纷	13. 我认为华人和华人之间的矛盾很大	2. 86	0. 819	1	5	2. 93	0. 743	1	5
	14. 我认为华人和马来人之间的矛盾很大	3. 13	0. 753	1	5	2. 89	0. 820	1	5
	15. 我认为华人和其他少数族裔之间的矛盾很大	3. 14	0. 666	1	5	2. 97	0. 789	1	5
参与	16. 我是华人团体的会员	3. 32	0. 846	2	5	2. 81	0. 880	1	5
	17. 我是马来人团体的会员	3. 24	0. 800	1	5	2. 83	0. 888	1	5
	18. 我是其他少数民族团体的会员	3. 18	0. 795	1	5	2. 79	1. 207	1	5

1. 新加坡的问卷调查结果

按项目比较“华人”和“其他族裔”，首先，在亲密度方面，回答“与其他华人亲近”的为4.11，其他族裔分别为马来人和其他族裔。这种结果可以看作种族之间的纽带感很高，但也可以理解，因为华人占人口大多数，与华人建立友谊的机会更多。另外，同一种族之间，不仅用官方语言交流，而且用种族语言沟通，世世代代共享相似的文化和生活习惯的概率很高，因此在亲密感方面，与其他种族相比，与华人的亲密度更高。相反，在不同种族之间的信任度方面，华人为3.27，马来人为3.37，少数族裔为3.43，虽然差距甚小，但对华人的信度是最低的。这可能是因为与华人的亲密度较高，彼此接触负面的机会较多。就平等待遇而言，也大致相同，分别为3.45（华人）、3.29（马来人）和3.29（印度等少数族裔）。关于歧视经历的问题，回答者多为华人2.73，马来人2.42，少数族裔2.35，低于中值，被华人歧视的数据略高于其他族裔。据分析，这是因为与之前对信任的意见相同，接触机会越多，矛盾暴露的概率也越高。但是，对于超越个人的种族矛盾状况，华人之间的矛盾情况是2.86，与马来人的矛盾是3.13，与少数族裔的矛盾是3.14，比起华人之间的矛盾，对其他族裔的意见更多。另外，就有关民族团体活动的提问，华人的团体活动为3.32，马来人的团体活动为3.24，少数族裔的团体活动为3.18，从数据上看，其他与华人有关的团体活动也略高。之所以出现这样的结果，是因为在开国初期，由于脱离民族化，脱离中国化，比起社团等民族共同体活动，地区居民共同体活动等国民统合运动更加活跃。

2. 马来西亚的问卷调查结果

按项目比较“华人”和“其他族群”，首先在亲密度方面，回答“和华人亲近”的人最高，达3.29，此外还有其他少数族裔(2.89)。与华人亲密度高的原因是与华人交往多，虽然差距小，但印度人比马来人更亲切，原因就是印度人与主流族群马来人相比，同为少数族裔的印度人立场相近。在“信赖度”方面，比起对华人的信任度（3.00），对马来人（3.15）和少数族裔（3.03）的信任度更高。这种结果可以解释为，由于与华人交往频繁，与华人关系中经常出现不信任的情况。

在“平等”方面，华人（2.91）、马来人（2.91）和少数族裔（2.83）都差不多。在“歧视”方面，曾遭其他华人歧视，最高为3.13，其次是马来人和少数族裔，分别为2.89和2.80。分析认为，这与“信赖度”的结果相同，因为华人之间的交流频繁，彼此出现矛盾的事例更多。在有关“矛盾”的提问中，认为华人矛盾严重的为2.93，低于与其他少数族裔的矛盾（2.97），但略高于与马来人的矛盾（2.89）。与其他少数族裔（如印度人等）的矛盾有所升高，原因之一是，同为少数族裔，虽然有达成共识的部分，但往往处于竞争关系之中。

在回答有关华人团体活动的问题时，除了华人共同体的活动外，对其他族裔的活动也表现出类似的参与程度。由此可以看出，第三代、第四代人成为马来西亚华人社会的中坚力量，并根据需要超越种族关系，积极参与其他少数族裔的集体活动等社会活动。

（二）政治参与

1. 新加坡的问卷调查结果

对于是否尊重和保护少数族裔权利的问题，华人的回答平均为3.43，多数认为尊重少数族裔的权利。对少数族裔组成政治团体的自由问题，回答为3.42，“是否提供少数族裔参与决策的机会”时，回答为2.86，对此持否定态。对于“是否认为华人团体为华人权利的提升而努力，并代表华人团体”的提问，很多华人表示肯定。

就新加坡和祖籍国中国的政治问题，对新加坡政治的关注度为3.24，虽然是中间值，但对中国的关心度仅为2.27，低于中间值。这样的结果是新加坡1979年为确立华人的民族认同性而实行标准的华文教育，但不是繁体字，而是选择中国大陆公布的简体字等。也就是说，对于新加坡人来说，虽然不能忽视中国是祖国这一根意识，但现在作为一个独立的国家，新加坡人已经确立了自己的国家认同性，所以对中国的关注程度更倾向于理性的方面（见表4）。

表4 **政治参与（N=150）**

问卷项目	新加坡				马来西亚			
	平均	标准偏差	极小值	极大值	平均	标准偏差	极小值	极大值
1. 马来西亚政府尊重和保护少数族裔的权利	3. 43	0. 727	2	5	3. 29	0. 640	2	5
2. 马来西亚政府为少数族裔提供参与决策的机会	2. 86	0. 751	1	5	2. 61	0. 632	2	5
3. 马来西亚政府允许少数族裔自由表达政治见解	3. 01	0. 831	1	5	2. 77	0. 561	2	4
4. 马来西亚政府允许少数族裔举行反对政府政策的示威游行	3. 09	0. 717	1	5	2. 89	0. 706	1	4
5. 马来西亚政府赋予没有公民权的外国公民移民投票权	3. 17	0. 766	1	5	2. 91	0. 723	1	5
6. 马来西亚政府允许少数族裔组成政治团体	3. 42	0. 707	2	5	2. 92	0. 747	1	5
7. 华人团体开展提高华人权利的活动	3. 58	0. 922	2	5	3. 03	0. 814	1	5
8. 我认为华人团体是可以代表华人的团体	3. 67	0. 952	1	5	3. 01	0. 723	1	5
9. 华人团体向马来西亚政府自由表达政治意见	3. 46	0. 939	1	5	2. 99	0. 768	1	5
10. 我认为在马来西亚需要代表华人的政党	3. 64	0. 964	1	5	2. 89	0. 840	1	5
11. 我对马来西亚的政治问题感兴趣	3. 24	0. 865	1	5	2. 85	0. 784	1	5
12. 我对祖籍国（中国）的政治问题感兴趣	2. 27	0. 967	1	5	2. 70	1. 048	1	5

2. 马来西亚的问卷调查结果

首先，对于马来西亚政府是否尊重少数族裔权利的问题，大部分人

(3.29) 回答说“受到尊重”，但是对于是否得到参与决策的机会的问题，一般（2.61）的意见较多。除此之外，在言论自由（2.77）和反对示威的自由（2.89）方面也有很多类似的意见。由于马来西亚有华人政党活动，因此很多人认为马来西亚在组建政治团体的自由（2.92）方面也有保障。关于“华人团体”，鉴于华人政党可能开展的活动，该团体承认华人权利得到提升（3.03），也承认华人代表团体（3.01）。作为少数族裔的政党，虽然对他们的政治表现自由（2.99）做出了肯定的回答，但是对于政党的必要性（2.89），出现了肯定和否定的意见。最后，对于是否关心政治问题的提问，虽然差距很小，但比起对中国（2.70），对马来西亚（2.85）的政治问题更感兴趣。

四 结语

本研究旨在考察以临时居住者身份开始，现在已成为主流（Majority）的新加坡华人对多元文化社会的认识和接受性。现场调查和问卷调查并行，本文内容以问卷调查为基础。问卷调查结果显示，新加坡华人对国籍的归属感相当高，为4.57。通常，整体性模糊的Diaspora，比起对特定国家（国籍）的归属感，更强烈地表现出“世界市民”的普遍认同感。新加坡华人对本国的多元文化政策也给予了高度评价，为3.95。在社会关系中，与华人的关系最为活跃，但由此可见，他们暴露在矛盾和摩擦中的概率也很高。在政治参与方面，新加坡具有权威的民主国家形式，因此出现了很多既不肯定也不否定的中间值。19世纪，除泰国外，东南亚各国都曾经历过欧洲列强的殖民统治，独立后民族主义抬头，种族间的不和谐声音不断。新加坡为了尽量减少这种族裔之间的矛盾，宣布成立多元文化国家，并努力保护少数人的权利，结果使人民超越了民族认同感，对国家认同感更加强烈。在宣布成为多元文化国家典范半个世纪后的今天，新加坡不仅经济发展，还通过多种族之间的融合实现了国民团结。这是新加坡实施优先重视国家的利益与和谐，而不是特定种族的利益和文化这一政策的结果。

此外，在本研究中，为了了解第三代、第四代马来西亚华人对本国多元文化社会的认识，我们进行了问卷调查和实地调查。本文内容主要以问卷调查的内容为基础，探讨了马来西亚华人对多元文化社会的认识和态度。问卷调查结果显示，马来西亚华人对居住国的“多文化接受性与多元文化政策”普遍持中间态度，如作为居住国成员的归属感为2.61，低于作为世界公民的归属感（2.93）。换句话说，虽然对居住国没有太多不满，但作为马来西亚人，他们并未感受到强烈的归属感和自豪感，表现出保留态度。关于“社会关系和政治参与”，主要表现在与华人的亲密程度较高，但与交流的频率一样，也往往暴露在矛盾状况中。在政治参与方面，马来西亚华人作为居住国社会的成员享有政治权利和参与的平等权利，马来西亚政府尊重他们（少数族裔）的权利（3.29）的意见占大多数。这从马来西亚华人参加政党活动这样的政治参与中也可以看出来，因为马来西亚华人虽是少数族裔，但有基本权利保证他们能够参与政治、社会事务并享有独立的文化生活。就这样，马来西亚华人虽然以移民身份开始，但世代相传，如今独立而融合地成为马来西亚的一员。

“二战”前美国土生华人“双重文化认同”成因探析

李　永　顾晓莉*

双重文化认同，简单地说，是指在多种族的社会中，移民及其后裔既有对祖籍民族文化特性的保留，又有对移居地国家主流文化认可的趋向。“二战”前美国华人的文化认同有着双重文化认同的内涵，具体是指“二战”前美国华人（尤其是土生华人）在强势的美国文化与弱势的中华传统文化之间进行的一种肯定的文化价值判断。其实质是对自我文化身份的寻找与确认，即通过美国社会环境对自我身份的确认过程，同时也是寻找自我和反思自我的过程。

自1850年以来，华南民众因淘金、修筑铁路等原因大量移民美国，其中加州旧金山是华人移民最主要的居住地。从代际上来说，“二战”前的华人主要分为两类：老移民和土生华人。“二战”以前，受排华法的影响，女性移民较少，土生华人直至20世纪40年代才占在美华人的52%。其中，第一代土生华人出生于19世纪末20世纪初，第二代土生华人出生于1910年以后。20世纪三四十年代，大量具有美国公民身份的土生华人进入青年时期，由于历史和现实因素，他们成为中美文化的“边缘人”，无论早先的第一代土生华人，还是日后的第二代土生华人，他们都在寻找自己文化的根基。这些土生华人在成长过程中通过“选择性同化”的方式建构了自己独特的双重文化认同。

* 李永，中南民族大学教育学院讲师；顾晓莉，武汉工商学院讲师。

一 中美文化形态对教育活动的导向性影响

“二战”前华人青年双重文化认同的根源在于中美两种文化形态对教育活动产生的导向性影响。众所周知，文化传递机制与教育模式之间存在着一定的规律性，受此影响，中美两种教育文化也表现出不同的特征。在限制移民时期，在美国华人社会文化与美国主流社会文化之间呈现出明显的对立与缓慢的融合，借用“三喻文化”理论，有助于说明“二战”前华人社会在文化形态和教育活动上的复杂性。

（一）对立与融合——美国华人社会的文化形态

美国文化人类学家米德（Margaret Mead）在《文化与承诺：一项有关代沟问题的研究》（*Culture and Commitment*：*A Study of the Generation Gap*）[①] 中提出了“三喻文化”的概念，包括“前喻文化”（Prefigurative Culture）、“同喻文化”（Cofigurative Culture）、“后喻文化”（Postfigurative Culture）三种不同的文化形态及其传递机制。简言之，后喻文化代表孩子主要向他们的祖辈学习；同喻文化代表孩子主要向他们的同辈群体学习；前喻文化代表成年人要向他们的孩子学习。[②]

以儒家文化为主导的中国传统文化，虽然体系庞大，内容繁多，但强调稳定、贬抑变化是其统摄整体的主线。可以说，中国封建社会是典型的后喻文化社会。在后喻文化社会中，那种保持终身的绝对文化认同意识在社会急剧变化的新环境中或者说在移民社会中将成为一种文化的负担，就如同美国社会的华人老移民一样。米德认为，前喻文化是现代

---

① Margaret Mead, *Culture and Commitment*: *A Study of the Generation Gap*, Garden City: The Natural History Press, 1970.

② 目前学界对米德所著该书最早的中译本《文化与承诺：一项有关代沟问题的研究》（周晓虹、周怡译，河北人民出版社 1987 年版）中对三喻文化的界定还存有争议，比如译文第 7 页认为，“前喻文化，是指晚辈主要向长辈学习；后喻文化则是指长辈反过来向晚辈学习”，英文原文为：The distinctions I am making among three different kinds of culture—postfigurative, in which children learn primarily from their forebears, cofigurative, in which both children and adults learn from their peers, and prefigurative, in which adults learn also from their children—are a reflection of the period in which we live。

交通、通信和技术革命迅猛发展、社会急剧变化的产物，具备前喻文化结构的只有少数发达国家，其中首推美国。

米德还指出，同喻文化具有过渡性的社会特征，而移民社会是同喻文化的典型。“二战”前美国华人社会既有后喻文化（唐人街中国传统文化）的因素，又受到前喻文化（美国主流社会文化）的影响，同时可以看到缓慢呈现的同喻文化中文化吸收、文化融合的特质。

虽然华人社会在不断变迁，但是移民社会文化形态的本质并未改变，亦如多年以后华人学者许烺光所言：“我在一种不崇尚变化的文化里出生长大，大多数人的生命轨迹几乎是可以预测的；而我目前工作、生活于其中的则是另一种文化：它提倡变化，认为变化即是进步，物质世界和人类社会不可能一成不变。一个人的内心如果存在两种对立的文化相互碰撞、影响，这个人就只能生活在两种文化的边缘。他在文化的边缘行走，感受共同的存在。”①

（二）美国华人社会“后喻型”教育与“前喻型”教育的交锋

基于“后喻型”文化特质，中国传统教育有着明显的封闭性，集中表现为形成了一套师授学承的教育模式。尊重权威的教育传统也被华人社会严格遵守，无论是教导生活方式还是学习文化典籍。

在唐人街华人家庭中，父亲具有更大的权威，他一般是家庭生活中的主导。当华人子女进入学校学习以后，家长和学校都会教导学生尊重老师，因为教师被视为知识的权威，同时也具有绝对的道德权威。在中文教育中，特别是早期的私塾教育，与国内私塾教育相仿，教育的形式无非是写字、背诵典籍和作文。“中国私塾深化了学生们在学龄前就得到的经验，这与现代美国学校试图发展孩子们在家庭中形成的行为模式是一致的。它们也是儒家经典强调的美德。美国孩子在家里学习如何基于个人偏好做事。”②

“前喻型”文化结构赋予美国教育“开放性”的特征，和中国传统的

---

① 许烺光：《美国人与中国人》，沈彩艺译，浙江人民出版社2017年版，“自序”第12页。

② 许烺光：《美国人与中国人》，沈彩艺译，浙江人民出版社2017年版，第73页。

教育模式截然相反，美国式教育是反权威的，再加上美国人性格中本来就有强调成就的特性，共同造就了崇尚竞争、不断向上的社会氛围。19世纪末的教育改革中，美国通过公立学校教育极力向移民子女灌输美国精神，即使在排华影响下唐人街与主流社会相对隔绝，华人子女还是接受了一定年限的公立学校教育，他们的思维方式、行为模式发生了变化。

比如，中国传统家庭中，家长的权威地位取决于家庭中绝对的经济地位。这也是后喻文化存在的重要前提。“由于片面强调孩子对长辈的义务和责任，中国的孩子缺少经济、社会关系甚至人格上的独立性。”① 但对于唐人街华人家庭来说，子女通过公立学校很快掌握了英语这一语言技能。不仅如此，这些缺乏英语技能的华人父母为与白人做生意，通常依赖子女口头交流、翻译文件，于是华人子女开始涉足家庭经济事务，成为父母生活与商业上的引导者，这已是对传统家庭角色的挑战。

总之，由于早期华人社会中美两种文化对立的态势，所以在土生华人诞生之初，就成为两种文化的涵化对象，处于“生不由己”或“身不由己”的两难处境。成长中更是中美两种文化，尤其是学校教育塑造的对象。随着心智日渐成熟，在认同形成期，他们开始成为两种文化沟通的文化中介，成为中美文化从对立到融合的引领者。

二 中美二元学校教育对土生华人文化认同的影响

一般来说，文化认同反映某一个体对其族群、民族或文化群体的态度特征的认知、情感和行为等方面的内容。教育通常被认为是发展或者转换文化认同的强有力工具。“二战”前华人通过教育活动既认同本民族文化，同时也吸收移居国文化，这是华人教育与文化认同的基本关系。在教育活动中，学校是学生构建他们族群和种族认同的重要场所。

（一）中文学校教育对土生华人文化认同的影响

家庭是教育开展的先决条件，但是在早期华人社会中妇女和孩子非

① 傅铿：《文化：人类的镜子——西方文化理论》，上海人民出版社1990年版，第207页。

常稀少，其原因一方面在于中国的传统文化反对女性移民，另一方面在于1882年排华法及随后的法案限制华人妇女入境，导致华人性别比例悬殊，人口增长缓慢。19世纪80年代，美国华人男女性别比高于20∶1。[①] 1890年达到了历史最高点27∶1。[②] 1910—1930年，男女性别比例从14∶1跌落到了4∶1。[③]

另外，通过合法或非法地利用1906年旧金山地震引发火灾毁坏了移民记录而带来的"移民空额"的方式，部分华人获取了美国国籍。此后华人家庭数量开始增多，土生华人开始涌现，20世纪20年代以后，本土出生的华人占美国华人总人口的比例从30%增长到了50%以上。[④] 这也标志着华人家庭中分裂的经济功能（男性赴美国）和教育功能（女性留华南）开始走向完整。

在非异族通婚的华人家庭中，华人妇女还是中国传统文化的代言人和传播者。[⑤] 虽然生活在美国，她们仍然非常重视中国的文化习俗，不仅在家庭的饮食起居等方面保持传统，对子女也极力运用中国的传统教育方式。

从民族学范畴来说，本族语是一个民族领域的概念，反映的是个体或者民族成员对民族语言、民族文化的一种认同。从语言教学的功能来说，传统文化教育的实现很大程度上依赖中文教育，而幼年习得的语言通常是人们思维和交际的自然工具。

从社会环境来看，早期中文学校教育受到了美国的种族歧视和中国民族主义兴起的双重影响。中文学校的产生，一方面是华人传承传统文

---

① George Henderson, Thompson Olasiji, *Migrants, Immigrants, and Slaves—Racial and Ethnic Group in America*, University Press of American, Inc, Lanham · New York · London., 1995, p. 180.

② Sucheng Chan, edited, *Entry Denied: Exclusion and the Chinese Community in America*, 1882 - 1943, Temple University Press, 1991, p. 94.

③ Ronald L. Taylor, Edited, *Minorty Families in the United States—A Multicultural Perspective*, Prence Hall, 2002, p. 142

④ Marcelo M. Suarez-Orozco, Carola Suarez-Orozco, *Desiree Qin-Hilliard Edited*, *Interdisciplinary Perspectives on the New Immigrant —The New Immigrant and the American Family*, Routledge, 2001, p. 167.

⑤ 李永：《试论"二战"前旧金山华人教育的历史特点》，《东疆学刊》2012年第3期，第78页。

化、寄托爱国之情的一种集体诉求，是华人应对认同危机、对抗隔离教育政策的手段之一。另一方面来自国内对海外华人教育的重视。[①] 自 1908 年清末内阁侍读梁庆桂赴北美兴学以后，华人社区的兴学活动都得到了中国政府的官方支持。

第一代、第二代土生华人几乎都有公立学校放学后去中文学校学习的经历。中文学校为年青一代学习中国文化基础知识创造了条件。“我在波特兰接受美国公立学校教育，读完三年中学。我又在晚上和星期六半天上中文学校。我觉得中文学校是很值得上的，我在那里受益匪浅。”[②] 华人父母的这一举措并非因地域而有所变化，即使在遥远的南非，为“保持华人性”唯有把孩子送入当地华文学校。1918 年至 1955 年华人人口超过一百的几乎每个城镇都建有华人学校，共 12 所，成功率因校而异。[③]

从华人社会和华人父母的角度来说，依托中文学习推进传统文化教育，一方面维系了子女与祖国的感情联系，另一方面强化了子女的民族意识，他们对于这样的结果还是较为满意的，但是这种局面仅限于移民早期和 20 世纪初。到了 20 世纪二三十年代，土生华人就开始倾向于接受主流社会的文化。父母的威权至上、重男轻女、孝顺父母、祭奠祖先，甚至节俭的生活方式，都让这些成长在美国的华人第二代感到不满，为第一代移民的举止感到困窘。[④] 随着年龄的增长，华人青年甚至认为家庭是他们在文化上完全西化的第一道屏障。对于老一代移民而言，他们可能为华人家庭、中文学校和唐人街社会都没有能让华人后代保持更多的中国文化传统而黯然神伤，但是从文化融合的普遍规律来看，放弃自身部分文化是融入主流社会的必经环节。

---

① 李永：《“二战”前旧金山华人中文学校教育的历史变迁》，《贵州社会科学》2015 年第 10 期，第 99 页。

② 吴景超：《唐人街：共生与同化》，天津人民出版社 1991 年版，第 174 页。

③ ［美］朴尹正：《荣誉至上：南非华人身份认同研究》，吕云芳译，广东人民出版社 2014 年版，第 72 页。

④ ［美］刘海铭：《早期美国华裔青年的自我认同：兼评雷洁琼硕士论文的历史意义》，《华侨华人历史研究》2009 年第 1 期，第 15 页。

（二）公立学校教育对土生华人文化认同的影响

20 世纪初，美国联邦政府和地方州政府为了应对大量东南欧新移民及子女的大量涌入，采取了一系列措施，积极推进对新移民的教育和加快新移民的美国化进程。公立学校则承担起了"改造"移民儿童的主要任务。公立学校促进移民子女美国化的核心是学习英语。因为只有掌握了语言，才能通过课程讲授美国历史文化、灌输美国价值观念。所以公立学校中英语处于"独霸"地位。《华女阿五》的作者黄玉雪在访谈中提到，她六岁（即 1928 年）开始上美国人办的学校，开始讲英语。其自传体小说提及："学校老师周小姐是一个中国女士，个子很小，穿着外国衣服，讲一口外国语——英语，尽管必要时她可以用中文解释。然而，她不让学生使用已经习惯的语言，这使他们灰心丧气。"①

语言是文化认定中最为重要的指数之一。就美国华人而言，第一代乡音未改，以中文为主要语言；第二代使用英语者增多，中文逐渐退守；第三代时英语成为日常与阅读语言，中文实用意义降低，文化象征性日益增强。② 根据人口普查数字，1920 年有 10020 名超过 10 岁的华人不会说英语。而 1910 年和 1900 年相应数字分别为 28370 名和 33498 名。③ 很明显，不会讲英语的华人人数在减少。

公立学校常常让移民子女心中充满了"一切非美国的东西都是劣等的"观念，学校在教学中对移民的母语和传统文化采取忽略或贬损的态度。黄玉雪说，她的英语词汇比她的广东方言中的词汇更复杂，而她的广东话只是口头语。同时，在《华女阿五》中，黄玉雪也多次提到了她对于父辈文化的质疑甚至是反抗，包括为自己争取大学教育的权利，反对无条件顺从，反抗包办婚姻以及争取职业自由等。由此可见，以语言为载体，华人子女开始接受美国文化的价值观念，并开始质疑父辈的信仰和文化。

---

① ［美］黄玉雪：《华女阿五》，张龙海译，译林出版社 2004 年版，第 11 页。

② 杜宪兵：《"恋旧"与"洋化"：纽约唐人街华人的民俗生活与文化认同》，《民俗研究》2009 年第 1 期，第 243 页。

③ 吴景超：《唐人街：共生与同化》，天津人民出版社 1991 年版，第 259 页。

另外，华人父母无意识中也对子女的“美国化”起了某种促进作用。尽管华人父母仍然保持着中国情结，但他们对待美国教育的态度是非常开放和民主的。[①] 比如，经常参与孩子的教育活动，支持孩子学习各门科目，甚至鼓励他们学习西洋乐器、参加社会活动。聪明好学的华人子弟，为了“取悦”父母，为了自己的前途而不断努力。这就导致他们花在学习中文和中国文化上的时间越来越少，从而疏远了父辈所珍视的文化传统。当然，由于受到排华政策和隔离教育政策影响，也不能夸大美国学校的力量。比如，尽管许多华人孩子在学校积极参与节日庆典活动，但是中国农历新年仍然是旧金山唐人街最受欢迎的节日。根据学校的报道，为了准备农历新年，这一周很多华人学生都没有到学校上课。[②]

同化的文化维度意味一个族群采取别的族群的文化特征——语言、宗教、饮食等。这一过程被一些学者称为文化适应。几乎总是弱势群体学习支配群体的文化特征。[③] 虽然华人父母和中文学校对华人子女进行了传统文化的熏陶，但是进入公立学校以后，在美国式教育影响下，子女不仅熟练掌握了英语，还充当其文化中介，帮助自己的父母实现美国文化的反向社会化（Reverse Socialization），这一行为又进一步强化了自身文化认同的转向。

三 种族歧视与土生华人文化认同的转向

（一）校园内种族歧视对土生华人的影响

首先，公立学校的教科书对华人带有明显的种族偏见。加奈儿·施林根·巴洛（Janelle Schlimgen Barlow）指出1900—1910年的世界史教材中，华人被描述成懦弱的、傲慢的，而且对于西方的传教士、西方国家以及改革抱有敌视的态度。这些教科书在表现出对中国文化好奇的同时，

---

① ［美］刘海铭：《早期美国华裔青年的自我认同：兼评雷洁琼硕士论文的历史意义》，《华侨华人历史研究》2009年第1期，第18页。

② Education of youthful Mongolians: Pupils of the Chinese Public School, *The San Francisco Call*, 1898-01-23.

③ ［美］马丁·N. 麦格：《族群社会学》（第6版），祖力亚提·司马义译，华夏出版社2007年版，第95页。

又公开谴责中国陈旧的社会发展道路。①

其次，教师对华人学生有歧视。尽管公立学校里大部分老师很友善，但总会有一些带歧视观念的老师。例如，艾丝特·黄（Esher Wong）就遇到过法语老师对她的歧视。有一次，黄在进行了较为精彩的课文朗读以后等待老师的回应，而老师却停了一下，认真地看着她。最后，老师说：“很好，你读得非常正确，但是我就是不喜欢你。你来自一个曾玷污了传教士的低劣民族。”②

除此以外，华人学生也成为白人父母攻击和歧视的对象。1905 年，华盛顿初级中学的白人学生家长向学校抱怨，认为 4 名华人学生在考试中有作弊行为，因为他们都取得了高分，并远远超过了其他同学。为平息家长的抱怨，学校将 4 名华人男孩置于教室的四角进行了第二次考试，但是他们还是获得了全班的最高分。最后，白人父母继续向教育委员会投诉，教育委员会默许了白人家长的要求，将 4 名华人学生转出了该校。③

然而，对于华人子女来说，最主要的伤害来自同辈群体，即白人学生的歧视。吴康宁认为同辈群体对学生个体的影响具有“高参照性”，④这是因为学生更容易接受同辈群体所树立的行为准则。雷洁琼曾指出，在初中阶段，种族意识在这个年龄段的孩子身上还很淡薄，白人学生通常对他们的华人同学很友善。到了高中阶段，白人学生的态度开始发生变化，他们越来越明显地把华人学生视为另类，而且年级越高，种族意识越强烈。到了大学阶段，白人学生排斥华人的情形就更严重了，各种同学会均不接纳华人学生，因此也没有机会当选学生社团的领导。从社会心理学角度来说，歧视华人学生，反映了白人学生受到家庭、社会等其他成员态度的影响而形成的一种从众心理。也就是说，虽然美国学校

---

① Wendy Rouse Jorae, *The Children of Chinatown: Growing up Chinese American in San Francisco*, 1850 – 1920, Chapel Hill: The University of North Carolina Press, 2009, p. 126.

② Wendy Rouse Jorae, *The Children of Chinatown: Growing up Chinese American in San Francisco*, 1850 – 1920, Chapel Hill: The University of North Carolina Press, 2009, p. 128.

③ Iris Chang, *The Chinese In America: A Narrative History*, New York: Penguin Books, 2003, p. 178.

④ 吴康宁：《教育社会学》，人民教育出版社 1998 年版，第 224 页。

教育试图或已经改变了华人学生内在的文化认同，但是从未改变种族歧视的外在校园环境。所以，归根结底，种族因素才是根本动因。

（二）校园外就业歧视对土生华人的影响

除了校园歧视，走出校门的华人青年还要面对一种更加痛苦的现实：就业歧视。由于肤色，即使大学毕业也不能帮助他们在美国社会找到一份专业工作。《父亲和他的光荣后代》的作者刘裔昌，出生于华商家庭，早年就读于马克汉姆文法学校。据他回忆，当时的一位老师引导学生们相信，美国是个机会均等的国度，每个人都可以积极投身政治，只要有能力，就一定会成功。[①] 受老师的影响，刘裔昌做起了总统梦，他告诉父亲“我热爱美国”，但是他对唐人街“十分陌生”。中学期间，刘裔昌首次在唐人街以外寻找暑期工作却不可得，甚至常常连面试机会都没有，而他的白人同学都能找到工作。这一事件促使他意识到，虽然他在语言等方面已经美国化，但是因为相貌原因导致他仍无法摆脱美国主流社会的歧视。经过若干挫折之后，他终于明白，不管他多么美国化，华人外表将使他无法在美国社会享受平等待遇。

同一时期雷洁琼的研究认为，因为华人属于黄色人种，所以几乎她所有的被采访者都相信白人雇主对华人抱有偏见，只有美国白人不愿从事的个别行业例外。[②] 在20世纪30年代，有九成左右的华人青年主要从事服务业。

就业歧视的困境不仅剥夺了土生华人的工作机会，还迫使华人青年开始重新审视自己的身份和出路。很多土生华人进行了“补课”，他们认真地学习中国的语言和文化，并且准备回中国寻找就业机会。在斯坦福大学读书期间，刘裔昌开始意识到保留“中国根”的重要性，他重新学习了中文，对中国的传统文化也产生了兴趣，更重要的是这影响到他后来从事的工作，直到他成为所在研究领域的“中国问题专家”。

---

① 冯元元、郭英剑：《教育对美国华裔作家身份建构的影响》，《外国文学》2008年第3期，第101页。

② ［美］刘海铭：《早期美国华裔青年的自我认同：兼评雷洁琼硕士论文的历史意义》，《华侨华人历史研究》2009年第1期，第20页。

但是我们需要看到，20 世纪 30 年代华人社会所倡导的“去西方”（Go to West）、“去中国”（Go to China）的反向移民运动并没有彻底地进行下去。“二战”之前以及“二战”中，中美关系的改善促使很多土生华人从中国返回了美国，而且在 1940 年至“二战”全面爆发之间的一段时间内，还有些土生华人为了舒适的生活也回到了美国。①

由此可见，一方面，华人青年在外部环境的刺激下，在成年后对中国的文化、族裔身份有了不同程度的回归，并且随着自身的成熟而日益强烈；另一方面，土生华人的美国公民身份以及同化教育，使他们中间的大部分人把自己的职业发展定位在了美国，把自己的根扎在了美国。

无论选择返回中国还是继续留在美国，华人意识的增强使他们对待中国以及中华文化的态度发生了重大转变。当中国成为华人青年构建文化认同中一个重要的文化来源时，他们重新融进了祖先的文化中，在情感和文化理念上向父母靠近，并获得了更多的归属感，他们在中美两种文化之间形成了对自己身份的新认知：我们是美国人，我们是美国华人。

四 美国华人从移植、冲突到融合的文化认同趋势

美国华人的文化认同至少受到来自中国、美国以及美国华人自身三方面因素的影响，在不同的历史时期，每种因素所占的比重不同。但就主要趋势而言，20 世纪之前的早期华人移民深受旅居观念影响和美国社会排华法的限制，基于后喻文化的超强稳定性，老移民通过对美国社会环境的本能适应，对自身原有的文化传统进行了自然传承，在生活方式、社会习俗、价值观念等方面都与其华南家乡相差不大。

在居住形式上，老一代华人移民沿袭传统的家庭——家族观念，主要群居于唐人街，这是早期移民基于血缘和地缘关系结成的居住模式。对华人移民来说，也是一种抵制外界排华暴力的自我保护机制。这一时期的美国华人处于早期移民的“家族、地域——方言群”认同时期，但

① K. Scott Wong，Sucheng Chan，*Claiming America：Constructing Chinese American Identities During the Exclusion Era*，Philsdelphia：Temple University Press，1998，p. 177.

他们对自己的宗族、家乡及清王朝的效忠难脱传统上种族观念和皇朝观念，更不具备近代意义上的民族—国家、国民或公民等观念。只是共同应对排华的命运，促使各埠华人在族群意识上日渐产生整体上的华人族群观念和认同，开始跨越宗族与地域的界限而逐步走向联合。

在华人的同化问题上，中国文化传统和华人的宗亲观念影响了“二战”前华人的融合进程，因而表现出了历时性的滞后。比如，“妻儿的人质性质”要求每个侨民负起经济责任并最终返回家乡，这种模式迟滞了同化进程。① 但是我们也要看到美国社会因素对华人的制约。

首先，由于女性缺乏，华人未能普遍建立稳定的家庭从而进入第二代，因而未能仿效其他移民群体相似的同化道路前进。其他族裔的移民可能因天主教信仰而受新教徒歧视，但从未受移民法的排斥，家庭的稳固使他们看到美国是一个可以寻找机会、结婚并生子的国家，而华人的路径却因移民限制、种族歧视而大不相同，即他们想在这个侨居的国家（美国）找寻自己的位置而不可得。其次，种族歧视阻碍了华人与主流社会的密切接触，导致华人成为一个相对孤立的族群。这些男性移民主要定居在唐人街。那里有更多的致富机会，可以与华人同伴一起生活，同时避免了主流白人社区对居民的种族歧视。移民群体在就业、社交、文化活动和紧急资金援助等方面形成了互帮互助的机制。② 最后，许多老华人无法获得公民身份，从而处于合法的边缘。根据罗伯特·帕克的边缘人理论，移民是边缘人，他们是脱离了原来的文化，在文化适应过程中建立一种新身份的人。他们不了解所移居社会的内部机制，并在某种程度上处于主流的社会群体之外。老一代华人虽然在美国生活了很长时间，但是他们没有合法公民身份，不被美国主流社会承认，只有居住权，没有公民权，因此身处合法的边缘。

20 世纪以来，土生华人数量不断增多，在 40 年代占到在美华人的半数。土生华人与父母之间巨大的文化差异，引发了家庭中的代际冲突，

---

① ［美］朴尹正：《荣誉至上：南非华人身份认同研究》，吕云芳译，广东人民出版社 2014 年版，第 14—15 页。

② ［美］令狐萍主编：《亚裔美国人：历史与文化百科》（上），余蕊利等译，世界图书出版公司 2016 年版，第 180 页。

这也是中美文化冲突在家庭中的缩影。家庭冲突的结果往往表现为一方的顺从或者是双方的“共生”，华人父母开始认识到美国文化且承认它的存在，部分华人子女也开始重新认识和接受中国文化。不可否认的是，在消解代际冲突的过程中，华人父母日益理解子女的美国生活方式和文化行为，即使他们并不打算以此作为自己生活的参照，但在潜移默化中他们也或多或少地朝着美国文化靠近。

土生华人生而具有美国国籍，因此他们开始对美国产生初步的政治认同，他们开始积极向美国政府争取与自身相关的政治权益。同时，中国国内轰轰烈烈的革命政治运动，也引起了一些土生华人的积极关注，特别是在“二战”中，土生华人支持抗日战争并尽其所能宣传、筹捐或是直接参战，表现出对中华民族的强烈情感，但这并不意味着土生华人对美国政治认同的消失。今天，在理解、尊重华人国家认同和政治认同的同时，我们要看到美国华人有强烈的族裔认同和文化认同，具有浓郁的乡情和亲情意识。①

总之，“二战”时期，华人群体关于“华人”或“中国人”的整体观念上的华人文化认同的构建，始于华人对美国社会环境适应所做出的选择，其总体趋势是从对立、冲突到融合。在这个过程中，冲突、不适、痛苦是暂时的，经过一个时期的调整与适应，华人的认同问题必然会走向相对和谐的发展道路。

五 “二战”前土生华人“美国华人”新认同的建构

土生华人“美国华人”身份的建构是先解构后重构的过程。新认同的建构不是对既有认同的彻底否定而构筑起一种新的认同。人类文化认同的新构建是在原有认同的基础上通过新的因素的注入，进而使人们达到从局部到全面的新的认同而获得的。这种新的因素既可能产生于文化

① 陈奕平、朱磊：《美国华人的多元认同及中国民众的反应——以骆家辉为例的分析》，《暨南学报》（哲学社会科学版）2012 年第 10 期，第 29 页。

的内部，也可能来自文化的外部。[①] 给土生华人文化认同带来新变化的一个重要渠道就是异文化的传播——美国主流社会文化。具有前喻文化特征的美国文化在向后喻文化熏陶下的土生华人传播的过程中所引起的价值冲突要比传统文化内部的冲突更为激烈，因为中美文化是两种截然不同的文化。

土生华人的文化认同、身份建构是一个复杂的过程。中国的历史非常悠久，文化传统非常深厚，他们成长在深受这种文化传统熏陶的华人家庭中，但是由于他们远离中国，并且有着中美两种复杂的教育经历，因此他们的文化认同与其父母呈现出巨大的反差。如果不是主流社会持续不变的种族歧视，土生华人的文化认同可能就此完全转向。

陈素贞（Sucheng Chan）认为亚裔美国人在适应美国社会的过程中经受了双重认同的问题：他们既是移民又是少数民族。作为移民，他们很多人遇到和欧洲移民一样的困扰，但是与欧洲移民有着显著不同的是，他们不是白种人。由于肤色不同，因而被视为始终无法完全融入美国社会的“永远的外国人”[②]。

许多“二战”前在美出生的土生华人“开始为自己的外表以及由父母传授和自身在华人社区生长中所形成的价值观念和行为感到耻辱；对自身的厌恶以及被美国白人社会接受成为他们强烈的渴望。在实践中，这意味着对母语文化的排斥以及对白人价值观念的追求，以求将自己彻底地美国化”[③]。“他们的父母曾多次告诫他们就业歧视的存在，但直到他们真正离开自己的民族社区，进入到外面的世界开始工作时才体会到，种族歧视的力量是多么根深蒂固、牢不可破。在这样的情形下，他们开始矛盾地期盼中国能够成为实现自己理想抱负的最好地方”[④]。非常有趣的是，土生华人返回中国的行为又成了一种新的“旅居”。由于就业歧视和唐人街有限的工作，受过高等教育的华人子女，在20世纪30年代有的

---

① 郑晓云：《文化认同论》，中国社会科学出版社2008年版，第220页。

② Sucheng Chan, *Asian American*: *An Interpretive History*, Boston: Twayne, 1991, p. 187.

③ 杨凤岗：《皈信·同化·叠合身份认同：北美华人基督徒研究》，默言译，民族出版社2008年版，第256页。

④ K. Scott Wong, Sucheng Chan, *Claiming America*: *Constructing Chinese American Identities During the Exclusion Era*, Philsdelphia: Temple University Press, 1998, pp. 157 – 158.

人选择了返回中国。但是他们很难适应父母故乡的生活，随后又回到了美国。

深受同化教育政策影响的土生华人，一方面他们要反对父母的保守文化传统，而作为华人群体的一员，土生华人深感20世纪50年代排华所导致的外在社会的沉重阻碍和限制。美国人类学家许烺光曾提出了“创造性调适”（Creative Adjustment）与积极地实现拥有不可回避的“双重身份认同”（Double Identity）。但是，当时学界对此问题还没有太多的关注，雷洁琼曾认为当时土生华人的困惑是一种群体性的社会失范。

说到底，土生华人的困惑是双重身份的困惑。土生华人个体可能感到自己既不完全属于美国大社会也不完全属于华人族群，成了吴景超先生所描述的社会“边缘人”。他们被拖向新社会的文化但又在文化上、心理上受到原有文化的束缚。[①] 这是因为土生华人既不能被中国社会，也不能被美国社会全盘接受。悬浮于两种文化之间并非易事，他们别无选择，只得暗自努力，在两种不同文化之间进行取舍，下定决心创造一个属于他们自己的世界——一个美国华人的世界；创造了一个独特的文化认同——一个美国华人的新认同，而“这个世界”“这种认同”，是他们的华人父母与白人同伴所无法全部理解的。一个加州土生华人这样表达了他的生活观：“我要从中国和美国生活方式中选取最好的部分，作为我的生活方式。比如，我喜欢吃中国饭，但在准备中国饭时我将把在学校学到的营养学原理运用其中。”[②] 又如南非华人，他们同样展现出选择性的涵化过程：选择和保留某些文化实践，对他们进行调整和重释以适应基督信仰和南非情景。[③]

六　结语

土生华人“美国华人”新认同的建构过程不仅是解构与建构的过程，

---

① ［美］马丁·N. 麦格：《族群社会学》（第6版），祖力亚提·司马义译，华夏出版社2007年版，第97页。

② 雷洁琼：《对生长于美国的华人的一项研究》，开明出版社1999年版，第53页。

③ ［美］朴尹正：《荣誉至上：南非华人身份认同研究》，吕云芳译，广东人民出版社2014年版，第112页。

还是离异与回归的过程。离异与回归是人类文化史上经常交替出现或相互伴生的两种趋向，也是文化史动态研究带有永恒魅力的重要课题。①

离异首先表现为华人子女向美国文化的学习与趋近，对主流文化的认同。这是旧金山华人子女的一种天然倾向，因为他们生于美国、长于美国，而且在当时美国文化相对于中国传统文化而言，具有巨大的优越性，符合历史潮流。回归则主要表现为美国华人社会有意识地延续传统文化，构建华人群体的族群意识，以避免被美国社会文化同化。本文中的回归集中指向华人子女受到社会歧视等阻力后所产生的一种理智回归，它包含着某些合理的、必要的积极因素，而且这也几乎是所有土生华人文化认同的普遍经历。虽然离异与回归发生在旧金山的华人社会，但文化根源却来自跨太平洋的华南社会与美国社会。

总之，“二战”前美国土生华人的“双重文化认同”，既不是盲目抄袭族裔之外的美国文化价值体系，又不是简单继承族裔之内的华夏文化价值体系，而是兼容并包，体现了华人的开拓与创新，但是对于这种新认同的认识还有待于进一步研究。

① 章开沅：《实斋笔记》，陕西人民出版社 2008 年版，第 344 页。

海外客属侨社在促进居住地与祖籍地之间“民心相通”上的桥梁作用

——以梅州为例

叶小利*

民心相通是“一带一路”倡议中建设目标体系中所要达到的其中一项，其为其他“四通”提供坚实的民意基础，又是“一带一路”倡议中所要达到的，形成民众之间相互理解、尊重与合作的可持续友好往来之目标。从《推动共建丝绸之路经济带和21世纪海上丝绸之路的愿景与行动》中可看出，“一带一路”的民心相通可大致从教育、文化、旅游、卫生、科技、就业、智库、志愿者服务、媒体等几个方面开展。由谁、如何促进这些方面的工作展开，海外华侨华人及其团体在其沟通两地的原有工作中进一步发挥桥梁作用，客家华侨华人遍布全球，其中客属侨社在沟通居住地与祖籍地之间，通过其在海内外的文化交流活动，增进海内外华人甚至与侨居地居民之间的了解、在海外的社会公益事业，树立华人良好形象的同时，增加当地人对华人的好感度，可以从塑造好华人族群良好形象、增加相互往来和加强慈善志愿服务的方式等方面选择新的方向和方式。

* 叶小利，广东嘉应学院讲师。

一 海外客属侨社通过其在海内外的文化交流活动，增进海内外华人甚至与侨居地居民之间的了解，拉近距离、增加互信

（一）海外客属侨社积极组建恳亲团，回乡探亲、旅游

海外客属侨社中积极组建恳亲团，回乡探亲、旅游、进行文化交流的社团，不得不提新加坡茶阳会馆，30 多年来不定期回梅恳亲。2019 年新加坡茶阳（大埔）会馆回乡恳亲团一行 280 余人，先后到百侯名镇旅游区、张弼士故居、县陶瓷馆、李光耀故居等地进行参观，感受家乡深厚的文化底蕴和优美的风光。恳亲团成员表示，今后将加强沟通交流，努力为两地在文化、旅游、经贸等方面的发展创造更多合作交流的机会，共同推进大埔各项事业的繁荣发展。①

在泰国华人九属会馆中，影响仅次于潮州会馆的泰国客家总会，下辖 28 个客属会馆、进德学校、亚洲商学院和六座庙宇、四座义庄，泰国客家总会不定期组织会员回梅恳亲。据笔者了解有些泰国华人还在梅州购买房产，泰国《世界日报》记者李菊芳在梅州购买了客天下房产，经常携其泰国泰人儿媳和孙儿回梅州度假，由于泰国跨族裔通婚多，华人携带居住国本土族裔的亲属来中国回梅探亲、旅游甚至购买房产的情况也越来越多，届时，随着华侨华人及其海外本土亲属友人来往两地越来越多，对中国、对侨乡梅州了解越来越多，不仅华侨华人是中外友好交流的使者，其海外亲属友人相信也将会是得力的友好使者。

印度尼西亚梅州会馆是海外最主要的客属社团之一，于 2002 年 1 月由熊德龙、黄德新、李世镰等印度尼西亚侨贤发起，虽然成立时间较晚，但是在团结印度尼西亚各地梅州客家人、弘扬客家精神、联络感情、促进合作、促进客家人与印度尼西亚各族群和睦相处等方面做出了积极的贡献。2019 年印度尼西亚梅州会馆组织 270 多人的“中秋寻根之旅”访

① 《新加坡茶阳（大埔）会馆回乡恳亲团来埔关心家乡发展变化》，大埔县广播电视台，http：//www. gddbtv. com/index. aspx？ id = 19725&lanmuid = 63&sublanmuid = 595。

问团回梅考察。其间举办了印度尼西亚梅州会馆中秋寻根之旅联欢晚会，在中秋寻根之旅联欢晚会上，既有梅州家乡浓郁的客家山歌等，又有印度尼西亚梅州会馆的团友们带来的特色民族音乐与舞蹈，如印度尼西亚传统乐器昂克隆演奏《哎哟妈妈》、巴厘岛民族舞《tari janger bali》、加里曼丹岛民族舞《tari enggang》、巴达维亚地区舞蹈《kipas betawi》、苏岛民族舞《tari badindin》等。共叙乡谊的同时，通过印度尼西亚乡亲带来的印度尼西亚音乐、歌曲、舞蹈等也让梅州市民感受到了浓浓的异国风采，实现了中外文化的交流，印度尼西亚梅州会馆充分发挥了桥梁纽带的作用。

（二）海外客属侨社积极响应寻根之旅

马来西亚嘉应属会联合会、马来西亚雪隆嘉应会馆等会馆积极响应“中国寻根之旅：梅州冬令营”，在居住国组建华裔回乡体验客家文化。

“中国寻根之旅：梅州冬令营”已经举办了30届，已有九个国家的600多名华裔青少年参加。它为华裔青少年与家乡架起沟通的桥梁，让他们更了解梅州和客家文化，并通过他们将客家优秀传统文化传播到海外，促进国际文化融合发展。同时，还通过举办海外侨社中青年研习班和海外华文学校华裔老师培训班，让学员将在梅州的所见所闻带回各自的国家，把客家文化、客家知识讲述给海外华裔。深入梅州市各地与学生交流互动，参观客家古民居、古村落、名人故居和纪念馆，学习客家陶艺制作、客家历史、客家山歌、客家话、中华武术等，加深了对客家文化的认识。①

最近五年来看，积极响应的海外客属侨社有马来西亚嘉应属会联合会、马来西亚雪隆嘉应会馆（2015）、新加坡应和会馆与丰顺会馆、马来西亚雪隆嘉应会馆（2016）、新加坡丰顺会馆和马来西亚丰顺会馆（2017）、印度尼西亚万隆客家联谊会马来西亚雪隆嘉应会馆（2018）、马来西亚嘉应属会联合会、马来西亚霹雳嘉应会馆（2019）。

除了东南亚的客属侨社外，毛里求斯仁和会馆也多次组织华裔青年

---

① 《7名华裔青少年在梅州成功“寻根”》，梅州网，http://www.meizhou.cn/2018/1222/575137.shtml。

夏令营来梅开展活动，仁和会馆是毛里求斯最大的客家社团，140 年来致力于团结毛里求斯的客家人，传播中华文化，传承客家精神，促进中毛友谊等方面做了大量工作，比如促进毛里求斯鸠比市与梅县区友城之间的交流合作。

（三）海外客属侨社资助侨乡学生海外交流

印度尼西亚工商会馆中国委员会执行主席、印度尼西亚《国际日报》董事长熊德龙等印度尼西亚梅州会馆的侨贤发起“梅州学生印度尼西亚行”系列活动，该活动计划组织 500 名梅州有关学校的学生分批次访问印度尼西亚。2018 年，梅县南口中学为第一期访问团，2019 年梅县区松口中学和大埔县虎山中学为第二期访问团。访问团到印度尼西亚雅加达、万隆等地开展“一带一路”学术交流，访问印度尼西亚百年华文学校八华学校、雅加达崇德三语学校、万隆崇仁中学等。八华学校与梅州松口中学颇有渊源，梁映堂是八华学校创校人之一，其孙梁世桢在松口中学捐建梁锡佑礼堂，是为纪念父亲梁锡佑先生。“梅州学生印度尼西亚行”让师生了解印度尼西亚风土人情，同时也进行了中国与印度尼西亚文化交流，使中国与印度尼西亚师生各有所得，可以此掀开青年学子的文化交流新篇章，以期将来更好地共促中国与印度尼西亚友好。

（四）海外客属侨社组建的跨国联系网络，促进了多地华人之间的交流

世界客属恳亲大会缘起于 1971 年 9 月 28 日香港崇正总会举行的第一届世界客属恳亲大会，每两年举办一次，由世界各地的客属会馆承担在居住地的举办活动，目前已在亚、美、非三大洲 11 个国家和地区举办了 30 届，规模逐渐扩大，已由单纯的恳亲联谊，发展为融经济合作、文化交流和学术研讨于一体的活动载体。大会举办期间，来自世界各地的客属会馆、侨领和乡亲会聚一堂，促进了各地客属华侨华人之间的往来和交流。如 2019 年第 30 届世界客属恳亲大会在马来西亚吉隆坡举办，由马来西亚客家公会联合会主办，此次大会主题是“天下客家，永续共荣”。全球 20 多个国家和地区、100 多个客家组织参加了大会。此次大会活动有首长会议、客家文化学术论坛、客家青年高峰论坛及客家楷模奖颁奖

典礼等。

二　海外客属侨社通过其在海外的社会公益事业，树立华人良好形象的同时，增加当地人对华人的好感度

（一）开设中文学校和中文培训班和展览等，让更多人了解中文和中华文化

据笔者2017年在泰国调研所知泰国客家总会下辖进德学校在泰国中文学校中是佼佼者，早在2005年，该校就设立了汉语培训营，培训营不仅让学生习得和提升中文，同时让学生了解中国的美丽河山、优秀文化。而泰国客家总会下辖的亚洲商业学院是在泰客家人设立的第一所大学，1998年成立，面向当地招生，设立了会计、计算机、市场营销、旅游等专业，使学生掌握了必要的商业理论知识，教授中英泰三语，同时从中国聘请中文教师教授中文，与广西贺州学院开展学术交流项目等。

在泰国南部城市合艾，合艾客家会馆与宋卡王子大学孔子学院合作开设中文培训班，其提供教学场地和中文教师，教授小学生中文，学员中除了华裔新生代还有许多当地本土泰人小学生，虽然只是周末上课，但学员们表现出极大的热情。

泰国丰顺会馆常年拨款赞助华人办好各类学校的中文教育，捐献100万铢（泰币）赞助中华语文中心作为建校基金，同时还向泰国教育部门捐助奖学金。

（二）海外客属在侨居地热心慈善，回馈和造福当地社会

首先在捐赠和经营医院方面。在泰国，创办102年的泰国天华医院，由潮州、客家、广州肇庆、福建、海南的六位侨领筹建，发展到今天，中医部免费为当地人提供中医诊治，西医部提供廉价质优的诊治。此外还有泰国客家总会资助的崇正公立医院，为侨胞和当地人提供医疗救助服务，广受好评。合艾侨团联合会筹建的泰国合艾中华慈善院（养老院）为当地老人提供养老服务，由在合艾的华侨华人筹办的合艾同声善堂医

院，为当地人提供优质的医疗服务。

新加坡茶阳会馆 2008 年开始不定期举办“客家美食慈善嘉年华”，在 2012 年第二届的“客家美食慈善嘉年华”活动中，为广惠肇留医院共筹得 55 万元善款。2018 年第三届“客家美食慈善嘉年华”活动，这次活动还得到兄弟会馆包括永定会馆、丰顺会馆、应和会馆、惠州会馆以及柔南大埔同乡会等客属团体的支持，此次活动在推广客家美食文化的同时为广惠肇留医院筹募至少 20 万元善款，帮助到那里求诊的弱势群体。新加坡茶阳会馆 2007 年捐献 30 万元予南洋理工大学孔子学院设立“世界华文文学奖”；2011 年捐献 30 万元赞助新加坡管理大学设立“柯玉芝法律图书馆”，在提升新加坡的文化与教育方面薄献绵力。

在积极参与赈灾方面，泰国客家总会总是积极救助泰国水灾受灾民众，积极捐助善款、物资给泰国南部水灾灾民，1998 年，其参加泰助泰救国运动，捐献泰助泰资金。2010 年 11 月印度尼西亚火山喷发给当地造成极大灾害，印度尼西亚梅州会馆社会福利部主任黄禎祥率团一行 9 名医生以及 1 名药剂师一连两天，在灾区开展义诊并捐助救济品。

澳大利亚维省东帝汶华裔中老年会，积极参加澳大利亚“清洁日”活动，义务到公园去收拾垃圾；为墨尔本皇家儿童医院和东帝汶医院捐款；纽省客属联谊会热心公益，积极参加各种义卖筹款，2001 年，新南威尔士州政府在上议院组织山火筹款义卖，联会会长捐助 3 万澳元。① 澳大利亚客属协会在悉尼筹建博爱西区高龄宿舍时，筹得捐款近 2 万澳元。

2019 年借世界针灸学会联合会、中国中医科学院与毛里求斯卫生部签署关于中医针灸领域的合作意向书之际，毛里求斯的客属侨社仁和会馆积极参与其中的中医针灸落地毛里求斯项目，主动提供场所，开设中医中心，来自中国的针灸专家团队在中医中心为当地侨胞进行健康咨询及义诊活动，并与毛里求斯维多利亚医院几十位医生举行座谈交流，为当地民众提供中医药服务。

（三）海外客属通过宗教促进相互理解

笔者 2017 年在泰国调研得知，泰国曼谷唐人街的庙宇中，泰国客家

---

① 罗可群：《澳大利亚客家》，广西师范大学出版社 2008 年版。

总会下辖的汉王庙、福德祠（大伯公庙）等庙宇，其中当地泰人也会来祭拜，他们也会出席一些宗教仪式，如原乡的汉王庙、福德祠（大伯公庙）等神仙塑像请来泰国时，他们通过参加宗教仪式，以此了解华人神仙塑像的来龙去脉，理解华人的信仰。

（四）海外客属通过具有中华特色的文化、艺术和体育活动等，让更多的当地人了解中华文化

2018 年 11 月，加拿大多伦多客家联谊会举办了客家历史文化遗产展，该展览展出富有客家特色的饮食、建筑、服饰、客家迁徙图等人文图片，让更多当地华人和主流族裔更好地了解中华文化、客家文化。多伦多客家联谊会于 2013 年成立，致力于传承、保护与弘扬客家文化，参与华人社区建设，并积极丰富加拿大多元文化、促进中加友好。

新加坡茶阳会馆的客家歌唱团参与国内外演出逾 70 场，让更多的人听到客家山歌。在体育活动方面，新加坡茶阳（大埔）会馆还赞助和举办“茶阳杯高尔夫球赛”“茶阳杯象棋赛”“茶阳杯乒乓球赛”和“保龄球赛”等赛事，在当地取得良好反响。

（五）海外客属开设图书馆和研究室，坚持文化传承的同时，激励客家等中华文化的研究

新加坡茶阳会馆创设了客家文物馆、客家文化研究室、客家影音资料室和图书馆。新加坡茶阳会馆还出版《茶阳之声》会讯，此外还出版了不少有关客家文化研究的专题论著，如《新加坡典当业纵横谈》《百年公德被南邦——望海大伯公庙纪事》《永远说不完的课题——客家文化论集》等，客家文化研究室还与新加坡国立大学中文系合作，赞助或协助该系研究生进行客家文化研究，并联合主办客家文化研讨会、学者讲座、交流会等，鼓励国内及海外学人进行研究，并有意赞助专家学者将研究成果出版成书，借此弘扬客家及中华文化，[①] 目前已经出版了《走进客家——田野考察、文化研究》《新加坡客家会馆与文化研究》《会馆、社群与网络客家文化学术论集》《中国与东南亚客家跨域考察纪行与论述》

① 《新加坡茶阳会馆的前世今生》，http：//www. sohu. com/a/140857235_ 742547。

等著作。

2018 年，新加坡茶阳会馆还借 160 周年会庆，举办“亮丽歌舞暖客情”为主题的“客家文娱大会演”，中国大埔县文艺团体受邀参加演出，把广东汉剧汉乐、客家山歌、民间传统文化等宣传大埔的好作品一一向海外乡亲展演，受到海外乡亲和友好人士的好评。

在泰国，泰国客家总会设立客家文化中心，泰国丰顺会馆设立华人图书馆，让泰国华人传承中华文化和了解乡情的同时，对外开放，也让当地人有另一个渠道了解中华文化。

2018 年，马来西亚客家公会联合会举行第 30 届世界客属恳亲大学客家论坛，2019 年 7 月 18—20 日在马来西亚吉隆坡举行，联合马来西亚人文与社会科学院、拉曼大学中华研究院和马来西亚新纪元大学学院共同举办，会后联合会会长张润安建议设立基金探讨客家课题。

在印度尼西亚，雅加达客家博物馆由印度尼西亚客属联谊总会筹建，博物馆通过馆藏文献、图片以及生产生活工具等历史文物，介绍客家人漂洋过海到印度尼西亚群岛开拓创业、落地生根，与印度尼西亚各民族携手建设国家的奋斗史。时任印度尼西亚总统苏西洛曾说，客家博物馆的建立有助于印度尼西亚人民了解印度尼西亚客家人的历史和文化，对推动社会多元化和民族融合有重要作用。①

三 关于海外客属侨社在促进侨居地与祖籍地之间“民心相通”上的桥梁作用的一些思考

过去和现今，海外客属侨社在促进居住地和祖籍地之间人文交流方面起到了积极的桥梁沟通作用，但对于如何更好地促进民众之间居住地和祖籍地之间的相互理解、尊重与合作的可持续友好往来的“民心相通”，在其未来发展上可以有以下新的方向性、方式上的选择。

---

① 《印度尼西亚首座“客家博物馆”落成 总统主持揭幕》，https：//world. huanqiu. com/article/9CaKrnJFuQC。

（1）首先在海外客属侨社传承中华文化的情况下，塑造好华人族群在当地的良好形象，这是华人族群在当地社会的立足之本，也是客家华人在促进居住地和祖籍地之间人文交流方面起到积极的桥梁沟通作用的立足之本，如何塑造良好形象，最佳途径应当是加大在当地社会公益、慈善中积极参与的力度；其次，发掘华人与当地人共同建设当地的历史和共同记忆，以此增加华人在当地的发声权，让华人的声音在当地能够让主流社会愿意听到、听进去，这样才能在推动居住地和祖籍地之间人文交流有更大的分量。

（2）海外客属侨社可利用其海外网络，让更多的海外华侨华人以及新生代华裔及其家人回家乡看看的同时，也让更多的祖籍地侨乡人走出去看海外华人和海外社会，增进彼此的了解，共促中国和当地国的友好往来，如"梅州学子印度尼西亚行"活动，广东省客属企业家考察团在马来西亚客家公会联合会邀请下考察马来西亚等都是"走出去"交流的良好方式，此外也可以让海外客属侨社在祖籍地开展海外侨情大讲堂之类的公益社会讲座，让祖籍地的民众了解海外的风土人情。中国有句古语"有来无往非礼也"，只有经常的"你来我往"，才能更好地促进居住地和祖籍地两地民众之间的相互理解和相互尊重。

（3）海外客属侨社可利用其在侨居地的资源，让有志于海外志愿的义工服务海外华人在当地社会进行社会公益活动和志愿者服务，帮助居住地赈灾、扶危济困的同时，增加对华人的好感度，从而增进两地人民之间的友好情谊，以润物细无声的方式实现"民心相通"。

单向度的社会距离：意大利北部T城华人的质性研究

刘　蕾*

一　引言

意大利华人移民问题研究曾经在海外华人研究中占据一定分量，其中最著名也最显眼的当属澳大利亚莫纳什大学2001年就已经在意大利成立的普拉托研究中心及其相关成果产出。这也使“Prato现象”成为关于意大利华人流散群体（Chinese Diaspora）的焦点，作为佛罗伦萨卫星城市的一个名不见经传的小镇普拉托（Prato）自此也成为移民研究中除了“中国城”（China Town）之外带有典型东方色彩的一个新地标。Gabi DeiOttati关于意式工业区（Industrial Districts）的研究，[①] 住在高墙之外的“陌生局外人”（alien outsider）的总体聚像，[②] Kevin Latham关于普拉托华人社会融入指标体系的建构以及对双重平行社会（Dual Society）的论证，[③] 都展示出了21世纪以来海外学者视

---

* 刘蕾，青岛理工大学人文与外国语学院讲师。

① Dei Ottati，Gabi，and Medium Sized Enterprises. Exit，Voice，and Loyalty in the Industrial District：The Case of Prato，ESRC Centre for Business Research，2000.

② Smyth，Graeme Johanson Russell，and Rebecca French，eds. *Living Outside the Walls：The Chinese in Prato*，Cambridge Scholars Publishing，2009.

③ “Media and Discourses of Chinese Integration in Prato，Italy：Some Preliminary Thoughts”，Baldassar，Loretta，et al.，eds. *Chinese migration to Europe：Prato，Italy and beyond*，Palgrave Macmillan，2015.

野中意大利华人移民的群像。

意大利的华人移民主体同法国、西班牙一样，是有着“东方犹太人”之称的温州人。在意大利，Wenzhounese（温州人）可能会比 Cinese（中国人）更加出名。这一群体普遍从商，在当地拥有深入的经济融入，而对于 host society（东道主国）的文化融入、政治融入却相对要弱一些。在国内，2012 年播出的电视剧《温州一家人》引起了大众媒体的普遍关注，温州人的精神在普拉托这块移民飞地上得以显现，而女主角代表的这部分人属于20 世纪 80 年代来到意大利。诚然，影视作品有着自己的时代性，今至今日，在普拉托已经成为华人商场变成一片红海的情况下，不少华人也在一步步跳出小镇，飞往意大利其他区域乃至欧洲各地。

本文试图跳出意大利华人移民的“普拉托典型”或者“中国城典型”，试图通过社会距离的概念介入，来描绘一个意大利普通小城市的华人移民的社会融入与隔离图景。通过对一个意大利北部小城 T 城中居住的华人移民的个案访谈等质性研究方法，借鉴国内关于农民工社会距离研究的丰硕成果来为意大利华人移民同当地社会的社会距离研究提供新的文献。

二 文献综述

目前国外意大利华人的研究主题也较为广泛多样，海外族裔经济研究①、劳动力市场②、社会融入③、社会关系④；文化教育、社会语言、文

① 张一力、张敏：《海外移民创业如何持续——来自意大利温州移民的案例研究》《社会学研究》2015 年第 4 期，第 1—25、242 页；李梅：《普拉托华人移民与族裔经济的研究综述》，《当代经济》2018 年第 11 期，第 134—136 页；陈翊、张一力：《社会网络和海外华人族裔集聚区的功能分化——以米兰唐人街为例》，《经济地理》2017 年第 6 期，第 1—7 页。

② Gabi Dei Ottati、张铭：《意大利工业区与华人的双重挑战》，《华侨华人历史研究》2011 年第 2 期，第 9—16 页。

③ Angela Chang, “20th Century Chinese Migration to Italy: The Chinese Diaspora Presence within European International Migration,” *History Compass*, 2012, 10 (2)；石嘉怡等：《意大利华人的城市社会融入度研究》，《长安大学学报》（社会科学版）2017 年第 6 期，第 86—93 页；严晓鹏、张璐婷：《普拉托华人与当地社会融合问题研究——基于文明冲突的视阈》，《八桂侨刊》2010 年第 4 期，第 8—12 页。

④ 高婷珊：《当代意大利华人与当地社会的关系研究》，硕士学位论文，暨南大学，2015 年。

章发表水准也相当高。在意大利华人社会融入问题的研究上，多集中在华人移民具有突出特点的米兰和普拉托，对于小镇或者华人移民聚居的“飞地”（enclave）现象不明显的城市则鲜有研究。同时，值得注意的是，这些研究主题在国内农民工的研究中也有涉猎，因此就有学者指出华人跨国移民和国内移民（农民工）在内涵上的相似性与差异性。有学者将农民工界定为一种“移民”的研究范式，[①] 也有学者借鉴国际移民研究中的概念来分析农民工的城市现状。例如，在考察移民与当地社会的融入与隔离程度上就有很多概念：社会融合（Social Integration）、社会排斥或融入（Social Exclusion & Inclusion）、适应（Adaptation）、同化（Assimilation）等，这些在国际移民研究和国内农民工研究的关键词中都可以检索到不少文献。

尽管国内农民工所处的社会文化背景与跨国华人移民的情况有着不同，但是，二者在迁入地的弱势地位和在东道主社会的融入过程中的困难却是相似的，因此，国际社会融合理论对中国农民工的研究具有重要的借鉴价值，这也为当前的农民工文献所证实。[②] 可见，从现有文献的归纳中，我们可以看出农民工研究与跨国移民研究在一定程度上具有互通性。

此外，目前将研究兴趣定位在流动人口研究的学者均涉猎农民工和国际移民研究，最著名的当属王春光在同时研究巴黎华人社区的建构和农民工社会融入、身份认同等议题，[③] 项飚同时涉猎国内“东镇民工”、浙江村的研究和印度跨国 IT 专业人士移民的“全球猎身”（body-shop-

---

① 徐法寅：《中国农民工研究的四种范式及评析——作为移民、准市民、工人和劳动者的农民工》，《南方人口》2015 年第 2 期，第 31—42 页。

② 悦中山：《农民工的社会融合研究：现状、影响因素与后果》，硕士学位论文，西安交通大学，2011 年。

③ 王春光：《中国社会政策调整与农民工城市融入》，《探索与争鸣》2011 年第 5 期，第 8—14、2 页；王春光：《新生代农村流动人口的社会认同与城乡融合的关系》，《社会学研究》2001 年第 1 期，第 73 页。王春光：《社会流动和社会重构：京城“浙江村”研究》，浙江人民出版社 1995 年版，中国社会科学出版社 2017 年版；王春光：《温州人在巴黎：一种独特的社会融入模式》，《中国社会科学》1999 年第 6 期，第 106—119 页。同时可以参考王春光《移民空间的建构——巴黎温州人跟踪研究》，社会科学文献出版社 2017 年版；王春光《巴黎的温州人：一个移民群体的跨社会建构行动》，吉林人民出版社 2000 年版。

ping)。[①] 这也为本研究提供了借鉴经验。因此本文将反其道而行之，试图借鉴国内农民工的社会距离研究的相关经验来思考意大利华人移民与当地社会的社会距离。

社会距离一直作为衡量人与人、群体与群体之间亲疏远近的重要指标，其概念源于塔尔德（Tarde，1921），齐美尔（simmel，1964）认为社会距离具有主观性，在其对于“局外人”的边缘地位（stigmatization）的终身关注中，他将社会距离视为一种内在屏障。芝加哥学派在移民和城市问题的研究中，将社会距离概念引入美国种族关系的讨论中。例如，帕克（1950）将社会距离分为空间距离和心理距离。博格达斯（Bogardus，1925）也承认社会距离的主观性，认为社会距离存在于行动者的心理空间中，他也进行了拓展并将概念量表化。本文也沿用了社会距离量表来测量这种心理距离或者说是主观性的社会距离。

在国内农民工城市融入的研究中比较多见，如郭星华和储卉娟（2004）指出社会距离的主观性并将其划分为向往程度、排斥预期和整体感觉三个具体层面，王桂新和武俊奎（2011）借鉴西方社会距离的国外文献指出了社会距离的影响因素，包括经济地位、种族差异、年龄阶段、成长的社会文化环境四个方面。

王桂新等（2008）研究农民工与城市市民的社会里的维度氛围，居住条件、经济生活、社会关系、政治参与及心理认同，本文并没有考虑政治生活，因为不同于 Prato 华人移民可以影响到政治层面，Trento 的华人移民局面只是刚刚起步。因此，本文着眼于华人移民在意大利直面的生活世界，重点考察他们与当地社会之间的语言距离、时空距离和心理距离。本文只是进行了单向度的测量。

综上，国内关于农民工与城市居民间的社会距离研究既有概念测量也有影响性因素的研究，既有某一区域研究也不乏全国性整体性考察，

---

① Shiding Liu et al.，“A Unique Way for Chinese Peasants to Move into the Cities，” *Social Sciences in China*，1998（01）：22 – 37，192 – 144. 同时参见项飚 2000 年的专著《跨越边界的社区：北京“浙江村”的生活史》；项飚：《“东镇民工”系列调查之一——起点和流动》，《中国青年研究》1998 年第 1 期；Xiang，Biao，*Global “body shopping”：an Indian labor system in the information technology industry*，Princeton University Press，2007. 中文版见项飚《全球“猎身”：世界信息产业和印度的技术劳工》，北京大学出版社 2012 年版。

可见已经有了相当的研究成果，相比较意大利华人与当地居民社会距离的空白文献，不管本文做出定量还是定性研究都是一种新的尝试。统观现有国内社会距离文献，多数为量化研究，采用的数据也呈现出多样化的特点，包含2005年大数据中国综合社会调查（CGSS），2014全国流动人口动态监测调查数据，包含的省部级、国家级项目也各具门类化。相较于此，本文采用的则为结构式访谈和参与观察的定性研究方法，因为这对于个人研究来说更具可执行性和现实性。除此之外，这样也更容易考察作为社会学研究对象的社会行动的生动描述与体验。通过研究者与研究对象的近距离接触与对话，获得对研究结果的理解性解释。

三 研究方法

本研究基于笔者居住长达5年的意大利城市T城中对11位华人移民的结构性访谈。访谈的场所选择在有华人特色的地方，如服装店（abbigliamento）、中国超市（mercato di cinese）、裁缝店（satoria）、中日餐馆（ristorante cinese & giapponese）等。这些地方往往具有意大利人理解的中国特色，久居的市民一眼就可以分辨他们的老板是中国人还是意大利人。如选择的位置（火车站附近或远郊区等房租低的地方扎堆），店外的门头，红灯笼装饰，店内的陈设风格（中国店往往将物品密集摆放，很少讲究设计和美观）。所以笔者的访谈路径是先由火车站一公里左右的一家华人酒吧开始，逐步采取滚雪球的方式寻找访谈对象。

为了符合研究的伦理要求，文中所有受访者的个人信息已经采取匿名化处理并承诺仅仅用于研究。笔者每次访谈时间持续40—120分钟不等，一共获得了11名受访对象的录音，由于其中2名缺少社会距离量表和对生活满意的打分，最后实际得出9名（见表1）被访者适用于本文的研究主题，其中男性7名，女性2名。他们均来到意大利超过5年以上（已具备法定的申请长期居留的时间条件）。这9名访谈对象中，只有1名出生在意大利，其余8名均在国内出生且获得意大利国籍，其余均为中国国籍。在居住形式上，只有1人是自购房屋且与父母同住外，其余全为租房。根据父母是否在其之前有过出国经历，本文将父母有出国经历的人称为二代移民，反之则界定为一代移民，如表1中所示，一共有5

名二代移民，4 名一代移民。访谈结束后，笔者对访谈的音频数据转录后共生成了数万字文本，并利用 Nvivio 12 plus 软件将文本进行加工处理，除了对上述个人基本信息进行归纳总结后，结合不同研究问题对访谈片段进行分割以得到不同节点，这些节点包括：基本信息、社会距离、生活满意度打分题目、与意大利人的交往、社会融入程度等。而本文中重点考察的节点则是华人移民的社会距离量表（见表 1），在意大利的语言困难，生活满意度打分题。

表 1　受访对象信息

姓名	性别	行业	租房	出生年	来意年数	国籍状况	居留状况	与谁同来	定位
小董	男	理发师	租房	1990	6 +	中国籍	短期居留	母亲	二代
Rispa	女	超市店员	租房	1991	10	中国籍	长期居留	父母	二代
学徒	男	理发师	租房	1995	10	中国籍	长期居留	全家	二代
餐馆 1	男	服务员	自购	1989	29	意国籍	意大利籍	全家	二代
学生 S	男	学生	租房	1990	13	中国籍	长期居留	全家	二代
Gigi	男	店员	租房	1985	12	中国籍	长期居留	自己	一代
车站 S	男	裁缝	租房	1972	15	中国籍	长期居留	自己	一代
军哥	男	裁缝	租房	1982	16 +	中国籍	长期居留	自己	一代
秋姐	女	服装店老板	租房	1972	20	中国籍	长期居留	全家	一代

资料来源：笔者自行归纳总结。

四　研究发现

（一）空间的距离：我生活在此的原因

不同于意大利的普拉托，T 城在地理区位上更靠近德国与意大利北部边境，在这个国家存在显著的“南北差异”的局面下，这里的经济发展水平一直排在本国的前列。此外，T 城与普拉托最明显的区别在于，这里的华人数量并不多。根据笔者从 Commune di Prato（普拉托市政府）所获得移民数据显示，截至 2016 年 12 月 31 日，中国移民数量已经达到 18989 人，占到了当地外国移民总量的 52.2%，而相比之下，最新的 2015 年 12

月31日的数据，T城的华人移民数量只有1185人，占到了T城外国移民总量的2.4%（见表2）。可见，在华人移民数量和占比上，T城都难以形成普拉托的扎堆现象。

表2　　T城移民数量排名前20的来源国相关统计数据

移民来源国	男性	女性	总数	男性占比（%）	总占比
罗马尼亚	4.407	5.799	10.206	43.2	21.1
阿尔巴尼亚	3.293	3.113	6.406	51.4	13.2
摩洛哥	2.092	2.029	4.121	50.8	8.5
马其顿	1.434	1.396	2.830	50.7	5.8
摩尔多瓦	890	1.805	2.695	33.0	5.6
乌克兰	635	1.966	2.601	24.4	5.4
巴基斯坦	1.497	1.042	2.539	59.0	5.2
突尼斯	714	557	1.271	56.2	2.6
波兰	401	841	1.242	32.3	2.6
中国	614	571	1.185	51.8	2.4
塞尔维亚	588	539	1.127	52.2	2.3
科索沃	409	371	780	52.4	1.6
印度	444	314	758	58.6	1.6
德国	253	346	599	42.2	1.2
波黑	302	289	591	51.1	1.2

资料来源：2017年Cinformi年度报告。

实际上，T城的华人与当地人并没有隔离，反而呈现着混居的状态，也并未形成“中国城”。所有被访者均表示，他们的邻居中都有意大利人。根据田野考察，笔者在访谈对象的指引下去了传说中的位于T城北部的工业区的“中国城”。并未有传统意义的中国城的特点，零星的几个中国店，位于8路、3路、17路、13路的主干道交叉口上，经营的范围也属于华人特色产业：百货超市和服装店。

在生产空间中，韦伯曾经对比天主教徒与新教徒的行为方式，“天主教徒选择睡得好，而新教徒选择吃得好”，而在意大利的华人则选择“睡得不好，吃得不好，赚得好——白天工作，晚上工作，双休日也要工作”。这在意大利人的眼中被视为“违背上帝旨意工作”。在中国人的字典里没有休假和生活两个字，在意大利的法定节假日，中国店是整条街上唯一开门的店，中国人的经营活动仿佛是一种新教伦理式的存在：疯狂地赚钱，疯狂地节俭，银行的活期账户内可能没钱，工资单也没钱，但这并不表示他们实际上没有收入。他们的收入最后多数会以现金的方式支付。因此，华人赚钱的活动是可见的，也多数是和意大利人的活动交织在一起，如华人经营的中餐馆，笔者却是从意大利本地的同学中得知的，而且他们会介绍一种“all you can eat”的吃法，本地人会告诉你华人百货店里有便宜的圣诞礼物包装纸，可见华人的经济生产空间内确实存在着大量意大利人的身影，同时也以价格低的方式获得了自身的发展。

在T城组织协会活动的参与中，这里存在着以帮助移民融入社会为责任的社会机构Cinformi。供职于Cinformi的M女士毕业于笔者求学的学院，对于我的叙利亚朋友帮助颇多，并协助其硕士毕业后，凭借其阿拉伯语、英语、意大利语和法语多语优势留在意大利外贸公司工作，并得以申请长期居留。Cinformi会定期组织移民活动，笔者与叙利亚朋友、印度同学一起参与过Cinformi组织的两次活动。一次位于T城火车站stazione的大家温暖彼此的互动，该活动的协办单位就包括国际移民组织IOM的米兰分支。另一次位于市中心附近的一个公园piazza Venezia的慈善义卖活动。当时这两次活动中都未见到华人的踪影，即使是在意大利人交往频繁的数位华人翻译。笔者被告知的解释是，除非是关系到自身实质性利益的时候，华人才会参与这些活动。

除此之外，华人教会组织的活动中，我却见到了和中国人通婚的“老外”，当然这也并不多。在被访者中，只有学生S通过意大利朋友的关系参加了T城红十字协会（国际红十字会意大利分会），尽管在他的告知中有被意大利人拒绝的经历，但是他还是有和意大利互动的社会空间。

> 包括就是说，我做这个红十字会急救员的工作，有好多意大利人的话就会放弃你的救助，如果只有你一个人当时在场的话，会有一部分人放弃你的救助，因为他觉得你可能不能胜任这份工作。

综上所述，无论是在居住空间、生产空间还是社会活动空间，我们都可以看到T城华人与当地人并非处在“双层社会”，虽然二者之间存在一定的距离，但界限并不明显。这意味着在社会交往中，即使是小概率事件，T城的华人移民也并非生活在绝对隔离的空间内而是存在着与当地人交流的渠道。

（二）语言的距离：高速公路上的猫

“Come un gatto in tangenziale”（高速公路上的猫）源于一句意大利谚语，指注定不会长久的事情。这也是2017年意大利上映的一部喜剧，里面对于移民问题的洞悉从女主角的一句话中可以淋漓尽致地展现出来，“中国人谁也不得罪，只知道做工，摩洛哥人负责犯罪，印度人浓烟滚滚”。多种族的人生活在一起可以相安无事，这些社区、贫民窟抑或整个社会，类似同化理论中出名的“熔炉”（melting pot），这种场景同样存在于前文所述的空间距离的论述中。“Dual Society”中的任何越轨行为只能像高速公路上的一只猫，命不久矣。而在熔炉一般的T城，笔者用这个谚语来形容华人移民与当地人的语言距离并不会长久，随着语言能力的一步一步强化，语言困难只会是一时的，并不会成为和当地人之间沟通的最大障碍。

意大利劳工卫生和社会政策部（Ministero del Lavoro，della Salute e delle Politiche Sociali）的移民服务总局联合意大利社会心理研究所（iprs，istitutopsicoanalitico per le ricerchesociali）编写了《外来移民咨询手册：何处，如何，何时》，该手册旨在帮助意大利移民认知意大利的法律法规和社会生活习俗，更好地在异乡生活并协助其在意大利文化、生活等诸多方面的融合，以此来推动意大利国内移民政策的实施。该手册一共有8种语言版本，作为一本简明实用的工具书，内容翔实，涉及入境前后的大小日常生活细节性的难题，涵盖意大利共和国宪法、入境、签证、居留、工作合同、社会保障与保险体系、户籍登记注册、住宿、卫生医疗、教育、权利保护、收入证明（一般指受雇劳动收入统一证明CUD）、银行活期账户（CC）的申请及驾照的签发等。可谓是“一本在手，全境皆有”的佳作。笔者自意大利劳动与社会政策官方网站www. lavoro. gov. it上得来。对于华人来说，目前的生活无论从私底下的生活经验，还是发达的互联网上都可以窥见一二。在意大利的生活。获得长期居留的条件之一是语言达到 A2 水平，这相当于在购物、旅游、点餐等生活基本场景中可以自如沟通的水平。相比较大学入学语言要求的 B2，这一要求对于一个连续生活在意大利数年的华人来说是没有问题的，同时可以有很多渠道去学习，如市政府提供一学期 25 欧元的语言培训课程。但是对于多数被称为“非精英移民”的意大利华人移民来说，语言障碍仍然被认为是在意大利居住最大的问题。

在词汇认知上，一些针对特有的行业词汇会被单独列出来，如美甲按摩行业词汇、餐厅词汇、酒吧词汇、理发词汇、服装业词汇、药店词汇，这些以实用主义至上的方式，出现在华人语言学下的 to do list 之中。当然在替考的时候也会被抓住，当时对于一个生活在意大利 10 年甚至 20 年的华人，意大利语并不是必要条件，其他的专业术语基本与他们的生活世界完全脱离。动词人称变位可能会混淆，时态也可能会搞乱，但是在可以基本沟通的基础上，他们在语言的要求上还是以实用为目的。

“我们学好温州话，比学意大利语有用。”

针对华人生活的困难，意大利地方政府会提供汉语翻译，在三个翻译中，他们均为在意大利生活 20 年以上，都与意大利人结婚，且都受过专业的翻译培训。他们并不是隶属于专门的部门，却协助部门工作。一位供职于 Cinformi（一个专门帮助移民适应当地社会的机构），其中有一项是协助填写居留申请表格，里面华人翻译，也会在某一固定时间（如周二上午）出现在警察局的居留办理窗口。其他的可以在一些当地社会保障组织中协助翻译，如医院、学校。这些都会在一定程度上，使语言产生依赖，降低语言的学习效果。其次是子女的协助，如果是子女出生在意大利，会产生一定的依赖子女的心理，在生活中家庭成员内生产出一种“晚发内生型”语言适应。但是在外力不可借的情况下，语言就会构筑与当地人沟通的一种屏障。但并不会对他们与当地社会形成很大的距离感。

（三）心理的距离：我爱这个国家？

TVB 是 Tivoglio Bene（我爱你）的缩写，“Cara Italia”（亲爱的意大利）是 2018 年意大利语歌曲年度冠军，作为移民背景的突尼斯裔意大利歌手 Ghali 自述性的歌曲，讲述移民与意大利社会的冲突与融合。同样的，作为意大利的华人移民，不管一代还是二代，他们融入社会的期待和面临的机遇和挑战都是同时存在的。

被访问的9位中已经同时吃得习惯中国菜和意大利菜，不管是意大利菜三杰（pasta，pizza，insalata），还是中国的煎炒烹炸，每一种烹饪方式都已经习得。我们可以看到已经适应过来了。在认为意大利人“有礼貌”“素质高”“热情”“懒”的同时，也并不否认自身“知足常乐”“刻苦耐劳”的优点。

但是他们表示自己还是中国人，并认为这是不可改变的。他们给出的理由包括“看脸就看出来了”“除非再投胎”“根在”。除了1人已经定居获得国籍，3人表示走一步看一步之外，其余5人均表示会回国。在新闻的关注度上，他们会通过各种华文媒介关注老家发生的情况，当然他们同样也关注意大利的新闻，尤其是和自身利益相关的新闻，如2016年4月出台的新国籍法，最近的宝宝补助（baby bonus），而其他的事件不在日常讨论范围内。

我们可以从他们对于意大利生活各个方面的打分题和社会距离量表上来理解上述模糊型的心理距离（见表3）。首先，各项分数的平均分都是及格以上，相对于别的地方总体评价并非很差。他们对于当下的居住条件（只有一位自购房）、休闲生活、工作环境、经济收入（除了1名学生没有收入）、社会地位的评价也是cosicosi（马马虎虎）。在与意大利市民关系的评价上，除了1名给了50分之外，其他的都是在及格以上。“无所谓”“看在钱的面子上还是愿意的”“你抢人家的饭碗，不恨你就不错了”的态度相对淡化了某种尴尬情绪。这里的生产模式则相对西化一些，并不能看出太多的矛盾。

表3　访谈对象的生活满意度

打分	吉吉	Rispa收银员	餐馆（老板）	车站的裁缝	军哥裁缝	理发店学徒	秋姐	学生S	小董	平均分
居住条件	60	70	70	80	60	40	80	60	60	64
休闲生活	40	50	40	80	100	50	80	40	60	60
工作环境	80	80	80	60	60	70	90	70	80	74

续表

打分	吉吉	Rispa 收银员	餐馆（老板）	车站的裁缝	军哥裁缝	理发店学徒	秋姐	学生 S	小董	平均分
经济收入	80	80	75	60	50	80	70	30	60	65
社会地位	60	80	80	60	50	60	70	30	60	61
与意大利市民的关系	50	80	80	80	80	60	70	60	60	69

其次，华人与当地人交往的主观意愿上，笔者参考了社会距离量表，询问受访者是否愿意同意大利人一起工作/同住一个社区/住在隔壁/到你家做客/与您结婚这五个意向，得出的结果统计如下（见表 4）。可见，100% 的被访者愿意同意大利市民一起工作、住在一个社区甚至成为邻居。事实上，他们也是这么做的，生活且工作在 T 城意大利人的包围圈中，其安全距离可以完全在同事、邻居关系中，而涉及更加亲密的（朋友或亲属）关系，并不是得到了被访者 100% 的完全统一。在 9 名被访者中，有 7 位愿意请意大利市民到家中做客，6 位愿意自己的亲属与意大利市民结婚。由此可见，受访华人所能承受的社会距离在同事和邻居关系，在更亲密的关系中，则开始出现了“不愿意”或者“说不清楚”的声音。

表 4　T 城华人移民与当地市民的社会距离量表

	愿意	不愿意	说不清楚	愿意率（%）
您愿意和意大利市民一起工作吗	9	0	0	100
您愿意和意大利市民住在一个社区吗	9	0	0	100
您愿意意大利市民居住在您的隔壁吗	9	0	0	100
您愿意邀请意大利市民到您家做客吗	7	2	0	77.80
您愿意您的亲属与意大利市民结婚吗	6	1	2	66.70

五　总结与讨论

本文借鉴国内农民工社会距离的研究，立足于一个意大利北部某大区的案例，来提出一种中西结合的思量：虽然作为国际移民研究范畴的一个子体系，但是农民工的研究成果同样可以为国际移民研究文献提供参考意义。作为衡量社群融合和隔离程度的重要指标，基于社会距离的考察对跨国华人移民与主体社会群际关系的发展和多元化社会的综合治理有着参考性的价值和意义。本文的另一个创新之处在于：跳出典型，得到小城案例。研究表明，T 城并不存在普拉托一样的“双重社会”，其社会融入情形更像是“表象嵌入，深层隔离”的状态。小镇的华人移民有着自己的利益追求，并且会同当地的居民相安无事。

当然，本研究存在一些不足之处。首先，访谈对象的覆盖面有限，研究在没有资金和项目的支持下，只访谈了 11 位个案而且只有 9 个有效个案用于本文。之后的研究将进一步地增加访谈对象的数量，开展规模性的问卷调查，收集到在意大利华人移民的大数据，为这一“散居”群体提供一种群像分析和聚类研究。其次，也将设置意大利语问卷，将社会距离另一端的主观态度也收集到，考察两个主客群体之间的互动，对社会距离这一概念进行更加具体全面的分析。

第 三 编

华侨华人与侨乡文化研究

新中国成立70年:福建华侨农场的发展历程与经验启示

李慧芬[*]

目前，全国有84个华侨农场，其中41个是在20世纪五六十年代设置，是为了安置马来西亚、印度尼西亚、缅甸、印度等国8万多归难侨，还有43个是70年代末设置，是为了安置越南难侨。这些归侨中绝大多数是被迫离开异国的，他们来自各个国家，有着不同社会制度生活体验，在原居留地还保留有一定的社会关系，与海外有着密切的联系。华侨农场设置以来，国家和地方都十分关心华侨农场的改革和发展，在不同时期采取华侨农场经济体制改革、领导体制改革、税制改革、医疗社保改革、住房保障等一系列措施，促进华侨农场自我发展、自我积累的能力，提高归难侨的生产生活水平。华侨农场的繁荣发展对社会发展和社会和谐稳定具有重要意义。

一　新中国成立以来福建华侨农场发展概况

自1953年起至20世纪70年代末，福建省相继创办了宁德市东湖塘，南平市武夷，莆田市赤港，三明市泉上，福州市长龙、江镜、东阁，泉州市北硿、双阳、雪峰，厦门市竹坝、天马，漳州市双第、南山、丰田、常山、梅州等17个华侨农场。华侨农场现有土地面积481847亩，总人口

* 李慧芬，福建社会科学院科研组织处副研究员。

75919 人，其中安置印度尼西亚、新加坡、越南等国家和地区归难侨 32664 人，职工人数 1.6 万人。①

（一）华侨农场初步发展（20 世纪 50 年代至 1979 年）

20 世纪 50 年代后期，面对东南亚一些国家大规模的排华活动，我国于 1960 年 2 月 2 日颁布了《关于做好接待和安置归国华侨的工作指示》，决定成立“中华人民共和国接待和安置归国华侨委员会”，负责归国华侨的接待和安置工作。次年 1 月 19 日，福建省成立“福建省接待安置归国华侨委员会”，晋江、闽侯、厦门、龙溪、云霄、南安、永春、莆田、泉州等地区，也先后成立了接待安置归国华侨委员会，开始大规模地接待和安置归难侨。至 1969 年 9 月，全省华侨农场、工厂归侨人口数达 27129 人。②

福建省华侨农场成立后，积极贯彻和执行党的各项有关政策和“以粮为纲，因地制宜，多种经营，以短养长，长短结合，全面发展”的生产方针，实行以生产队为基层核算单位总承包的经营管理制度，到 1965 年福建省大部分华侨农场的粮食生产基本实现自给，累计基本建设投资达 509.06 万元。1960 年到 1965 年，在国家财力、物力的大力支持下，华侨农场生产蓬勃发展。然而，“文化大革命”期间，华侨农场转向以阶级斗争为纲，农场经营管理活动基本处于瘫痪状态，许多归侨因海外关系而受到迫害，强调“以粮为纲”使农场经济遭到严重损失。

1977 年，越南反华，26 万越籍华人回到我国境内。1978 年 5 月，我国在昆明市召开接待安置越南归难侨工作会议，部署安置方案。为响应国家号召，1978 年 6 月 30 日，福建省再次成立“福建省接待安置归国华侨委员会”。1979 年 11 月 25 日，成立福建省接待安置印支难民领导小组。1978—1979 年，福建省共安置印支归难侨 22288 人，至此福建省的归难侨安置工作基本完成，开启农场发展改革的序幕。

---

① 《福建华侨农场简介》，中国侨网，http：//www.chinaqw.com/node2/node116/node446/node449/index.html。

② 董中原总主编：《中国华侨农场史·福建卷》，中国社会科学出版社 2017 年版，第 845 页。

（二）华侨农场发展黄金期（1980—1994年）

1978年改革开放到来，我国华侨农场、工厂拨乱反正，清除“左”的影响。1981年，福建省各农场推行农业生产责任制，实行专业承包，联产计酬，进一步调动了职工的劳动积极性，全省华侨农场兴办的52个中小型工业企业，1月至9月产值已达1878万元。[①] 1984年4月6日，省人民政府又批准省侨办所属的17个华侨农场、5个华侨工厂联合成立福建省华侨农工商联合企业公司，实行生产、加工、销售综合经营。1985年，中共中央、国务院出台《中共中央、国务院关于国营华侨农场经济体制改革的决定》，明确提出了华侨农场经济体制改革走我国农村改革道路的指导思想，要求各地华侨农场应当认真实行和努力完善联产承包责任制，积极发展家庭农场和各行各业的承包户、专业户，以及多种形式的合作经济组织。[②] 1986年3月，财政部又对国营华侨农场实行免税，规定从1985年起，五年内免征产品税（烟酒除外）、增值税、营业税、奖金税、所得税、地方各税和农业税。[③] 1986年1月23日，福建省人民政府第14次常务会议决定对华侨农场经济体制进行改革，确定办好华侨农场、工厂的指导思想是“改革、开放、引进、开发”，即全省华侨农场、工厂均可开放，欢迎侨商、外商投资，积极引进以中小型为主的先进技术，搞好资源和智力的开发。会议确定华侨企业的管理实行政企分开，华侨农场可以享受乡镇企业的税收政策，安排常山、丰田两个农场为经济体制改革的试点单位，决定成立华侨农场经济体制改革领导小组。实行经济体制改革后，全省华侨农场农工商综合经营，农林牧副渔全面发展。截至1988年6月，福建省侨办企业局所属的5个华侨工厂、17个华侨农场全部实行承包经营责任制。[④] 到1993年全省华侨农场职工平均工资达到2118元，与1985年相比增长了227%。其间，中央和地方投入大

---

① 《我省华侨农场场办工业欣欣向荣》，《福建侨乡报》1981年11月5日。

② 《中共中央、国务院关于国营华侨农场经济体制改革的决定》（中发〔1985〕26号），1995年12月27日。

③ 《财政部关于对国营华侨农（林）场、工厂等减免税问题的通知》（财税字〔1986〕24号），1986年3月3日。

④ 《我省华侨工厂、农场全部实行承包》，《福建侨乡报》1988年7月3日。

量的资金和物资进行基本建设，到1988年年底，累计农场基本建设投资26359.17万元。

改革开放后到20世纪90年代初，福建开展了以农业生产承包责任制为中心的各项改革，对当地华侨农场发展产生了巨大成效。但由于经营管理体制不顺，农场既是企业又是政府，既承担生产经营又承担社会管理职责，自成一体、自我封闭，难以适应市场经济的发展，华侨农场管理体制改革迫在眉睫。

（三）华侨农场管理体制改革期（1995—2011年）

1995年国务院出台了《关于深化华侨农场经济体制改革的意见》，就华侨农场在领导体制、社会职能等方面深化改革问题提出了意见。根据中央精神，1996年，福建省侨办也出台《关于我省华侨农场领导体制改革意见的通知》（闽政〔1996〕227号），明确提出改革华侨农场现行领导体制；从1997年1月1日起，福建省华侨农场原则上一律改为由各农场所在地（市）或县人民政府领导，继续享受中央和省给华侨农场的优惠政策。鉴于各华侨农场的实际情况和各自特点，划归地方政府后采取按县级、镇级和县属国有企业三个级别。① 1999年6月，全省16个华侨农场顺利完成移交地方的工作任务。为鼓励华侨农场发展开放型的经济，培育新的经济增长点。福建省政府于1997年下发《福建省人民政府办公厅关于东阁等15个华侨农场增挂华侨经济开发区牌子的通知》，华侨农场增挂华侨经济开发区牌子，比照省级经济开发区享受优惠政策。此举有利于加强华侨农场招商引资的力度，发展外向型经济，调整并提升华侨农场的产业结构。目前，全省华侨农场已挂华侨经济开发区牌子的有15家，其中省级华侨经济开发区的有2家。初步理顺了华侨农场与地方的管理关系，为实现华侨农场融入当地社会打下了基础。

劳动和社会保障部、国务院侨务办公室于2007年下发了《关于认真贯彻落实国务院推进华侨农场改革和发展意见的通知》，该文件明确了华侨农场改革与发展的指导思想、实施步骤、责任划分等核心问题，将根

---

① 《关于我省华侨农场领导体制改革意见的通知》（闽政〔1996〕227号），1996年9月16日。

本性解决华侨农场的历史遗留问题和体制改革问题。确定了华侨农场“体制融入地方、管理融入社会、经济融入市场”的基本思路。为落实贯彻此意见，福建省政府成立“华侨农场改革和发展工作领导小组”，并于 2007 年 3 月，召开全省华侨农场改革与发展工作会议，明确提出解决归难侨居住问题，解决华侨农场目前存在的社保问题、土地确权登记问题，进一步理顺华侨农场的体制机制。

目前福建省 17 个华侨农场中，除天马华侨农场外，其管理体制实行三种模式：一是设立华侨经济开发区，并保留华侨农场牌子，分别是常山、竹坝、赤港、东湖塘、雪峰；二是设立乡镇、街道或并入乡镇的行政建制，分别是梅州、丰田、双阳、北硿；三是延续华侨农场原来事业性质企业管理的体制，分别是长龙、东阁、江镜、南山、双第、武夷山和泉上。

（四）华侨农场深化改革期（2012 年至今）

2012 年，《福建省人民政府关于促进华侨农场改革发展十项措施的通知》（闽政〔2012〕14 号）文件出台，包括继续深化领导体制改革，依法保护华侨农场土地权益，推进土地适度规模经营，调整和优化产业结构，做大做强华侨经济开发区，继续完善基础设施建设，建立困难农场帮扶机制，实行财税返还政策，稳妥解决基本养老保险和医疗保障问题以及加强组织保障等十条措施。主要内容有完善体制机制，探索适合华侨农场发展的管理模式；加强政策扶持，建立帮扶机制，实行更加优惠的财税政策和鼓励措施；推进产业发展，统一规划，建设特色产业集中区，提升整体发展水平；切实维护职工权益，稳妥解决就业、社保医保、安置补偿等问题，保证改革顺利实施，促进华侨农场与当地经济社会和谐发展等。

该文件的出台，对于深化华侨农场领导管理体制改革，解决华侨农场历史遗留问题，推动华侨农场经济和社会发展，加快华侨农场实现“体制融入地方、管理融入社会、经济融入市场”的目标产生重要作用，也有力地推动华侨农场改革工作向更高层次发展，受到了国侨办领导的充分肯定并向相关省市转发此文件。

二 福建省华侨农场改革成效

福建省华侨积极探索适应各华侨农场发展要求的管理体制，坚持“一场一策”原则，取得了良好的成效。福建华侨农场改革解决了华侨农场社会保障问题，实现“老有所养、病有所医”；实施“侨居造福工程”，实现“居者有其屋”；实行土地确权，确保“耕者有其田”，促进华侨农场体制融入地方、管理融入社会、经济融入市场。

（一）解决社会保障，实现“老有所养、病有所医”

为解决华侨农场归难侨社会保障问题，实现“老有所养、病有所医”。福建省分别出台了《关于印发〈福建省华侨农场职工养老保险实施方案〉的通知》《关于福建省国有农垦企业实施〈福建省城镇企业职工基本养老保险条例〉方案的通知》《关于华侨农场参保职工养老保险有关问题的通知》《福建省华侨农场职工养老保险实施方案》《关于做好华侨农场部分未参保的中断缴费职工基本养老保险工作的通知》等文件。福建将华侨农场职工基本养老保险纳入省级统筹，并拨出专款用于补助华侨农场基本养老省级统筹缺口资金，帮助他们安居乐业，维护了华侨农场归难侨权益。截至 2011 年，福建省华侨农场 2.1 万名职工不仅纳入所在地城镇职工基本医疗保险，并与当地城镇职工享受同等待遇，退休人员月均可领到基本养老金 1200 元。①

为妥善解决福建省华侨农场部分超龄职工基本养老保险工作这一历史遗留问题，继续贯彻国务院 6 号文件精神和全国华侨农场改革发展会议精神，2014 年福建省侨办联合省人力资源和社会保障厅，严格把关政策，对漳州市常山、丰田、双第、梅州等多个华侨农场691 名超龄人员的参保资格及各华侨农场的补缴资金等情况进行了严格的审核、认定，最终落实梅州、南山、双第、北硿、武夷山和泉上 6 个困难华侨农场职工基本养老保险省级补助资金 281.88 万元，落实省财政补助资金 4362.64

---

① 《福建 2 万多华侨农场职工“老有所养，病有所医”》，福建侨网，http://qb.fujian.gov.cn/xxgk/qwdt/sjdt/201109/t20110919_266523.htm。

万元，全面解决漳州市华侨农场623名超龄未参加养老保险职工的参保问题。

（二）实施“侨居造福工程”，实现“居者有其屋”

为改善归难侨的居住条件，组织实施“侨居造福工程”，坚持以人为本，为侨服务，采取新建、拆旧建新或建设廉租房的方式解决全省华侨农场归难侨居住危房问题。1995年，福建省人民政府批转福建省人民政府侨务办公室《关于组织华侨农场实施“侨居造福工程”的工作意见的通知》（闽政〔1999〕89号）。自1999年到2005年，全省华侨农场已完成“侨居造福工程”建设面积31.7万平方米，其中新建归难侨职工住宅16.5万平方米，改造归难侨职工住宅15.2万平方米，解决了4723户16425人的居住问题，占全省华侨农场归难侨人口的58.4%。[①]“十一五”期间，福建省继续组织华侨农场实施“侨居造福工程”。2006年，福建省人民政府批转省侨办《关于“十一五”期间继续组织华侨农场实施“侨居造福工程”的工作意见的通知》（闽政〔2006〕34号）。至2009年年底，共建成5587套，建筑面积44万平方米。至此，全省华侨（农垦）农场累计建设“侨居造福工程”9938套，总建筑面积达80多万平方米，解决了3.47万归难侨及其眷属的居住问题。[②] 2014年，省侨办会同省发改委、住建厅安排2014—2015年华侨农场非归难侨职工危房改造1000套，认真抓好历年保障性安居工程建设，不断改善我省华侨农场住房条件。截至12月底，已竣工1148套、动工在建1951套，其中2014华侨农场非归难侨职工危房改造任务820套，动工803套，开工率达97.9%。[③] 2016年安排保障性安居工程常山华侨农场危房改造项目400套，改善我省华侨农场住房条件。

“侨居造福工程”的组织开展，改善了华侨农场归难侨的居住条件，

---

① 《关于“十一五”期间继续组织华侨农场实施“侨居造福工程”的工作意见的通知》（闽政〔2006〕34号），2006年7月12日。

② 《福建华侨农场改革发展走在全国前头》，福建侨网，http://qb.fujian.gov.cn/xxgk/qwdt/sjdt/200901/t20090119_250742.htm。

③ 《2014年上半年侨政处主要工作情况》，福建侨网，http://www.fjqw.gov.cn/xxgk/ghjh/jhzj/201408/t20140818_88225.htm。

提高了他们的生活质量，对维护侨益，促进华侨农场稳定和发展起到了积极的作用，在海内外产生了良好的影响。

（三）实行土地确权，确保“耕者有其田”

土地是华侨农场最基本和主要的生产资料。由于历史的原因，华侨农场设置时的土地都是行政划拨的，没有用法律的形式确定下来，存在着很多争议，农场土地被周边农村、农民侵占的现象时有发生，要解决土地问题难度比较大。

因此，把华侨农场土地以法律形式确定下来，明确其权属就很有必要。2007 年国务院下发《关于推进华侨农场改革和发展的意见》，要求全面推进华侨农场土地确权登记。当年，国土资源部和国务院侨务办公室联合下发《关于依法加快华侨农场土地确权登记发证工作的通知》（国土资发〔2007〕130 号），决定用两年时间，全面完成全国华侨农场土地确权登记发证工作。[①] 为落实中央精神，切实解决华侨农场土地所有权问题，福建省本着“尊重历史、承认现实、互利互让”的原则，推进华侨农场土地确权工作，确保华侨农场职工“耕者有其田”。2007 年，全省华侨农场土地面积为 51. 3 万亩，已确权发证面积达 49. 6 万亩，完成总面积的 96. 7%。[②] 余下 1. 7 万亩 2008 年 6 月前完成确权发证任务，省财政厅下达华侨农场土地确权发证奖补资金 228. 62 万元。2008 年基本完成土地确权发证工作。全省华侨农场土地面积 50. 75 万亩，已确权发证面积 50 万亩，占 98. 5%，安排下达中央、省级奖补资金 467. 25 万元。尚有 7500 亩土地存在权属争议，由当地政府协调解决。农场职工的基本生产资料有了保障。2013 年，国务院侨务办公室下发《国务院侨务办公室关于做好华侨农场土地保护和开发利用工作的意见》（国土资发〔2013〕116 号）。该意见在明确“全面完成华侨农场土地确权工作”的前提下，要求有序推进华侨农场土地开发利用，切实保障华侨农场及职

---

① 《关于依法加快华侨农场土地确权登记发证工作的通知》（国土资发〔2007〕130 号），2007 年 5 月 30 日。

② 《福建 6 月前将完成华侨农场土地确权发证任务》，和讯新闻，http：//news. hexun. com/2008 - 03 - 21/104652580. html。

工土地权益。[①]

随着华侨农场“侨居造福工程”、社保、医保、土地确权登记、历史债务清偿、社会职能剥离等工作的有效推进，改变了华侨农场长期自我封闭的状态。切实减轻了华侨农场的历史负担，妥善解决了华侨农场涉侨的民生问题，基本实现了华侨农场归难侨“居者有其屋、老有所养、病有所医、耕者有其田”的愿望，维护了侨益、稳定了侨心，同时也为进一步深化体制改革、加快产业结构调整、加快实现“三个融入”打下了坚实的基础，有效推动华侨农场和谐社会的构建。

三　福建省华侨农场改革发展的启示

（一）坚持由政府主导，有效推动农场改革发展

华侨农场是在特殊的历史环境下，由政府通过行政手段建立的特殊产物。从其成立伊始，从人员接收、土地划拨、资源配置、经营管理活动，都离不开政府的主导作用。华侨农场问题是历史遗留下来的问题，党和国家从政策的制定到财政经费的支持一向高度重视。在党和国家的引领下，福建省也出台了大量符合本省省情的政策文件，落实改革思路、精神，打破原农场封闭的格局，确保农场的各项改革顺利进行。改革中地方政府起到主体责任，建立起“市属市管、县属县管、管人管事”的属地管理领导体制，加强对华侨农场改革和发展的指导，有效推动了华侨农场改革发展。

（二）坚持从市场出发，积极挖掘农场内生动力

福建省按照“三融入”的要求，督促各市县将华侨农场基础设施建设、产业发展全面纳入地方经济社会发展规划中，进一步加快华侨农场经济发展步伐。各华侨农场结合本场的实际，积极推行职工家庭承包责任制，调动了农场广大干部职工的积极性。农场根据自身条件和市场经济规律调整产业结构，积极推动第一、第二、第三产业的协调发展。如

---

① 《国务院侨务办公室关于做好华侨农场土地保护和开发利用工作的意见》（国土资发〔2013〕116号），2013年10月28日。

常山、丰田、雪峰等农场工业化走在前沿，赤港、江境、东阁、竹坝等农场向第二、第三产业转型，发展生态农业、休闲旅游业等，双第农场致力于发展“生态+”多元化产业模式。通过加快工业化、城镇化发展，华侨农场逐步缩小同周边经济发展差距，经济效益大幅增长，归侨安居乐业，幸福感日益增强。

（三）坚持以侨引侨，重视发挥侨力资源优势

华侨农场是特殊历史时期的产物，侨力资源是华侨农场的天然优势。21世纪以来，福建省十分重视对华侨农场的发展，围绕华侨农场全面建设小康社会目标，努力拓展侨务引资引智的路子，加快全省华侨经济开发区建设步伐，壮大华侨经济开发区经济总体实力，加大华侨经济开发区对外招商力度。通过搭建侨资企业与华侨农场的交流合作平台，“以侨引侨”，注重发挥侨力资源优势推动华侨农场招商引资扩大发展。组织华侨经济开发区到境外招商、推介项目；举办华侨经济开发区招商会，加大对外招商力度。为侨资企业寻找新的商机服务，帮助华侨农场扩大开放。境外客商投资领域涉及农林牧渔、机械电子、轻纺鞋服、树脂工艺等传统产业，也有涉及商贸旅游、市政基础设施等新兴产业以及生物制药、新材料等高新技术产业，凸显了福建华侨经济开发区对外开放度不断提高，对海外客商吸引力进一步增强。

（四）坚持以人为本，着力解决归难侨身份认同困境

归难侨的身份和位置有其复杂性，为了使侨民能认同和融入当地主流社会。福建省通过施行改善归侨侨眷民生问题的多项举措凝聚了侨心；通过举办东南亚美食节、舞蹈比赛等，鼓励多元文化传统和生活习惯碰撞交流，强化其对农场作为家园的身份归属感和对故土的文化认同感；通过吸收归侨劳动力资源，吸引侨民创业、就业，促进侨民与当地社会的交流互动，提高侨民的生活幸福感、获得感。实现从“归侨”到“场民”身份转化，融入当地生产生活之中。

“大侨务”观在侨乡的实践与侨资企业发展

林心淦*

福建侨力资源丰富，与侨胞的渊源深厚、关系密切。侨办企业进入福建的时间早，分布区域集中。改革开放的实践背景和长期从事涉侨工作的实践基础，促进了习近平同志对侨务工作思想理论和方法的深入思考和科学总结。1995 年 4 月，时任福州市委书记的习近平在《战略与管理》杂志发表署名文章《“大侨务”观念的确立》，首提“大侨务”概念。习近平同志指出，新时期的侨务工作要打破地域的界限，跳出侨务部门的范围，使之成为党和各级政府的大事，成为全社会共同关心、参与的大事，具有重要的实践指导意义。

一　改革开放以来福建侨资企业的发展形成“大侨务”观的实践背景

“大侨务”观提出“三有利”，就是为了侨乡促进侨商投资提出的工作原则。习近平同志提出“大侨务”观念的实践背景，一方面是把侨务工作与我国大发展的机遇相联系，对侨务工作服务福建社会经济发展大局的工作实践经验总结；另一方面是 20 世纪 90 年代初期改革开放进入新的阶段，面临新的形势，福建作为重点侨乡，其对外开放形势变化对侨

---

* 林心淦，福建社会科学院华侨华人研究所副所长、副研究员。

务工作提出了新的要求。

（一）侨务工作成为福建侨乡对外开放的关键性工作

习近平同志在《“大侨务”观的确立》一文中指出，“1993 年初，邓小平同志在上海做了关于把握华侨、华人这个‘独特机遇’的重要指示，把发挥华侨、华人作用同我国大发展的机遇联系在一起，为新时期的侨务工作提出了新的更高要求”。改革开放以来，华侨华人已经成为福建对外开放和经济社会发展的独特优势，也是新的大发展的“独特机遇”。一是华侨资本通过各种方式到国内投资兴业势头强劲；二是通过以侨为桥，国内企业到海外投资日益增多。到 20 世纪 90 年代初，福建侨办投资企业已成为促进福建经济社会持续、稳定、快速发展的重要力量。自 1979 年起，福建侨办投资企业经过“投石问路”“高速发展”和“稳定发展”阶段，由最初的仅占福建全省利用外资项目合同数和总金额数的 1/3 左右，到 1985 年占到当年全省新批准外商投资企业 90%，90 年代侨港澳资本占全省利用外资总额、投资企业数居全省外商投资企业数的比重均稳定于 70% 至 80%。

（二）发挥侨力资源优势需要处理好多方利益关系

经济建设是我们党的中心任务，侨务工作自然也要围绕这个中心来展开。在不断扩大对外开放中，为了更多地吸引外资，福建省创造了“以侨引侨、以侨引外、以侨引台、侨港台外联合投资”的独特引资工作模式，积极开拓有利渠道加强与各种外资主体的联系。海外华侨华人发挥了不可替代的作用，首先，他们运用自己同福建侨乡特有的亲缘及情感关系，以自身企业和经营活动为载体，在福建与不同投资主体间架起一条联系、交流的桥梁和管道；其次，他们投资参与福建的土地成片开发，按照国际惯例改善、优化投资环境，以帮助福建提高对外联系的层次、水平，并使这种联系、交流有开花结果的合适环境。这些新形势，要求在实际工作中必须善于处理好方方面面的利益关系问题，如华侨华人资本投资权益和积极性的保护与侨乡经济发展的关系，为住在国做贡献与为祖（籍）国做贡献的关系等。所以，必须不断赋予侨务工作新的内涵，树立新的侨务工作观念，要求侨务工作“跳出以往侧重迎来送往、联络感情、接受捐赠等常规做法的局限，立足于互利互惠，着眼于长远发展”。

（三）侨务工作的客观要求已经超出侨务部门的工作职能

随着海外华商来闽投资兴办企业的增多，侨务工作面临的问题涉及方方面面，不少问题并非侨务部门能够解决。为侨资企业服务成为侨务工作的重要内容，而且需要许多相关业务部门协调处理；同时，实施“以侨引侨，以侨引台，以侨引外”的引资引智模式，需要在地方党委政府领导下的各个业务部门通力合作；海外华侨华人与祖籍地的交往交流日益发展，必然涉及方方面面的问题需要解决，如投资环境完善，捐资捐赠管理，侨乡社会问题，归侨侨眷权益，归侨子女教育，等等。因此，新形势下的侨务工作单靠侨务部门无法做好，需要在党委、政府领导下各个部门协调解决。

（四）良好的侨务工作环境需要侨乡社会各界共同参与打造

在改革开放前期，由于硬环境属形象工程，各地都愿意做；软环境是摸不着、看不见的东西，很少人会主动去做。随着引进侨外资进程的推进，侨资企业投资环境问题不断凸显，如税费执行不公，项目征地纠纷，企业年检手续繁杂，治安问题，边检和海关卡扣问题等。因此，侨乡社会和谐发展是侨资企业发展的重要环境，侨乡社会各界都需要有一种“人人都是投资环境”的自觉。侨务工作面广、量大，特别是一些重点侨区、侨乡，几乎每家每户与“侨”字都沾亲带故，这是做好侨务工作的潜在力量。因此，侨务工作需要也能够发动全社会的力量共同参与。

（五）解决对外开放面临的新问题需要新理论指导下的解放思想

“侨”在福建发展大局中的地位和重要贡献，是有目共睹的。侨资企业已成为福建经济发展的稳定增长点和可持续发展的重要推动力；是福建加强对外联系、提高利用外资水平的重要桥梁和载体，在促进对外经济关系等方面，发挥了不可替代的作用。但是，由于体制机制、工作方式、思维定式等历史原因，对外开放、发挥侨力资源优势面临着不小的障碍，亟待解决。面对上述出现的新问题，各级各部门领导干部，甚至侨乡社会各界，需要解放思想、统一认识，才能形成方向性的合力。如何强化机遇意识、开放意识和环境意识，创新招商引资载体，积极凝聚侨心，发挥侨力，引进侨智，努力培育和涵养侨务资源，为福建的改革开放服务？习近平同志敏锐地把握形势，适时地提出“大侨务”观念，解决了侨务工作的理论指导问题。

二 “大侨务”观在福建的实践与港澳侨资企业发展

（一）“大侨务”观在福建的实践

从习近平同志主政福州期间福州市侨务工作，以及担任福建省主要领导期间福建省侨务工作来看，从“小侨务”到“大侨务”，体现了新时期侨务工作的重大发展和必然。

1. 确定了福建对外开放首先是对华侨、华人开放的战略思想

在2000年10月接受采访时，习近平同志十分诚恳地告诉记者，“改革开放以来，省委、省政府十分重视侨务工作，改革开放初期就确定了要对华侨、华人开放的战略思想：1986年，省委提出‘理解侨心、保护侨益、运用侨力、引进侨资’的工作方针；1990年初，召开了新中国成立以来全省规模最大的一次侨务工作会议，提出把侨务工作作为一项全局性的工作来抓；1998年10月召开了全省侨务工作会议，确定了‘了解侨情、理解侨心、维护侨益、发挥侨力’的跨世纪侨务工作方针。经过多年努力，逐步形成了‘以侨为桥、以侨引外、以侨引台、侨港澳台相结合’的局面”。

2. 从加强涉侨法制建设高度提升侨务工作水平

2000年5月15日时任福建省省长的习近平同志在接受《人民日报》记者采访时指出，福建“认真落实各项侨务政策，加强涉侨法制建设，依法维护华侨、华人、侨眷的合法权益，增强了海外侨胞来闽创业的信心”。涉桥比较重要的法规，一是《福建省华侨捐赠兴办公益事业管理条例》（1990年9月1日福建省第七届人民代表大会常务委员会第十六次会议通过，2002年1月20日福建省第九届人民代表大会常务委员会第三十次会议修订，这是福建省第一个侨务单项法规）。二是福建省实施《中华

人民共和国归侨侨眷权益保护法》（1992 年 8 月 29 日福建省第七届人大常委会第二十九次会议通过；2002 年 3 月 28 日福建省第九届人大常委会第三十一次会议修正；2006 年 9 月 28 日福建省第十届人大常委会第二十五次会议修订）。三是福建省保护华侨投资权益若干规定（1998 年 8 月 1 日福建省第九届人民代表大会常务委员会第四次会议通过，根据 2002 年 3 月 28 日福建省第九届人民代表大会常务委员会第三十一次会议《福建省人民代表大会常务委员会关于修改福建省保护华侨投资权益若干规定的决定》修正）。同时，根据这些法规制定出台了一系列配套行政规章和规范性文件，依法维护华侨投资权益，努力为华侨华人和归侨侨眷排忧解难，理顺了侨“气”，赢得了侨心，激发了海外侨胞爱国爱乡的热情。

3. 侨务工作成为各级党委政府的大事

福建省各级党委政府高度重视侨务工作，坚持国外工作和国内工作并重，坚持主要领导亲自挂帅。在闽工作期间，习近平同志在扩大对外开放中积极推行“引进来”和“走出去”，努力打好“侨牌”。他重视发挥民间渠道的作用，密切与世界各大公司、知名友好人士的往来；还多次率代表团出访东南亚，开展经贸活动和科技、文化交流。同时，努力做好在国内的归侨侨眷工作，维护归侨侨眷合法权益，回应归侨侨眷合理诉求，重点解决侨资企业关心的困难和问题。1998 年起，福建大力开展“百家侨资企业树形象工程”活动。2000 年 10 月在接受采访中习近平同志谈道，“两年来，我省进一步完善了在当地政府领导下为侨资企业服务的领导挂钩、侨办负责、现场办公接待日、定期汇报、检查评比和热点、难点问题调研等六项工作制度。全省确定了 138 家侨资企业作为重点跟踪服务对象。解决了一批侨资企业所关心的困难和问题，促进了一批侨资企业的增资扩产”。

4. 侨务工作成为全社会共同关心和参与的大事

福建省积极组织和参与具有重大影响的海外华人社团活动，扩大海外联系面，相继组织并参与了世界福建同乡恳亲大会、世界客属恳亲大会等大型活动，促进了海外世界性福建社团的大联合、大发展，增强了在世界各地闽籍乡亲的凝聚力和影响力。由各级党委政府组织的各个级别的世界性同乡恳亲大会，掀开了海内外福建乡亲加强联系、团结奋进的新篇章，达到了“加强团结，增进情谊；宣传福建，互通信息；扩大交流，促进合作”的目的。积极开展招商引资、招才引智、引商促贸，邀请海外侨商参加本地区举办的一系列大型经贸活动，如“5.18”海交会、“6.18”项目成果交易会、“9.8”投洽会、各县（市）区“海交会”专场招商会、福州十邑同乡恳亲会、闽商大会等。

5. 不断推动侨务工作顺应新侨情开展新工作

在1998年11月福建省侨务工作会议上的讲话中，习近平同志指出，海外华侨华人社会状况正在发生新的变化。海外华侨华人的科技文化素质有了很大的提高。进入21世纪，习近平同志强调，我们要认真研究新时期、新情况和新的侨务工作，要有“大侨务”概念，凝聚侨心。2000年10月在接受采访时，习近平同志指出，面对新世纪，省里将根据华侨华人的变化趋势和特点，从五个方面做好侨务工作：一是在继续推进传统侨务工作的同时，积极拓展侨务工作的视野和领域；二是在继续扩大利用侨资规模的同时，努力提高利用侨资水平；三是在继续大力引进华侨华人资金的同时，广泛开展多种形式引进华侨华人智力的工作；四是在继续鼓励华侨华人回祖国投资贸易的同时，切实帮助和支持华侨华人的发展；五是在继续加强与华侨华人经贸往来的同时，加大对外宣传力度。

（二）“大侨务”观推动港澳侨资企业发展

1. “大侨务”观推动侨务工作更好地服务党和国家工作大局

在服务党和国家工作大局、实现中华民族伟大复兴的中国梦的进程中，广大海外侨胞发挥着不可替代的重要作用。从福建的实践来看，“大侨务”观指导下的侨务工作，使侨力资源在侨乡发展中的作用越来越凸显。通过各级领导践行“大侨务”观，带动侨乡各级各界齐动员，纷纷加入“大侨务”工作，形成全社会共同参与侨务工作的局面，使海外侨胞感受到乡情亲情的浓浓暖意。从改革开放前40年的成效看，福建省充分发挥海外闽籍华侨多这一优势，坚持走“以侨引侨、以侨引台、以侨引外、侨港台外相结合的路子”，形成了独具特色的引资格局。40年间，华侨、华人和港澳同胞投资企业不断发展壮大，从开始时的“三来一补”、合资、独资办企业，发展到成片土地开发、经营工业区、旧城改造、嫁接国有企业等。从沿海到山区，第一产业到第三产业，从小商品到基础设施和高科技项目，都可以看到华侨、华人和港澳同胞投资兴办的事业。改革开放前30年福建省吸引侨资473.3亿美元，侨资企业27861家，占引进外资的67%。[①] 侨资企业已经成为福建外向型经济发展的主要支柱。今天，中国特色社会主义进入了新时代，只有深入贯彻习近平总书记关于侨务工作的重要论述，才能最大限度地把海外侨胞和归侨侨眷团结起来，最大限度地把他们爱国爱乡的积极性调动起来，为实现中华民族伟大复兴的中国梦贡献力量。可以说，“大侨务”观从我国经济发展的大格局出发，符合海外华侨华人的新需求，是侨务资源可持续发展的必然要求。

2. “大侨务”观推动侨务工作更好地深化为侨服务

“大侨务”观顺应侨情变化，是深化为侨服务的重要理论指导。改革开放初期，海外侨胞因地缘关系回馈侨乡，除了捐赠公益事业以外，更多的是投资兴业，寻找事业发展的契机。侨务工作也主要是以“乡情”“亲情”为纽带加强与海外华侨华人的联系。但是，随着时间的推移，侨胞与侨乡的联系，除了先天的宗族和乡土感情外，又增加了后天休戚与共的经济关系，传统的乡情联谊和迎来送往已不能满足他们的需求。面对这样的形势，再拘泥于传统的“做好本地籍华侨华人工作”的理念和思路，显然不能符合新侨情的要求，也不能满足海外侨胞事业发展的需要。特别是，新崛起的海外新华侨华人和华侨华人二、三代，在选择回祖（籍）国投资创业的时候主要把有利于自身事业的发展作为首选因素。当前，海外侨胞的爱国热情、民族向心力越来越强，高层次人才、留学人员特别是回国创新创业的人员越来越多，这是新时代侨务工作的重要基础。因此，应该用“大侨务”观来指导新时代的侨务工作，以“三有利”为原则，悉心营造良好的华侨华人创业发展的软、硬环境，做好“筑巢引凤”的工作，力争成为全球海外华侨华人投资创业的“首选之地”和“首善之区”。

3. “大侨务”观的福建实践推动了港澳侨企业发展

改革开放以来，尤其是贯彻“大侨务”观的工作原则后，福建充分

---

① 《侨力汇聚　闽侨浩荡——回眸“侨”与福建改革开放30年》，《福建日报》2008年11月14日。

发挥地缘优势，积极利用国内国际两个市场、两种资源，坚持“引进来”“走出去”并举，加大拓展国际市场，港澳侨企业经营情况总体良好。据“外商投资企业年度投资经营信息联合报告”（以前称“外商投资企业联合年检”）数据，福建港澳侨企业规模效应比较明显。据统计，2005 年福建省投资总额在 1000 万美元以上的外资企业 1351 家，其中港澳侨资企业 1167 家，占比 86.38%；投资总额 1 亿美元以上的外资企业 45 家，其中港澳侨资企业 38 家，占比 84.44%。2017 年投资总额 1000 万美元以上的外资企业 3282 家，其中港澳侨资企业 2911 家，占比 88.70%，比 2005 年增加 1744 家。2017 年福建投资总额 1 亿美元以上的外资企业 376 家，其中港澳侨资企业 339 家，占比 90.16%，比 2005 年增加 301 家。

三　当前国际经贸形势对港澳侨资企业的影响

当前，“逆”全球化思潮、国际贸易保护主义抬头，世界经济下行压力增大，港澳侨资企业经济外向度高，受国际经贸环境变化影响大，投资信心下降，其发展面临着新的问题和困难。

1. 港澳侨企业应对经贸环境变化能力不强

随着中国改革开放走向深入，港澳侨资企业虽已取得长足发展，但缺少龙头企业带动和技术引领作用，与欧美发达国家企业相比仍有较大差距。尤其是企业国际化时间短，缺乏懂经营、善管理、精通法律和外语的专门人才，缺少境外投资经验，跨国经营能力不高，防范和应对市场风险能力较弱，无法真正实现资本、技术、市场、信息等要素资源的互补共享。在经济全球化新趋势下，港澳侨企业面临的食品安全、环境保护和社会责任等问题频现，制约了企业发展。

2. 港澳侨企业产业转型升级明显滞后

港澳侨资企业以中小企业为主，主要从事劳动密集型的传统行业，企业管理机制相对落后，技术创新和市场拓展能力不强，知识产权保护力度不够，加上贸易市场过于集中，传统贸易市场占比大，出口产品附加值较低，企业技术、品牌和服务水平不高，产业转型升级面临新的瓶颈，亟须提升载体平台功能，有效提升要素资源价值，优化全球资源配置，推进内源性经济增长，增强港澳侨资企业参与国际合作竞争新优势，共享改革开放的政策“红利”。

3. 营商环境国际化尚不足以支持企业新的发展

从福建实际看，按照世界银行指标，包括开办企业、办理施工许可证、获得电力、登记财产、获得信贷、保护中小投资者、纳税、跨境贸易、执行合同和办理破产时间较长，政府“放管服”未到位，简政放权没有真正落地，服务效率有待提升。港澳侨资企业融资难、融资贵，高端人才集聚难度大，科技创新能力不强。随着共建“一带一路”倡议及自贸区政策深入实施，市场辐射力不强日益显现，法律制度、信用体系和国际化营商环境建设亟待提高。

四 新形势下坚持“大侨务”观促进港澳侨资企业发展的建议

“大侨务”观之核心内涵是以“三有利”为原则，突破各个侨务机构独立开展工作的单兵作战方式，突破仅侨务机构做侨务工作的本位观念，把它作为当地党委政府的大事，作为侨乡全社会的大事。那么，至少对于重点侨乡来说，解决好侨资企业发展中遇到的问题和困难，也就是涉及全局发展的大事。当前港澳侨资企业正处于优化结构、转换动力攻关期，要坚持“引进来”和“走出去”并重，加快出台《外商投资法》的相关配套政策，积极吸引优质、高端要素资源，不断提升利用港澳侨资质量水平。

1. 坚持开放发展，在开放市场中促进企业转型升级

要根据侨情变化和国际经贸的新趋势，把侨务工作放在“构建开放型经济新体制”的大背景中去把握。以“大侨务”的理念构建面向全球的华侨华人的沟通联系的桥梁和枢纽。从开放发展的大局出发，以开放促发展。坚持在开放中暴露问题、研究问题、解决问题，在开放的市场浪潮中促进企业转型升级发展。以高新技术、新兴产业示范区为载体，鼓励港澳侨资企业运用物联网、云计算等信息技术，积极创新生产方式、运营模式，加快产业转型升级，不断提升产品质量，增强国际市场占有率。培育港澳侨资企业发展新动力，推进企业资产重组、整合提升，加快要素资源向优势企业、优势产业集聚，推

进科技产业融合发展。

2. 坚持创新发展，激励企业研发创新提升核心竞争力

以创新机制为突破，从提升企业国际核心竞争力的大局出发，以激励企业研发创新的政策支持，鼓励港澳侨资企业整合国际创新要素。完善科技平台开放制度，充分发挥政策叠加效应，促进优质资源集聚。充分发挥财税杠杆作用，利用优势企业的资本、技术、品牌和市场优势，促进要素资源向优质企业集中，鼓励港澳侨资企业加快转型升级，更好地发挥企业科技创新的引领作用。培育壮大优势产业，鼓励港澳侨资企业投资科技型、高新技术产业，加快打造一批“独角兽”、行业小巨人企业和领军型企业。积极创造公平竞争的发展环境，打造全链条投资促进体系，促进企业提档升级，不断增强企业抗市场风险能力。

3. 坚持协调发展，注重培育整合两个市场资源的能力

从“三有利”原则出发，注重培育港澳侨资企业整合国际和国内两个市场资源的能力。着力发展侨务资源的共享管理机制，形成科学有效的利益协调机制、深化服务侨胞的工作机制。依托出口型基地、外向型园区等对外开放载体，充分发挥港澳侨资企业国际化优势，积极开展多层次、宽领域经济合作，加快融入“一带一路”建设，提升资源配置效率，不断拓展对外经济合作空间。密切与“海上丝绸之路”沿线国家侨团关系，加快构建海外营销网络、境外产业协作基地，构筑产业“生态群落”，促进港澳侨资企业集聚发展。鼓励利用外资与境外投资相结合，加快海外并购，促进海外侨商与优质企业融合发展，引导优势产能有序转移，提升企业全球资源配置能力。围绕重构价值链，积极构建华侨华人协作网，探索跨境投资合作新途径，引导企业协同创新，优化投资布局，携手拓展国际市场，增强跨境合作经济效益。

4. 坚持共享发展，共同搭建“走出去”桥梁

通过与海外华侨华人建立合作关系，提高对外投资和经济合作的质量和成功率。一是鼓励在海外建立以华侨华人社团为主体的综合信息服务机构，并通过在国内建立以经济园区（开发区）、行业协会/商会为主体的信息采集和发布机制，提供有关国家、省市政策、行业发展、市场行情、技术前沿、经济态势，以及国际市场的产品销售、需求预测，甚至目标市场国的法律、法规等信息，形成信息有偿共享机制。二是依托

现有的侨务部门电子政务平台，或者以政府指导社会机构营运的方式，建设独立的公共信息平台，形成双向或多向传播的供求信息对接平台。面向社会提供各种相关信息资源的服务；以政府专网为网络依托形成跨政府单位的综合处理平台，确保互联互通和信息资源共享。

5. 坚持对标发展，营造港澳侨资企业国际营商环境

根据世界银行营商环境指标，深化“放管服”改革，进一步规范市场经济秩序，优化政府管理职能，提升政府治理水平。加快对标国际先进规则，以自贸试验区、经济新区等为载体，推动制度创新集成化、服务标准化、政策透明化、社会诚信化，加快打造法治化、国际化、便利化国际营商环境，全面提升开放型经济发展水平。认真贯彻落实《外商投资法》，加强社会信用制度和市场监管体系建设，强化知识产权保护，全面落实外资准入前国民待遇和负面清单管理制度，积极营造便捷高效的国际营商环境。

陈大江参加世界客属恳亲大会背后的故事*

——印度尼西亚侨领陈大江及其祖母刘宝娘客家身份考

刘　涛**

目前，学术界尚未关注陈大江的族群属性，如李学民、黄昆章《印度尼西亚华侨史（古代—1949）》一书对此阙载，邓锐《梅州华侨华人史》一书也未发现刘宝娘祖籍梅州。却可根据陈世松《贡川陈氏家族源流考》一文所载永安贡川与客家渊源，结合陈大江祖籍漳平永福蓝田，推论其是客家后裔。然而，参考陈支平《福建六大民系》一书论述，陈大江籍贯漳平，应属于龙岩人。其祖籍永安，是闽北人，因此应是闽北人后裔。2019年郑来发《印度尼西亚华人通史》一书又将陈大江祖父陈性初、父亲陈明轩视为漳州龙溪县籍侨领，陈大江又成了闽南人。相比之下，对陈大江影响最为深远的祖母刘宝娘，除了其娘家漳平人外，近年又有漳州市华安县博物馆馆长林艺谋提出的华安县湖林乡人，到漳平做童养媳的说法，因此表面上陈大江是闽南籍侨领的身份是毋庸置疑的。然而，在2000年陈大江却应邀参加了第十六届世界客属恳亲大会。由于陈大江家族已无人会说客

* 陈大江（1926—　），印度尼西亚著名侨领，福建漳平人，祖籍福建三明永安，是三明客家后裔。据《陈性初家谱》记载：陈大江入闽始祖陈雍是浙江吴兴人，由吴兴迁入三明永安，陈大江先祖溯源吴兴，是其合法身份的体现，此为陈大江之所以为“华夏”的凭证，从而为浙江华侨华人史研究又起到一定的启示作用。

** 刘涛，福建省长泰县文化文史和学习委员会文史委员。

家话，因此陈大江此举当即遭到争议，认为其开错会议。

基于陈大江及其祖母刘宝娘在印度尼西亚的重要影响，学术界未有系统研究，长期以来成为华侨史研究空白。本文将运用历史学背景的历史人类学研究方法，在广泛收集、整理新旧族谱、地方志、碑铭、口述史料等资料的基础上，充分参考、借鉴相关学科的最新研究成果，围绕陈大江及其祖母刘宝娘的族群身份，首先从陈大江参加世界客属活动的影响切入，探讨其族群属性问题。继而，从影响陈大江最大的祖母刘宝娘出发，通过刘宝娘娘家族谱的版本考察，揭示其文本记载的变迁历程，并回到历史现场，揭示刘宝娘的客家族群属性身份。最终，提出陈大江从与时俱进角度来看是三明客家后裔，其祖母刘宝娘生活时代则是祖溯广东嘉应州城东门，是“广东客”后裔。以期达到在重新书写陈大江及其祖母刘宝娘的“过番”印度尼西亚历史的基础上，还原鲜为人知的陈大江及其祖母刘宝娘原有的客家族群身份，促进在“一带一路”背景下积极发挥应有的作用。

一 陈大江的客家人身份问题之由来

（一）陈大江是龙岩民系中人

陈大江，民国十五年（1926）生，民国十九年（1930）前往印度尼西亚，是印度尼西亚著名侨领，2000 年曾应邀参加在龙岩举办的第十六届世界客属恳亲大会。龙岩，作为客家祖地，承办世界客属恳亲大会无可厚非。然而，陈大江参加世界客属恳亲大会，当即引发讨论。认为陈大江来自漳平，根据李祖富主编 1995 年《漳平县志》记载：所讲方言漳平话菁城片，属于闽南方言西片区的龙岩话，是客家话与闽南话的过渡地带，与闽南话密切相关，但是又有客家话的特点，如称呼自己的弟、妹，均冠以“老”字，即“老弟”“老妹”，就与客家话相同。但是，总的来说漳平话并非客家话，陈大江自然不是客家人，因此，其参加客属大会并不妥当。

又有人认为陈大江是漳平人，其族群属性，可根据陈支平在《福建六大民系》一书所论述龙岩市新罗区、漳平市是“龙岩人”，与闽南人、客家人为同一层次，是福建汉族六大民系之一。陈大江作为“龙岩人”，自然并非客家人。

（二）陈大江是闽北民系后裔

根据陈大江族谱《漳平永福蓝田陈氏家谱》、家谱《陈性初家谱》记载：陈大江是漳平市居仁里小青社后坂洋乡（今漳平市菁城街道福满社区）人，祖籍漳平县永福里留田社留田乡（今漳平市永福镇蓝田村）种玉堂，再往前是延平府永安县贡川（今属福建省三明市永安市）。根据陈支平《福建六大民系》一书论述，永安属于三明，属于闽北人。因此，陈大江是闽北人的后裔。

但是，陈世松《贡川陈氏家族源流考》一文虽然也论述永安贡川，其与陈支平所考却有不同的见解。陈世松在该文中指出：永安贡川是客家人，因此漳平永福蓝田陈氏宗族及其迁入四川的后裔是客家人，陈大江作为永安市贡川镇、漳平市永福镇蓝田村陈氏宗族后裔，自然就是客家人。陈世松所述，其要点在于永安人是否是客家人认知层面。参考三明客家联谊会提供的资料显示，永安市是纯客家市，是三明客家的组成部分。[①] 陈大江在 1999 年为永安贡川大宗祠捐献其祖父陈性初获赠“令德孔昭”题匾。[②] 陈大江 1999 年以永安人后裔自居，2000 年参加世界恳亲大会，虽然永安其时尚未被划定为三明客家纯客家市，但是可见陈大江具有超前意识。既然现在永安是三明客家组成部分，自然之前就是，陈大江是三明客家的永安人是毋庸置疑的。

（三）陈大江是闽南民系后裔

2018 年，笔者根据《漳州华侨华人通史》主编郑来发提供的陈大江的祖父陈性初、父亲陈明轩加入漳州龙溪县籍的户籍证明，认为陈性初、陈明轩是龙溪县人，陈大江自然也就成了漳州龙溪县人，郑来发据此收录在《印度尼西亚华人史话》一书中。显然，在郑来发看来，陈性初、陈明轩、陈大江祖孙三代也就是闽南人。

另据陈大江家谱《陈性初家谱》收集的照片显示，陈性初曾在晚年

---

① 三明市客家联谊会：《三明客家》，三明客家网，2019 年 7 月 23 日，http：//www. smkjw. cn/a/sanmingkejia/。

② 据笔者 2018 年 11 月 24 日调查福建永安市贡川镇陈氏大宗祠笔记。

参加东南亚一带“开漳圣王”的纪念活动。按陈元光，是武周岭南首领，相传是向武则天申请设置漳州的首位刺史，是漳州人、闽南人。

陈性初、陈明轩加入龙溪县籍在民国初年，陈性初清末从漳平迁往印度尼西亚，担任报社主笔。为了维持家庭开支，陈性初投资经营南货店，助力其长子陈明轩经营。由于漳州比漳平发展机会多，漳州在海外的华侨也比漳平多，因此，为了经营发展需要，陈性初、陈明轩决定加入漳州龙溪县籍，以便开展经营业务。陈性初由此成为龙溪籍侨领，其子陈明轩也就成为龙溪籍侨眷。陈性初在海外参加的“开漳圣王”纪念活动，应在其加入漳州龙溪籍之后，因此其参加此纪念活动可视为“开漳圣王”陈元光后裔身份参加的。

陈性初是否真的就是陈元光后裔？根据陈性初族谱记载：陈性初漳平永福蓝田开基始祖陈五八郎，是永安贡川陈氏始祖陈雍的后裔，与陈元光无关。但是在清代曾参加位于漳州南山寺陈邕后裔的宗族活动，建有祠堂。陈邕，世称“南院陈”，与陈元光的“圣王陈”不同谱系，自然不是一家人。陈性初先祖在清代参与陈邕宗族的活动，可视为清康熙二十九年（1690）开始到清末的粮户归宗运动的产物。按陈性初的漳平永福蓝田族谱在康熙十一年（1672）付梓，该谱声称来自永安贡川，并无其与漳州南山寺之间的记载，可知漳平永福蓝田陈氏宗族最初认祖归宗永安贡川，只是后来才加入陈邕谱系。到了陈性初移民印度尼西亚，由于陈元光后裔在海外极为繁盛，为了事业发展需要，又与陈元光后裔联系，最终成为兼祧永安贡川陈氏宗族始祖陈雍、漳州南山寺檀越主陈邕、“开漳圣王”陈元光的后裔。虽然，陈邕与陈元光后裔在漳州曾经发生“黑、白旗”械斗，但是这并不妨碍陈性初在海内外的认祖归宗，积极参加宗族活动。另据卢庆顺《开漳圣王陈元光民间信仰及陈元光后裔支脉在漳平》一文记载：漳平确有陈元光后裔，虽然漳平永福也分布有其成员陈候广、陈子荣派下，[①] 但是陈性初、陈大江并非其支派，而是陈蓝田

---

① 光州陈元光文化研究会、厦门市陈元光学术研究会编：《2018 年厦门大学第五届陈元光文化论坛论文集》，《光州文史资料陈元光特辑（五）》，2019 年，第 118—119 页。

总户陈华山子户,[1] 可见陈性初在漳平菁城街道福满、漳平永福蓝田村的宗族在漳平生活期间与陈元光并无交集。现有资料表明，陈性初是漳平永福蓝田陈氏宗族认祖归宗陈元光第一人，其认祖归宗并非血缘关系，只是文化认同而已。与陈性初、陈明轩入籍漳州龙溪县一样，均是出于事业发展需要，反映了清末民国东南亚华侨领袖的生活状态。

二 陈大江祖母刘宝娘是客家后裔

（一）陈大江深受刘宝娘影响

陈性初早年考中漳平县学生员，因上告漳平知县贪腐，虽然举报成功，但是触犯了秀才参与政治的禁忌，其秀才功名由此遭到革除。在当时的社会中，自然无法立足，只能“下南洋”，于是在光绪二十八年（1902）前往巴达维亚（今印度尼西亚雅加达）发展。由于陈性初自幼聪颖，富有文采，远近闻名。因此，最初在印度尼西亚，其以文字工作为生。几经努力，卓有成效。开始办报，投资实业，以贴补家用。据郑超麟《髫龄回忆》记载:“又有一个漳平华侨的儿子，不喜欢进新学堂而要学古学的”[2]，此“漳平华侨”就是陈性初，其“儿子”就是陈明轩，为刘宝娘的长子，可见在刘宝娘的影响下，陈明轩的兴趣点在于中华传统文化，虽然后来其曾执教于漳平新民小学，也是新学堂。可见直到民初，陈性初方才得以返乡。陈性初在清末是只身前往印度尼西亚，刘宝娘作为陈性初唯一的妻子，承担起家中事务，抚养子女，教育儿孙。直到民国十九年（1930）举家迁往印度尼西亚，与陈性初团聚。虽然陈明轩夫妇其时已成家立业，但是刘宝娘作为陈性初夫人，实际上是女家长。陈大江从小深受刘宝娘疼爱，在其父在印度尼西亚遭到日本侵略军毁掉店铺抑郁而终后，其祖母刘宝娘成了其最亲的最高长辈。刘宝娘先后见证了陈性初在印度尼西亚发家致富，陈明轩在印度尼西亚的事业由盛转衰，

---

① 详见刘涛《祠堂林立背后的故事——以近代漳平望族为中心》，龙岩文化研究会编《岩声》2018 年第 2 期，第 75—77 页。

② 郑超麟:《髫龄杂忆》，政协福建省漳平市委员会编《漳平文史资料》2013 年第 20 期，第 88 页。

陈大江在印度尼西亚白手起家崛起成为工商业新秀，实际上是陈性初家族在印度尼西亚落地生根的最重要的精神支柱。刘宝娘于1959年去世。在印度尼西亚前后生活30年，陈大江时年34岁。陈大江从出生起，到幼年随家“下南洋”，经历了少年、青年，进入中年，其祖母刘宝娘均与之为伴，度过了祖父之死、丧父、家业发展最困难的时期，刘宝娘对陈大江的影响可谓刻骨铭心。

（二）刘宝娘是客家后裔

刘宝娘的族群属性，对陈大江产生了深刻的影响。2018年，笔者根据福建漳州市华安县博物馆馆长林艺谋回忆，其在此前经漳平市博物馆原馆长罗宜生口述：刘宝娘本是华安县湖林乡人，原姓陈，有闺名，年幼时来到漳平县居仁里华寮社华寮乡（今属漳平市芦芝镇华寮行政村华寮自然村）华寮中，成为刘家的童养媳。长大后嫁给陈性初。据此，刘宝娘是闽南人后裔。但是，从刘宝娘与其妹刘丹娘，均以“娘”作为字辈，[①] 刘宝娘作为华寮刘家的女儿嫁给陈性初。陈性初去世后，漳平县曾为之举办追悼会，刘宝娘的娘家兄长也是华寮刘姓，率子侄参与活动。[②] 陈大江发家致富后，刘宝娘养父刘宗兴（良玉）原葬漳平旧汽车站，2001年由陈大江拨款迁移并重修坟于华寮。[③] 刘宝娘在华寮的故居玉华堂也是由陈大江拨款重修，悬挂刘宝娘故居牌匾。[④] 从中可见刘宝娘最多只血缘上是华安人，刘宝娘的华安湖林乡原籍的村落早已无人居住，虽然仍有部分知情人，但是早已成为漳平华寮人。

刘宝娘的娘家漳平华寮，据其祖籍漳平县永福里留田社顿村乡（今漳平市永福镇同春村）所藏《刘万春六房开族谱》记载：其祖先是刘万春户大二房后裔。该谱自永福开基到迁居华寮的谱系部分重抄于清同治

---

① 漳平市刘氏族谱编纂委员会编：《漳平刘氏族谱》，笔者收藏，2007年，第469页。该谱原文有误，刘宝娘应是刘良玉之女，此处误作刘文燧之女，应作刘文燧之妹。

② 陈性初先生教育基金会编：《陈性初先生纪念集》，1996年，刘连桢先生家中收藏本，笔者于2001年10月12日抄录。

③ 漳平市刘氏族谱编纂委员会编：《漳平刘氏族谱》，笔者收藏，2007年，第460页。

④ 笔者于2001年7月17日调查漳平市芦芝乡华寮行政村华寮自然村华寮中玉华堂笔记。其时芦芝镇尚未撤乡设镇，为芦芝乡。

六年（1867），该谱又收录了客家大始祖刘祥后裔刘开七之子刘广传所生十四子谱系，根据谱序落款时间，最终重抄于光绪四年（1878）。[①] 康熙十二年（1673）华寮乡华寮尾刘大夏创修《刘万春六房开族谱》，在“修谱凡例”中就有“一朝就嗣父去生父，将他年以嗣父为考、妣”的记载，反映了刘宝娘娘家的宗族早就有孝敬养父母的传统，刘宝娘也是如此践行。刘大夏于此发出“虽曰：生我不如养我之恩深”，实际上就是刘宝娘娘家宗族抱养子女的心声，刘宝娘思想意识上也是如此。刘大夏有感于“生父竟不得一杯之血食”，反映了刘大夏强调血缘传承的重要性，从刘宝娘对其原姓名记忆不忘来看，正是体现了其华寮刘家先贤的这一主张，恪守传统，自然是华寮刘家的女儿。根据刘大夏所述：“女子许嫁于人，则为他人之祖妣。谱中不记其生儿女者，此系无甚紧要”，然而话锋一转，“若女子夫婿、外甥有科第、袭封、追赠，及夫亡死节，足以光烛外戚者，当为附之谱后”，也算是开明。从 2007 年《漳平刘氏族谱》多处记载刘宝娘及其夫陈性初、孙陈大江的事迹来看，华寮刘氏宗族始终视刘宝娘为华寮之光。从刘大夏所撰谱例为刘万春户宗族所接受，成为祖训族规流传后世，虽然漳平刘氏族谱编纂委员会未予采纳，但是仍然根据此先例，为刘宝娘立传，详细记载其丈夫及其后裔情况，[②] 可见实有传承。刘宝娘从小受到了刘家祖训族规熏陶，孝敬养父母，团结友爱五兄一妹，一直铭记在华寮娘家成员的心中。

查刘万春户大四房后裔漳平居仁里丁坂社（今福建省漳平市西园镇丁坂村）丁坂头《丁坂刘氏族谱》记载：

> 光绪乙亥年八月，有广东嘉应洲刘国柱来此收买文章。住于我家三四日。云及我祖开基讳开七公，建祠于嘉应洲城内。二世广传公分作拾四房，讳巨源、巨淥、巨州、巨渊、巨海、巨浪、巨波、巨涟、巨江、巨河、巨淮、巨汉、巨清，分散天下，系出于兹。我漳平刘姓系属长房，

---

① （清）刘连三重抄：《福建龙岩州漳平县永福里同春乡刘万春六房开族谱》，该谱现藏于漳平市永福镇同春村，漳平市图书馆有扫描复印本，笔者于 2015 年 7 月 23 日抄录。

② 漳平市刘氏族谱编纂委员会编：《漳平刘氏族谱》，笔者收藏，2007 年，第 854、469、460 页。

乃巨源公之后。据伊鉴之清晰，未知真否。兹为志之，以待后之贤者数典而称其源，考核而及其详，参稽考证是有厚望之耳。①

按该文为刘春林（1917—1982）② 民国甲申年（1944）重抄时所备注，根据其重抄的族谱来看，光绪乙亥年（1875）其时健在的长辈为刘春林的曾祖父刘炎郎（1831—1904）③。此“漳平刘姓”指的是刘万春户，关于其是刘广传长子刘巨源后裔的说法出现在光绪乙亥年（1875），到了光绪四年（1878）为漳平永福同春刘万春户大宗祠所抄录，成为谱头。④ “嘉应洲”，应作“嘉应州”。根据刘鹤天乾隆五年（1740）所撰《嘉应州刘氏大宗祠谱序》记载：“共建祠于州治之东”⑤，可知该祠位于嘉应州城东门。另据刘凤岐于乾隆五十三年（1788）所撰《刘氏族谱序》记载：“今上御极之元年，吾族人佥谋建刘氏家祠于州治之东偏，阅二年二落成。”⑥ 从中可知，该祠于乾隆元年（1736）兴建，历经两年落成，是毋庸置疑的。

---

① （民国）刘春林重抄：《丁坂刘氏族谱》，民国甲申年（1944）重抄，此据漳平市博物馆时任馆长黄秀燕所藏复印本抄录，原件藏于漳平市西园镇丁坂村丁坂头刘氏后裔，笔者于2016年10月12日抄录。按：刘春林重抄族谱未落款时间，此据2007年《漳平刘氏族谱》所载“民国甲申（1944年）重抄”，详见漳平市刘氏族谱编纂委员会编《漳平刘氏族谱》，2007年，第861页。

② （民国）刘春林重抄：《丁坂刘氏族谱》，民国甲申年（1944）重抄，此据漳平市博物馆时任馆长黄秀燕所藏复印本抄录，笔者于2016年10月12日抄录。按：刘春林，号学森，生于民国丁巳（1917），卒于1983年，详见刘春林重抄《丁坂刘氏族谱》所载第十六代学森。

③ （民国）刘春林重抄：《丁坂刘氏族谱》，民国甲申年（1944）重抄，此据漳平市博物馆时任馆长黄秀燕所藏复印本抄录，笔者于2016年10月12日抄录。按：虽然刘春林于此未载哪位长辈与刘国柱交往，但是从族谱所载刘春林直系祖先生卒年来看，刘春林之父刘銮英，生于光绪庚子（1900），祖父刘登岂，生于光绪丙戌（1886），曾祖父刘炎郎，生于道光辛卯（1831），卒于光绪甲辰（1904），光绪乙亥（1875）时年45岁。刘炎郎之父刘日华，讳文治，即刘文治，是“邑庠生”，也就是漳平县学生员，出身书香门第，应是与刘国柱对接族谱。详见刘春林重抄《丁坂刘氏族谱》第十五代銮英、第十四代登岂、第十三代炎郎、第十二代日华。

④ 关于漳平刘万春户旧谱所载刘开七谱系，笔者曾在2015年请教厦门大学历史系教授杨国桢，经杨国桢安排，请时任厦门大学历史系教授刘永华解读，刘永华认为此为谱牒传抄所致。通过本文考证，从中可见刘永华此说忽视了嘉应州城东门这一谱头对刘万春户宗族历史上所起到的凝聚人心这一史实。

⑤ 韦氏中华宗亲总会转载，2017年9月4日，http://m.2jiapu.com/puxu/puxu-20170904-49611.htm，笔者于2019年10月12日抄录。

⑥ 韦氏中华宗亲总会转载，2017年9月4日，http://m.2jiapu.com/puxu/puxu-20170904-49611.htm，笔者于2019年10月12日抄录。

查光绪《嘉应州志》记载：

又案采访册：……光绪元年，前牧周公士俊登城一望，不胜概然。爰奉乾隆二十九年，由江西省卷奉上谕直省无论州府县城内不准妄联姓氏，创立祠宇之例。亦奉光绪元年广东布政使、按察使为出示严禁事查核城内有祠宇八十五处，坐向款式逐一载明清册详禀立案。嗣后各姓不得纠众添建祠宇，致碍民居等情。光绪八年，又经前牧陈公善出示严禁阻止欲造之祠宇，后亦无敢倡此举矣！①

从中可知，嘉应州城东门刘氏大宗祠在光绪元年（1875）为嘉应州知州周士俊所知，其建筑情况经广东布政使、按察使登记造册，其中供奉的神主牌位，应包括刘宝娘所在的漳平刘万春户宗族。

民国甲申（1944）漳平丁坂族谱重抄者质疑嘉应州谱系问题，是出于其时刘万春户其时已说漳平话，继而在1949年夏《漳平县志续编》中称刘姓“明时由海澄迁来”，即漳州府海澄县（今福建省龙海市），世界大航海时代漳州月港所在地。之所以有此称，实则应与漳平位于月港与闽西北山区延平、建宁、邵武三府之间通过九龙江北溪航道联结食盐、“番货”的中转站有关。②

2007年《漳平刘氏族谱》所载漳平永福始祖“从愿公”，实际上是五代十国时期留从效之兄“留从愿”，是清末民国时期刘万春户因赶集刘

---

① （清）吴宗焯修：光绪《嘉应州志》卷32《丛谈》，光绪二十七年（1891）刻本，中国国家图书馆藏，第4页a—b。

② 见拙文考述《文本记载背后的故事——大航海时代三明客家与东南亚客家互动新探》，2019年10月发表于三明学院举办的第二届东南亚客属华人与“一带一路”国际青年学术论坛。按：民国《漳平县志续编》副主任刘志和、刘子熙父子，是漳平丁坂刘氏成员，出自刘万春户大四房；该志总纂刘万里，光绪壬寅（1902）举人，与陈性初一起为漳平县儒学生员，曾任国会众议员，是漳平桂林街道下桂林社区坂尾路人，出自刘万春户大二房，刘志和是刘万里的老师，刘姓在漳平有同姓不同宗多个支派，该志所载刘姓应是指刘志和、刘万里所在的刘万春户宗族。又，海澄县最大的刘氏宗族聚落位于福建龙海市海澄镇内楼村，据笔者2008年11月25日田野考察显示，并无神主牌位以及迁居漳平的记载以及口述史料，可见刘万春户宗族并未与海澄实质性联宗。不能据此认为刘万春户宗族祖籍海澄。且刘宝娘在此联宗之前早已离开漳平，对此并不知情。

柄市与留万高户联宗的结果。①

刘宝娘的祖籍虽然先后有广东嘉应州城东门、海澄获得了地方官府承认，但是按刘宝娘生于光绪五年（1879），至民国十九年（1930）前往印度尼西亚之际，在此期间正是以嘉应州城东门刘氏大宗祠的客家后裔自居，并非海澄后裔。刘宝娘到印度尼西亚后，其与嘉应州的谱系渊源应成为与嘉应州客属联系的纽带，也是陈大江与梅州客属后裔交往的基础。

三　结语

第一，陈性初获赠牌匾既然悬挂在福建永安贡川大宗祠，永安作为三明客家纯客家市，陈大江自然就是三明客家后裔。刘宝娘生活时代祖溯嘉应州城东门刘氏大宗祠，自然就是粤东客家后裔。刘宝娘对陈性初后裔，尤其是陈大江产生了深远的影响，可见陈大江深受客家文化熏陶。填补了漳平客家研究的空白，为印度尼西亚客属社会提供了史料依据，为东南亚三明客家、广东客家社团所借鉴。新时期浙江华侨华人史研究也要认识到陈大江虽然是三明客家后裔，但是之所以为“华夏”，正是祖溯浙江吴兴的结果。虽然立足新中国成立以来的研究，也要超越时空限制，跳出浙江，深入研究，最终达到为浙江服务的目的。

第二，陈大江及其祖母刘宝娘的客家族群身份研究，填补了印度尼西亚客家研究的空白，对东南亚华侨华人研究起到了抛砖引玉的作用。陈大江及其祖母刘宝娘的族群认同变迁，是国家、地方、个人、海外多方面密切联系的产物，尤其是祖溯嘉应州在历史上曾经凝聚人心，影响至今；而永安被认定为三明客家，在今天也发挥了积极作用，因此均是

① 关于留从愿谱系情况，详见漳平市刘氏族谱编纂委员会编《漳平刘氏族谱》，笔者收藏，2007 年，第 347—348 页；刘万春户与留万高户的谱系关系，根据笔者 2016 年 10 月调查漳平市永福镇同春村、永福镇蓝田行政村刘柄自然村的结果。按：刘万春户旧谱所载始祖为刘旭，生二子：乾敏、乾效，乾敏生一子元福，元福生一子壱轩，即刘万春户始祖；与留万高户旧谱所载始祖刘九郎，生一子孟云，孟云生二子：伯华、伯润，明显在谱系与姓名上不符，并非同宗，应是联宗的结果，直到 2007 年在《漳平刘氏族谱》以留万高户与刘万春户的弟兄房头关系加以确定，实则近现代联宗的产物，最终在现代完成确认。刘宝娘生前并不知情。

“真实”存在的，具有一定的学术价值与社会意义。

第三，新时期海外客家研究，应回到历史现场，以历史研究为前提，换位思考，抱之以同情与理解。在揭示文本记载与人物活动事件背后的历史情境的基础上，立足全球史视野，结合王朝与国家历史、地方社会历史变迁深入研究。既要围绕客家、海外、梅州，又要跳出客家、海外、梅州传统认识范畴，具体来说，应跳出“客家话”与“客家人”划分这一传统认识范畴，提出较为广泛的“客家文化认同”这一更为符合海外客家生存与生活的意识，求同存异，直接纳入海外客家的未来研究课题、海外客家社团的发展方向，最终达到为梅州以及海外客家服务的目的。只有与时俱进、继往开来，方能更好地发挥所长，对当下“一带一路”发展起到一定的启示作用。

从侨批看海外华侨“家国同构”的历史情结

邓达宏*

“家国同构”是指家庭、家族和国家在组织结构方面的共同性。我国古代社会是在氏族制度解体很不充分的情况下，跨入阶级社会的。由家族走向国家，以血缘纽带维系制度，形成一种“家国同构”的格局。侨批[①]是中国东南沿海侨乡家庭、家族独有的遗物，是侨乡传统文化特别是乡土文化传承的重要载体。它既是家庭、家族海内外思想精神交流的物化，也是跨洋社会变迁的历史见证，其“家国同构”文化取向在各个历史时期都发挥着重要的社会功能。在国家顶层文化战略的指导下，采取去其糟粕与取其精华、去伪存真与甄别遴选的方法，着力挖掘侨批中的优秀传统文化，加大力度对侨批保护与传承，为家族寻根、历史考据与家国情怀留下一份乡愁和侨情，重新认识与剖析侨批中蕴含着的“家国同构”文化取向，在当代社会有着积极的思想意义与文化价值。

一　“家国同构”的历史文化积淀

中华文明史历经五千多年，虽然波澜不断，但绵延不绝，历经沧桑

* 邓达宏，福建社会科学院华侨研究所副所长、研究员。

① 据中国银行泉州分行行史编委会编《闽南侨批史纪述》序记载：“侨批”一词，源于闽南语，“批”即“信”，除福建省闽南地区以外，广东省潮汕地区和台湾省、海南省部分操闽南语系的人，均将海外华侨通过侨批信局运递的银信称为“批”。侨批是专指海外华侨通过民间渠道及后来的金融邮政机构寄回国内，连带家书或简单附言的汇款凭证。它是闽粤华侨出国历史发展轨迹的真实记载，是我国侨乡资源的重要组成部分。

流传至今，靠的便是统治者一以贯之的儒家思想得以维系，这是外在原因。真正的内因是所有优秀中华儿女秉承着家国情怀，正是有了家国情怀的维系，炎黄子孙们才能由衷地产生认同感和归属感。回首中华五千多年文明史，中华儿女心中充满了自豪感与幸福感，涌动的是对伟大祖国的感恩之心和报效祖国的赤子之情，在这一切背后积淀的是“家国同构”般的家国情怀这一底蕴。

（一）“家国同构”体现出儒家“家”与“国”的情怀

“家国同构”与“家国一体”，既有相同又有不同。“家国一体”是梁启超在《新史学》中首次提出，其中写道：“二十四史非史也，二十四姓之家谱而已。”[①] 这句话赤裸裸地揭露了中国两千多年封建王朝的本质：家国一体，家国都是家，不同之处在于，“国”是大家，“家”为小家，“国”是由许多小家组成的，而“家”便是国的细胞，主要说的是国家与皇室及皇族的关系，二者在一定程度上是密不可分的。“家国一体”主要是从皇室角度界定的，虽然在封建王朝，统治者依靠儒家文化体系进行阶级统治，给百姓灌输的是三纲五常的观念，君为臣纲，父为子纲，夫为妻纲。正如《论语·颜渊第十二》中所说的：“齐景公问政于孔子。孔子对曰：‘君君，臣臣，父父，子子。’公曰：‘善哉！信如君不君，臣不臣，父不父，子不子，虽有粟，吾得而食诸？’”[②] 从这段话中，人们可以窥见宗法制对阶级统治的作用，只有在宗法制的约束下，天下才可以避免大乱。正是在君臣与父子的两相对比中，深化了“家国一体”观念对人们的影响。当然，很容易可以看出国之君臣与家之父子的相互关系，“家国同构”的实质是将君与父的角色合二为一，可以理解为臣侍君如父，子又奉父为君，忠孝两全且贯通，宗法制促成了“家国同构”的形成。从上述例子中，人们可以很清楚地看到“家国一体”与“家国同构”在一定程度上的一致性，但二者并不完全等同。“家国同构”主要指家庭或者国家在组织结构上的共同性，“家国同构”属于“家国一体”的一个特征，二者是包含与被包含的关系。“家国一体”贯穿了中国封建王朝的

---

① 梁启超：《新史学》，商务印书馆 2014 年版。

② 翟文明：《国学知识全知道》，中国华侨出版社 2010 年版。

始终。“家国同构”并不只存在于中国，它不受时空的局限。亚里士多德在《政治学》中说家庭是人类满足日常生活需要的基本形式，若干家庭组合而成村庄，村庄再组成国家（城邦），家庭常常由亲属中的老人主持，君王（basileus）正是家长、村长的发展。[①] 这也许是超越时空的一种文明现象，在潜移默化中继续发光发热，同样，在罗马也存在这种现象：罗马也是一个城邦，它的元老就是家族长。元老院就是家族长的会议，集罗马合而成罗马城邦的政治结构，也就是罗马国家。到了罗马帝国时期，西塞罗还说，人民缅怀慕卢斯，称其为父亲、神明。[②] 由此可见，儒家“家国同构”之家国情怀并不局限于特定的时空条件，它的存在有自身的必然性和价值，它影响了全人类文明的发展与进步。[③]

（二）福建侨乡儒学历史延续与发展

儒学作为在中国历史上长期占据统治地位的文化形式，其对两千多年来中国传统文化的演变与发展，起着最主要的引领及教化作用，是不言而喻的。福建以其独特的地理位置和人文生态，经过数千年的历史变迁与丰厚积淀，形成了具有鲜明地方特色的传统文化形态。[④] 自唐宋以来及明清之后，一代又一代的儒者为福建文化的建构和发展做出了永不停息的努力。不同时代、不同地域的儒者根据自己知识的理解及对于世界与社会的认知，形成了各具风格的学说，共同构建了福建地区丰富多彩、形态各异的儒学整体概貌。唐朝建立之前，福建被视作蛮荒地带。唐朝建立后，朝廷开始重视在南方传播儒学，并从儒者中选拔优秀人才为官。例如韩愈说欧阳詹：“欧阳詹世居闽越，自詹以上，皆为闽越官。至州佐县令者，累累有焉。”[⑤] 欧阳詹是泉州人，是一个著名的儒者，他的家族中有许多人世世代代在福建地方做官，说明当地已有儒学传播。唐中叶

---

① 亚里士多德：《政治学》，吴寿彭译，商务印书馆 1983 年版。

② 西塞罗：《论共和国》（第 1 卷），王焕生译，中国政法大学出版社 1997 年版，第 56 页。

③ 徐银凤：《儒家家国情怀的内涵及培育途径》，《文教资料》2019 年第 7 期，第 68 页。

④ 陈支平：《福建儒学文化精神的超时空审视》，《厦门大学学报》（哲学社会科学版）2015 年第 4 期，第 47 页。

⑤ 韩愈：《欧阳生哀辞》，董浩、阮元等编撰《全唐文》卷 567，中华书局 1983 年影印本，第 5740 页。

以后，李椅任福建观察使，他在任内大建福建学校，“于是，一年人知敬学，二年学者功倍，三年而生徒祁祁，贤不肖竟劝。家有洙泗，户有邹鲁，儒风济济，被于庶政”[①]。三年内福建儒学面貌大变。

欧阳詹中进士之后，在闽中产生很大影响，从福州到泉州的沿海一带，教子读书，形成一种风气。独孤及称赞福建：“比户业儒，俊造如林。”[②] 到了宋代儒学得到了大发展，特别是宋代的朱子学，其影响力不仅在福建地区是独一无二的，就全国范围来说，在中国思想史的发展历程中[③]也是秀峰并峙、无可替代的。“儒学的传播，必然改变了当地人的价值观。”[④] 儒学的“家国同构”思想在福建沿海得以进一步推广与发展。福建沿海人的核心价值观还是儒学的“仁、义、礼、智、信”，是儒学的忠诚与孝道。[⑤] 儒学的“家国同构”思想一直延续到近现代。

（三）儒学的“家国同构”思想在海外的传承

无论从哪个角度看，儒家伦理价值观，对于海外华侨的生存和发展关系至为密切。早期下南洋谋生的华侨，绝大多数是目不识丁、知识水平低下的贫民。但他们长久浸润在历史悠久的传统儒家文化社会里，通过日常生活与长辈、亲人的相处，以及从民间戏剧传说、习俗中学到儒家伦理思想，这些价值观早就根深蒂固地根植在他们的身上，成为他们为人处世的主要依据。更深一层地说，在海外的华人社会中，“中国移民初来之时，在物质生活上是赤手空拳的，在精神上却是有着深厚的凭借——即中国的文化。而中国的文化显然是以儒家为主的”。[⑥]

“那时期的社团，不仅数量大大增加，类型也形形色色，多姿多彩。除原有的地缘、血缘和业缘的组织外，更有文化教育，消闲娱乐，宗教慈善乃至代表广大工人利益的工会的出现。那时期的华人社团，发挥了

---

① （唐）独孤及：《都督府儒学记》，道光《福建通志》卷62《学校》，清同治刊本，第9页。

② （唐）独孤及：《都督府儒学记》，道光《福建通志》卷62《学校》，清同治刊本，第9页。

③ 陈支平：《福建儒学文化精神的超时空审视》，《厦门大学学报》（哲学社会科学版）2015年第4期，第47页。

④ 徐晓望：《闽南史研究》，海风出版社2004年版，第114页。

⑤ 徐晓望：《闽南史研究》，海风出版社2004年版，第114页。

⑥ 余英时：《新加坡推行儒家思想之我见》，《星洲日报》1982年6月7日。

极大功能。除了团结协助乡民、办学、济贫救困与改良社会问题外，也极为关注当时处于内忧外患且濒临国破家亡危机中的祖国。激于义愤，他们展开了一连串的救国救乡运动，其中最有名的便是海外救亡运动领袖陈嘉庚了，他毁家兴学救国的精神，将永垂青史。”[①] 正因为海外华侨们一向秉承勤劳俭朴，不怨天尤人，靠自己的劳力谋生，自强不息，敬业乐业，知足知耻，不做非分之想的儒家伦理价值观，在荒岛上披荆斩棘，历尽千辛万苦，终于白手起家。儒家伦理思想对华人的家庭观念、家国观念影响和作用是十分巨大的。

二　侨批与海外华侨“家国同构”的历史演绎

侨批是海外华人、华侨寄给国内侨眷的书信与汇款的合称，侨批业大规模盛行于19世纪中期，直至20世纪70年代末80年代初退出历史舞台，历时150余年。闽粤两省是中国最大的国际移民迁出地，因此产生的侨批数量最多，据有关专家统计，目前全国已发现20余万件侨批档案。2013年侨批档案入选《世界记忆名录》后迎来了侨批研究的新一轮热潮。北京大学张颐武教授指出：“近百年来中国人民的记忆被遗忘得很快，我觉得现在非常需要打捞历史的记忆。”“家书体现一个声音，一个活着的声音。”“100多年来，中国人民的苦难太深了。我们看到的很多都是痛苦的事情，离乱、战争给人们造成了非常痛苦的记忆，有许多感伤的、痛苦的、悲哀的记忆。”[②] 在这些感伤的、痛苦的、悲哀的记忆中，侨批深深印证了海外华侨的“家国同构”的历史情结，体现出海外华侨的家国历史情怀，在中国不同历史阶段演绎出感天动地的事迹，在当时当地之贡献越来越凸显。著名作家苏叔阳先生指出：“有可能在非常悲观的时代充满着昂扬乐观的精神。世界上最伟大的民族就是中华民族。因为追求精神的崇高是这个民族最伟大的性格。我们在最困难的时候，家书也就

---

① 王永炳：《儒家伦理思想对新加坡及华侨族群的作用、影响与展望》，吕良弼主编《中华文化与海峡两岸汉民族研究——汉民族研究2000年国际学术会议论文集》，中国社会科学出版社2002年版，第176页。

② 张颐武：《寻找活着的中国》，中国人民大学家书文化研究中心编《云中喜有锦书来——抢救家书文集》，人民出版社2015年版，第36页。

充满着乐观精神。”①

（一）侨批佐证了辛亥革命时期海外华侨“家国同构”的激情

1. 辛亥革命产生的历史背景

辛亥革命是一次伟大的民主革命。革命的目标是以武力推翻承袭已两千多年的封建政治制度。民主制度的核心理念就是人民当家做主，以广大人民的利益为依归，同时为广大人民服务。民主制度和封建制度最基本的差别在于“公天下”和“家天下”之分。前者以人民的利益为考量来制定政策，后者以狭隘的个人和家族的利益为考量来制定政策。辛亥革命是一次民主革命（或名为种族革命），事实上就是要推翻满族人的政权。中国人的政权应该是由中国占大多数人口的汉族所建立的政权。②反满主义是最鲜明的革命旗帜，成为当时吸引汉族各方力量最有效的凝聚点，这一点在兴中会和同盟会“驱除鞑虏，恢复中华，创立民国，平均地权”的誓词中得到了充分反映。这个誓言显然体现出汉文化传统的“华夏夷狄”的民族正统观念。

2. 华侨对辛亥革命的贡献

孙中山有一句名言——“华侨是革命之母”，这是他对华侨对辛亥革命贡献的极大肯定。海外华侨是辛亥革命的基本群众。辛亥革命前，从鸦片战争到甲午战争50年间，中国在列强大举入侵下，险遭瓜分，国破家亡，无以为生。百姓纷纷出走，以“契约劳工”方式，或横渡太平洋到北美、或下南洋到东南亚等。这些海外华侨勤奋工作却得不到公平合理的待遇，常遭受白眼和歧视。他们深知国家贫弱在家日子不好过，在外也难抬起头来。当他们得知孙中山进行革命时，就毫不犹豫地顺应潮流，挺身起来维护，有的捐款，有的大力宣传孙中山先生的革命思想，有的甚至回国参战。侨批真实记录了海外华侨对辛亥革命的诸多贡献的景象。

---

① 苏叔阳：《搜集民间家书应把权威放在民间》，中国人民大学家书文化研究中心编《云中喜有锦书来——抢救家书文集》，人民出版社2015年版，第33—34页。

② 孙中山：《中国问题的真解决——向美国人的呼吁》（1904年），《孙中山选集》上卷，第57页。

3. 福建侨批真实呈现出海外华侨“家国同构”的价值取向

新近出版的《闽南侨批大全》是“家国同构”文化研究的史料集成，堪称闽南地域文化研究之佳品，是研究华侨华人移民文化、闽南文化、海洋文化的珍贵历史宝库。它立足于闽南地域，涵盖侨批业态的各个方面，反映闽南华侨在辛亥革命、抗日战争、解放战争以及新中国成立后的“家”“国”情怀。其第一辑第一册就辑选了漳州台商投资区锦宅黄开物家族侨批。它既是“家庭”与“家族”相结合的全景展现，又是“编者”与“藏者”结合之独具慧眼的产物，是出版界、侨批界的皇皇盛举。福建同安籍的爱国侨胞黄开物，1906 年 12 月赴菲律宾马尼拉，并在那里加入了同盟会，成为其机关报《公理报》撰稿人。① 黄开物之侨批，是以侨批形式出现的文字记录，完整辑录了 333 封，其内容涉及中菲金融、通汇、贸易、侨乡发展、华侨捐资、妇女解放、宗教信仰乃至参与同盟会、辛亥革命等。这些记录文字，是“清末民初华侨社会的一个缩影”的再现，内有诸多反映“家”“国”情怀的文献叙述，也是研究菲律宾华侨历史、福建侨乡、中菲关系不可多得的第一手资料。

1911 年 5 月至 1913 年 6 月黄开物在家乡期间，居住在菲律宾、香港、厦门等地的辛亥革命志士、革命同志寄给他的涉及辛亥时政侨批信函，就有 50 余封实物件（包括批封、信封）。大多反映广大海外华侨的捐款捐物、出人出力和努力宣传并对辛亥革命的胜利起到关键作用等作为。黄开物的这批侨批中，就有多封侨批提到同盟会菲律宾分会的筹款及办报等活动。下面的这份是华侨同盟会会员陈松铨②在辛亥革命期间写给黄开物的侨批，具体内容如下：

> 开物同志兄照：此处于廿二、廿三演戏两夜计收叁仟外元，做报并应税等等计开壹仟贰佰外元除外，计得壹仟捌佰外元，连前日秘密捐款壹仟外元。又本月日晚倡捐外界在内计约贰仟外元。又拟定二月再演二天，定可得银叁仟外元或不止。但再演省却办报等等多多矣，大约或得捐至壹万元亦未可料。但外界自演戏、演说等等

① 王炜中：《侨批缘》，广西师范大学出版社 2017 年版，第 405 页。

② 陈松铨，菲律宾普智阅书报社成员，中国同盟会小吕宋分会会员。

情形，大受激动，将来若革命军逐日进步，或能捐至数万亦未可知。公理报对演戏感动，前月反对派卢文彩、少清、胡诸群、陈迎来四人认二千余元，文彩又应承诺股本一时难收，伊愿先支，六月一定办机器，并推主笔来岷，大约当看二三礼拜后方能出版，阅书报社及同志会均甚进步。此遭［招］演戏系先演说，然后祝旗，祝毕，出戏，全戏院一二千人。一见独立旗出来，尽行起立，鼓掌之声，以夫呼万岁之声震动山岳。每夜琛报及克毛报、田禾报俱派访员来观，咱亦派人招待，该日即将戏出登报，并报小吕宋之中国人全数是革命，所以一见独立旗，无不异常踊跃。本日报竞载报，小吕宋华侨自演戏至今，已捐助革命军壹拾万元，又到去九百余人矣。至下等之人亦捐五元正，甚然赞唉。中国人近来之爱国心大明也，然吾等虽不能捐至此数，伊如此登，自实在有益所捐，一则外埠以资观感，一则壮中国人之声气，甚妙。此遭之大举，谅必成功，想不日就得庆贺独立矣，请拭目俟。云此处诸事得手，叹办事乏人，同志中诸办事人异常忙碌，故此未能常通书信。兹寄上英银贰元，到祈收用。余容后申，此请近安。

信白岷中情形大略如斯，恕不再赘。弟近日碌忙，不能作书，乞见谅。军情已译，另纸夹上也。

弟陈松铨顿首。辛八月廿七日（1911 年 10 月 18 日——笔者注）。

内地漳厦同志亦应通知，使其备办战品。现军虽胜仗，然亦当知防，稍有不顺，方可举事响应。兹以台询电文于左：POA 北京攻破，LIP 公认独立（若数字俱打，即是：破北京，各国公认独立）。①

这封侨信中，菲律宾普智阅书报社成员、中国同盟会小吕宋分会成员陈松铨向同盟会会员黄开物通报了在菲律宾的华侨支持辛亥革命捐款的情况，这封信内含五层意思：一是通过演戏募集款项："计得壹仟捌佰外元，连前日秘密捐款壹仟外元。又本月日晚倡捐外界在内计约贰仟外元。又拟定二月再演二天，定可得银叁仟外元或不止。""或能捐至数万

① 《闽南侨批大全》编委会：《闽南侨批大全》第 1 辑，福建人民出版社 2016 年版，第 119—121 页。

亦未可知。”“但外界自演戏、演说等等情形，大受激动，将来若革命军逐日进步，或能捐至数万亦未可知。”“小吕宋华侨自演戏至今，已捐助革命军壹拾万元”等，捐款的热情可谓高涨。二是华侨群情高涨。特别交代了一见“独立旗”出来，“全戏院一二千人。尽行起立，鼓掌之声，以夫呼万岁之声震动山岳”。见此场景发出“中国人近来之爱国心大明也”的称赞。三是宣传阵地到位。“公理报对演戏感动，前月反对派卢文彩、少清、胡诸群、陈迎来四人认二千余元”，《公理报》实际上后来成为中国同盟会小吕宋分会的机关报，总经理为郑汉淇（厦门人），连任9年；总编辑先后为吴孟嘉、吴宗明、颜文初。后又成为国民党菲律宾总支部机关报。“阅书报社及同志会均甚进步”。四是领导得力，上下团结一心。上至侨领、会长，如生于福建思明（即今厦门），菲律宾华侨富商、社团领袖，华侨教育会首任会长，1930—1931年菲律宾岷里拉中华商会会长，热心公益事业的陈迎来会长①等带头捐款两千元，下至普通华侨“至下等之人亦捐五元正，甚然赞唉”。五是信心满满，努力为之。“一则外埠以资观感，一则壮中国人之声气，甚妙。此遭之大举，谅必成功”，“同志中诸办事人异常忙碌”，“内地漳厦同志亦应通知，使其备办战品。现军虽胜仗，然亦当知防，稍有不顺，方可举事响应。兹以台询电文于左：POA北京攻破，LIP公认独立（若数字俱打，即是：破北京，各国公认独立）”。这封侨批所谈关于演现代戏筹款的过程甚为精彩，让我们深深感受海外华侨“家国一体”情怀之深切。

再者，菲律宾同盟会成员吴宗明在1911年9月9日从马尼拉寄给黄开物的侨批中，亦可佐证海外华侨对祖籍国的关注与舍生取义：“兄乃知书识理之人，孔门弟子杀身成仁实属素志……况兄排满之志已定……而愿入枪林弹雨之中者。何也？排满之志大，救国之心坚也。”② 由此可见，海外华侨以“孔门弟子杀身成仁”儒家精神作为鼓励，彰显出“排满之志大，救国之心坚也”的“家国一体”情怀。又，1911年11月20日，

---

① 巫乐华、杨保筠主编：《华侨华人百科全书·人物卷》，中国华侨出版社2000年版，第86页。

② 《闽南侨批大全》编委会：《闽南侨批大全》第1辑，福建人民出版社2016年版，第128页。

马尼拉康春景、林书晏二位华侨寄黄开物的侨批："弟不能回国尽邦家之责任，负疚难言。"他们二位对没有回国尽力感到深深的内疚自责；"兄当乘机大展怀抱，如款项缺乏，可秘函电，布告各南洋资助，或致函来岷各界劝捐，必有可望"。[①]"家国同构"之情跃然纸上。1912 年 6 月 10 日菲律宾同盟会会员林书晏寄给黄开物侨批："民国初立，元气未振。尤以财政之恐慌，岌岌不可终日。欲借外债，则外人则乘势监督，财政制我之生机。此种危险关系，兄必审且详矣。奈何奈何。本月部派同志李心灵先生来岷募国债，计五六十万耳。资本家凉血不肯投资，有之则系吾最可怜之劳动社会之血汗耳。内地近热心提倡救国捐，风声甚播，未始无裨益大局。本会叠承京电告急，已竭蹶以应，本礼拜则提倡救国捐，舍此别无良策。同人等亦已力尽声嘶，对于义务，不敢稍为忽略。"[②]海外华侨对刚刚成立的民国忧心忡忡，忧心财政、忧心新成立之政权被国外控制。为此，他们不遗余力地支持捐款，为新政权"力尽声嘶，对于义务，不敢稍为忽略"。凸显这批爱国华侨的真知灼见与远虑。

同盟会会员、闽南华侨林书晏、吴宗明、康春景、陈松铨等从菲律宾马尼拉寄给华侨商人、同盟会会员黄开物的侨批，真实地记录了华侨通过不同层面、不同阶层、不同方式的捐款捐物，甚至广大热血华侨青年奔赴国内参加地方起义。在那场辛亥风云剧变中，这些人物、活动和事件，初步勾画出闽南侨胞们抛头颅、洒热血，热情支援辛亥革命的历史图景，充分呈现出海外华侨"家国同构"的历史情怀，以实际行动的形式推动了辛亥革命的发展进程。

（二）侨批见证了抗战时期海外华侨对"国破家亡"的义愤

1868 年明治维新之后，日本随着国力日盛，野心渐强，大力宣扬"开拓万里波涛，布国威于四方"。1887 年，日本参谋本部一局局长小川在《清国征讨方略》中提出："自明治维新之初，常研究进取方略，先讨台湾，

① 《闽南侨批大全》编委会：《闽南侨批大全》第 1 辑，福建人民出版社 2016 年版，第 140 页。

② 《闽南侨批大全》编委会：《闽南侨批大全》第 1 辑，福建人民出版社 2016 年版，第 210 页。

干涉朝鲜，处分琉球，以此断然决心同清国交战。”这就表明日寇侵吞中国的狼子野心早就有之。1894 年悍然发动甲午战争，宣布台湾及澎湖列岛“归入大日本版图”。第一次世界大战爆发后的 1915 年，日本趁欧美各国无暇东顾之际，取代德国获得在山东的一切特权，企图将中国领土和政治、军事、财政等都置于日本控制之下。对此，海外爱国侨胞已有察觉，并在寄回家乡的侨批中明确说出日寇侵吞中国的狼子野心。

1915 年 3 月 9 日，福建爱国侨胞黄开物寄给家乡妻子林氏的批信（见图 1）中就写道：“目下吾国危如累卵，日本早起野心，欲顺欧洲酣战之时，无悔东顾，起而吞并中国，言之殊堪痛恨。今外地风声日急，谓日兵已入闽省矣，未卜内地有所闻否？想吾闽难免无危险之惨至。”①正是海外爱国侨胞对“家”的关注、对“国”的热爱，他们才会发出“吾国危如累卵”的警示，才会有“想吾闽难免无危险之惨”的担忧，体现出海外爱国侨胞的远虑与卓见。

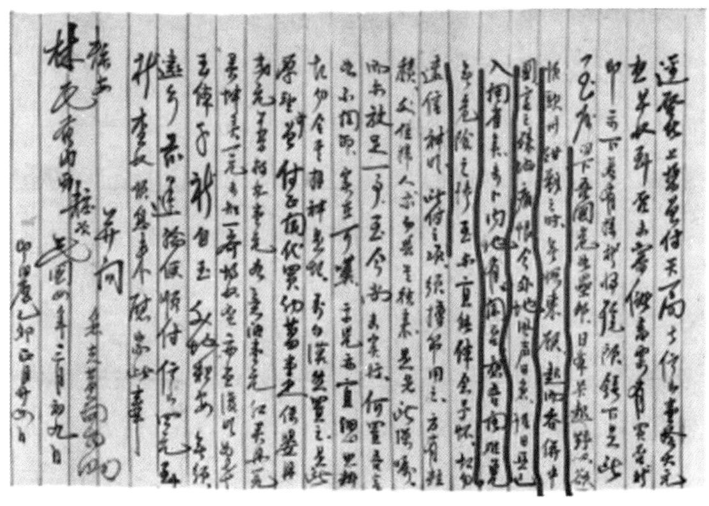

图 1　黄开物寄给家乡妻子林氏的批信

此后，日寇便处处继续作恶，1928 年 5 月制造山东济南惨案，致使

① 《闽南侨批大全》编委会：《闽南侨批大全》第 1 辑，福建人民出版社 2016 年版，第 306—307 页。图片由黄清海先生提供。

中国军民死亡3254人，受伤1430余人。海外侨胞在批信中写道："日本出兵山东，惨杀我济南军民。无辜受辱，恶（噩）耗传来，莫不发指俱裂，以为日本横蛮极点，并且无理邀（要）求我政府之五条件种种，皆亡国之毒计，国府断难承认。"海外爱国侨胞义愤地认为这是"皆亡国之毒计"。1931年日寇在沈阳制造九一八事变，1937年七七卢沟桥事变发生不久，以18万兵力之众，在飞机、大炮、坦克的掩护轰炸下杀向上海。对此，泰国侨胞写回的侨批记录当时的场景："眼下闸北一带，悉遭敌人焚烧，仅存一片焦土而已，言之痛心，现沪上难民闻达百万之众，诚属可怜。"[①] 这时候的上海以"仅存一片焦土而已"，国不在，家又在何处？"难民闻达百万之众"，诚属可怜。侨胞义愤之情跃然纸上。

民国廿六年（1937年）9月30日，福建晋江东石玉井蔡长吲给马来亚女婿郭燕趁回批中写道："国中不靖之事现时咱处尚未波及。惟前日敌机来炸五里桥，以致住民纷纷逃出外乡，以后不知欲变如何？尚难逆料。"[②] 1937年农历九月二十二日，日寇飞机轰炸晋江东石五里桥，战火烧至家门口，家乡人惊恐万状。东石、安海一带住民纷纷外逃他乡，今后形势如何？尚难预料。国破家亡，东石居民，人心惶惶。不少殷实人家仓促往南安英都、溪尾等处避难。

福建泉州籍菲律宾华侨林锡国于1931年10月31日寄往泉州的书信（见图2）[③] 写道："我亲爱的儿子琼英和本渊：我接到你们八月十九日和九月十一日写给我的信，安慰得很！我的唯一希望你们，就是在这东三省失地，还未收回，那里三千万的同胞，在暴日的铁蹄下，被蹂躏残杀，身受亡国惨痛，国难一天严重一天，凡是中国的国民，都要尽国民一份的责任，同心奋斗，挽救危亡，你们虽然是小小的年纪，也应该努力念书，做一个替国家争气的人，切嘱。"嘱咐两

① 王炜中：《侨批，社会心理学研究又一珍贵档案》，《侨批缘》，广西师范大学出版社2017年版，第405页。

② 泉州市档案局、晋江市档案局编：《泉州侨批故事》，九州出版社2016年版，第234页。

③ 图片由黄清海先生提供，原件系林锡国儿媳王燕燕女士的藏品。林锡国系泉州籍旅菲华侨，20世纪二三十年代先后在菲律宾马尼拉普智学校、怡朗华商学校任教。张静、黄清海：《闽南侨批及其文化传承》，《中国侨批·世界记忆国际学术研讨会论文集》，2012年12月，第372页。

个儿子“国难一天严重一天，凡是中国的国民，要尽国民一份的责任，同心奋斗，挽救危亡”，“做一个替国家争气的人”。这就是“家国同构”思想的文化传承。

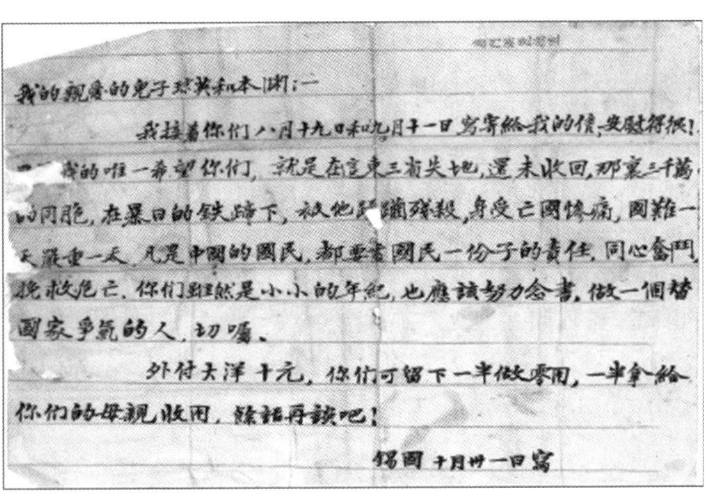

我的親愛的兒子球英和本[illegible]：—

我接着你们八月十九日和九月十一日寄給我的信，安慰得很！

我的唯一希望你们，就是在這東三省失地，還未收回，那裏三千萬的同胞，在暴日的鉄蹄下，被他踐蹦残殺，身受亡國慘痛，國難一天嚴重一天，凡是中國的國民，都要盡國民一份子的責任，同心奮鬥挽救危亡。你们雖然是小小的年紀，也應該努力念書，做一個替國家爭氣的人，切囑。

外付大洋十元，你们可留下一半做零用，一半拿給你们的母親收用，餘話再談吧！

锡國 十月卅一日寫

图 2　1931 年 10 月 31 日菲律宾华侨林锡国寄泉州侨批

中国人民同仇敌忾，血战到底，驱逐日寇的坚强决心，也在侨批的批封、批笺上都有体现。1931 年 11 月，菲律宾侨胞吴永鲟寄给福建省晋江吴道炳，以及黄煜泉和黄煜敏寄给福建晋江黄煜渠的批封背面，分别加盖“同胞尔忘倭奴之仇乎？请勿用仇货，抵制到底！”“抵制仇货，坚持到底；卧薪尝胆，誓雪国耻”的图章。对侨批在抗战时期的作用，1939 年邮政总局都做出了充分的肯定：“重庆。交通部张部长勋鉴：查闽南批信局为华侨汇款机关，当此抗战紧张，此项侨款关系外汇、活动地方金融至为重要，从前闽南批信局多设总局于厦门，遍设分局于泉、漳各地……地方赖以获益。”① 这些都表达了华侨“爱家爱国、救国救民”的献身精神。由此，1938 年 3 月 18 日，毛泽东同志曾对华侨抗日作了指示，挥毫亲笔为《南国日报》题词：“马来亚的侨胞用一切力量援助祖国

① 福建省档案馆编：《邮政总局及福建邮政管理局关于暂准批信局分号直接与外洋收发批信的函电 1939 年 8—10 月》，《福建华侨档案史料》（上），档案出版社 1990 年版，第 325 页。

为中华民族的独立解放而斗争。”“全体华侨同志应该好好团结起来，援助祖国，战胜日寇。共产党是关心海外侨胞的，愿意与全体侨胞建立抗日统一战线。”① 对华侨抗日给予了极高的评价。

（三）侨批珍藏着海外华侨对新中国新政府的礼赞

新中国成立之初，侨乡的政治面貌发生了极大的变化，新旧政体的变化，让侨乡的发展得到广大华侨的认可和支持。我们可从原福州大学校长黄金陵先生的父亲、新加坡华侨黄丕廷寄往新加坡惠安亲人二组四封批信中，深深地感受到海外华侨对新中国新政府的礼赞。1949 年 5 月 12 日，新加坡华侨黄丕廷《致新加坡黄沥泉先生的信》中描述了国民党统治下的旧中国的情形：

> 刻下时局紊乱，匪徒混迹横行，明夺暗劫，发生之事不能尽述。各处风声鹤唳，而附近地方，数处发生械斗。本乡风水事，久缠未决。下新厝与长厢厝，近又鸣枪相见。费煞东园一班族人往返苦心调解。弟为此等事，追随各方面，用尽口舌、精神，终日求闲而不可得。无论如何，必须及早设法南行，五月初或可起程也。
>
> 时下内地金融状态，金圆券经已绝迹废用。各地均以黄金零碎及美钞与旧银圆、银角、铜镭作为买卖交易。而东园则由各商号三四十家，合组织一实业公司，印代金单五十两以作市面流通。泉州通用旧银圆为多。另外印有一种代美钞，分一元、二元者，作为互相找换。银圆比美钞反较高之。若大袁头，前月曾高至值美钞一元二、三，现亦在一元一多，孙头等则平值之。辅币方面，为光绪角、二毫角，上日均值美钞两角，今略贬下。袁头角每个在东园值金一厘半。叻角一毫小角者亦然。弟细核算之，叻小角值金一厘半，乘之则值叻币三角三也。盖台信报黄金每两 220 元和而计算之也。然则在外有银角似属可以带来应市上之用。但此属混沌时期，畸形而然，

① 林联勇：《永春华侨与抗日战争》，《福建党史月刊》2005 年第 10 期，第 18 页；郑炳山《毛主席为马来亚华侨题词》，《泉州晚报》1995 年 8 月，并收录于泉州华侨历史学会编《华侨史》第 7 辑。

料不能久也。

时下晋南方面，比惠南更为混乱。烧桥劫乡，与国军之随便屠杀，言之惊人。吾惠东园方面，虽有勃勃欲动之势，比之他方，还较安定。然经济状态，反驾上金卷时期。每斤鱼或黄金四五厘、三四厘不等，和叻币均一元外，生活可想而知，港币现在无甚价值，每百元只兑换金仔二钱。弟之港币尚未用去，以致经济甚窘，现在急于欲行，瞻前顾后，颇以为虑。若清发与细尾能于下月同行则同行，否则弟亦当先自起行也。①

1949年5月13日，新加坡华侨黄丕廷《致新加坡黄和兴、黄复兴先生的信》中描述了国民党统治下的旧中国“匪患蜂起”的情形：

和兴、复兴二位宗叔台尊鉴：近承由新记转下4月30日华翰，示情敬悉。托购美钞，因价高未为购亦可也。目下时局急变，泉州方面亦因而恶化。晋南最剧。吾惠各地，亦因之匪患蜂起。崎岭以上数乡被劫。东园以下则棣村最近二次遭劫不成。闻股匪大批夜来欲拆庄矮裕之窗户，方启手受内枪之开射。一人中要害而相扶逃走。海滨方面，则西雪乡一家受劫，失去备物，约值金仔三两外。后港街被派乌单六七家，或要黄金四五两、二三两不等。盗魁列名张秀宝。此人闻系獭窟籍，在乌龟屿作海盗群，料或有海滨各乡之人，与为一丘之貉也。东园街本身，现亦风声鹤唳，草木皆兵之象。②

旧中国国家动荡，政治、军事、经济、社会等一日不如一日，造成匪患极为严重，“刻下时局紊乱，匪徒混迹横行，明夺暗劫，发生之事不能尽述”。“目下时局急变，泉州方面亦因而恶化。晋南最剧。吾惠各地，亦因之匪患蜂起。崎岭以上数乡被劫。东园以下则棣村最近二次遭劫不成。”致使民不聊生，人人岌岌可危。“烧桥劫乡，与国军之随便屠杀，

① 黄金陵：《顾北怀南——先辈星洲通信选集》，1993年，第61—62页。

② 黄金陵：《顾北怀南——先辈星洲通信选集》，1993年，第63页。

言之惊人。”“闻股匪大批夜来欲拆庄矮裕之窗户”，“则西雪乡一家受劫，失去备物，约值金仔三两外。后港街被派乌单六七家，或要黄金四五两、二三两不等。盗魁列名张秀宝。此人闻系獭窟籍，在乌龟屿作海盗群，料或有海滨各乡之人，与为一丘之貉也。东园街本身，现亦风声鹤唳，草木皆兵之象”。再者经济萧条，金融市场亦波动。各种货币都在贬值，“时下内地金融状态，金圆券经已绝迹废用。各地均以黄金零碎及美钞与旧银圆、银角、铜镭作为买卖交易。”社会秩序混乱，社会黑暗至极，百姓生活极为困苦。

反观 1951 年 3 月 9 日，侨居海外的黄丕廷先生写给新加坡黄和兴、黄复兴先生的信中赞扬道：“家乡目下政治甚好，地方亦极安定。人民政府官吏与下乡出勤人员均极清廉纯正，严格有规。……于是地方局势为之转变，为之一新。”① 同一个地区、同一个人写的侨信，两种截然不同的感受。何也？国体之不同了，中国共产党领导的新政权，给百姓一个安居乐业的新环境，家之感觉也不同了。正是因为“家乡目下政治甚好”，新中国成立，人民当家做主，国泰民安，“地方亦极安定”。“人民政府官吏与下乡出勤人员均极清廉纯正，严格有规。”政府人员严格按规定办事，且清廉纯正，社会风气得到极大改变，再无匪患之事产生，“地方局势为之转变，为之一新”。1951 年 7 月 18 日他写给新加坡杨再元先生的信中又赞扬道：“国内此时，各物皆颇便宜，猪肉无浸水，每斤五角，红花鱼三角外。猪肉一律干净无水。……卫生方面亦整理相当合法。……医生方面之组织更可赞善。东园之中西医，均遵政令自动组织一总团体。此时医生不敢议论红包，不敢挨延时间，亦不随便骑马坐轿。此种办法，甚可共同称颂也。兄归后当感觉有另一新景象也。”② 社会和谐，金融稳定，物价便宜，“各物皆颇便宜”，侨乡的新景象得到老华侨的称赞，“此种办法，甚可共同称颂也”。侨批见证了一个家族的兴衰成败，也见证了一个国家的动荡与昌盛。其留下的是后世族人对族群、对国家的历史记忆。通过上述二组四封批信内容的对比，从中让我们深深地感受到海外华侨对新中国新政府的礼赞。也可看出海外华侨十分关注

---

① 黄金陵：《顾北怀南——先辈星洲通信选集》，1993 年，第 66 页。

② 黄金陵：《顾北怀南——先辈星洲通信选集》，1993 年，第 75—76 页。

侨乡社会政治的进步与变化。在华侨们的心中侨乡欣欣向荣的景象会让他们感到非常宽慰，于是尽自己所能来募集资金，帮助侨乡更好地办学、发展。国家昌盛，百姓富足，侨乡人才的成长有了更好的环境。

三　侨批中“家国同构”文献史料的保护与开发建议

侨批中的“家国同构”文献史料是档案资料重要的组成部分，对它进行有效的收集、整理、保护与开发，将有利于辛亥革命时期、抗日战争时期和新中国成立初期等历史文化的展现，有利于各个时期文献多元立体形态的构建，更有利于凸显各个时期文献中所蕴含的侨胞家与国情怀的弘扬，以此推进社会民众对侨批深层次的认识和了解，从而达到对下一代进行爱国主义教育的目的，让年青一代牢记“家国同构”的革命历史，永续民族文化精神。

（一）加大对侨批“家国同构”文献史料的保护力度

侨批“家国同构”文献史料的收集是开发利用的前提，保护是手段，开发利用是目的。以往的侨批，民间注重其集邮价值，如今官方在馆藏上强调的是侨批的档案文献典藏与华侨史研读价值。拙文着眼于如何对侨批文献中的“家国同构”史料进行收集，在强化收集的基础上，进行有效的保护，为此，做出如下思考。一是注重单个侨批“家国同构”封的收集，诸如家族的清明祭祖、宗祠活动、春节的亲情之爱等侨批的收集，就以每次祭祖来说，每次祭祖就是一次精神的洗礼与家族情感的认同，其所获得的精神力量与思想熏陶，对社会、对国家都有着潜移默化的社会价值和社会认同。再如抗战口号封的收集等。要求尽量做到批封与批信完整，不要人为地舍弃掉批信（笺），不要嫌弃批笺给集藏所带来的诸多不便。二是争取完整地收集一个家族的全部批信，既包括海外寄回来的批件，也包括国内寄往海外的回批。如上文的黄开物家族侨批。从家族的批信中折射出辛亥革命期间、抗日战争时期中华民族“家”与“国”的辛酸、颠沛流离。三是注意收集沦陷时期闽粤地区侨批业的相关史料。太平洋战争爆发后，日寇出于掠夺的本性和构建所谓“大东亚共荣圈”的野心，始之切断东南亚通往闽粤地区的侨批汇路，继而与汪伪傀儡政权狼狈为奸，特设伪侨务委员会驻闽粤办事处，对潮汕、福州、厦门侨批业实施严酷的控制，丧心病狂地没收、焚烧经潮汕、厦门沦陷区的侨批局转发海外侨胞寄往国统区侨眷的批信，并通过（日本）台湾银行大肆掠劫侨汇，致使潮汕、厦门侨批业深陷困境，这些原始凭证就是日寇对闽粤进行经济侵略、野蛮掠夺的又一铁证。大量与系统地收集“家国同构”体裁的侨批史料，并进行甄别和整理保护，为今后开展各时期侨批研究、交流及学术探讨打下重要基础。

（二）侨批“家国同构”文献史料的开发

首先是陈列展览。借用福建省档案馆或福建省博物馆场地，布置直观可视的辛亥革命时期、抗日战争时期、解放战争时期、新中国成立初期等侨批文献史料（原版的，当然为了保护文物，也可部分复制）专版，通过有关“家”“国”主题的陈列展出，给观众以强烈的视觉冲击力和震撼力，让观众在观赏学习中厚植爱国主义情怀。

其次是用侨批史料、照片（文物也可以拍成照片）集成出版“家国同构”侨批文献画册或书籍。可以是综合性的，也可以是专题的。可以是适合一般读者认知“家”“国”情怀的普及读物，也可以是专供研究人员使用的学术文献著作。

最后是制作影视或文艺作品。利用这些“家国同构”侨批史料、图片拍摄成相关的辛亥革命、抗战侨批纪录片、文献片等音像制品或舞台艺术脚本，宣传中华民族伟大的家国精神。将家族中的“爱家”与社会中的“爱国”有机统一起来、家庭和睦、家族和谐，才会有国家安宁。家族爱社会，社会扶家族，家国和衷共济才能迈向大国盛世。

侨批作为世界性文献珍品，充分展现出海外侨胞共赴国难的爱国壮举，书写了中华儿女不畏强暴的民族精神，见证了中国人民为世界反法西斯战争胜利做出卓越贡献的历史，成为“家国一体”文献的有机组成部分。当下，构建在“家国同构”的民族认同基础上的有中国特色的社会主义国家，势必让每位中国人在国家富强、民族振兴、个体全面发展的多重福祉中充分享受和谐、发展所带来的生存愉悦。

第四编

华人社团与华文教育研究

马来西亚华文教育的可持续发展

［马来西亚］王淑慧*

引　言

德国社会学家滕尼斯在《共同体与社会》一书中将共同体划分为血缘、地缘以及精神共同体，其发展脉络应该是血缘共同体分离为地缘共同体，最后发展成为精神共同体，[①] 而中国提出的人类命运共同体乃因应全球化背景产生的一种处世理念，在国与国、人与人之间的关系程度日益深化，破除彼此的限制和束缚，构建可以共享的发展成果，以应对共同的挑战，已然成为不可抗拒的趋势。其本质理念是政治的平等共商，经济的互惠共赢，文化的多元包容，资源的共建共享。因此，参酌人类命运共同体的意涵和理念，共同营建一个可共存共荣的马来西亚国家共同体，是多元化特质特征明显的马来西亚应有的多元文明观。

在构建马来西亚国家共同体的视域下，马来西亚华文教育（后称华文教育）从生存到可持续发展，进而追求存在价值和发展意义的进程，就不仅是华文教育发展的现实写照，更是华文教育走过历史，经历时代重要且必需的转变，这个转变显示了教育本身必须具备自我反思和反省的能力，才能获得持续前进的动力。何况，我们正处于巨大的历史变局中，如要跟上时代剧变的步伐，让华文教育在未来仍可持续地发展，则

---

* 王淑慧，马来西亚新纪元大学学院教育系助理教授兼系主任。

① 虞宗胜、余扬：《人类命运共同体：全球化背景下类文明发展的中国预判》，《中国特色社会主义研究》2016 年第 7 期，第 25 页。

必须跳脱以往的习以为常，或被视为理所当然的思维模式和价值观，因为固有的思维模式和价值取向需要随着时代的变迁而有所变动，它们从来就不是一成不变的金科玉律。谨守窠臼的思维可能蒙蔽前进的视野，无助于华文教育认识、理解和贴近新时代巨轮滚动的轨迹。

华文教育研究本身并非一个新的领域和概念，近现代以来的相关研究从历史、政治、文化及发展趋势等，到各层阶华文学校的发展现状与困境、师资与生源、课程与教学等面向专题都有较为全面的探讨。毋庸置疑，在这些研究中，探索华文教育可持续发展不可或缺的重要环节是，如何在对应全球化和大趋势发展中探索华文教育“传承与承传”“承先与启后”的教育使命，这是检验华文教育持续发展的本质、实践和成效的时代量器。本文是华文教育研究中基于构建马来西亚国家共同体的视角，就可持续发展观点的再思考，以阐述马来西亚国家共同体与华文教育可持续发展的关系为起点，继而通过梳理构建马来西亚国家共同体在华文教育的价值取向和实践方向，为华文教育的可持续发展提供可参酌的思考路向。

一 马来西亚全民共同体与华文教育

共同体都是由于共同的地缘、血缘、精神、文化或利益等纽带，将相关的组织、团体联系起来，形成不同类型的共同体。因此，共同体可被视为一个群体在共同思维和共同价值上集体追求的概念。

（一）人类命运共同体与马来西亚国家共同体

人类社会的发展进入全球化的时代，和过去任何时代一样，这个时代在发展过程中需要思想和价值的指引，而“构建人类命运共同体”便是其中一项重要的思想和举措。“2011 年，中国政府发布《中国的和平发展》白皮书，提出要以‘命运共同体’的新视角，确定人类共同利益和共同价值。2012 年，中国共产党的十八大报告提出‘倡导人类命运共同体观念’。2015 年，习近平在纽约联合国总部发表《携手构建合作共赢新伙伴 同心打造人类命运共同体》。2017 年，联合国社会发展委员会第 55

届会议将‘构建人类命运共同体’写入会议决议中。”① 由此观之，构建人类命运共同体是人类社会发展全球责任意识的再建构，是人类社会与大环境共生价值的再营建。

人类命运共同体的意涵和形态，中外学者们多样诠释，各有表述。就意涵而言，主要有三方面的表达：①人类命运共同体是因应世界前进趋势和人类社会发展规律的共同体意识的现实诠释；②人类命运共同体是秉持共赢共享，超越各种狭隘的国家民族意识的思想理念；③人类命运共同体是追求人类生存和存在的集体认同的价值体现。在形态方面则可归纳为三种：①生命共同体，人类在社会发展过程中基于共存共生的群体意识，联合应对各种攸关生死存亡的问题的结合体；②利益共同体，是不同主体为了追求和实现各自的利益，以合作共赢为原则所组成的结合体；③精神共同体，不只为了各自的利益合作，更为彼此能安身立命而组成的结合体。其中，生命共同体是人类命运共同体的原初形态，利益共同体是现实形态，精神共同体则属于理想形态。② 参照和依据上述人类命运共同体的意涵和形态，马来西亚国家共同体可以定位为一个相互关照全民命运、追求共同价值和建立相互依存等共生意识的共同体。

（二）马来西亚国家共同体与华文教育可持续发展的关系

“全球化无疑向构建人类命运共同体提出了客观要求并为之提供了可能性，但人类命运共同体不是全球化的自然结果，它需要我们有意识地建构。”③ 因为构建人类命运共同体的内涵丰富，且“需要我们有意识地构建”的思维，是华文教育在探索可持续发展的借鉴和参酌的思路。在构建马来西亚国家共同体的背景下，全民共福共享、各族互惠互利、各方合作共赢等共同价值的诉求，同时结合华文教育原有的中华传统和合文化的积极思维，以在变动的政治局势中谋得正向的对应方向。

“可持续发展”从社会发展视角是指人类社会的可持续发展。而华文

---

① 冯建军：《迈向人类命运共同体的价值教育》，《高等教育研究》2018 年第 3 期，第 39 页。

② 曹刚：《人类命运共同体与全球伦理和国际法治》，《北京大学学报》2019 年第 2 期，第 33—34 页。

③ 冯建军：《迈向人类命运共同体的价值教育》，《高等教育研究》2018 年第 3 期，第 39 页。

教育的可持续发展，本文认为是在原来的基础上，站在更高的维度来反思其未来的发展。华文教育向来以传承中华文化为己任，唯有在全球化的大趋势下，“如何承继先贤教育遗产的同时亦应合时代及国家发展需求培养现代社会新人”和“华文教育的可持续发展”已然成为华文教育发展及研究亟待思考的核心问题。前者思考的核心是“价值”，如何结合现实和大趋势，因势利导培养适用于新时代造福国家社会的人才，体现出华文教育在马来西亚多元化背景下的存在价值；后者探索的是“意义”，如何在坚持维系固有特质特色的同时，能持续地立足多元背景的马来西亚，然后放眼国际，呈现华文教育能与时俱进的发展意义。

简而言之，构建马来西亚国家共同体可以成为华文教育可持续发展的实然视角和发展走向的应然思考。与原来的传承中华文化为己任的传统视角不尽相同，在构建马来西亚国家共同体的视域下，华文教育除了民族本身的主体意识，尚力求构建属于马来西亚国民的国民认同意识和共享理念，以谋得全民的和谐发展，让华文教育的未来发展是既能承传中华文化又能应对国际趋势深刻变动的可持续形态。

二 构建马来西亚国家共同体在华文教育可持续发展的价值取向

我们正站在全球高速发展、变革和调整的时代潮头展望华文教育的未来。华文教育立足于马来西亚多元化背景的现实方位，唯有不忘初衷，面向未来，放眼国际，才能摆脱故步自封的自我束缚，才能胸有成竹地砥砺前行。华文教育和马来西亚其他源流的教育都是族群文明交往的重要载体，是促进国家社会发展的重要纽带，因此共同价值的指引更显关键。与时代进展接轨的马来西亚国家共同体的构建是其中可以发挥重要作用的思想理念，是华文教育可持续发展不容忽视的价值取向。构建马来西亚国家共同体，让华文教育可以扎根马来西亚，放眼东盟，甚至是世界，同时对华文教育提出了新的、更高的要求，也为华文教育的可持续发展赋予新的时代使命和理论与实践的总体信念。

（一）全球化视野

好的思想理念应能指引实践工作的开展，反之，行之有效的实践是依据思想理念而行。当前的华文教育正处于更深层思索可持续发展的岔路口，构建马来西亚国家共同体可成为引导实践变革的其中一项思想理念。其中，建塑全球化视野对构建马来西亚国家共同体的理念极为重要，因为有助于推进国家社会的集体成长。华文教育应该顺应国际趋势的发展，通过更紧密的国际交流互动，从中感悟、体认和学习，以对国家族群和文化有更深层的认知，对族群的现实发展和未来展望有更深的体认，促进各族群学生的相互了解，建构放眼世界的国际视野，确立为国家族群的和谐发展贡献力量与智慧。构建马来西亚国家共同体为华文教育的可持续发展指明了一个现实可参酌的方向，同时描绘了未来的景象和实践的途径，唯需要立足于凌驾现实的层面，以涵括现实又超越现实的全球化思维认识和理解“构建马来西亚国家共同体与华文教育可持续发展”这一命题的内涵与方向。

基于全球化视野有助于华文教育持续推动各族群的互信、相融、包容、合作，建构各族群是命运共同体的共同价值。构建马来西亚国家共同体其中一项重要的诉求是，淡化狭隘的单一民族思维，从维护全民共同利益和造就全民福祉的理想高度出发，摒弃非友则敌、非赢既输的旧思维，营建共赢共享的新思维，把华文教育和国家的整体发展作为后续发展的现实基础，立足于不同以往的更高层次，推动华文教育的可持续发展。唯有当族群本身超越民族的自我利益和优越感，调整并转化传统的斗争观念的枷锁，才能共建互惠多赢和面向未来的共同体，才能扬弃和跨越民族主义和政治偏差的现实藩篱。

（二）跨文化交流

教育是促进不同文化传播、交流、融合与共享的重要渠道，是实现国民团结及民族和谐发展的基石。在文化、宗教、价值等方面皆呈多元、多样形态的马来西亚，有必要进行深度的跨文化交流与对话才能达致各民族之间的异中求同、尊重包容、多元互鉴和共存共荣。唯有更深层的交往与互动，才能使各民族意识到多元政治权力的角力、多元经济权益的竞争、多元文化内涵的绽放、多元教育形式的共存都是当下国家社会发展的基调和样态。因此，华文教育和其他源流教育都是增进马来西亚各族群相互理解的纽带和桥梁，是推动国民进步和发展、实现国民融合和包容的重要驱动力。通过教育将各民族文化差异转化为理解和协作的力量，并非要构建统一或只有本土意识的单一族群文化，而是提倡一个求同存异、尊重差异、包容互鉴、共存共荣的共生共赢模式，使各民族能在和合交流中更进一步地相互认识，进而携手推动国家社会的整体发展。

对于族群之间的差异，从现实层面出发，发挥教育的功能，引导学习者学习兼容并蓄、择善从之，尊重大环境的多元性，使多元化的国家社会在交流与对话中跨越民族之间的隔阂、冲突和优越感，构建和睦共处、多彩丰富、充满生命力的文化特色。简而言之，在维护和坚持中华文化的同时，华文教育必须同时抓紧学习者的思想工作，使他们更了解马来西亚的现实发展，使他们成为促进国民团结和文化交流的传承者、维护者和推动者。通过积极的交流与对话，增进年青一代对国家、族群的认同与理解，养成他们多元开放、尊重包容、和平共享的正向心态，形塑华文教育未来的新格局。

（三）开拓新格局

“新格局直接取决于新思想，人类命运共同体是国际关系历史发展科学规律的总结，对新型国际关系和 21 世纪全球人权治理新格局的形成具有重大启发意义。”① 中国的崛起，为全球华人带来深远的影响，提升中华文化的软实力和坚定的文化自信是现实的体现，由此衍生的许多新思想和新理念，更可为全球华人文化社会的发展提供思想框架的借鉴，为弘扬和发展中华文化的教育事业厘清前进的方向。循此思路，构建马来西亚国家共同体的思想和理念应在国家发展过程中，促进各族群的共商合作、共赢共享的趋势，同时是对现实社会发展的一种反思，对理想社会的一种憧憬。构建马来西亚国家共同体不为营造恶性竞争，不是强弱拉锯，更不应视之为“同化”的手段，事实上构建马来西亚国家共同体

---

① 赵明霞：《构建人类命运共同体：全球人权治理的中国方案》，《南方论刊》2018 年第 6 期，第 11 页。

是通过建设性的交流与对话，协调与合作，理性地处理分歧，以开拓共建共享集体利益的新格局。

华文教育是马来西亚多元教育体系中的一种常态，被视为中华文化传承与承传的堡垒，但同时受到政治、社会、经济和文化发展等因素的深切考验。在全球化和多元化的新时代，华文教育体系中的1298所华文小学、61所华文独立中学、81所国民型中学和3所华人民办高校，在维护母语教育，为国家社会培育人才之际，应避免陷入狭隘单一的民族主义旋涡，需有海纳百川的胸怀，抵御族群之间因文化差异的偏见、摩擦与碰撞，开拓更多交流与对话的渠道，积淀更多的理解与包容，从而推进华文教育发展的新路向，以顺应国际、国家社会的发展趋势。

承上所述，随着全球化的发展及中国国际地位的日益提升，华文教育在马来西亚的发展备受关注。因此，有必要构建马来西亚国家共同体的共享理念，厘清华文教育可持续发展的价值取向，在华文教育体系与其他源流教育体系搭建共商、共享及合作的共赢理念，推进和提升华文教育在国家社会发展的影响力。

三　构建马来西亚国家共同体在华文教育可持续发展的实践方向

构建马来西亚国家共同体的必要性，主要源自马来西亚华人和马来人的族群问题。关于两者之间的矛盾，中国学者何西湖做了以下的梳理："1. 华人人口比例较大，是新加坡以外华人人口比率最高的国家；2. 华人和马来人在宗教信仰上差别大，华人大多信仰大乘佛教，马来人则信奉伊斯兰教，按美国学者塞缪尔、亨廷顿的'文明冲突论'，马来人和华人属于不同的文明群体，冲突的爆发在所难免；3. 华人在经济生活和居住区域上与马来人不同。大多数的马来人从事农业，居住在农村，而华人多从事工商业，绝大多数居住在城市。"① 其中影响至深的是第三项，

---

① 何西湖：《影响马来西亚华人政策的几个因素》，《文本民族学院学报》2005年第12期，第42页。

因为贫富悬殊和社会经济地位的差距，导致马来西亚政府为了“消除贫穷”和“重组社会”两大目标，于1970—1990年实施“新经济政策”，历时20年。新经济政策又称“马来人优先政策”，是马来西亚政府制定和推行的经济发展策略，主要目的就是开展协助马来族群摆脱贫困，在国家财富经济上的重新分配，以消除马来人和华人在经济实力上的差距。通过国家财政政策、收入援助计划、干预商品市场、乡村发展计划、调整就业结构、修改资本占有结构，以培养更多马来民族资本家等途径的经济改革，确实取得了经济和社会快速增长和发展的积极成效，缩小了马来人和华人之间的贫富差距，但同时带来了负面的影响：冲击了华人在经济方面的利益竞争、在教育方面的平等待遇，以及在政治、文化方面的权益。新经济政策虽然在消除贫困方面取得成效，但阶级之间的鸿沟反而扩大了；马来资产阶级不仅控制了政权，通过新经济政策的社会重组，还控制了国家的经济命脉。[①] 由此观之，马来西亚新经济政策虽以经济为核心，但其实质内涵和实施过程却远远不限于此，涉及包括政治、文化、宗教、教育等非经济领域的范畴。政策的执行虽然促进了社会经济的正向发展，但同时导致马来人与非马来人关系的分离，甚至走向对立。在这样的背景下，华文教育有一段很长的时间是在“斗争”“捍卫”等意识形态下发展。然而，华文教育不能只教育下一代人更深刻地体会分离与对立的关系，反之，应积极地通过以下三个方向的实践，构建新的族群关系，开拓新的教育格局。

（一）“共享”理念

推进马来西亚国家共同体并非放弃民族本身的主体意识，或者为国家社会发展与教育改革建立统一的标准，而是构建一个尊重差异、多元共存，维护民族本身特色又兼具国家多元特质的共同体。其中，“共享”理念的建设有助于化解因文化差异引发的刻板印象与矛盾，而“共享”的基础理念则是构成优秀中华传统文化重要组成部分的“和合文化”。甲骨文和金文已经出现“和”“合”二字。《尚书》提出“九族既睦，平理

---

① 任娜：《马来西亚“新经济政策”下的种族与阶级分野》，《东南学术》2003年第5期，第167页。

百姓”“百姓昭明，协和万邦”的概念。九族和睦了，就可以平理百官族姓，昭明礼仪。百官族姓明理彰义，就能实现天下和谐。“和合”二字联用，构成一个范畴，最早见于《国语・郑语》：“商契能和合五教，以保于百姓者也。”春秋战国不少思想家都阐述了“和合”的理念，老子认为“万物负阴而抱阳，冲气以为和”；孔子说，“礼之用，和为贵”；孟子提出“天时不如地利，地利不如人和”；管子将“和”与“合”并举，《管子・幼官》记载“畜之以道，则民和；养之以德，则民合。和合故能习，习故能谐，谐习以悉，莫之能伤也”；墨子以为“离散不能相和合”，提倡“兼爱”“和合”“非攻”“尚同”以实现“一同天下之义”。[①]“和合”的内涵诠释了对不同事物差异性的接纳与包容，说明了不同事物彼此得建构和谐关系才能生成或造就大环境的平和。

华文教育在思考可持续发展之际也需要做到国家利益和民族主体的有机结合。考虑国家多元族群的文化差异、华文教育本身根深蒂固的传统包袱意识的影响，在教育理念、办学管理、培养模式等方面，在国际教育趋势、国家教育蓝图都有可借鉴、仿效和移植的参考依据，都离不开国际与本土、集体与个体利益的有机结合，以及因地制宜的变革与创新。以“和合文化”作为“共享”理念的重要组成部分，在中华传统文化的基础上，搭建“共享”的平台，在这平台上认识和辩证以世界发展趋势和国家根本利益为导向，展现华文教育的国际性和维护华文教育的主体性。因此，华文教育为了全民共存、全民发展和全民福祉，应倡导相互合作、休戚与共的“共享”理念，因为“共享”能增进全民共进与发展的能力和动力，从教育的本质构建和谐的族群关系。

（二）“理解”教育

顺应时代进展的步伐，构建国家共同体的意识，让华文教育未来的发展能因为多元包容而绽放异彩，因为多元借鉴而丰富多彩，通过教育实践，促进多元族群的互动与交流，提高华文教育在国家发展的影响力和民族文化的软实力。华文教育因此需要更多愿意变革创新与交流借鉴的开放性思维，通过以下几个方面的“理解”教育，建构全民的共识：

---

① 陈立旭：《和合文化的内涵与对比价值》，《浙江社会科学》2018 年第 2 期，第 84—85 页。

①认识与接纳，构建国家共同体需要对不同族群有更多的认识，才能增进彼此的理解，才能实现尊重差异、接纳多元和消弭族群之间的刻板印象；②交流与互鉴，多元的环境造就文化差异，难免引发族群之间的误解，因此交流能力显得必要且重要，以增进理解，化解分歧，建设和而不同，包容互鉴，取长补短，共同成长的多元化社会；③合作与共享，国家社会的发展需要全民合作、相互扶持、同舟共济，才能建设多元开放的繁荣环境。从无数的历史经验证明，相互理解是推进跨族群交流合作的重要举措，理解越深入，则越有利于各族群共同价值的构建，越有利于国家社会的进步与发展。从华文教育可持续发展的视角，“理解”不仅仅是从“生存”的意义探视之，更要从未来和可持续的意义层面把握之。言下之意，构建马来西亚国家共同体，不只着眼于当下，更指向未来。

完善华文教育对多元族群文化的认识与理解，拓展华文教育对不同源流教育的合作与交流，改善华文教育不同于以往给予其他族群的刻板印象，展现文化自信和竞争力的同时，注入更多的吸引力、亲和力和感染力。让不同的族群更认识华文教育、理解华文教育，进而认同华文教育。从国家发展的视角，落实马来西亚国家共同体的理念，不仅为了解决当下面临的族群共处问题的个体反思，更是对国家社会及华文教育未来发展的集体利益的探索。因此，通过教育推进文化包容，培养师生探究问题、面对问题、解决问题的能力，建立更多元渠道的跨族群交流合作机制，充分展现华文教育的文化与教育自信。这是“理解”教育的深层价值导向。一言以蔽之，通过“理解”教育在原有的华文教育平台，彰显民族文化自信的同时，促进全民的合作与发展，构建共同的多元价值观。

（三）公民意识

“公民”在现代思想体系中是一个综合的概念，是政治概念，也是法律和文化概念。当下的“公民”以民族国家为核心定位，“但在全球化的影响下，这种概念和相关的做法正在发生变化。全球化创造出了超越民族国家的新型经济、社会和文化空间，正在促成超越民族国家界限的新的身份认同和动员模式。"[①] 应运而生的是"全球公民"的概念，因此需要培养公民的国际责任意识，开展公民的全球公民教育、多元文化教育，以实现全球的集体利益。所谓"修身、齐家、治国、平天下"，在此前提下，做好国家公民的公民意识教育显然是需要被优先考虑的。"公民意识的基本特质为主体性、公共性和精神性。主体性即公民身份意识、公民权利意识、公民利益意识、公民平等意识；公共性即公民责任意识、公民参与意识、公民行动意识、公民契约意识；精神性即公共精神，比如负责任的爱国精神。"[②] 公民意识的建构中，既涉及国家的集体认同，同时涵括族群的个体认同，两者的关系是交融的。族群里的个体，既属于族群本身，同时是国家的公民，所以在对族群本身的文化认同之际，对国家的国民身份认同应给予同等的认知。由此延伸，华文教育在传承中华文化，推动民族教育事业发展前进的同时，对国家社会的集体发展应在"公民意识"教育方面投入更多的关注，对于华文教育在华文教学过程中涉及的国家、民族和文化认同问题，中国社会语言学者郭熙有精辟的分析（见表1）：

表1　　汉语教学分类表

<table>
<tr><td colspan="2">教学类型</td><td colspan="3">国家通用语言教学</td><td>华文教学</td><td>中文教学</td></tr>
<tr><td colspan="2">性质、环境、目标</td><td>汉语民族群</td><td>非汉语民族群</td><td>华侨</td><td>华人</td><td>非华外国人</td></tr>
<tr><td colspan="2">母语教学</td><td>+</td><td>-</td><td>+</td><td>+</td><td>-</td></tr>
<tr><td colspan="2">第一语言</td><td>+</td><td>-</td><td>+/-</td><td>+/-</td><td>-</td></tr>
<tr><td rowspan="3">教学目标</td><td>国家认同</td><td>+</td><td>+</td><td>+</td><td>-</td><td>-</td></tr>
<tr><td>中华民族认同</td><td>+</td><td>+</td><td>+</td><td>+</td><td>-</td></tr>
<tr><td>中华文化认同</td><td>+</td><td>+</td><td>+</td><td>+</td><td>-</td></tr>
<tr><td>技能目标</td><td>交际工具</td><td>+</td><td>+</td><td>+</td><td>+</td><td>+</td></tr>
</table>

资料来源：郭熙：《论汉语教学的三大分野》，《中国语文》2015年第5期，第477页。

① 联合国教科文组织：《反思教育：向"全球共同利益"的理念转变》，北京教育科学出版社2017年版，第57页。

② 彭小兰：《公民意识教育如何可能》，《思想政治课教育》2013年第9期，第12—14页。

华文教育在进行公民意识教育时，在内容方面应关注四个方面的平衡，“公民身份建构与认同兼顾、公民权利与义务均衡、公民人格和行动合一以及公民德行与规范统一”①。同时应积极落实：①对国家、公民身份的自我认同和认同他人，履行公民的权利与义务；②个体对国家、社会和社区的责任意识，实践对社会社区的服务行动；③树立与国家政治、经济、文化共同发展，全民休戚与共的共同体意识。唯有着力加强公民意识的建设，才能扎牢和维系马来西亚国家共同体的纽带，臻至全民共赢共享的理想状态。

综上所述，处于高速发展的当下，华文教育应在原有传承中华文化、为国家发展培育人才的立足点上，搭建共享合作的桥梁、推广促进和谐的理解教育、深化公民意识，为国家、社会及华文教育的未来发展，提供更美好的路向。

四 结语

构建马来西亚国家共同体，既为走过两个世纪的华文教育提供了未来发展的前导理念，同时赋予华文教育新的时代使命。华文教育有必要明晰两个立足点，首先要坚持国家与民族认同的有机结合；再者，扩展华文教育的多元开放，既能彰显民族文化特质，又展现多元包容的自信。与此同时，思考和完成两个方面的价值转向：一是从“冲突与对抗”转向“共生与共存”，各族群必须携手挣脱因新经济政策而产生的负面枷锁，通过构建“共享”理念和“理解”教育，解构造成族群“冲突与对抗”的困局，形塑“共生与共存”的格局；二是从单一文化观转向多元文化观，每一个族群都有本身的存在价值，偏执于单一文化观，将导致其他族群的愤懑与怨怼，构建多元文化观有助于增进彼此的认识与了解，唯有摒弃单一文化观的狭隘，才能共创多元文化观的多彩。在此前提下，需要深化两个方面的思考：首先，当下的华文教育是具备构建马来西亚国家共同体的现实条件，同时处于构建全民共同体的必要时期，因为华文教育必须更现实地看待和关注未来的存在价值和发展意义。其次，华

① 彭小兰：《公民意识教育如何可能》，《思想政治课教学》2013 年第 9 期，第 12—14 页。

文教育强化国家共同体的思维不只是族群本身单向共同体的构建，更是马来西亚多元化背景的真实要求，是全民共生共存的发展指向，是全民共赢共享的前进目标，是从单一族群思维走向全民共建为共同体的发展进程。马来西亚国家共同体的构建具有其时代意义，是通过教育体系构建和维系全民的共同需求，因此必须有与时俱进的思维和现实可实践的智慧来应对国内的问题，建构因应和解决问题的新思维，为华文教育的可持续发展提供新的定向坐标，以培育能适应未来的新时代公民。

马来西亚华文小学的卓越表现：以校长的课程与教学领导和实践方法为研究个案

［马来西亚］郑丽卿*

Introduction

Quality education is crucial for the development of a society and the advancement of a country. Malaysian Ministry of Education have carried out School Transformation Programme 2025, also known as *Program Transformasi Sekolah 2025* (TS25) starting from Year 2015 for enhancing the holistic development of the students and the quality of the schools through effective school leaders, quality teachers and committed community. The goals of TS25 include enhancing the leadership skills of the school leaders as well as maximising the potential within the teachers and students through improving the quality of teaching and learning (Senin, 2016). Hence, school leaders need to play the roles as effective instructional leaders in enhancing the student academic achievement. The Malaysian Ministry of Education's efforts in improving the quality of the school leaders is clearly stated in the fifth shift of Malaysia Education Blueprint 2013 – 2025, which is to ensure high-performing school leaders in every school for im-

* 郑丽卿，马来西亚师范大专教育系讲师。

proving student outcomes (Malaysian Ministry of Education, 2012). One of the main outcomes of the Malaysia Education Blueprint is school leaders who act as excellent instructional leaders in enhancing the development of the students, specifically in the aspect of academic.

This study examines instructional leadership practices among Chinese primary schoolheadmasters in fostering a positive learning environment to enhance student academic achievement. With China's booming economy and Belt and Road Initiative (BRI) (一带一路) in the Global Trade, Investment and Finance Landscape, more parents want their children to learn Mandarin so they can compete for more job opportunities in Chinese or multi-national companies. President Xi emphasizes "policy, infrastructure, trade, financial, and people-to-people connectivity". The latter involves education, cultural and scientific exchanges to help other countries learn from China's development experience. The support for the continuation of vernacular schools comes not only from the Chinese parents but also non-Chinese parents. Globalization has boosted them to learn Mandarin to know more about Chinese culture. This cultural choice for many Malaysian Chinese is to stay more connected to their roots. Furthermore, leadership effectiveness of the headmasters, quality teachers, excellence performance in Science and Mathematics has led to an increasing number of non-Chinese students in Chinese primary schools (Thock Ker Pong, 2018). Between 2010 and 2014, enrolment of non-Chinese students rose by 20.7 per cent. In 2018, non-Chinese students comprised 19 per cent of the total enrolment in Chinese-language primary schools according to Malaysia Education Statistics. The leadership of headmaster is ultimately accountable for all instructional practices. (Tai Lay Keng, 2019). Thus, effective school leadership in Chinese primary school is crucial not only for school academic success but also to sustain its popularity among all Malaysians.

Literature Review

The literature is clear— instructional leadership is needed in order to develop the organizational capacity and coherence necessary for school improvement. The role of the principal as instructional leaders had been identified as the key issue in the past studies on "Effective School Movement" in the 1970 sand 1980s. Findings from the studies show that school leaders could bring a significant change in school achievement through the important roles of instructional leaders (Edmonds, 1979; Sweeney, 1982) . Instructional leadership is leadership practices which focus on the quality of teaching and learning (Bush, 2011; Lahui-Ako, 2001; Robinson, 2010) and academic performance of the students (Mariani, Mohd Nazri, Norazana, Nor' ain & Zabidi, 2016). Headmasters are expected to function as instructional leaders in their schools as a critical component of student achievement and school success (Gibson, 2015; Horng & Loeb, 2010) . Findings from past studies (Wuch, 2013; Rhoden, 2012) revealed that there is a positive relationship between school climate and students' achievement, and the researchers concluded that school climate is the significant factor which could lead to successful of the school transformation. Studies by Stipek (2006), Kelley, Thornton and Daugherty (2005), Tableman and Herron (2004) revealed that school leaders who could establish a positive learning environment for students is the key element in enhancing student academic achievement. School climate refers to the physical and psychological aspects of the school which include appearance and physical plant, learning environment, disciplined environment, attitude and culture, student interactions, and school-community relations (Tableman & Herron, 2004) . School climate can be felt by all the stakeholders of the school through the interaction between the members in the school community. Finding from past studies also indicated that quality of the school climate contributes to academic outcomes as well as the personal development and well-being of pupils (OECD, 2009) . A study by Nor et al. (2016) showed that instructional leaders could bring a substantial change towards the success of a school through fostering positive learning environment. Thus, more emphasis need to be put into enhancing the learning environment positively in the 21st century education (Nor et al., 2016) . Hence, the study posed this question: What are the instructional leadership practices among Chinese primary schoolheadmasters in fostering a positive learning environment to enhance student academic achievement?

The purpose of this study was to explore and understand theinstructional leadership practices among Chinese primary school headmasters in fostering a positive learning environment to enhance student academic achievement in Primary School Achievement Test, also known as Ujian Pencapaian Sekolah Rendah (UPSR)（小学六年级鉴定统一考试）.

Methodology

This study employed multiple case study design with purposeful sampling which suits the purpose of this study. Screening procedure was carried out by the researchers with the help of district education officers with regards to the school achievement and analysis of the documents such as the records of the school semester results and past UPSR results. The researchers obtained a list of suggested headmasters who had brought significant improvement to the schools, especially in UPSR achievement from the district education officers. Five of the suggested headmasters, who also received Excellent Service Award, agreed to take part in this study voluntarily.

In this study, interviews, observations and document analysis were used to gather the data to gain deeper understanding of the instructional leadership practices of headmasters in enhancing academic achievement of students. The three data collection methods had enabled the researchers to use data triangulation methods to enhance the validity of the findings in qualitative study (Creswell & Miller, 2000; Cohen, Manion & Morrison, 2005; Yin, 2013). Interviews were carried out with the headmasters, senior assistants (PK), examination secretaries (SUP), and heads of the subject panel (KP) in schools. Observations which focused on the physical and social aspects of the schools were also carried out by the researchers. Document analysis of the school such as the records of the implementation of school programmes, records of classroom management supervisions, minutes of curriculum meetings, minutes of parents-and-teachers-association meetings, minutes of weekly academic staff meetings, minutes of subject-panel meetings, reports of activities carried out by subject panels, reports of Activity Organising Board, reports of the implementation of the in-service courses, analysis of student academic achievement and school magazines were interpreted by the researcher. NVIVO software were used by researcher to conduct content analysis of the data collected. This study adopted the data analysing framework developed by Miles and Huberman (1994) which includes data reduction, data display, conclusion drawing and verification.

Findings

The findings of the study show that headmasters are the key instructional leaders. The headmasters played the role as instructional leaders effectively and extensively, and were role model to the members of the school in fostering positive learning environments for the advancement of student academic achievement. Headmasters had shown their instructional leadership skills in a wide scope, which include nine instructional leadership practices, in ensuring positive learning environments were established at schools.

To foster a positive learning environment, the headmasters provided and improved physical infrastructure facilities and materials used for instruction. The headmasters' instructional leadership practices in planning and managing the instructional materials had led to the increment of the teaching and learning quality. Headmasters tried their best to obtain physical and financial support from the Board of Governor of Chinese Schools, Parents-Teachers Associations as well as the local community in providing and maintaining physical infrastructure facilities and instructional materials such as installing smart board in the classrooms and resource centres, buying new tables and chairs, installing fans in the classrooms, upgrading the school canteens, providing individual offices for all the senior assistants and installing air-conditioners in the staffrooms. Headmasters had also repaired the damaged school infrastructures such as the roofs, toilets, electric wires, water pipes and air-conditioners to establish a more conducive school environment. The physical infrastructure facilities and instructional materials, especially the installation of smart board in each classroom, had brought a huge impact to the teaching and learning as well as the student academic achievement positively. The headmaster encouraged teachers to integrate technology into teaching and learning through providing courses and trainings in using smart board and team teaching. The touchscreen technology had made the teaching and learning process more interesting and effective. The teachers could search for teaching and learning materials, such as pictures and videos online at any time while teaching in class. They could also upload teaching and learning materials that they have developed online to be shared with other teachers and even students. The use of smart board had shortened the teachers' time in lesson planning, improved the teachers' teaching skills through team teaching, made the teaching and learning environment more interesting, attracted students' attention and increased their interest towards learning, and thus leading to improvement in student academic achievement. Instructional Leadership is significant in fostering teachers' instructional practices and subsequently students' learning and achievement.

The headmasters strived to establish a conducive teaching and learning environment to enhance the student academic achievement. The headmasters led the stakeholders of the school and engaged the local community to create a conducive, safe and peaceful school environment through clean-up campaign to ensure the cleanliness of the school, beautify the school environment by planting flowers and trees around the schools as well as creating and building multimedia super corridor, reading corners, science garden, playground and recreational sites in schools. A positive school environment could motivate the stakeholders of the school to carry out their duties and responsibilities well in improving teaching and learning and strive towards achieving the school mission.

Being an instructional leader, headmasters also acted as motivators for the students. Headmasters used various ways such as coming up with school motto and motivational slogans, giving motivation to students in the classroom, sharing motivational stories during assembly as well as having dialogues with the students before and after the examinations in order to motivate the students and bring positive hopes for the students.

Besides that, the headmasters also establish positive teaching and learning environment through recognising the student academic achievement and rewarding students who showed improvement in their studies. The headmasters gave incentives to students, and it had motivated the students to strive to do better in their studies. Incentives such as stationeries, notebooks and dolls were given to the students who show academic improvement during the assembly. The headmasters also gave motivational words during assembly, so that all the other students were also motivated to do well in their studies.

Headmasters are the role models to the teachers on becoming effective instructional leaders to ensure that the goals of the school are being translated into practice at the classroom level. Headmasters implemented a variety of programmes to achieve school goals such as extra classes, remedial classes, peer mentorship, special classes, and performance dialogues. Headmaster worked together with the teachers in managing the academic programmes to help students with poor academic performances. In order to be able to perform this function, the headmasters have expertise in teaching and learning in curriculum. No one expects headmaster to be an expert in all instructional areas. The headmasters master at least one or two subjects with manageable standard in other subjects. Headmaster A demonstrated instructional methods in teaching essay writing in Chinese language during remedial classes, Headmaster B led the teachers and students in English language proficiency programmes, Headmaster C taught Maths during extra classes, Headmaster D demonstrated 21 century teaching method, Headmaster E led teachers and students in Science Projects. To ensure the programmes were carried out successfully, headmasters also monitored and supervised the educational process through classroom visits, by giving feedback to teachers in reference to the strengths and weaknesses they had, reviewing students´work and monitoring their performance on an ongoing basis.

To improve student academic achievement, the headmasters also gave guidance and counselling to students who faced problems in learning. In this aspect, the role of the headmasters is as a counsellor who helped the senior assistants in solving students' disciplinary issues such as not doing and submitting the homework, not bringing the books to school and not paying attention during teaching and learning process. The headmasters solved these disciplinary issues through guidance and counselling. Headmasters spent a lot of time to listen to students, encouraged discussions, used motivational slogans which also came in the form of advices to encourage studying hard and reminding the students the responsibilities towards their own studies. The headmasters' instructional leadership practices in carrying the counselling sessions with the right and continuous mechanism had contributed in the improvement of student academic achievement.

Shaping a positive attitude towards learning is another important instructional leadership practice shown by headmasters in ensuring the teaching and learning will be carried out effectively. Headmasters used the slogans such as "I believe I can" to motivate the students, "My School, My Sweet Home" to encourage students towards learning, "Teachers love every student" to instil love and care among the teachers towards the students. The headmasters also fostered the students who were weak in their studies and problematic students to make sure these students have a positive attitude towards learning. The headmasters believed that every student could do well in their studies.

The headmasters also took disciplinary action towards the students who were referred by the senior assistants of student affairs and teachers due to disciplinary issues such as playing truant and coming late to school. The headmasters had discussions with senior assistants and teachers, discussions with students as well as discussions with the parents in setting new school rules and solving the issues of truancy and late comers. Headmasters set a school rule whereby the school gate would be closed right after the school bell rings to prevent students from coming late to school. The headmasters also reminded the parents not to send their kids late to schools so that the students would not be left behind in their studies.

The practice of welcoming the arrival of students to the schools is one of the instructional leadership practices shown by headmasters. They fostered the culture of love and care in schools to promote a positive learning environment for the students. Headmasters and senior assistants would lead the teachers to welcome students' arrival at the school gates in the morning. They would welcome students by greeting them, wishing them a good morning and shaking hands with the students. The headmasters, senior assistants and teachers showed the value of love towards the students. They showed that they cared about the students' attendance, and these acts had motivated the students to study harder as they could sense the headmasters' and teachers' concern towards them. The act of welcoming students to schools had also helped to curb the problem of truancy.

The headmasters also have an important role in promoting a healthy school climate through establishing positive relationships between the teachers and students as well as among the students. Positive school climate has a huge impact in the students' learning and their academic achievement. The slogan "My School, My Sweet Home" that was used by the headmasters was very effective in promoting harmony among the members of the schools, and reducing the disciplinary problems for the betterment of the teaching and learning as well as students' achievement.

Discussion

In an educational organisation, headmaster of the school is the key stone of academic success. The headmaster plays a vital role as an instructional leader in planning and leading the members of the school to establish a positive learning environment for improving student achievement. The headmasters need to provide physical infrastructure facilities and instructional materials to support and ensure quality teaching and learning is being carried out. The finding of this study is consistent with the study by Hassan, Quah and Radin (2017) who found out that principals and headmasters of High Performing Schools placed emphasis on quality teaching through establishing positive learning environment in schools which is by ensuring that the classrooms are equipped the necessary instructional materials and facilities. The headmasters' instructional leadership practices of establishing conducive teaching and learning environment is in line with the objective of TS25 which is to create effective learning environment in schools for the sake of student success.

The headmasters also motivated the students and emphasises on the academic success, and this supported the findings by Hallinger (2003) that a successful school should have a climate that emphasises on the academic success through framing clear school goals and driving the school forward as a team. The acts of providing incentives for students through reward system shown by headmasters support the Instructional Leadership Model by Murphy (1990), whereby headmasters could create a positive learning environment through providing incentives for teachers and students as well as celebrating academic success (Hoy & Hoy, 2006).

The headmasters' instructional leadership practices of providing guidance and counselling fulfils the Malaysian education policy, whereby school leaders have to plan and carry out continuous and inclusive guidance and counselling sessions with suitable mechanism while necessary (Malaysian Ministry of Education, 2017). Headmasters also set new school rules based on the disciplinary issues that arise in schools. This act is also in accordance to Malaysian education policy, whereby school leaders need to carry out supervisions towards the curriculum implementation continuously and take necessary follow-up actions to solve the problems among students (Malaysian Ministry of Education, 2017). In this study, headmasters, senior assistants and teachers showed their love through welcoming the students to school and concern towards the students' attendance, and this is in line with the findings of the study by Louis, Murphy and Smylie (2016) that a headmaster who showed concern through giving support to student learning could bring positive impact to the students' academic performance.

Conclusion

Headmasters are the key instructional leaders in fostering a positive learning environment to enhance student academic achievement. Headmasters create a positive school climate so as to boost staff performance, promote higher morale and improve student performance. Headmasters' effective instructional leadership practices could move the stakeholders of the school and engage the local community in creating a conducive and fun learning environment which would lead to academic success. Headmasters are the role models to the teachers on becoming effective instructional leaders. Headmasters showed love and care towards the students through slogans such as "I believe I can", "My School, My Sweet Home", "Teachers love every student" and other motivational words, and these are the keys to successful establishment of positive learning environment. It is suggested that future research could expand the scope of research and look into other dimensions of instructional leadership practices, such as curriculum management and supervision of the quality of teaching for an even deeper understanding of effective instructional leadership practices.

粤籍侨团与美国华文教育

裴　艳*

一　"二战"前粤籍侨团美国兴学的历史遗产

"二战"以前美国的华文教育经历了早期私塾教育、新式华侨教育两个阶段，尤其在第二个阶段，在清末新政、民国初年和南京国民政府时期三次海外兴学运动的策动下，华文教育呈现了繁荣发展的局面，到"二战"前夕，美国华文学校发展到60余所，其中"在旧金山有14所，在夏威夷有23所，在加利福尼亚其他城市有12所，在美国大陆除加利福尼亚以外的城市如纽约、华盛顿、芝加哥、波士顿以及西雅图等地有10多所"①。这些学校按照兴办者、赞助者不同可分为会馆办学、教会办学、地缘社团办学及政党、文化社团、个人办学。其中粤籍侨校主要是由中华会馆和一些地缘社团创办。

（一）中华会馆与华文学校

中华会馆是华人社区统一的全社区性组织，在美国由于早期华人绝大多数为粤籍，因此中华会馆也可视为粤籍侨团的一种。

1. 旧金山中华中学校

旧金山中华中学校是旧金山第一所公立华文学校，1884年由旧金山中华会馆筹建，它的前身是金山学堂，清末民初几易其名：1888年名为

---

* 裴艳，辽宁大学马克思主义学院副教授。

① 麦礼谦：《美国华侨简史》，旧金山《时代报》1981年1月7日、21日，2月18日。

大清书院，1908 年更名为大清侨民公立学堂，民国初年改称中华侨民公立学校，1927 年又改称中华中学校。

旧金山中华会馆是旧金山地缘型会馆和血缘型会馆组成的最高级会馆，是旧金山华人的代言人，“二战”以前实际上是全美华人的代言人。旧金山中华会馆主要由宁阳、肇庆、合和、冈州、阳和、三邑、人和七大会馆组成，前四个会馆的成员主要来自四邑珠江三角洲西部和西南部，阳和、三邑会馆的成员基本上来自珠江三角洲几个县，人和会馆的大部分成员是操客家话的。因此，实际上，旧金山中华会馆是典型的广东籍华侨的组织。

大约在 19 世纪 60 年代中叶，随着华人儿童数量的增多，旧金山华人子女教育成为华侨社会的一大问题。面对美国主流教育对华人的歧视政策以及少数教会学校无法满足华人入学需求的困境，华人社会中文教育开始兴起。在家庭教育和私塾、专馆等旧学机构逐渐萌芽的背景下，1884 年，旧金山中华会馆计划建立一个同时教授中文和英文的中西学堂，并得到清政府驻美国旧金山领事的参与和支持，1886 年，建校工程提请中国驻美公使张荫桓批准，并请张荫桓拟定学堂章程，1887 年，会馆筹得学堂专款 1300 元，但由于教员薪资尚未筹齐，学堂开办一事进展缓慢。1888 年 4 月，经过一番努力之后，金山学堂在沙加缅街 777 号 2 楼建成开学，不久改名为大清书院，程赞清担任学堂监督，学生有 60 人，分为两个班级。[①] 上课时间为周一至周五，每日下午三时，学生从公立学校下课后进行，因此美国华文教育自始走的就是补习教育的道路。大清书院的教学目标是中、西学兼顾，但是限于资金，中文传统经典和语言学习的文化课程是教学的主要部分，教材为四书五经、《左传》等经史典籍，教学水平与同时期国内的私塾专馆相当，有些成绩好的学生可以回国参加科举考试。1906 年，美国旧金山大地震，大清书院在地震引发的火灾中被烧成一片废墟。1908 年清政府委派内阁侍郎梁庆桂到北美兴学，梁庆桂与中华会馆成立的学务公所合作在旧金山开办了第一所新式学堂，名为大清侨民公立小学，招收学生 110 名，开设经学、修身、国文、历

---

① 陈国华：《先驱者的脚印——海外华人教育三百年（1690—1990 年）》，北约克：皇家金士威股份有限公司 1992 年版，第 45 页。

史、地理、习字、体操和唱歌等中文科目。[①] 民国成立后，学校改名为“中华侨民公立学校”，1918 年，学生人数增加到 140 人，1920 年，学校允许女生入学，1925 年，学校设立初中部，一跃成为美国华人教育的最高学府。[②] 1927 年，学校扩充教室，加建一座新校舍，再更名为中华中学校，直到今天。1928 年，学校开设高中课程，是全美第一所采用六三三新学制的完备的华文中等学校。

2. 纽约华侨公立学校

在纽约，华人社团创办的较大侨校是 1907 年由纽约中华公所开办的纽约侨民学堂。纽约中华公所成立于 1883 年，是纽约州全体性的华侨组织，由宁阳会馆、联成公所、中华总商会、安良工商会、协胜公会、致公堂、金兰公所等团体组成，宁阳会馆和联成公所是纽约侨团组织的两大支柱，因此纽约中华公所的主席和通事由宁阳会馆和联成公所轮流选任，39 名议员也由宁阳会馆、联成公所占据 18 个名额。因为联成公所是由广东台山籍以外的华侨组成，所以纽约中华公所不能算作纯粹的粤籍侨团，但是因为早年纽约华侨中台山县籍人数最多，台山宁阳会馆成立也较早，因此台山籍人乃至广东人在纽约中华公所中具有较强的影响力。

纽约侨民学堂初创之时学生很少，有 20 多人，没有固定校舍，只能借一所天主教堂的一间房充作教室。课程极不完善，日常教学不过是教育一般儿童，使他们认得华文，能够写信管账而已。民国初年，华人携带家眷到美国的人数日益增多，纽约华埠的华人学童也相应增加，纽约华侨公立学校开始走上完善化的道路。1922 年中华公所召集华侨团体代表开会，议定各派代表 1 人，正式成立校董会，中华总商会、安良总会、台山宁阳会馆等组织的负责人为常务校董。1929 年中华公所各侨团捐款购置勿街 60 号大楼作为校址。应该说，该校校舍称不上理想，地方狭小，缺乏图书室、运动场和游戏休息的地方，各种教学设备也非常简陋，但是有了固定的校址，学校的发展开始走上正轨。1933 年，学生人数达

---

① 麦礼谦：《传承中华传统：在美国大陆和夏威夷的中文学校》，《华侨华人历史研究》1999 年第 4 期。

② 李永：《排拒与接纳——旧金山华人教育的历史考察（1848—1943）》，华中科技大学出版社 2015 年版，第 215 页。

到100多人，另有教员4人，专职校长1人。[①] 学校上课时间为每日下午4时半至6时半，学制与国内小学相同，程度分六级，教科书全部从中国订购，另外设立特别班供成人失学者补习。学校日常经费主要依靠学费收入，学生每人每月缴费3元。教职员一般为国内大学毕业，又在纽约哥伦比亚大学或纽约大学研究院读书的留学生，性质为兼职，领取50元月薪。因为战前纽约华侨社会实力不足，华侨公立学校的发展比较缓慢，但是“华侨办学的目的主要是希望通过侨校教育，培养爱国观念和民族意识，希望子弟懂得中国文化，知道前辈创业的艰辛和保持中国人固有的勤劳朴素的优良传统……希望送子弟入侨校学习，使其能帮助记账及写信，具有一些创家立业的能力。……以上两个目的，侨校都曾有一定贡献，特别是第一个目的较为显著”[②]。

（二）粤籍地缘社团与中华学校

除了中华会馆外，粤籍地缘社团也兴建了一些学校，如阳和会馆创设的阳和学校，冈州会馆兴办的冈州学校，南海福荫堂兴办的旧金山南侨学校，这些学校规模比较小，有的只招收本籍属的华侨儿童入学，所以发展受到很大限制，多数学校在“二战”之前就停办了。有较大影响且至今仍在勉力办学的是南海福荫堂兴办的南侨学校。

南侨学校隶属于旧金山旅美三邑总会馆辖下的南海福荫堂。旅美三邑总会馆是1850年由南海、番禺、顺德三邑乡梓联合建立的非营利性社团，成立之初主要为新侨提供食宿之所以及帮助找寻工作，后为检运同邑身亡异域者骸骨回籍安葬，于1855年、1858年相继成立了南海福荫堂、番禺昌后堂、顺德行安善堂。1919年南海福荫堂值理，连同各商号负责人决定开办华文学校，由李澹书、关景良、关定波、李立生、伦标等人负责劝捐，筹得数万元，随后组织南侨学校董事局，负责兴学事宜。1920年3月10日，学校正式开学，校舍暂租积臣街647号一所房屋，设

---

① 刘汉标、张兴汉编著：《世界华侨华人概况》（欧洲、美洲卷），暨南大学出版社1994年版，第188页。

② 广东省政协文化和文史资料委员会编：《广东文史资料精编》上编第6卷，中国文史出版社2008年版，第292页。

教室一间、议事厅一间，学生有 35 人，关定波任校长兼教员。1924 年，因为生员增多，学校董事局与福荫堂联合会议，决定购买土地自建校舍，为此福荫堂拨款 8 万元，加上邑属各商铺、邑侨踊跃捐款，共筹得 10 余万元，购入沙加缅度街 755 号空地，建成二层新校舍，1926 年正式启用。此后学校开放招生，不分畛域，到 1931 年学生增加到 300 余人，教员 8 名，校务蒸蒸日上。[①]

粤籍侨校自成一体，无论在日常管理还是在教学活动方面都表现出浓郁的粤籍色彩。首先，会馆、社团所办学校主要靠侨团领袖、侨商发起组织，办学经费也多靠他们捐助、筹募，因此学校的日常管理之职多由粤籍侨领担任。比如民国初年旧金山中华侨民公立学校校长由七大会馆主席每年轮值充当，曾轮值充当校长者有三邑会馆主席崔树芬、肇庆会馆主席郑尧勋、冈州会馆主席梁树屏等。校董则由中华会馆商董遴选充当。[②] 具体而言，每年春初由七大会馆向中华总会馆选派校董共 23 名，连七个主席共为 30 名。嗣由校董会互选正副主席各一名，书记一名，财政两名，核数两名，以组成校董会。校董会对于选聘校长、教职员，建筑校舍，筹措经费，负全部责任。每年开会若干次，以决议各项校务工作。[③] 因为教学语言之便，学校教员也多由粤籍人担任。比如大清书院刚开办之时，设正副教习两名，正教习多由举人或秀才充任，由各会馆轮流派出，也常常由会馆的主席兼任。例如合和会馆主席余若周（秀才）为正教习，李章伯为副；宁阳会馆主席刘庆云（秀才）为正教习，阳和会馆主席温文炳为副。[④] 当然，最能体现粤籍侨校特色的还是学校的教学语言和课程设置。1930 年，张月庐旅美撰写了通讯《纽约之华侨公立学校》，刊登在《生活周刊》杂志第 17 期，详细记载了她参观纽约华侨公立学校的所见所闻，从中可以一窥粤籍侨校的教学样貌，照录如下：

> 学校教授的方针，第一方针是教学生们讲话，国内的人听了或

① 《旅美三邑总会馆史略（1850—2000）》，第 77—79 页。

② 刘伯骥：《美国华侨教育》，台北华侨教育丛书编辑委员会编印，1957 年，第 31—32 页。

③ 刘伯骥：《美国华侨教育》，台北华侨教育丛书编辑委员会编印，1957 年，第 41 页。

④ 刘伯骥：《美国华侨教育》，台北华侨教育丛书编辑委员会编印，1957 年，第 30 页。

觉得奇怪罢。学生们平时说的只是一点家常用语，而且说的还是广东各县的乡下土音，就是听得懂广州话的人也丝毫不懂他们说的是什么。小朋友们在玩耍时全是说英语，因受了美国学校的训练，所有的意思只有用英语才能明白发表出来。作文时每人都有一本英汉字典，国内的学生是用这字典去查英文的解释，此处的学生是有了英文的意思再去查中文是怎样写法。因此，教学生们说流利而有条理的广州话，使学生们的意思能用广州话发表出来令人明白，是华侨学校的第一件工作，这工作包含提倡演说辩论演剧等，每星期有一个演说比赛会，各级一定派二人加入。各级代表由级中学生轮流的强迫担任，每星期又举行级际辩论会，又将国内的剧本译成浅近的广东话，教学生们演剧。年来实行这几种方法，颇著成效。第二个方针是教作文，讲话有进步了，作文自然也进步。学校完全授白话文，艰深难学的文言在华侨社会中当然不适用，作文时只要将广州话的语尾虚字换成国语，就是一篇好文了。现在学生们都使用四角号码法的新字典，作文参考更加便利。第三个方针是激起他们的民族观念，学生们受了美国学校的麻醉，颇以做美国人为荣。我曾问过一个小孩是哪里人，他傲然答说："My father is a Chinese, but I am an American."（译言：我的父亲是中国人，但我是美国人。）学校时时将我国悠长的历史、广阔的疆土等观念印入稚弱的脑筋中，又讲外人在我国内的强横傲慢的情形，对稍高级的学生还讲些领事裁判权等不平等的地方，激发他们爱护民族的心。教授的课目，以国文为主，助以本国史地党义社会等。其他各科，如算学自然等科，在美国学校已经有了，不必重复，此外还有国语一科。在华侨社会中，标准语言人人都能懂的是广州话，要学讲国语是不可能的。有许多在纽约留学的人来校参观，都说学校为什么仍用广州话教书，仍奖励学生用广州话演说，不知华侨学国语没有听和讲的机会，是永远不成功的。而且学生不愿意学，家长也不赞成，所以华校教国语的目的只求学生能听得懂国语，这已经是奢望了。

二 “二战”后粤籍侨团美国兴学的延续与发展

“二战”以后，随着国际政治局势的变换和美国华侨社会的转变，美国的华文教育进入了一个挑战与机遇并存的新时代。从客观上看，美国改变了对华侨华人的歧视政策，1943 年废止了排华法，到 1965 年，又先后通过《战争新娘法》《新移民法案》，直接带来了华人社会人口数量的增长，来自港台、印支半岛和中国大陆的大量新移民本身增加了美国华文教育的自然基础和社会需求，他们的多元文化背景也带来了华文教育多元混杂的新图景。在文化政策上，20 世纪 60 年代以后受美国国内民权运动的影响，美国放弃了一直以来的种族熔炉政策，转而鼓励多元民族文化发展，这为包括华人在内的少数族裔保持传承本民族文化传统提供了更加开放的空间。但是一个负面的干扰因素是，1949 年以后，受“冷战”局势影响，中美之间保持了二十多年的紧张对立关系，华人与中国大陆的交流往来被隔断，对新生的中华人民共和国政权的疏离以及人为的外交隔绝在某种程度上又影响了华人对中华文化传统和语言教育传承的热情。从主观上看，战后美国在华人移民政策上的松动，允许在美华人享受入籍的权利，美国华人的社会地位提高，进入主流社会的渠道被打开，这些都导致华人传统的落叶归根观念逐渐被落地生根的意识取代，表现在子女教育问题上，许多华人不再把祖籍国的语言文化教育视为主流教育之外必不可少的补充，加之，华人的居住范围从华埠扩大到更偏远的城市和郊区，直接带来了华埠侨校生源的萎缩，表现为学校数量和就学人数比战前有所减少，这种局面直到 20 世纪 60 年代以后，多元民族文化政策激发出华人社会寻根渴望之后才有所扭转。总之，正是在华人社会与外部政策环境不断的变幻和互动中，战后美国的华人教育走过了 40—50 年代停滞、60 年代以后复兴、90 年代上升成长的发展历程。粤籍传统侨校正是在这样的大趋势中留下了延续与发展变迁的历史轨迹。

（一）“二战”后粤籍传统侨校的延续与发展

战后相当长一段时间，旧金山中华中学校因为历史悠久、设施完善仍保持着领头羊的地位，20 世纪 50 年代，其高中生人数在全美国的华侨学校中居首位，全校学生达560多名，[①] 但到60—70年代，就学人数有所下降。而同时期快速崛起的是纽约华侨公立学校。战前纽约华侨公立学校发展比较缓慢，整个30年代就学人数都维持在100多人，1949年学校聘任莫其鑫担任校长，有小学6个班，中学2个班，共有学生230多人。1953年，学校建新校舍，为扩大招生创造了条件。1963年，陈冠中接任校长，他打破常规办学的传统，在平日班之外增加了周末班，使学生人数很快从600名增加到900名，以后又添置新校舍，不断扩大招生规模，到1969年另一校长接任时，学校已设有从幼儿园到高中92个班次，学生总人数达到2669名。70年代学生增加到3000多人，另外还有暑期班学生500多人，教职工130多人，成为全美规模最大的一所华侨华人学校。[②] 另一所保持良好声誉的学校是南侨学校，在福荫堂的大力支持下，学校于1963年重建学校礼堂，增加了学生活动场所，设置各类奖学金，鼓励优秀儿童，到1989年周末班已发展到7个班。1992年学校利用蒙兆学基金会捐款购入10台电脑，开设电脑班，开华埠中文学校教授中文电脑输入之先河，另外从香港购入大批全新教科书，供应各班使用。如今，学校开设的课程有中文、电脑、普通话、中国舞蹈等，学生人数达900余人。[③]

战后粤籍侨团也创办了新的华文学校，如1983年北加州潮州同乡会与美东越棉寮华侨相济会合办成立纽约中山中学小学，有学生200余人。[④] 同时期，南加州潮州同乡会也参加全美潮州总会并联合各大侨团组织中山华文学校，到20世纪90年代末已经发展到5个分校，1500多名学生。[⑤] 战后新建侨校中最有影响的是罗省中华会馆创办的中华孔教学校。

罗省中华会馆是南加州华埠27个华人团体联合组成的最高领导组

---

① 刘汉标、张兴汉编著：《世界华侨华人概况》（欧洲、美洲卷），暨南大学出版社1994年版，第188页。

② 刘汉标、张兴汉编著：《世界华侨华人概况》（欧洲、美洲卷），暨南大学出版社1994年版，第188页。

③ 《旅美三邑总会馆史略（1850—2000）》，第80页。

④ 新加坡潮州八邑会馆主办：《第四届国际潮团联谊年会纪念特刊》，1987年，第75页。

⑤ 刘汉标、张兴汉编著：《世界华侨华人概况》（欧洲、美洲卷），暨南大学出版社1994年版，第190页。

织，它的前身是成立于1889年的卫良公所，取“排解纷争、以安善良”之意，是洛杉矶早期华侨建立的全侨性组织。后来随着华侨人口日益增多，各种同乡会、宗亲会等联谊性团体相继设立，急需成立一个联合机构统筹慈善福利事务，于是将卫良公所扩大组织，于1910年正式改名为罗省中华会馆。目前罗省中华会馆团体会员有：大中华实业公司、黄氏宗亲会、龙冈亲义公所、台山宁阳会馆、台山宁侨公会、秉公堂、李氏敦宗公所、南加省开平同乡会、至孝笃亲公所、合胜总支堂、俊英工商会、至德三德公所、同源会、朱沛国堂、妇女新运会、伍胥山公所、南加省马氏宗亲会、林西河堂、中国国民党驻罗省分部、英端工商会、昭伦公所、冈州会馆、冈州保安堂、溯源堂、南加省余风采堂、凤伦公所、洛杉矶吕氏宗亲会。这些宗亲会、地缘会馆、工商会及其他团体基本都是由粤籍侨民组成，1973—1974年，曾有华北同乡会申请加入，在获准后终因地域的方言风俗习惯的不同，终究没有加入会馆组织，所以罗省中华会馆始终保持了鲜明的粤籍侨团色彩。

作为一个华人社区自治性的领导机构，罗省中华会馆自成立之日起就将传续中华文化作为使命之一，早期曾开办私塾，1949年会馆诸人都认为侨教乃百年大计，于是同时倡议建校，并于当年3月成立“筹建罗省中华会馆暨中华学校委员会”，正副委员长由黄天相、邝迪沾担任，总务黄伯泉、胡杰民，中文书记李家添、黄益平、叶盈，西文书记唐棣忠、梁锦源，募捐主任黄迪庆、财政关杰勤，会计张喜洲、黄德锐，建筑张辉培、刘显济。[①] 建校工程于1951年年底完成，1952年9月，中华学校将原有三所私塾和一间教会学校整合，首度开学时有学生60余人。1969年学校更名为中华孔教学校。1973年，中华会馆修改章程，改原来的学务组为校董会作为学校的管理机构，校董21名，其中14名由会馆理事会推出，7名由会馆监事会推出，专责侨教。此后，随着入学人数增加，学校增设周末班，每周六日设上午及中午班以广栽培，到20世纪80年代，学校学生人数超过千人，教职员有17人，校务长足发展。2002年因为校舍残旧不堪，中华会馆主席和校董会的领导成立“罗省中华会馆所属中华孔教学校筹建委员会”，公开筹款，修建现代化教学大楼。2003年11

① 《罗省中华会馆120周年纪念特刊》，2009年，第103—104页。

月，新校舍扩建工程完工，中华学校得以崭新的面貌屹立华埠。

（二）战后粤籍侨校教育的特点

“二战”以后美国侨社人口结构和来源变得多元化，除了原有的粤籍老侨及后裔以外，中国香港、中国台湾、东南亚、中国大陆的新移民分别构成了不同的华侨社群，他们出于各自的教育需求，创办了不同类型的华文学校，这些学校可以大致分为三种：①中国台湾背景的华文学校。战后台湾华人移民较多专业人士和留学生，他们文化素质高，热心侨教，到20世纪80年代台湾背景的华文学校已经成为美国华文教育的主流。这些学校一般分布在传统华埠以外的城镇和边缘地区，教学语言为国语，教授繁体汉字和注音符号。1994年各学校负责人联合成立了“全美中文学校联合总会”，许笑浓为会长，吴大倜、刘竹青为副会长，“台湾侨委会”在华校的发展过程中给予了很多支持。②印支华裔难民开办的华文学校。这些学校有几十所，主要分布在加利福尼亚的洛杉矶、西门子、圣地亚哥，其次是湾区屋仑、芝加哥、纽约、波士顿、休斯敦等城市的新华埠。印支华裔难民由不同的方言群体组成，因此大多数学校用国语授课，只偶尔在必要时用方言做些解释，绝大多数学校也使用“台湾侨委会”印制的教材。另外，这个群体的成员具有较浓厚的血缘地缘观念，保留了较多的传统习俗和组织形式，在办学活动中，这些学校的董事会在做法上与华埠内的粤语方言学校更为接近，一俟条件许可，他们就会购买并兴建自己的校舍。[①] ③中国大陆学者、留学生和新移民开办的华文学校。主要是为获得永久居留权的大陆新移民子女提供中文教育所建，教授普通话、简体汉字及汉语拼音方案。80年代开始兴起，发展迅速，到90年代末已发展到近百所，遍布全美三十余州，其中美东尤多。1994年成立了以大陆学人为主体，以倪涛为主席，洪辉为副主席的“全美中文学校协会”——新移民在美国开办中文学校集体意义上的代名词，目前会员学校已近300所。[②]

---

① 麦礼谦：《传承中华传统：在美国大陆和夏威夷的中文学校》，肖炜蘅译，《华侨华人历史研究》1999年第4期。

② 周聿峨、张树利：《新移民与美国华文教育》，《东南亚纵横》2005年第6期。

战后美国华文教育办学类型日益多元化的情势对粤籍侨校的发展是一个不小的挑战，粤籍侨校从战前华文教育的主体变为战后多元华文教育的一支。但是由于粤籍侨校保持了旧有的传统优势，同时顺应战后形势，积极拓宽教育活动的内容和范围，通过参与组织文化交流活动，扩大了影响和声誉，巩固了自身在美国华文教育体系中的地位。

1. 传统优势的保持

经费短缺是海外华文教育发展面临的普遍性问题之一，和其他地区其他类型的华文学校一样，粤籍侨校也没有固定的经费来源，但是由于背后有侨团、侨领的支持和赞助，粤籍侨校的整体办学还是比较有资金保障的，校舍、硬件设施也比较完善，体现了粤籍侨社的组织性和办学实力。以罗省中华孔教学校为例，自 1949 年筹款建校至今已成为美国西部日臻完善的华文名校，侨团和粤籍乡民乐捐助学的义举功不可没。

筹款助学的活动包括：

> 建校初期，建筑费和开办费移用抗战时期大家捐献的余款加上临时募集 6 万元，总计 18 万元。
>
> 1967 年，中华会馆拨款 1.2 万元，扩大礼堂舞台，校内粉饰一新。
>
> 1975 年，校董会发动添置教具，募捐得款 8000 余元，陆续充实设备。
>
> 1994—1995 年，校董会会长和中华会馆主席发动侨界捐款，重修校舍更新设备，5 月 26 日在金龙酒家举办筹款晚会，粤剧票友陈小玲女士粉墨登场，演出折子戏，马氏商场董事长马锦周捐 1 万元，总计筹得 12 万元，使重修及扩建工程顺利开展。
>
> 2002 年，中华会馆和校董会推动成立罗省中华会馆所属中华孔教学校筹建委员会，公开筹款改善校舍，侨务委员会捐助 3 万元，马锦周伉俪慨捐 10 万元，白人女士 Ms. Slesinger 捐 5 万元，短短数月募得款项 56 万余元。

除了有特定用途的筹款活动外，特别值得一提的是，龙岗亲义公所名义轩醒师团每年农历新年义务舞狮采青筹款，数十年如一日，迄今仍保持此良好风尚，为侨社令人动容的一幕场景。

> 中华学校师生在前面举着大旗，龙冈公所父老在一旁帮着放鞭炮，敲锣打鼓，名义轩醒狮团师傅刘渭领着儿子、徒弟、徒弟的儿子、徒弟的徒弟，年年农历过年都在华埠等华人社区大街上舞狮，一家家商店、餐厅、银行、公所、会馆，逐一上门舞狮采青，替商家带来新年开市吉利旺气，也为中华学校带进大约万元捐款；中华会馆历届主席等首长及校董会成员则在旁帮着开收据给捐款商家。一群人浩浩荡荡在街头舞足一日，已成为华埠每年春节必然轰动的景观。①

侨团、校董会与粤侨的捐款助学改善了华埠侨校的办学条件，为广大学生创造了优美的学习环境。此外，为了提高学生求学的积极性，增加侨校的吸引力，还有一些富商侨领设立了奖助学金，表彰成绩优秀表现突出的教师和学生，成为侨团办学的另一佳话。比如宁阳总会馆自1999年拨专款增设奖学金，扶掖优秀学子，三邑总会馆为鼓励邑人学习中华文化，特设立助学金、奖学金、奖教金等，每年发放总额达数万美元之多，其中奖学金分为甲乙两种，甲种奖学金给予学费全年，乙种奖学金给予学费半年。凡是三邑邑侨子弟，不论在任何侨校，高初中及高小五、六年级肄业，各科成绩合计，平均在80分以上，操行列于甲等，均可申请。② 纽约潮州同乡会通过春节联欢会筹款2.6万余元，设立奖学基金，奖掖后进。③ 而作为洛杉矶侨团最高组织创办的罗省中华孔教学校更是得道多助，每年毕业暨结业典礼时，都有殷商大户与侨学界争相捐奖学金、奖品，并亲临颁奖给成绩优秀学生，激励勤学，其中国泰银行三十余年，颁奖每班第一名的优秀学生奖学金，开平中学校友会十余年来，以银鼎颁奖每班之第二名，龙冈亲义公所设有四姓子弟奖学金，冈州会馆每年捐助5000元充实奖学基金。1977年中华会馆主席张如灼任内

---

① 《罗省中华会馆120周年纪念特刊》，2009年，第104页。

② 《旅美三邑总会馆史略（1850—2000）》，第56页。

③ 新加坡潮州八邑会馆主办：《第四届国际潮团联谊年会纪念特刊》，1987年，第76页。

身故，捐出丧礼节余3300元。1983年，侨界领袖胡杰民、余成礼后人各捐出一万元设奖学基金，侨领陈小玲女士捐三万元。侨领和侨团的捐资提高了学校的知名度和教学水平，也吸引到侨社以外的资金赞助，近些年先后有来自耆英会、北美经济文化办事处、台北海华文教基金，协和医院等单位捐款充实奖教基金。[①]

2. 顺应时势，教育活动日益多元化

以粤语为教学语言是战前老侨校的传统，然而随着战后华人社会的改变，华埠内的粤籍侨校的生源已经不再局限于粤籍华侨子弟，而是包括了新老移民在内的所有华人，其中中国台湾、东南亚和中国大陆新移民的省籍五花八门，再用地方性的方言作为教学语言显然不合时宜。另外，作为国际通用的中文语言，普通话显然具有更广泛的适用范围，美国主流教育体系中的中文课程以普通话和简体字作为教学内容就是最好的例证。因此为了与主流教育接轨，为了更好地发挥中文的实用价值和商业价值，开设普通话课程显然是粤籍学校的不二选择。以纽约华侨公立学校为例，自建校之初到20世纪70年代，完全以粤语授课，等到80年代初，开始设立国语班，近些年的趋势是转学国语的广东子弟日渐增多，如今国语班的数目已经超过粤语班。[②] 类似的还有罗省中华孔教学校也于1984年开设了国语课程。1995年，美国中文学校联合会调查显示：全美635所中文学校在教学用语方面，79.7%教授普通话，12.8%教授粤语，1.2%采用东南亚地区语言或其他汉语方言授课。[③] 可见开设国语课程已经成为所有华文学校不可逆转的趋势，当然由于传统和师资力量所限，华文学校完全取消粤语授课也不见得行得通，因此在相当长一段时间内，粤语和国语课程并行将成为粤籍侨校教学的特点之一。

在教学形式上，传统侨校自成立之日就多采取平日班，即利用每周一至周五下午当地学校放学后的两三个小时补习中文，战后由于华侨华人数量的增多以及华人融入主流社会的程度日益加深，许多华侨搬离华

---

① 《罗省中华会馆120周年纪念特刊》，2003年，第107页。

② 张黄甘枝：《粤语词汇的源流演变及纽约的粤语教育》，硕士学位论文，华东师范大学，2012年。

③ 肖炜蘅：《当代美国华文教育浅析》，《八桂侨史》1999年第3期。

埠，定居在较远的城市和郊区，为了满足日益扩大的教学需求以及兼顾华埠以外青少年就读的方便，粤籍侨校也借鉴了新移民学校的模式，开始设立周末班。1980 年罗省中华孔教学校因为平日班学额已满，还有 300 人无法入学，请准校董会，增设周末上午班、中午班。1983 年再增设周末下午班。这样学校每周一至周五下午上课，星期六及星期日，分上、中、下午三部，全天上课，学生人数超过千人。① 还有旧金山南侨学校自 1985 年开始设立周末班，在十年间，周末中文班由 3 个增加到 16 个，学生人数也从 1988 年的 410 人增加到 1990 年的 740 多人，其中在周末班上课的学生达到平日班的两倍。② 周末中文班显然不仅仅满足了华埠之外华人儿童的需求，同时也受到了华埠内学生的欢迎。纽约华侨公立学校开设周末班后，学生人数从 1963 年的 678 人上升到 1975 年的 3250 人，③ 其中周末班的生源尤其增长迅速，以至于即使有令人羡慕的独立校舍，但是每期周末班还是有数百名学生被拒之门外。学校校长胡意秋女士不得不感叹呼吁，在华埠附近的子弟应该踊跃参加日班的课程，多空出一些名额给在华埠外只能周末来上课的华裔小朋友。④

在教育内容上，战后粤籍侨校也日益拓宽教学范围，实行中文语言、职业技能及传统文化并重的课程方案。比如罗省中华孔教学校除了实施国粤双语教育，教授汉语拼音和繁体字外，还在周末开设舞蹈班、电脑职业培训班、中乐班，2008 年暑假又开设读经班（读《论语》《孟子》《中庸》《三字经》等），用现代语文深入浅出地传授中华文化的精华，让学生对传统文化有所了解，作为日后做人做事之基础。纽约华侨公立学校重视教授学生为人处世之道，特别开设常识和礼貌课程，胡意秋校长认为学好中国人的礼貌和谦虚，跟学中文一样重要。多元文化课程的设置提升了学生学习的兴趣，也使华文学校的性质更加明确，即它不是设在海外的单纯的语言学校，而是兼有教育与传播中华文化传

---

① 《罗省中华会馆 120 周年纪念特刊》，2003 年，第 105 页。

② 麦礼谦：《传承中华传统：在美国大陆和夏威夷的中文学校》，肖炜蘅译，《华侨华人历史研究》1999 年第 4 期。

③ 麦礼谦：《传承中华传统：在美国大陆和夏威夷的中文学校》，肖炜蘅译，《华侨华人历史研究》1999 年第 4 期。

④ 杨庆南编著：《世界华侨名人传》第 5 册，马华企业有限公司 1986 年版，第 145 页。

统，进行族裔文化熏陶功能的教育机构。事实证明，这种族裔文化熏陶对于青少年的价值观和精神世界的影响是意义重大的。一位在纽约华侨公立学校度过三年学习时光的日班学生这样写道："在这短短的三年，我已经学到了很多的知识。如今我明白什么是礼义廉耻，什么是中国的固有道德。学得越多，我就越对中华文化起了崇敬的心。这都是学校教导我的……"①

3. 加强社会联系，塑造品牌形象

粤籍侨校在加强内部管理、完善教学条件、优化教学内容的同时，还积极谋求学校与学生家长、学校与学校、学校与主流社会之间的互动和联系，通过媒体宣传、文化展演和教学成果展示提高学校的知名度，进而突破华文学校的传统定位，在更具社会性、文化性的层面拓展新的功能。这些学校定期举办开放日，邀请学生家长及侨学界代表参加，介绍学校历史，展示学业成绩，促进家庭与学校教育的沟通。每年夏天还举办隆重的毕业与结业礼，学生和家长都盛装出席，侨团领袖也应邀致辞，并为优秀学子颁发奖学金。粤籍侨校还积极参与地区性乃至全国性的诗词、作文、书法、绘画比赛，既加强了中文学校之间的沟通和联系，也提高了学校的知名度。如罗省中华孔教学校 1984 年与南加州中文学校联合会及梅花诗社联合举办诗词朗诵比赛，获得团体组及初级组第一名，1988—1994 年，刘仲明校长任职期间，每年组织学生参加"台北侨联总会"及美加地区作文、书法、绘画比赛，获奖无数，当地报章都有报道转载，另外，为了扩大学校的影响力，加强学校与华人社会、主流社会的联系，中文学校还利用筹款晚会、开幕剪彩、春节游行等节日庆典，开展各种类型的传统文化节目展演，推广中华语言文化，提升中文学校整体形象。

华文教育办学类型日益多元化的情势下，粤籍侨校在继续发挥侨团办学优势外，还根据现实需要改革教学内容和教学形式，加强与外部的联系，拓展新的文化功能，继续对华文教育和文化发展做出贡献。

---

① 绿洲主编：《外国中学生作文精品大全》，晨光出版社 2002 年版，第 96 页。

美国华人专业协会对高层次人才“回流”的作用研究

——基于中国旅美科技协会的个案分析

李爱慧　林红娟*

引　言

20世纪60年代中期以来，随着美国移民政策的改革，以及中国出入境和留学政策的逐步放宽，中国赴美移民人数迅猛上升，其中相当一部分是通过留学方式赴美，学成后在美国谋职定居的高级专业人才。随着知识经济时代的到来，国际人才的竞争越发激烈，突出表现在中美对高科技人才的争夺。美国的高等教育质量和科技创新能力依然位居世界第一，因而云集了众多高端移民人才，华人高科技精英就是其中不可忽视的一支力量。不过，随着中国经济和科技的快速发展，招徕海外高层次人才的优惠政策不断出台，选择回国创业的华人高端人才越来越多，从涓涓“细流”汇成“江河”。高端人才资源的获取与国内人才需求信息的发布，最为高效的手段就是借助华人专业协会作为人才的“资源库”和“联络站”。

* 李爱惠，暨南大学国际关系学院/华侨华人研究院副教授；林红娟，暨南大学国际关系学院/华侨华人研究院硕士研究生。

一 留学潮与美国华人专业人士队伍的壮大

根据王辉耀等人的估算，在全球5000万名华侨华人中，专业人士数量约为400万人，他们主要分布在美国、加拿大、澳大利亚、日本、法国、英国等发达国家和地区，其中美国约240万人，欧洲约80万人。[①]可见，美国华人专业人士数量最多，占全球华人专业人士的一半以上。这些专业人士既包括美国本土出生者，也包括外来移民，其主体部分是以留学方式赴美，学成后在美国谋职定居的高级专业人才。因此，美国华人专业人士规模的形成主要取决于中国留美学生人数的发展。

1978年，作为实施改革开放政策的一项重要措施，中国政府正式恢复了向国外派出留学生，而且是"扩大派出"。其人数之多前所未有，且在这一浪潮中去往美国的势头最猛。[②] 据中国教育部数据显示，从1978年到2018年年底，中国各类出国留学人员累计达585.71万人。[③]

美国是中国留学生的第一大流向国。从20世纪70年代至今，中国留美学生人数一直保持占全球中国留学生规模的20%—30%。[④] 据美国《门户开放报告》数据显示，从2009年起，中国留美学生人数再次超越印度位居榜首。2008—2012年，中国留学生的增长率均超过20%，2015年之后增长速度放缓，仍保持在10%以内的同比增长。2017—2018学年中国在美留学生数量达369548人，同比增长1.7%，占美国国际学生总量的33.7%。[⑤] 虽然近年来受中美关系的影响，中国留学生的增长率有所降低，但中国留学生始终占据美国海外留学生人数的榜首位置。

从中国留学生选择专业的倾向来看，选读自然科学的比例较高。仅

---

① 王辉耀、苗绿：《海外华侨华人专业人士报告》，社会科学文献出版社2014年版，第8—63页。

② 程希：《当代中国留学生研究》，香港社会科学出版社2003年版，第5页。

③ 《2018年度我国出国留学人员总数达66.21万人》，中国政府网，2019年6月18日，http://www.moe.gov.cn/jyb_xwfb/gzdt_gzdt/s5987/201903/t20190327_375704.html。

④ 李其荣、谭天星、邵元洲主编：《华侨华人与湖北经济发展：华创会研究集成》，崇文书局2012年版，第92页。

⑤ "The power of International education: open doors 2010 - 2019 Fast Fact", https://www.iie.org/Research-and-Insights/Open-Doors/Fact-Sheets-and-Infographics/Fast-Facts.

以2018年的统计数据看，选读STEM① 专业方向的中国留美学生占了一半；同时约有四分之一的学生选择攻读与经济、金融、管理等专业相关的商科（见表1）。

表1　2017—2018学年赴美中国留学生选读专业的比例分布情况　单位:%

地区＼专业	工程	商科/管理	社会科学	数学/计算机科学	物理、生命科学	艺术	教育（包括英语）	人类学	医学	其他
中国大陆	19.0	20.7	8.4	17.2	8.4	6.6	3.9	1.1	1.4	11
中国台湾	18.1	19.2	6.2	11.3	9.9	11.0	5.6	1.6	3.5	12.3
中国香港	13.4	16.8	12.1	12.4	6.4	11.4	2.6	2.6	2.3	16.7

资料来源：https：//www.iie.org/Research-and-Insights/Open-Doors/Data/International-Students/Fields-of-Study。

留学人员是美国华人专业技术人才最为重要的储备力量。据统计，1978—2003年，近40万中国学生进入美国学习，仅有20%在完成学业后回国，其余80%则留在美国就业定居。② 据中国教育部的统计，1978—2002年中国大陆赴美留学生20万人（其中3万人回到大陆）；同期中国大陆派往美国的访问学者累计17万人。估计至少有17万名大陆留学生和3万名访问学者以雇用移民等身份留在美国。③ 另据美籍华人学者王作跃利用美国国家科学基金会（NSF）统计数据的分析，1983—2003年中国大陆学生在美国取得总计35321个科学与工程领域的博士学位，其中有3万名左右留在了美国，回国率只有15%。④ 大体来看，学历越高的留学人员选择留在美国的可能性更大。有数据显示，截至2012年，归国留学人

① STEM指的是与Science（科学）、Technology（技术）、Engineer（工程）、Math（数学）四类相关领域。

② Mary C. Waters，Reed Ueda，Helen B. Marrow. The New America：A Guide to Immigration Since 1965，“China：People's Republic of China”，Harvard University Press，2007，pp. 343－344.

③ 朱慧玲：《近30年美国华社人口状况及其结构变化》，载《侨情》，国务院侨务办公室，2006年，第16页。

④ 王作跃：《“学好数理化”：1978年后大陆留美科学家研究》，《北美华侨华人新视角——华侨华人研究上海论坛文集》，中国华侨出版社2008年版，第143页。

员中，获硕士学位的申请者占总量的 60.3%，获博士学位的申请者仅占 5.8%。[①] 据 NSF 2013 年的报告，在美国获得博士学位的中国留学人员中，有 92% 的人在毕业五年后仍然居留美国。[②]

因大批留学人员毕业后转而申请技术移民，使美国华人移民的职业层次大幅度地提升。据美国移民政策研究院 2016 年发布的报告，52% 的华人移民在美国从事科学、工程、信息技术、管理、金融等领域的工作，而美国所有外国出生人口、本土出生人口在上述领域的从业比例分别只有 32% 和 39%。[③]

尽管目前留美高层次人才回国率依然不尽如人意，但近十年来，已经有越来越多的华人高层次人才把注意力转向中国寻找合适的创新发展空间。这些高端人才既有在中国学习与生活经历所积累的人脉网络，同时深谙中美两国文化的优势，使他们能够在全球化的竞争中，快速成为跨国界、跨区域的企业家、创业者。他们凭借自身所掌握的先进理念、技术优势、营销模式，在跨国经营中实现事业上的腾飞，成为中国新经济的领跑者。刘宏教授提出了“跨国华人”概念，即指那些在跨国活动进程中，将其移居地（自己的或父辈的）同出生地联系起来，并维系其多重关系的移民群体，作为跨国移民他们讲两种语言，在两个或者更多的国家拥有直系亲属、社会网络和事业。[④] 同样，返回祖籍地的华人专业人士仍维持着在美国建立的社会网络。

二　美国华人专业协会的发展及其特征

美国华人专业人士数量的增长，不仅改变了美国华人社会的整体风貌，也使华人社团的类型发生了很大变化。早期传统社团是以亲缘、神

---

① 《高层次留学人才回流率低》，人民网，2019 年 6 月 18 日，http：//paper. people. com. cn/gjjrb/html/2013 - 08/07/content_ 1279268. htm。

② Forbes，“How China Is Winning Back More Graduates From Foreign Universities Than Ever Before”，2019 - 06 - 18.

③ Jie Zong and Jeanne Batalova，“Chinese Immigrants in the United States”，https：//www. migrationpolicy. org/article/chinese-immigrants-united-states/，Publishied online，September 29，2017.

④ 刘宏：《战后新加坡华人社会的嬗变：本土情怀 · 区域网络 · 全球视野》，厦门大学出版社 2003 年版，第 215 页。

缘、地缘等为联系纽带，随着华人社会的世代更替，年青一代的成长与教育环境发生改变，受过高等教育的新移民和土生华裔不愿加入传统社团，而是基于自身专业、兴趣爱好等建立起很多新型社团，其中一类就是以原留学人员为主体建立起来的专业协会。

20 世纪 90 年代，各类华人专业协会出现大爆炸式的增长。21 世纪以来还有新的专业协会诞生，但数量上不及 90 年代多。这些专业协会与留美学生、学者等群体的专业密切相关，主要集中在 STEM 领域，以信息技术、生物医药等专业相关的社团居多。据统计，这些社团核心成员的学历为博士研究生者达 76%。周敏教授曾对美国洛杉矶、旧金山、纽约这三大华人聚居城市在册华人社团进行了统计，其中专业协会数量大多成立于 90 年代，且增长速度快，占总数的 11%。[①] 根据王辉耀等学者对全球各大洲华人专业社团数量的统计排序：依次是美洲 42%、亚洲 24%、欧洲 17%、大洋洲 17%；而美洲主要集中在美、加两国，其中又以美国的华人专业社团数量最多、规模最大，会集了最多的海外高层次人才。[②] 据潮龙起教授的估算，美国华人专业协会 1998 年约 600 个，至 2012 年增至约 1200 多个，[③] 居世界各国首位。这些专业协会，有的是以某一领域科技、专业人员组成的单一性专业协会，如信息科技、生物医药、工程制造、法律协会、金融协会；有的是不分领域的综合性专业团体，美华专业人士协会、中国旅美科技协会等。

大多数美国华人专业协会都是正式向政府注册为非营利性组织，一般设有董事会、执行董事长、主席以及理事会的其他领导人，均为民主选举产生，实行任期制。这些协会的宗旨除了促进本会成员的事业发展，融入当地社会，大多还致力于促进中美之间的交流合作，如举办国际学术会议、为中美科技合作搭建桥梁等。华人专业协会一般都会举办或参与跨国界的科技与学术交流活动。

---

① 周敏、刘宏：《海外华人跨国主义实践的模式及其差异——基于美国与新加坡的比较分析》，《华侨华人历史研究》2013 年第 1 期，第 1 页。

② 李元谨、周敏：《美国华人社会的变迁与发展》，南洋理工大学中华语言文化中心，2012 年，第 97 页。

③ 潮龙起：《华侨华人专业社团与广东创新体系建设》，《世界侨情报告（2012—2013）》，暨南大学出版社 2013 年版，第 67 页。

三 中国旅美科技协会——人才“资源库”和“联络站”

华人专业人士由于自身拥有精通两种或多种以上的语言和文化优势，且由于事业发展的需要，会经常性地往返于住在国与祖籍国之间，是主要的跨国群体之一。不过跨国主义也不仅仅是移民个体的行为，实际上，许多更具深远意义的跨国活动是以组织的形式进行的。正如吴前进所言，在全球化时代，移民群体的跨国性特征体现在一系列有关跨越民族国家疆界的行为—关系的互动方面，他们的凝聚性通过社会网络和社会资本得以实现。[①] 华人专业协会是会集海外高层次人才，形成其社会网络与社会资本的一种重要方式，这使其可以成为吸引海外人才的“资源库”与“联络站”。[②] 本节以中国旅美科技协会为案例，深入分析其在助推海外华人高层次人才“回流”中所发挥的作用。

（一）中国旅美科技协会构建起同种族、同专业的社会网络

中国旅美科技协会（The Chinese Association for Science and Technology，USA，以下简称“旅美科协”）1992 年成立于纽约。该协会的三大宗旨是：帮助旅美华人专业人士的职业发展，促进旅美华人的团结、合作与交流；促进中美两国之间科技、文化、教育、经贸等领域的合作与交流；弘扬中国传统文化，加强中美两国人民的相互了解。[③] 旅美科协是一个跨地区、跨行业的综合性科技团体，会员主要由来自科技、文化、教育、法律、金融、人文等各个领域的专业人士组成。[④] 他们大多拥有硕、博以上学历，英语流利，职业地位高，薪金丰厚，已经融入当地社会，

---

① 吴前进：《移民的本土性与全球化——跨国主义视角的分析》，《现代国际关系》2004 年第 8 期，第 18 页。

② 《中国旅美科技协会介绍》，中国旅美科技协会官方网站，2019 年 6 月 15 日，http：//www. cast-usa. org。

③ “2015 International Forum for Technology Innovation，Collaboration and Development”，中国旅美科技协会官方网站，2019 年 10 月 25 日，http：//www. cast-usa. org。

④ http：//castgny. org/en/wp-content/uploads/2017/05/CAST-Introduction. pdf.

是事业有成的中产阶层。但与此同时，他们身上又带有鲜明的“华人性”，具体表现为对中华文化的坚守，还有对中国的持续关注。

经过近30年的发展，该组织已经发展成美国最大的华人专业人士社团之一，现拥有会员近万人。目前中国旅美科技协会在全美有16个分会及专业学会，各分会为大纽约分会、康州分会、匹兹堡分会、华盛顿特区分会及网络信息学会、亚利桑那分会、加州洛杉矶分会、加州圣地亚哥分会、加州硅谷分会、佛罗里达分会、北卡分会、得州分会、犹他分会、西弗吉尼亚分会、大波士顿分会、南佛州分会、内布拉斯加分会。此外，旅美科协还在中国多个城市设有联络处。该会秉承跨学科跨地区合作及服务社会的传统，在中美两国民间科技交流中长期发挥着独特的桥梁和平台作用。

华人专业协会是社会网络的一种形态，它实现了人力资本、社会资本、文化资本的结合，达到凝聚同族群人才的目的。所谓社会网络（Social Networks），指的是人们尽可能地建立最广泛且可适用的社会关系的框架，在这个框架中，每一个人作为一个“节点”连接起其他人，构成网络。一个社会网络包含一系列的节点，这些节点通过某种关系互相连接。[①] 这种关系可分为四大类型，即相似性、社会关系、互动、流动。[②] 而社会资本是由社会组织构成，并为人们实现特定目标提供便利，它是无形的，表现为人与人的关系。学术界基本上都认同社会资本不存在于某个个人或群体之中，而存在于社会组织结构动态运行之中个人与个人之间、个人与群体之间的互动过程中。也就是说，社会资本指的不是由个人或群体所拥有的资源，而是嵌入在特定社会结构中具有目的性的社会关系。因此，华人专业人士与其所在的社会网络呈“强关系”，其所积累的社会资本也就越庞大，反之亦然。

基于社会网络学理论进行分析，可以看出华人专业协会就是由发达的社会网络体系组成，而每一位专业人士就是其中的一个个“节点”，协

---

① ［美］杨松、［瑞士］弗朗西斯卡·B. 凯勒（Franziska B. Keller）、邓路：《社会网络分析：方法与应用》，曹立坤、曾丰又译，社会科学文献出版社2019年版，第5页。

② ［美］周敏：《美国社会学与亚美研究学的跨学科构建——一个华裔学者的机缘、挑战和经验》，［美］郭南审译，中山大学出版社2013年版，第47页。

会的领袖人物往往作为“中央节点”来进行协会内部的联系与协调。华人专业协会所存在的关系大致分为几种形式：一是朋友关系；二是同学或同事关系；三是超越前两种以各专业所建立起来的关系。这三种关系层层递进，相互交叉，构建出一种社会网络结构。

（二）旅美科协搭建跨国交流与合作平台

旅美科协所建构的跨国社会网络，为美国的华人专业人士与中国的各级政府部门、高等院校、科研机构、同行搭建了交流与合作平台，促进人才与知识的跨国流动。让·巴蒂斯特·迈耶（Jean-Baptiste Meyer）、乔格·查鲁姆（Jorge Charum）等人在研究哥伦比亚的“高技术移民”时提出“离散者的选择”（Diaspora Option）一说。该理论认为，在人才流动过程中，人才流出祖籍国，而信息、技术、知识、资本则“回流”祖籍国，并且这种“回流”是借助一定的网络实现的。① 旅美科协在具体的实践中，形成了具有多元化和开放性甚至包括外国人在内的人才网络体系，加深了国内学者、官员与美国学者的交流和了解，促进信息、知识、技术、资本的跨国流动，对居住国和祖籍国都带来积极影响。一方面，旅美科协的组织成员普遍教育文化水平较高，精通英语，熟谙中、美两种文化，与主流社会关系密切；另一方面，协会组织本身在具体的运作过程中很大程度上依赖于其所建构的华人关系网和跨国关系网，可实现信息和资源的跨国共享。

旅美科协会聚了大量高端人才，他们通过协会构建的各种合作交流平台，如国际学术研讨会，其他跨国交流项目等，将资金、信息、技术、知识、资本传回中国，为祖籍国的科技发展做出贡献。在常态化的跨国活动中有一部分专业人士选择回国发展，另一部分继续留在美国，但无论怎样，他们都基于旅美科协这一媒介形成持久的跨国沟通机制。这种

---

① Jean-Baptiste Meyer, Jorge Charum et al. , “Turning Brain Drain into Brain Gain: The Colombian Experience of the Diaspora Option”, *Science*, *Technology & Society*, Sage Publication, 2: 2 1997; Mercy Brown, “Intellectual Diaspora Networks: Their Viability as a Response to Highly Skilled Emigration”, https: //www. cairn. info/revue-autrepart-2002-2-page-167. htm? contenu = aticle; David Zweig, “Chung Siu Fung, Donglin Han. Redefining the Brain Drain: China's ‘Diaspora Option’”, https: //doi. org/10. 1177/097172180701300101.

跨国互动具有双向性和开放性，为中美在科技、文化、教育等方面的交流合作做出了贡献。

从学术交流来看，中国旅美科技协会总会及各分会每年举办包括全国年会及分会年会、学术讲座等在内的几十次大中型学术研讨活动，活动中旅美科协邀请中美各界知名人士对所关心的学术及社会问题进行探讨。① 从其举办的单位来看，可分为协会单独举办、协会与其他各专业协会联合举办、与中国相关单位的跨国联合举办。旅美科协积极组织开展与中国的跨国科技交流活动，譬如2019年华盛顿分会与北京中医大学美国中医中心联合举办的关于疼痛感知神经元的分子和遗传学研究的学术讲座，②旅美科协与中科院、国家和省级侨办合作举办的中美双向科技夏令营等跨国活动。此外，旅美科协还组织高层次代表团参加中国的各种学术会议，促进了信息、技术、知识等的跨国流动。③ 从其学术研讨会的内容来看，可分为人工智能、区块链、生物医学等各领域的专业性讲座、华人融入问题类的讲座、关于中美发展趋势的讲座、中美就业信息资源、培训类的讲座等。

从跨国合作来看，旅美科协与中国各级涉侨部门（包括侨办、侨联、科技部）企事业单位联合开展人才交流和创新项目合作活动，形成长期的合作机制，及时沟通人才供需信息。如2017年6月5日，武汉市人民政府侨务办公室、中国旅美科技协会匹兹堡分会和匹兹堡中华文化中心共同承办的“华创会”海外专场会议，众多华人专业人士参与，在项目推介结束后，武汉市科技局代表黄静和旅美科协匹兹堡分会会长程鹏分别代表双方签署了长期战略科技合作协议，为两市在科技和人才方面的进一步交流合作打下了基础。④

---

① 《中国旅美科技协会介绍》，中国旅美科技协会官方网站，2019年10月24日，http：//www. cast-usa. org。

② 《旅美科协华盛顿分会和北京中医大学美国中医中心联合举办“名师名人”系列讲座第十七讲和第十八讲》，中国旅美科技协会华盛顿分会网站，2019年10月24日，http：//cast-dc. org/web/。

③ 《中美科技论坛》，中国旅美科技协会华盛顿分会网站，2019年10月24日，http：//convention. castnc. org/doc/Program_ Brochure. pdf。

④ 《华创会匹兹堡专场成功举行》，中国旅美科技协会官方网站，2019年9月16日，http：//www. cast-usa. org。

（三）旅美科协助推华人高层次人才“回流”

旅美科协不仅通过网站和邮件及时发布国内人才需求信息，还与国内相关部门联合主办人才政策宣讲会，参与中国各级政府举办的高科技创新项目洽谈会，通过多种方式助力中国的招才引智工作，发挥着海外人才“联络站”的作用。譬如旅美科协及时向会员传递中国教育部“春晖计划”“千人计划”“万人计划”等各种人才引进政策，国务院侨办、各地方政府的高级人才项目和需求信息，并鼓励成员参与。再如，“创客天下 · 杭州市海外高层次人才创新创业大赛”主办方借助旅美科协向其成员介绍大赛的理念、杭州市政府对于海外高层次人才来杭创业的优惠政策等。① 旅美科协积极参与该项目，为杭州与海外高层次人才之间架起了信息的桥梁，推动有意回国创业的高层次人才和团队回国发展。

旅美科协经常接待国内的人才招聘团组和科技交流访问团的活动。2019 年 6 月 18 日，中国科技部党组书记、副部长王志刚率领代表团访问匹兹堡，旅美科协匹兹堡分会主席焦德泉、副主席陈成就细致安排并全天陪同了王志刚副部长的访问。② 这有利于协会积累潜在的信息资源、增加合作机会，从而便于对会员进行国内人才项目推介。

与此同时，旅美科协又多次组织会员回国考察，访问中国政府、高校、企事业单位等，以便了解国内对各专业人才的需求，有针对性地向协会成员推荐相关信息和资源。2017 年 12 月 6 日，旅美科协总会候任会长潘星华博士，前会长方彤博士、蔡逸强博士，旅美科协北京办事处主任冯杏健等陪同到访的清华控股代表，旅美科协总会与清华控股“太平洋创新走廊”在人才引进、科技创新、项目落地等方面的深入合作进行了交流，同时旅美科协表示，愿意为 TIE 在科技交流、成果转化方面提

① 《“创客天下 · 2017 杭州市海外高层次人才创新创业大赛”美东推介及美中企业家创业分享会》，中国旅美科技协会官方网站，2019 年 10 月 25 日，http：//www. castusa-gny. org/event/。

② 《科技部副部长访问匹兹堡》，中国旅美科技协会官方网站，2019 年 10 月 27 日，http：//castp. org/archives/1768。

供多方协助，并为TIE在美开展工作提供便利。[①] 因此，充分发挥旅美科协在海外高层次人才与祖籍国之间的媒介作用，可促进旅美高层次人才的回流。

旅美科协对于人才“回流”的促进作用，从协会负责人和骨干成员的回国率可见一斑。该协会前20任会长有近一半回到中国工作，著名的有：百度公司的创始人李彦宏；中国科协副主席、数字多媒体芯片技术国家重点实验室主任、中国工程院院士邓中翰；中国复杂系统管理与控制国家重点实验室主任、中国科学院中国经济与社会安全研究中心主任王飞跃等。[②] 旅美科协的骨干成员如陈友斌在科罗拉多州立大学深造期间，从事自动目标识别、图像理解与机器视觉、遗传算法与人工智能搜索等方面的研究，2004年回国后，其先后在东莞、光谷留学生创业园及北京、广州、深圳等地设立了公司，目前多个产品和技术均处于世界领先水平。[③] 对于已经回国发展的华人高层次人才来说，保持与自己在国外建立的人脉网络是其事业取得成功的重要条件，这种跨国的信息与知识共享，正是全球化时代的一个重要特征。

旅美科协正是以其构建的跨国人才与知识网络，参与各种跨国活动，为中国政府、高校、各企事业单位形成人才对接，了解国内人才需求，推荐相应的人才，为招纳贤才提供重要的资源，从而促进了华人高端人才的“回流”，使他们在获得事业机遇的同时，也实现了报效祖国的理想和抱负，达到“双赢”的效果。

（四）美国华人专业协会对高层次人才“回流”的重要作用

美国华人专业协会为国内引进海外高层次人才提供了“资源库”。除了前述的旅美科协外，还有华源科技协会、中国旅美工程协会、美中生物技术与医药协会等都是较大的专业协会组织，不仅聚集了大量专业人

---

① 《中国旅美科协领导一行到访清华控股》，清华控股网，2019年10月27日，http://www.thholding.com.cn/news/show/contentid/2034.html。

② 《人物访谈：以不懈的努力促不断的发展——盛晓明先生谈旅美科协》，中国旅美科技协会官网，2019年6月19日，http://www.cast-usa.net。

③ 《2018 CAST - SD 八月讲座——Startup in China by Dr. Youbin Chen》，中国旅美科技协会官网，2019年10月27日，https://www.castsd.org/post/startup-in-china-by-dr-youbin-chen。

才，也促进了与中国的跨国交流与互动。以华源科技协会来说，它是硅谷第一个以推动留学生高科技产业创业为目的综合性社团，吸引了大量有兴趣创业的中国留学生参加。譬如后来回国创业投资的陈宏、邓峰、朱敏等华源科技协会历任会长，马云、李彦宏等俱乐部核心成员。因此，必须高度重视美国华人专业协会云集海外高层次人才的“资源库”功能。因为在海外留学人员是否选择回国的过程中，华人专业协会往往成为他们了解国内经济发展状况、营商环境、创业机会、市场需求等的重要渠道。简言之，华人专业协会以团体的形式直接加强与中国的联系，尤其加强与招商引资、招才纳智等工作进行对口性联系，易于取得“共赢”。①

在信息大爆炸时代，个人所能掌握的社会资源、创业机会、合作路径等毕竟是有限的，而专业协会会聚了众多同专业的志同道合人士，可以起到社会资本的倍增效应。这些专业协会对于专业人士寻求最佳事业合作伙伴，了解国内人才需求动态、创意项目洽谈等信息，起到了可靠的媒介与平台的作用。归纳起来，美国华人专业协会对高层次人才“回流”的作用主要有以下几个方面。

通过其“集群效应”，为国内招商引资、招才纳智等事业做出贡献。华人专业性协会通过组织筹办有关教育、科技和商业等的学术研讨会来促进中美科研人员以及企业家之间的合作与交流，同时通过组织专业代表团进行互访，以促进双方更密切的合作，形成以专业社团为核心，连接中美两国各高校、企业以及其他专业社团组织之间的关系网，为中国吸引人才和资金做出贡献。

专业协会利用互联网和新媒体建立信息发布平台，如官方网站、微博、微信平台等，专业协会及时跟踪和发布关于中国经济状况、就业环境、人才引进等信息，可以为有意回国创业的高科技人才提供回国发展的机会。譬如全球华侨华人专业协会协作网站上，经常刊登国内就业情况、各企事业单位的人才招聘广告和针对留学生人才优惠政策。

专业协会加强与中国的文化、教育、科技、经贸等方面的跨国交流活动，会增进协会成员对中国的了解和认同，带动组织成员自发回国发

① 王辉耀、苗绿：《海外华侨华人专业社团的新特点与新作用》，《华人研究国际学报》2014 年第 6 期，第 73 页。

展与为国服务的意识。一句话，华人专业协会就是促进海外高层次人才“回流”的重要“资源库”与“联络站”。

四 小结

综上所述，随着新移民特别是高学历的留学生移民的增加，美国华人专业协会大量涌现，而且流动能量大，影响力日趋显现。华人专业协会作为一种新型华人社团组织，云集了高级专业人才，形成了人才聚集效应，是中国招纳贤才的“资源库”和“联络站”，其在海外高层次人才“回流”中发挥的媒介作用不容低估。此外，华人专业人士借助专业协会所建构的社会网络优势参与跨国活动，通过经济、科技、教育、学术交流，跨国项目合作等，促进了人才、资金、信息、技术、知识的跨国流动。可见，在中国与国际接轨的过程中，华人专业协会起到了桥梁与纽带的作用。从中国自身来看，应充分利用专业协会的媒介作用，通过企业、高校、非政府组织与专业协会建立跨国联络机制，为人才“回流”构筑畅通的跨国绿色通道。

与此同时，要注意的是，在当前中美贸易和科技战加剧的背景下，美国华人高技术人才与相关的专业协会不可避免会受到冲击。对此，专业协会与中国的互动必须持谨慎的态度，特别是一些与中国政府联合举办的活动，联系比较多的社团领袖以及科技界的华人专家学者等。刚结束的旅美科协第27届年会，就特别邀请了郗晓星教授，以及原联邦检察官和律师一起探讨华裔科技人员在美国的处境和应对之道。[①] 因此，在发挥华人专业协会作为人才“回流”的“资源库”和“联络站”的时候，必须本着三个“有利于”的原则：一是有利于华侨华人的生存发展；二是有利于侨胞住在国与中国的友好；三是有利于在互惠互利的基础上与祖（籍）国发展多领域合作交流。

---

① 《中国旅美科协第27届年会在哥伦比亚大学成功举行》，中国旅美科技协会官方站，2019年10月25日，https：//www. eventbrite. com/e/27th-cast-usa-convention-27-tickets-71193779511。

世界华商大会与中外“共有知识”建构：主体内容、经验与不足

胡春艳*

世界华商大会（World Chinese Entrepreneurs Convention）是由新加坡中华总商会、香港中华总商会以及泰国中华总商会发起和组织，有全球工商界华人参与的商务论坛，每两年举办一次会议。自 1991 年 8 月 10—12 日举办第一次大会以来，已连续成功举办了 14 届。其宗旨是向全世界的华商和工商界提供加强经济合作、促进相互了解的论坛，为各地的华商和机构提供交流机会，建立商业联系网络，探讨合作方向，交换企业家精神心得等。二十多年来，世界华商大会已经成为世界各地华商促进经贸合作的桥梁和纽带，并有效促进了华商服务当地经济，推动所在国家和地区的经济发展。

随着经济全球化、区域一体化的快速发展，世界华商大会作为向全球华商乃至全球工商界提供交流、合作的平台机制，发挥着越来越重要的作用。在此过程中，不断推动着中外企业对国际贸易规范、商人交往规范以及公司规范等共有知识的认同。所谓“共有知识”（Shared or Consensual Knowledge）是行为体普遍接受的关于事物因果判断、目标和手段之间联系等的解释。① 彼得·哈斯认为，共有知识能够促进国家间合作，

* 胡春艳，河南理工大学马克思主义学院副教授。

① Robert L. Rothstein, “Consensual Knowledge and International Collaboration: Some Lessons from the Commodity Negotiations”, *International Organization*, Vol. 38, No. 4, Autumn 1984, p. 736.

当专家的共识成为官方决策者的集体共识，问题的性质被重新定义，人们就会认识到，更为全面的政策协调成为必需；集体行为是否更为全面而不是暂时性的，取决于科学家和决策者的观点取得一致的程度。[①] 简单来说，共有知识就是行为体之间共同的和相互关联的知识，既有合作性质的，也有冲突性质的。在世界经济中，只有各行为主体遵循共同的国际贸易规范、商人交往规范等共有知识才能保证全球经济的良好运行，进而实现各行为体的合作共赢。当然，规范也是在不断探索中形成的，并非固定不变。海外华商在长期的发展过程中，在企业管理、企业交往中形成了自己独特的管理方式，那么这些管理方式中的某些因子能够成为被世界工商界普遍接受并遵循的规范，形成共有知识，进而推动全球经济的合作与发展。李瑞环提到，“广大华侨华人身居世界各地，之所以能够在海外艰苦的环境中创基立业，许多人之所以能够在激烈的竞争中脱颖而出，成为各行各业的佼佼者，多是因为能够放眼世界，跟上时代，善于抓住机遇发展自己。我们希望华侨华人朋友认真总结交流这方面的经验，在新的世纪里、新的形势下，创造新的辉煌。”[②] 这些经验，便是中国融入世界，与世界沟通的共有知识。

一 主体内容之一：国际贸易规则的共有知识

国际贸易规范就是国与国之间进行贸易时，约定俗成或明文规定的标准，也就是自然形成的惯例或共同制定的规则。在经济联系日益密切的全球化时代，任何国家或地区的发展都离不开别的国家或地区，因此遵循世界贸易规则、国际贸易规范是国家间合作达成的必然要求。新中国成立后，由于紧张的“冷战”格局以及意识形态的对抗，中国在很长一段时期都游离于国际体制之外。改革开放之后，中国在引进外资以及与世界在经贸领域接轨方面困难重重，广大海外华商发挥了重要作用，

---

① Peter M. Haas, “Introduction: Epistemic Communities and International Policy Coordination”, *International Organization*, 46, 1, Winter 1992, p. 30.

② 《李瑞环在第六届世界华商大会开幕会上的致辞》，人民网，2001 年 9 月 17 日，http://www.people.com.cn/GB/jinji/31/179/20010917/562442.html。

帮助中国与世界在经贸领域构建共有知识，助推中国融入世界经贸体系。“冷战”后，随着全球化的加快，世界相互依存的程度逐渐加深。中国从改革开放融入世界到“冷战”结束，也才 13 年的历程。当时，中国的经济计划色彩仍然浓厚，经济上的落后局面并没有根本改观，对外开放的程度远达不到今天的规模。中国仍如刚刚改革开放之时，不但需要资金，更需要进一步了解世界经济状况以及世界市场的运行规则，实现从计划经济向市场经济的转型。在这个过程中，海外华商发挥了重要作用。他们在带来资金的同时，还把“竞争意识”和“国际规则意识”带入中国，促进中国国内改革，推动产业管理逐渐国际化，实现从计划到市场的平稳转轨过渡，进而引领中国经济融入国际经济。美国前总统经济顾问瑟罗或许更是“旁观者清”，他说：“海外华商对中国大陆的改革的最大贡献，不仅是投资，而且是教会了他们民族同胞运用市场经济的游戏规则。”①

随着中国改革的不断深化，以及“一带一路”倡议的推进与实施，我国企业正在大规模“走出去”。但中国企业在“走出去”的过程中，由于缺乏对境外法律法规和文化习俗的了解，以及对当地社会关系和市场信息的掌控不够，加之高素质涉外人才的缺乏，使企业经常在国外遭遇法律纠纷和文化冲突，面临着诸多政治、法律和财务风险，在经营中常常处于被动。目前，中国到海外投资合作的企业基本上三成盈利、三成亏损、四成空转。而海外华商经过几代人的打拼，积累了丰富的资源，深谙所在国的文化传统、熟悉当地政局及政策法规，可以为中国企业“走出去”化解合作风险和障碍，提供准确的政治、经济和市场信息，规避政治性风险。世界华商大会作为华裔工商界人士的全球性聚会，聚集了众多来自全球各地出类拔萃的企业家，汇聚了无数的跨国经营智慧。这一广阔的平台，对于“走出去”的企业来说，是“非常有用的联系网络”，可以为中国企业提供增进信息交流、创造商机、拓展销售渠道的机会，可以成为中国企业“走出去”的中介和桥梁。正如国务院侨办主任裘援平所说：“世界华商大会是促进全球华商与各国工商界增进了解、开

① 《海外华商：中国经济的第二种力量》，网易，2005 年 6 月 27 日，http：//biz.163.com/05/0627/11/1N8H5P0300020UPH.html。

展合作的重要平台，对推动海外华商进一步助力中国发展有重要作用。海外华商能够成为促进中国与各国发展经贸合作关系、融入经济全球化和区域合作的独特桥梁。”① 在 2013 年召开的第十二届世界华商大会上，设置的“携手华商，共促民企‘走出去’”分论坛，就吸引了来自世界各地华商及国内各地民营企业家近三百人。在会上，一些国内民营企业家就表示，自己也在考虑“走出去”，但有很多困惑，不了解海外市场，对投资国的法律、风土人情缺乏了解，企业很难快速融入当地主流社会，缺乏国际经营管理经验等，这对“走出去”很不利。民营企业家主动“走出去”，需要“引路人”，而先“走出去”的华商可以成为这样的“引路人”。在本届大会上香港中华总商会会长杨钊在发言中就直接对香港进行了推介，把香港视为民营企业“走出去”的桥头堡，他说：“民营企业走出去的过程中，香港可以凭借自身的独特优势，发挥‘超级联系人’的作用。香港在开拓国际市场方面，拥有非常多的专业人才，可以为内地企业走向海外提供专业服务。”② 此外，还要对海外华侨华人专业人士给予重视，他们不但精通所在国的政治、政策、法规和市场情况，而且熟悉中国文化。他们不但能协助国内企业引进海外资金、技术和人才，还可帮助中国企业制定国际化战略，寻找海外投资机会和合作伙伴。

总之，世界华商大会作为一个由各国和各地区的非政府华商组织组成的全球性华裔工商界人士的跨国华商网络，“以共同的价值观、共同的话语以及信息交换为核心”，可以为中国企业提供增进信息交流、创造商机、拓展销售渠道等方面的帮助，可以成为中国企业“走出去”的中介和桥梁。庞大的华商网络有利于中国经济与世界经济的融合，并促进中外形成以世界贸易规则为基本内容的经贸领域的共有知识。

二 主体内容之二：诚信为本的交往规范

企业的生产与发展并不是孤立进行的，它要与政府、消费者以及其

---

① 《世界华商大会连接中国与世界经济发展》，世界华人华侨华商联合总会网站，http://www.wcuga.com/content.asp?id=1690。

② 蒋君芳：《如何走出去？海外华商就是一座“桥”》，《四川日报》2013 年 9 月 26 日第 6 版。

他企业建立良好关系，遵循相应的市场规范才能获得真正发展。海外华商深受中国传统文化的影响，并把中国传统文化的精髓因子成功运用到企业交往与发展中。例如倡导在和谐中实现共赢，提倡在企业交往中要“以信为本”等，这些理念都是对商人交往规范的丰富，可以成为中外企业家共同接受的共有知识。

中国的传统文化是中华民族在长期的历史发展过程中，由于各种环境、经济、政治等因素的作用而形成的文化积淀，并以特定的价值观念、伦理道德、行为方式等形式呈现出来。[①] 海外华侨华人社会基本完整保留了中华传统文化中重视亲情乡情、尊老爱幼、勤俭、诚信、仁爱和平、尊重社会规则、守望相助等优良品质。在坚守中华价值观的同时，海外华侨华人还吸收了源于西方的公平、自由、民主、人权、法治等现代理念，以及西方科学知识，从而形成了兼具中西优秀文化特质的华侨华人价值体系，这种特质在海外华商身上也有明显体现。在历届世界华商大会上，不管是成功的企业家代表，还是华人专家学者都会提到中国的传统文化对广大华人的影响。世界华商大会上，无论是商人还是邀请的专家进行关于华商之道的演讲，都有助于让与会人员理解乃至认同互相交往必需的行为规范。李光耀发表中国与海外华人那不可或缺的亲切感、杜维明发表大处着眼，小处着手：儒家对文化认同与社会责任的看法的演讲，引起与会人员关注儒家思想及其在现代世界里扮演的角色。在第二届世界华商大会上，王赓武在《华人企业家及其文化策略》的演讲中提出文化是华人在经商上有别于其他民族的主要因素。在第四届世界华商大会上，大会名誉主席林思齐发表了《海外华人之道：接纳、适应、改进》的演讲。在第七届世界华商大会上，王赓武指出，“在商业道德上，儒家思想强调商业应考量到家庭、宗亲之间与生俱来的联系，而且根据对基本人际关系的了解，建立信任。这对海外华商影响很大。”[②]

海外华商特别注重信誉。马来西亚华商郭鹤年从小深受父母的影响，父亲常提的商业道德，重视荣誉、言而有信等道德价值观，深植于他的

---

① 雷在福：《中国传统文化的当代世界意义》，《社科纵横》2007 年第 1 期，第 117—118 页。

② 王赓武：《儒家伦理道德是否还有地位?》，世界华商大会，2003 年 7 月 27 日，http://www.wc-ecsecretariat.org/cn/pdf-file/07/WangGuangwu.pdf。

心里。[①] 印度尼西亚华商黄双安提到，信誉是企业生产和发展的关键所在。[②] 出生于马来西亚的香港新天公司总经理郑天宝认为，信用是现代社会人际关系和商务往来的基本道德原则，信誉是构成企业和企业之间关系的基础。[③] 华人首富李嘉诚办企业的准则正如其名，把"诚"放在首位。他认为其创业成功的关键因素就是诚信，认为这是企业必须具备的商业道德。有人就说："李嘉诚的发达靠的是'诚'，李嘉诚最大的资产也是'诚'。"[④] 可见，海外华商把自己的成功之道归结于对中国传统文化的精髓"仁、义、礼、信"的成功运用，在处理企业关系时把诚信放在首位，在企业管理中形成了"以人为本、以和为贵、以德为范"的人文管理体系。这些成功的经商之道不但适用于"同文、同种、同宗"的中国企业，而且对于世界其他企业都有一定的借鉴意义，"诚信理念"与西方商业文化中的"契约精神"有相通之处，可以相互融合成为中外企业家接纳并践行的共有知识。

总之，海外华商在企业交往与管理中把中华传统文化的精髓因子成功运用其中，强调"以信为本"，并非常重视企业家应有的道德品质和形象，以诚信的态度从事经济活动，强调义中取利，不会为一时之利做有损道德品质和形象的事情，关注企业的长远利益。良好的海外华商形象的塑造，对于提高中国在海外的形象有重要的现实意义。

三 主体内容之三："仁和为贵"的公司管理规范

海外华商在发展过程中，吸收了中国传统文化精髓，并将其成功运用到企业管理中，形成了以"人和为本"的企业文化理念。这些管理理念有利于企业的发展，可以为其他企业提供管理借鉴，成为现代公司规范的要素，成为中外企业管理的共有知识。与此同时，海外华商也在不断吸收现代企业管理方式，并在结合自身优势的基础上优化管理，提高

---

① 汪慕恒主编：《东南亚华人企业集团研究》，厦门大学出版社 1995 年版，第 34 页。

② 王友群、胡昊主编：《海外华人大款》，山西经济出版社 1993 年版，第 158、224 页。

③ 龙登高：《人才跨国流动与发展——海外华商在跨越国家与制度屏障中成长》，李其荣、谭天星主编《海外人才与中国发展》，中国华侨出版社 2008 年版，第 26 页。

④ 龙登高：《海外华商经营模式的社会学剖析》，《社会学研究》1998 年第 2 期，第 75—82 页。

企业效率，推动企业发展。

海外华商除了重视血缘、亲缘、地缘关系外，在企业管理中还娴熟地运用了中国传统文化精髓中的"仁、义、礼、信"，提倡"以和为贵""勤俭节约"。"以爱父母、兄弟、妻子之行为作例子，以爱父母、兄弟、妻子之心去爱他人，爱一切人，这就是'能近取譬'。'能近取譬'的意义就在于以孝悌等道德为基础，由爱家庭成员及其他亲近之人扩展到爱一切人。"[①] 海外华商把"仁"字奉为自己为人处世的信条，怀有一颗仁爱之心，以"仁"待人，以"仁"处事。在管理员工时，以"仁"为本，善待员工，爱护员工，为员工着想，帮他们解决生活中遇到的难题，在企业中努力营造"家"的氛围。这种以"仁"为本的员工管理思想，使员工形成了强烈的归属感，减少了员工的流动性，使企业上下团结一致，形成内和外争的命运共同体。享有"华商管理大师"美称的马来西亚首富郭鹤年，在管理企业时就特别注重以"仁"为本，把"家和万事兴"的家训成功运用到企业的管理中。他说："我经常讲，公司中的员工像兄弟姐妹一样，甚至更亲密于同胞兄弟，因为公司的人天天在一起。……只有上上下下有感情，合作得好，才能调动每个人的才能，发挥他的最大潜能。"[②]

海外华商在企业管理中还形成了以"和为贵"的人际关系，打造了"和谐为贵"的团队精神。"和"即调和、相谐与协调。人和思想是中华传统文化的重要内容。《论语·学而》中说"礼之用，和为贵。先王之道，斯为美"。荀子曾说："上不失天时，下不失地利，中得人和，而百事不废。"（《荀子·王霸》）孟子说："天时不如地利，地利不如人和。"（《孟子·公孙丑》）和睦相处、团结向上乃是中华民族的传统美德。在企业管理中，"和"是最佳境界。处理好雇主和员工的关系历来都是考验管理者智慧的问题，也是事关企业发展壮大的关键。海外华商笃信"和为贵"，善待员工的同时，深入员工内部，了解他们所需，倾听他们的意见，消除内部纷争，促进企业内部人际关系融洽，人心凝聚，致力于达成上下一致的命运共同体，这是儒家人本思想的鲜明体现。印度尼西亚

---

① 罗国杰：《中国伦理思想史》（上卷），中国人民大学出版社2008年版，第107—108页。

② 荆生、一峰、辛平：《海外华人实业家发家秘诀》，辽宁人民出版社1992年版，第167页。

华商林绍良曾说："个人的能力有限，孤掌难鸣，再大的本领也需要人的合作与支持。我们三林企业集团提供了20多万人的就业工作机会，20多年来从未发生过罢工事件。"① 这种和谐的人际关系是企业发展的软力量，也是推动企业发展壮大的强大动力。华商企业除了努力营造企业内部和谐的人际关系外，还在企业外部形成了以儒家为文化核心，以"天下大同""四海为家"的思想包容而和谐的跨国界全球华商经济网络。世界华商大会的组建就是一个典型。这一平台在海外华商的共同促进下，不论对华商还是对世界其他国家的商人来说，都有利于中外对"仁和为本"管理规范的认同，有助于彼此合作的达成。

四 主体内容之四：平等、互利、合作、共赢的经济交往新规范

中庸之道是儒家思想的精髓，它是不偏不倚，折中调和的处世态度，是人精神修为的一种最高境界。从今天的角度来看，就是强调和谐，在和谐中实现共赢。世界华商大会历来倡导平等公正、一视同仁，这与构建以平等、互利、合作、共赢为原则的新经济交往规范高度契合。在平等交往中实现互利，世界华商大会试图为推动公平正义的国际经济新秩序的建立贡献力量，这有助于缩小富国与穷国之间的差距。正如LIN副董事长兼首席执行员、马来西亚理科大学名誉副校长丹斯里拿督林西彦所言，"在全球动荡，面临各种重大问题下，需要在全球建立更加公平的架构，这不应该（也不能）单单由政府去负责。有经验的企业领袖，包括华商领袖明智地参与和及时地协助，是重要的。华商可以和政府联手建立一个提倡信任、公正及人文资本的富有竞争力的新环境。"②

在合作中实现共赢。世界华商大会的主题就说明了它向世界传递的是合作共赢的新经济交往规范。如第七届主题是"寰宇华商一心一德，全球企业共存共荣"，第八届主题是"与华商共成长，与世界共繁荣"，

---

① 转引自林勇《中华传统文化与海外华裔精神》，《八桂侨刊》1997年第2期。

② 林西彦：《在动荡时期把握新现实：华商的教训》，世界华商大会，http://www.wcec-secretari-at.org/cn/pdf-file/07/LinSeeYan.pdf。

第十届主题是“加强华商联系，促进世界繁荣”。这些主题主要着眼于推动海外华商世界范围内的联系，通过交流构建遍及全球的华商经济协作网络，同时意在为全球经济发展提供助力，努力实现普惠、共赢。在社会各方面、各层次、各领域竞争呈现白热化的今天，提倡和谐意义重大。只有和谐才能发展，才能进步，实现终极突破。在企业交往中，实现和谐乃是共赢的最高境界，和谐共赢理念逐渐成为中外工商界共同遵守并践行的价值理念。

五 经验与不足

世界华商大会作为海外华商沟通与交流的民间组织，在经济全球化日益发展的今天，作用不断加大，影响不断增强。它组建了一个把全世界华商集合在一起的全球华商网络，并逐渐形成一个庞大的认知共同体。在近三十年的实践中，积累了一定经验。首先，世界华商大会通过这一平台把各国政要、商业精英、知识精英会聚起来，促进了彼此的沟通与交流。并在沟通与互动中，向他们传播了在经贸领域的合作规范、管理规范，使他们在某种程度上逐步认同了这些规范。其次，在这一过程中，由于世界华商大会还吸引了各国政要，使这些企业公司规范也在某种程度上能够上升为国家交往的行为规范。这为中外增加互信提供了可能。尽管有学者提到，跨国网络的努力不一定会成功，但跨国网络已经逐渐成为某些问题领域重要的参与者。[①] 通过十四届会议的主题和分论坛的论题来看，世界华商大会已经在主动设置与相关国家紧密相关的议题，并在会议的过程中宣传刚才提到的共有知识，在推动会议的持续开展进程中，有可能使这些共有知识影响中国，也会影响世界其他国家，从而架起沟通中外共有知识的桥梁。

总的来看，海外华商以及世界华商大会正通过自己的努力不断丰富和促进着国际经济贸易规则、商人交往规范、企业管理规范、新经济交往规则等中外共有知识的建构与认同。但世界华商大会毕竟是一个非政

---

① Margaret E. Keck and Sikkink Kathryn, “Transnational Advocacy Networks in International and Regional Po-litcis”, *International Social Science Journal*, Vol. 5, Issue 159, March 1999, p. 89.

府的民间组织，参与者主要是来自海内外的广大华商，对于世界上其他企业的吸引力相对较小，影响力有限。为了能够更好地参与中国与世界其他国家之间建构共有知识，世界华商大会需要从以下几个方面努力。

一是世界华商大会秉持在商言商的宗旨，但政、商紧密联系，世界华商大会还需要夯实与中外政要之间的沟通。华商需要主动融入住在国主流社会，提高参政议政能动性，才能发挥更大的作用。二是世界华商大会的举办地主要集中在亚洲，其所形成的全球性跨国网络的影响力有待进一步向欧美发达国家扩展，扩大在欧美国家的影响力。西方发达国家对中国的误读、误解较多，把会场进一步拓展到这些国家，向这些国家传递中华文化，有助于文化之间的互动与交流，有助于消除欧美国家对中国的误解。三是世界华商需要不断转型升级，提升自身影响力。近些年来，随着中国经济崛起，中国机遇不断凸显，世界华商大会越来越受到举办国政府以及中国政府的高度重视。以此为契机，世界华商大会在吸引海外华商参会的同时，还应吸引中国企业、世界跨国公司参加，扩大讨论议题，加大海外华商管理企业的先进经验以及中国传统文化的推广力度。

总之，世界华商大会自成立以来其作用不断增强，影响力不断扩大，但这一平台的潜力还需进一步释放。需要将华商资本、智力等要素同住在国、祖籍国的经济紧密结合在一起，在世界范围内流动，从而推动中国与世界各国的经贸互动和人文交流，促进中外在互动、交流中实现相关领域共有知识的建构。

第五编

华侨华人与中外文化交流研究

信仰与传播：马来西亚“六圣府王爷”的探析

［马来西亚］张伟隆*

一 前言

民间信仰是人们在生活中的精神寄托，尤其是在不顺心时希望能得到一些来自自然界的力量加持，以赋予自己对生活的期望。民间信仰同宗教信仰一样，是人们意识中对于统治着他们的自然力量和社会力量的虚幻反映，是人按照自己的想象和需要创造了神。因此，随着自然科学的发展，华人也不断给一些民间信仰神明赋予新的功能。①

随着时间的推移，华人民间信仰的类别也日益增加，人们可以按自己所需寻找适合的神明指点迷津，造成了华人宗教信仰多元开放的局面。

马来西亚是一个多元的国家，民族多元、语言多元，华人的宗教信仰亦多元。由于长期受到不同文化的影响，马来西亚华人信奉的宗教有佛教、道教、基督教、天主教、兴都教、伊斯兰教等。但普遍的马来西亚的华人以信奉佛教、道教为主，因此大多数的寺庙所供奉的神像都是佛教、道教掺杂的，这也就形成了儒、释、道兼容的信仰，同时也存在一些民间信仰。

---

* 张伟隆，马来西亚新纪元大学学院教育系高级讲师。

① 李天锡：《华侨华人民间信仰的特点及其前景》，《世界宗教研究》1999 年第 1 期，第 110—117 页。

王爷信仰是其中一个民间信仰，王爷宫庙遍布马来西亚各州属，王爷信仰在马来西亚传播的层面是相当广的，普遍受到马来西亚华人的欢迎。在中国福建省名为“六姓府王爷”的神祇，随着时代的迁移香火传到了马来西亚，但该神祇在马来西亚的称号却出现了变化，成了“六圣府王爷”，此外，其法相与尊数也出现了变化，从原本的六位王爷发展到了九位王爷，这当中的变化是值得我们去思考的，但碍于没有书面上有关“六圣府王爷”的资料，因此在进行此项研究时，只能以口述历史的方式进行研究。

二 王爷信仰的概述

（一）王爷信仰的由来

根据《现代汉语词典》第七版的名词界定，“王爷”一词的解释为“封建时代尊称有王爵封号的人”，也就是说是中国古代帝皇子孙所拥配的称号，爵位亦高。在民间信仰中，“王爷”被视为具有“代天巡狩”职权，主要掌管人间一切事务且能“审查阴阳”的神祇。王爷信仰的一大特点是没有特定的神明，台湾称王爷为千岁、千岁爷、老爷、王公、大人等，用姓氏加以区分。① 根据《现代汉语词典》第七版的名词界定“千岁”一词的解释为“封建时代尊称王公等（多见于旧小说、戏曲）”。在台湾地区，王爷信仰常被称为“某府千岁”或“几府千岁”，在台湾以王爷为主神奉祀的庙宇居全台之首，尤其以台南县的王爷庙数量最多，与台湾中部的妈祖信仰并称，俗曰“南王爷、中妈祖”②。可见台湾的王爷信仰与妈祖信仰一样普遍受到人们欢迎与信奉，且具有一定的影响力。在华南闽台地区的民间宗教系统中，王爷信仰占有极为重要的地位。③

① 胡迌：《台湾的王爷信仰》，《台声》2007 年第 11 期，第 66—69 页。

② 刘新慧：《浅析泉台王爷信仰——以祥芝斗美宫三王府信仰为例》，《长春工程学院学报》（社会科学版）2014 年第 3 期，第 64—67 页。

③ 朱天顺：《闽台两地的王爷崇拜》，《台湾研究集刊》1993 年第 3 期，第 82—91 页。

林美容在整理有关王爷信仰起源与发展的学术史时，总结出瘟神说、厉鬼说、功列英灵说、郑成功说、不同阶段演变说、角头说、庄头说、区域说等诸说，进而提出姓氏说，以说明王爷信仰与姓氏的关系，指出不仅王爷名称具有族姓特征，其崇祀人群亦与姓氏群大有关系。[①]“王爷信仰”是分驻各地的同姓地方神祇，大多数王爷都是历史上的忠臣、英雄、清官等功在于民后由人升格成神的人物。而“王爷”的来源，众说纷纭，有秦始皇焚书坑儒说、唐太宗试验张天师说、明臣不仕清廷说、郑成功说等，在各种传说中，经过学者的整合，可以总结为目前可知的“王爷”有132姓，尊数有360位。[②]

各个神祇的出现，很多时候都因为需求而形成，王爷信仰亦不例外，从各方的资料整合，我们可以大致将王爷信仰归类为几个系统，即：①瘟神系统，多数的王爷庙与瘟神系统有关，早期由于医学的不发达，导致很多地方由于卫生因素而引发瘟疫，而人们却认为王爷乃玉皇大帝所派来管理及传播瘟疫的神祇，因此为了结束瘟疫的肆虐，早期民间不敢将王爷久留于境内，常常举办“送王船”的仪式祈求王爷将瘟疫带走，后期，王爷逐渐变成扫荡瘟疫的大神。②英灵系统，人们为了感激曾有功于民的英雄、清官，有时也常将他们奉祀为神，如谢府千岁（谢安）、周府千岁（周瑜）等。③家神系统，后代子孙将自家祖先或乡人对家族或社区有贡献者尊为王爷，期许他们能在殁后继续保佑家族兴旺、子孙昌盛，这一类的家神系统较为地域性，一般不知其名，谨以家姓冠之。有的学者界定“家神王爷即为乡土王爷，是指家乡名人或自己祖先成神。这类王爷多半是对地方有义者，死后因众议、托梦、童乩指点而被雕成金身奉祀，按其生前姓氏尊为李府千岁、黄府千岁等”[③]。④山神系统，在闽南地区，有尊称山神为王爷的现象，如闽南泉州三邑人信仰的青山之神青山灵安尊王，称为“王爷公”，日本学者铃木清一郎在《台湾旧惯冠婚葬祭与年中行事》中指出，青山王有代

---

① 林美容：《高雄王爷庙分析：兼论王爷信仰的姓氏说》，《中研院民族学研究所集刊》1999年第88期，第107—133页。

② 王琛发：《闽南王爷信仰流传马来西亚的历史意义》，《闽台文化研究》2016年第1期，第51—61页。

③ 严安林、盛九元、胡云华编著：《台湾神灵》，九州出版社2007年版，第200页。

天巡狩的职能、客家人的守护神之一，原为广东省潮州府揭阳“巾山、独山、明山”的山神，后被尊称为“三山国王”。⑤戏神系统，“西秦王爷”亦为王爷信仰的一种，是戏剧界的守护神。最常见的说法，该神是唐玄宗李隆基。⑥星神系统，在东南亚最为人知的莫过于“九皇大帝”，亦简称为“九王爷”，相信他有除瘟消灾的能力[①]。⑦厉鬼系统，人们自古对厉鬼的惧怕而形成的信仰，其成神过程常经由有应公、将军、元帅、千岁、王爷等神阶晋升。另也有一说是以“三百六十进士死于非命”为主所发展出来的系统。[②]

王爷信仰之所以为广大人民所接受及崇拜，其中原因不外乎人们认为“王爷”是主张匡扶正义、赏善惩恶的道德观，祭祀活动祈求保境安民、风调雨顺，通过宗教的形式庇佑百姓，可以起到安定社会、和谐社会的功效，[③] 王爷信仰的原始形态是瘟神崇拜，在历史发展过程中，其神性由播瘟，推演至抑瘟，最后发展为代天巡狩的保安职能。[④] 有求必应，所以久而久之就把“王爷”当作当地的守护之神了。从这点可以看出只要有华人的地方，民间信仰就一定还会维持和发展。[⑤]

根据“马新王爷信仰”官方的非正式统计，目前马来西亚共有 131 座主祀王爷的宫庙，其中可以发现华人集聚的地方如柔佛州、槟城州、霹雳州及马六甲州设立了较多的王爷宫庙；而非华人集聚的地方如玻璃市州及砂拉越州只有 1 座王爷宫庙；以马来人集聚的登嘉楼州则没有王爷宫庙。其分布如图 1 所示。

---

① 泉州北石文兴宫董事会：《王爷信仰的源与流和王爷信仰文化与东亚文化之都》，2014 年，http：//www. bswxg. com/newslist. html？ id = 54。

② 廖紫均、林怡资：《王爷信仰》，《自然科学博物馆馆讯》2011 年第 288 期，第 1—7 页。

③ 毛伟：《闽台王爷信仰的人类学解读》，《宗教学研究》2010 年第 2 期，第 156—163 页。

④ 陈景熙：《华南民间信仰的建构与海外传播——新加坡蔡府王爷信仰的案例》，《世界宗教文化》2015 年第 5 期，第 109—118 页。

⑤ 李天锡：《华侨华人民间信仰的特点及其前景》，《世界宗教研究》1999 年第 1 期，第 110—117 页。

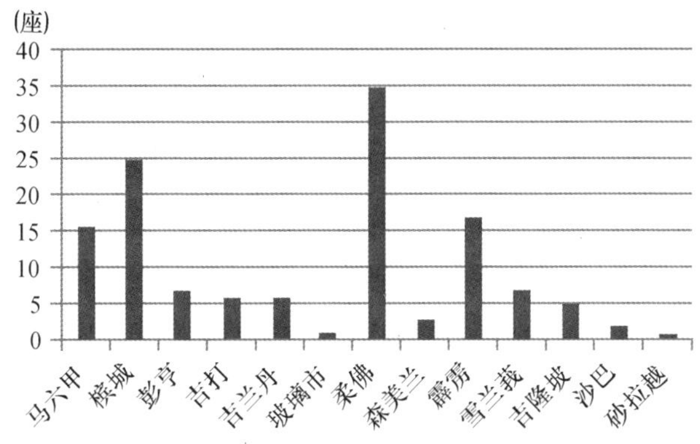

图1　马来西亚王爷宫庙数量

（二）六圣府王爷简介

“六圣府王爷”在中国福建祖庙原名“六姓府王爷”，顾名思义由六位王爷组合而成，亦被称为“六姓府”“六圣府”“六王府”“六姓王府”等。

根据马来西亚马六甲州直望金龙宫的官方网站介绍，“六圣府王爷”的起源可以追溯到明朝嘉靖年间，而“六姓府王爷”的祖宫庙则位于中国福建白沙村镇江宫。传说六姓府王爷在升格为神前，是少林拳师，生平行侠仗义。嘉靖三十七年（1558），倭寇入侵晋南，他们率众抵御，拳打寇匪数百余，活捉其寇首。后于下邦敌营为抢救遭难民女，暗遭敌弹，不幸遇害；然六义士的遗孀巾帼不让须眉，于嘉靖四十年（1561）正月十三日，毅然率巾帼自卫队，抗击入侵倭寇，烧毁贼船无数，拳杀寇匪数十人。民感其德，于万历十一年（1583）在白沙头立宫塑像祭祀，宫庙定名为“镇江宫”。白沙村镇江宫前殿供奉六姓府王爷，即顺府王爷、钦府王爷、朱府王爷、黄府王爷、吴府王爷及苏府王爷，后殿配祀六位夫人。

相传永历五年（1651），郑成功为抗清于白沙头建国姓城，并曾于此地击退清军，清军疑六姓府王爷神助郑成功。顺治十八年（1661），郑成功东渡台湾，清军至白沙头，镇江宫同时迁废。第一阶段的宫庙自明朝万历十一年建宫至清朝顺治十八年被废，共维持了 78 年。镇江宫被迁废

237 年后，六姓府王爷的神迹再次在福建省白沙村流传开来。光绪廿四年（1898）三月十九日，因海水涨潮而无法操作，渔民均停止捕鱼在沙埔上休息，忽发现海上远处有一舢板随浪而至沙埔靠拢停泊，众人前往一观，小船装饰华丽，上头无一人，只有六尊绢身王座，纸旗纸幡，渔民即回村向村中父老传达，夜里海上传来一阵兵马声。次日，全村村民扶当境张圣真君至沙头卜问，方知是六姓府王爷要来沙头驻镇。村民便用帆布盖顶竹草为墙，暂时安位。至第三日，距白沙村六十里之遥的顶南安洪邦村竞扶神轿，近百人到白沙头进香，据悉问，乃该村神明指示六姓府王爷在白沙头驻镇，故全村神与人同来进香。经 237 年后，镇江宫得以再度重建。

自镇江宫重建后，六姓府王爷对信众有求必应、赠医施药，自此之后，六姓府王爷神威显赫，众人感念神恩，纷纷倡议乐输捐助，改换木石结构三间三进张，择月兴工于次年三月初日圆满结束，以彩船来沙三月十九日为圣诞日。1933 年梅月，尊六姓府王爷的指示前往大房头海底印石接授玉敕，钦授代天巡狩官秩晋陛，故以后统称“六姓王府王爷公”。

三 六圣府王爷在马来西亚的传播

一般华人民间信仰的传播有三个特点：第一，华侨华人出国同时向海外传播；第二，寺庙与会馆同处一所；第三，创造海外本土神明。① 以上三个传播特点在马来西亚都很容易找到例子，大多数民间信仰传播是以第一种方式为主，这个我们可以从马来西亚每年都有很多宫庙回到中国进香的例子看出来；第二个传播特点则以华人籍贯、会馆作为划分依据，例如海南会馆供奉的是妈祖，广东会馆供奉的是关圣帝君等，这也形成了早期华人在马来西亚的雏形，即会馆、庙、学校形成的华人社群；第三个传播特点则较为少见，一般上是华人把祖籍地神明请到国外，再把该类型的文化传统带到国外，把生前有功于当地或品行高尚的

① 李玉昆：《华侨华人历史研究的丰硕成果——读〈华侨华人民间信仰研究〉》，《海交史研究》2003 年第 1 期，第 125—126 页。

人端上神台奉为神，创造出槟城的大伯公、客家人崇拜的仙四师爷等神明。

从马来西亚华人的移居史来看，早期华人先辈因为天灾、战乱、贫困等因素选择南下谋生，久而久之便定居了下来；凡华人远行，常会携带能够在心灵上得以慰藉的神灵随行，以祈祷自己能够顺风平安抵达目的地，抵达目的地后，便会建立宫庙以示答谢之情。早期远来南洋的华人先辈由于要乘搭多月的船抵达马来西亚，途中可能会因为天气、病痛的因素而导致身亡于船上，为了祈求平安到达目的地，便会把家乡的神祇带上船一同前行，马来西亚六圣府王爷信仰即因上述的因素，被请至马来西亚。

笔者从各网站搜寻有关“六姓府王爷”及“六圣府王爷”的资料显示，六姓府王爷的宫庙在中国大陆、中国台湾、中国香港、菲律宾及马来西亚共有41座，其中与福建白沙村镇江宫的六姓府王爷系统（顺府王爷、钦府王爷、朱府王爷、吴府王爷、苏府王爷、黄府王爷）一致的只有少数。由此可见，六姓府王爷虽有多座宫庙，只能从广义的层面来解释大部分的“六姓府王爷”宫庙是由六个姓氏的王爷所组成，而非从白沙村镇江宫“六姓府王爷”庙分香而来。

（一）马来西亚“六圣府王爷”信仰圈

王爷信仰传播的途径有两个，即通过王船传播或者是香火分炉。① 笔者从口述访谈中得知，“六圣府王爷”分香至马来西亚的形式与其他神祇以王船、神像、香炉或香灰的分香方式不同，据说是由士兰道村民郑天助将“黄府王爷”的“令旗”先带到马来西亚，将之安奉在住家形成家庙，后才发展到安装金身设立宫庙。马来西亚第一座“六圣府王爷”的宫庙难以考察，但可以确定其发源地点是在马六甲州的士兰道小镇。在该地区，有两座供奉“六圣府王爷”的宫庙，两间宫庙更以“祖地”冠于庙名后，即分别是镇江宫（祖地）及青龙宫（祖地）。

---

① 李玉昆：《略论闽台的王爷信仰》，《世界宗教研究》1999年第4期，第119—127页。

由于年代久远及其由私庙发展而来，没有向政府申请正式设庙的文件，加上早期华人没有撰写庙史的习惯，导致在做研究调查时面对相当的困境。从镇江宫与青龙宫的庙史来看，发现两座庙的庙史有着模糊混乱的记录，镇江宫的网站资料记录20世纪20年代由村民郑天助将香火带至士兰道设立私庙，1976年才正式建宫庙；而青龙宫则记录村民郑天助于1936年将香火带至士兰道，1952年才向当地政府申请庙地建庙。由于两座宫庙都以祖地冠之，亦无法提供文件证明，因此无法确定哪一座才是第一座宫庙。但值得注意的是，青龙宫有由福建南安洪邦村镇江宫所发出来的“玉旨”，玉旨内容为：“福建南安洪邦村镇江宫六姓府王爷代天巡狩出巡南邦马来西亚马六甲州士兰道祖地青龙宫。”

从上述玉旨来看，祖庙所承认的马来西亚“六圣府王爷”的祖地是青龙宫。此外，青龙宫有另两个“批文”分别是由白沙头镇江宫及洪邦村镇江宫发出来的，内容是白沙头镇江宫奉该宫六姓府王爷指示赠送十二大巡，夫人妈六尊予青龙宫；以及洪邦村镇江宫奉该宫六姓府王爷指示赠送大爷伯及二爷伯予青龙宫。中国白沙头及洪邦村的镇江宫都称青龙宫为马来西亚的“祖地”。目前，马来西亚共有8座“六圣府王爷”的宫庙，按建庙年份排序如下：

（1）马六甲士兰道青龙宫（祖地）（1952年）①

（2）马六甲士兰道镇江宫（祖地）（1976年）②

（3）马六甲直望金龙宫（1958年）

（4）森美兰淡边镇江宫（1965年）

（5）彭亨瓜拉吉挠黄龙宫（1968年）

（6）马六甲亚罗亚也玉汗宫（1968年）

（7）森美兰利民济镇江宫（1987年）

---

① 按青龙宫的简报报道（暂无法确认刊登日期），1936年，创办人郑天助从洪邦村镇江宫将黄府王爷香火带至马六甲士兰道小镇旁的马来保留地，建立简陋的亚答屋作为黄府王爷庙，再恭请八位结拜兄弟前来入座。1952年，士兰道地方领袖向甲州首席部长申请士兰道垃圾场作为庙地，奠下青龙宫初基。

② 按镇江宫的官方网站及剪报整合，1920年，村民郑天助与母亲由中国福建南安洪邦村镇江宫引领香火南来马六甲士兰道武吉士尼基村内一片编号459门牌603的马来雨伞穴地段陈旧板屋作为私庙，后于20世纪50年代由善信从中国将六圣府王爷的真身带来马来西亚，安奉在炉主家，到了1976年理事会才建简陋的神庙供奉。

（8）马六甲大班镇六圣宫（2015 年）

从上述的宫庙看来，20 世纪 60 年代是“六圣府王爷”传播得最蓬勃的年代，共有 3 座宫庙在 1960 年建立。虽然无法考察马来西亚第一座“六圣府王爷”的宫庙，但很巧妙的是，宫庙在分香的过程中，形成了两条脉络线，分别是镇江宫及青龙宫的分支。马来西亚“六圣府王爷”宫庙的分香如图 2 所示：

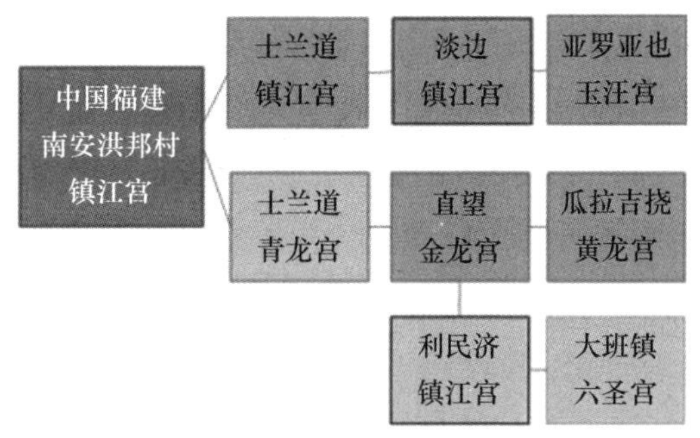

图 2 马来西亚“六圣府王爷”系统

从上述的 8 座主祀“六圣府王爷”的宫庙区域来看，除了彭亨瓜拉吉挠黄龙宫外，其他 7 座宫庙的地理位置是相当靠近的。马来西亚“六圣府王爷”信仰起源于马六甲士兰道，共有两座宫庙在该地设立。其他宫庙与士兰道只有 10—40 分钟车程的距离而已。虽然彭亨瓜拉吉挠黄龙宫距离士兰道“六圣府王爷”区域很远，但每当各宫庙庙庆时，其他宫庙亦会委派代表、乩童前往协助，展现了“六圣府王爷”信仰的协作精神，也渐渐形成了“六圣府王爷”的信仰文化圈。

（二）马来西亚“六圣府王爷”的姓氏问题

根据口述访谈，“六圣府王爷”不是六位王爷一起下南洋，而是“黄府王爷”的令旗先到马来西亚，后再恭请另外六位王爷前来马来西亚安座。早期马来西亚的信徒并不清楚“六圣府王爷”到底是一个神祀还是由六尊神祀所组合而成，所以在不确定的情况下误将“六姓”读成“六圣”。此外，马来西亚“六圣府王爷”虽源自福建“六姓府王爷”，但在马来西亚所供奉的“六圣府王爷”与福建原乡的“六姓府王爷”供奉的六位王爷的姓氏却不一样。

从表 1 来看，“六姓府王爷”与“六圣府王爷”的姓氏有着很大的不同，当中只有“黄府王爷”是一样的，而其他的王爷姓氏却不一样。除了姓氏不一样外，我们从表 1 也可以看出福建的“六姓府王爷”是由六位姓氏的王爷所组成，而马来西亚的“六圣府王爷”则是六位姓氏王爷中的其中一尊。这点，从口述访谈中得知，“六圣府王爷”在六位王爷当中排行老幺，但其法力与道行却是最高的一位，因此在神的职能上是照顾到全方位的。笔者推断，由六尊王爷的组合而演变成其中的一尊王爷，其最大的可能是早期的村民因为语言（福建）沟通与对王爷认知不足的因素，误以为“六姓府”是其中一位王爷的姓氏，渐渐地“六圣府王爷”就成了六尊中的其中一尊。

表 1　中国福建“六姓府王爷”与马来西亚“六圣府王爷”姓氏

六姓府王爷	六圣府王爷
顺府王爷	照（兆）府王爷
钦府王爷	刺府王爷
朱府王爷	黄府王爷
吴府王爷	铼府王爷
苏府王爷	蔡府王爷
黄府王爷	六圣府王爷

除了福建“六姓府王爷”与马来西亚“六圣府王爷”在姓氏上有出入的问题外，马来西亚的 8 座宫庙所供奉的“六圣府王爷”系统也有所不同，有的供奉 6 位王爷；有的则供奉 9 位王爷。据说，另三位王爷是照府王爷云游在外时的结拜兄弟。因此，在马来西亚又出现了两个不一样的“六圣府王爷”系统，如表 2 所示：

表 2　各宫庙供奉“六圣府王爷”的尊数与称号

宫庙	王爷系统
士兰道青龙宫 利民济镇江宫	照（兆）府王爷 剌府王爷 黄府王爷 铼府王爷 蔡府王爷 六圣府王爷
士兰道镇江宫 直望金龙宫 瓜拉吉挠黄龙宫 亚罗亚也玉泟宫 大班镇六圣宫 淡边镇江宫	照（兆）府王爷 剌府王爷 黄府王爷 铼府王爷 邹府王爷 蔡府王爷 正府王爷 巡府王爷 六圣府王爷

从表 2 中可以看出，马来西亚“六圣府王爷”虽然同出一源，但各宫庙所奉祀的王爷尊数亦有所不同，其中仅士兰道青龙宫与利民济镇江宫依旧奉祀 6 尊王爷，而其他宫庙则加入了照（兆）府王爷后期结拜的另三尊王爷，即邹府王爷、正府王爷和巡府王爷。除了 6 尊与 9 尊的区别外，有的宫庙还奉祀了照（兆）府王爷的义子——陈府王爷。马来西亚“六圣府王爷”的信仰系统可以从图 3 中了解。

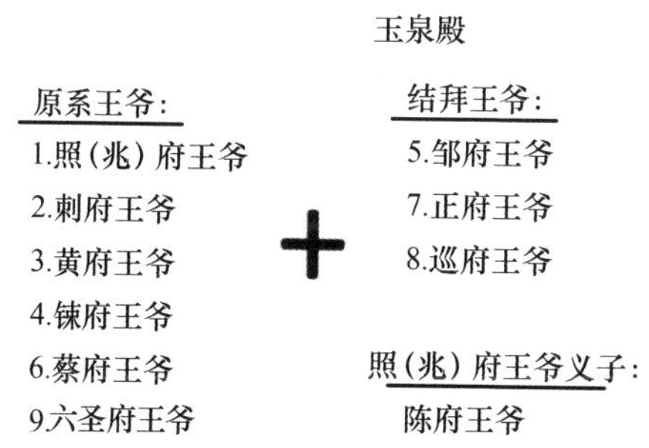

图 3　马来西亚“六圣府王爷”的信仰系统

（三）马来西亚“六圣府王爷”的圣相与职能

按前文所提，马来西亚“六圣府王爷”来马来西亚是由黄府王爷的一支“令旗”开始，据口述访谈得知，早期的“六圣府王爷”并没有圣像，在庙里只供奉令旗，后按王爷下乩指示要安奉金身，才开始筹备雕刻圣像的工作，但当时并没有人懂得王爷的长相，雕刻师不知从何刻起。因此王爷喻示雕刻的工匠在宫庙中留宿，据说雕刻师在宫庙住了一晚，当晚得王爷托梦后便开始雕刻王爷的金身，才有我们现在所看到的王爷“圣像”（见表3）。

表3　六圣府王爷系统各王爷圣像特征与职能

王爷	面相颜色	令旗颜色	法器	职能	圣诞日
照（兆）府王爷	褐	白	剑	官职大，云游四海，协调“兄弟”间问题	九月初七日
刺府王爷	黑	黑	铁球	官职大，解决一切事务	二月十六日
黄府王爷	红	黄	弓	需要处理重要的事情才会出现	不详
铼府王爷	褐	黑	塔棒	森林	二月十五日
邹府王爷	红	黑	剑	政府部门，地皮	不详
蔡府王爷	褐	青	书	财政	四月十五日
正府王爷	红	黄	书	生意	八月十七日
巡府王爷	黑	黑	鸦片枪	医人	正月十六日
六圣府王爷	红（中） 黄（左） 黑（右）	红、白、黑	鲨鱼剑	法力最高，什么都管	六月六日

受访者在谈话中指出，当初“六圣府王爷”涉海步行南来，其兵将依附在其肩膀上一同过来，从远处看，其圣像是三头六臂，所以马来西亚“六圣府王爷”是一尊三头六臂的圣像。另外，从表3也可以看出每位王爷都具有明确的特征与职能，信徒可以祭拜不同职能的王爷，满足各自所需。

（四）马来西亚“六圣府王爷”圣诞庆祝仪式

“六圣府王爷”在马来西亚的庆祝仪式亦早已定型，而各宫庙的庆祝仪式因为乩童的稳定性（固定的人起乩固定的几尊王爷），而形成接近一致的庆祝仪式。庆祝庙庆的第一部分为“放军”，这是告知王爷兵马庙庆即将到来的通知，俗称“插旗”。放军当天需具备“黑令旗”“五营旗”“王爷称号旗”“天灯”“五谷铜钱”等。早期，插旗仪式都是使用竹子作为旗幡的支架，而挂天灯则是用最高最大的竹子将天灯及“六圣府王爷”的旗号挂上，随着时代的进步，现在则是由不锈钢或铁制的取代。

放军后的第二个步骤为“请神”，即庙庆（圣诞日）的前一天。这一天，庙方会邀请道士设醮禀告天庭、过平安桥、准备平安竹等仪式。为了让庆典更为热闹，庙方亦会邀请布袋戏、大戏等前来助兴。这一天的重头戏是晚上的过平安桥仪式，亦称“过线桥”，每逢这个仪式，地方上的人们都会扶老携幼过平安桥祈福，希望能获得庇佑与好运。

在庙庆的正日，王爷早上必会巡境，巡境分大巡及小巡。大巡即每三年举办一次，王爷出巡游府吃府游县吃县保境平安，受民众膜拜。每逢大巡，需在请神当晚准备王爷出巡的轿子，将神像安放在轿子上，在正日当天由信徒抬轿出巡；小巡即王爷乘车到地方上的特定地点，如河边、路口等地方插平安竹，以祈求平安。王爷出巡回宫庙后随即进入“犒军”及投选“头家炉主”等一系列的活动；晚上则会设平安宴、标圣物；庙庆的最后一步为“送神”，即拔“放军旗”。随着送神仪式的结束，前后一周的庆祝仪式也正式告一段落。

此外，马来西亚“六圣府王爷”还有一个特别的庆典，即十年一度的“过火城”。据访谈，王爷喜爱“过火”，而过火城则被视为“大礼”之一，但由于这个仪式需耗费巨额费用及投入大量的人力，因此目前只有亚罗亚也玉汪宫、士兰道镇江宫及淡边镇江宫曾举办“过火城”的仪式。

四　结语

“六圣府王爷”信仰可以在马来西亚落地生根的原因有三：第一，王爷信仰具有开放和包容的特质；第二，王爷信仰给予华人心灵上的慰藉；第三，王爷信仰可以满足华人文化、娱乐及回馈的需求。[①]“六圣府王爷”的宫庙一般也会搭配观世音菩萨、照王夫人、大伯公、哪吒三太子、虎爷公、拿督公共祀，此外，对于不同种族的膜拜亦会给予祝福，同时如在大巡时经过兴都庙，一般会进入兴都庙膜拜；每一位王爷皆有不同的特质与职能，可以满足信徒的需求安抚信徒的心灵。庙会是很多人期待的日子，因为这是农历新年以外同乡人再聚的日子，庙会一般会邀请娱乐活动如卡拉 OK、布袋戏、大戏等前来助兴，是村民解闷的活动之一。

民间信仰的跨国化既加强了不同国家和地区华人社会之间的联系，更加促进了海外华人与祖籍地（包括祖籍国）的关系。随着与中国的宗教信仰联系密切，双方在宗教信仰方面的交流日益频繁。[②]马来西亚“六圣府王爷”信仰源自中国福建“六姓府王爷”系统，近年来，随着社会的进步，到中国祖庙进香交流，已经是马来西亚“六圣府王爷”理事会的常年活动之一了，这加强了两国的文化交流。随着“六圣府王爷”在马来西亚的传播与扎根，其部分信仰内容与精神已发展出自身独特有别于中国福建“六姓府王爷”的信仰情形。马来西亚“六圣府王爷”信仰已形成一定的文化信仰圈子，在传播、继承与发展上都具有一定的影响力。

① 俞如先:《东南亚华人民间信仰初探》,《中共福建省委党校学报》2014 年第 3 期，第 115—120 页。

② 石沧金:《华侨华人民间信仰研究现状评析》,《宗教学研究》2019 年第 1 期，第 231—240 页。

从佛教建筑和宫廷建筑看曼谷王朝初期中西文化对泰国的影响

潘艳贤　秦　璞*

建筑物是人类意识外化的实体，因其能够保留一定年限而具有一定的时间性，能够体现出不同文化在某一时期传播、冲突、融合的过程，尤其是代表着上层社会审美流行的宫廷建筑以及作为人民精神支柱的宗教建筑最为典型与丰富。

中泰两国交往源远流长，早在泰国大城王朝时期（1350—1767 年），就已经出现过两次大规模的华人移民潮。到了曼谷王朝初期也是华人移居泰国的高峰期，华人移民给泰国带来了大量劳动力的同时也将中国文化带入了泰国。中国文化不仅渗入泰人的生活习俗，也深深影响了泰国的建筑文化。同时曼谷王朝初期也是西方列强打开包括泰国在内的东南亚国家大门的重要时期。拉玛五世执政时，泰国为了应对西方列强的殖民侵略做出了一系列的西式改革，西方文化得以正式进入泰国，也不可避免地对泰国的建筑设计造成了影响。

一　曼谷王朝初期中国文化的传入及对建筑的影响

本文将曼谷王朝初期定义为拉玛一世王至拉玛五世王时期（1782—

* 潘艳贤，南京大学国际关系研究院博士生，广西民族大学东盟学院助理研究员；秦璞，广西大学副教授。

1910年)，在这一时期，中国文化传入泰国大体上可以分为两个阶段：

(一) 拉玛一世至拉玛二世时期 (1782—1823年)

1782年，拉玛一世从前朝国王达信手里夺取了政权并从吞武里迁都至曼谷，开创了曼谷王朝。然而王朝处于初创时期，百废待兴，国内劳动力十分缺乏，此时中国沿海人民移居泰国就受到了泰国封建主的广泛欢迎，尤其是那些身怀一技之长的移民。这些移民甚至受到了泰国封建主的帮助进入泰国。[①] 随着华人移居泰国，中国的风俗习惯、宗教礼仪等也被带入泰国。

由于拉玛一世对佛教实行积极的政策，佛教得以大力发展，佛寺林立，僧侣众多。据记载，当时仅曼谷就有多达82座寺院，40万名曼谷居民中就有1万多名僧侣。拉玛一世在修建佛寺上投入了大量的财力物力，但修建的大多为传统的泰式佛教建筑，中式建筑并不常见。因为当时移居泰国的华人多为穷苦的底层人民，对泰国社会的影响力并不是很大，所以拉玛一世时期修建的佛教建筑受到中国文化的影响并不大。1809年，拉玛二世即位，继续实行整顿并弘扬佛教的政策，同时与清王朝进行海上贸易。许多华人通过海路进入泰国，越来越多的华人聚居在一起形成华人社区。与此同时，中国建筑艺术通过海上贸易也被带入泰国。中国使臣将一些艺术品献给了拉玛二世。拉玛二世对这些来自中国的新奇的艺术品产生兴趣，便下令将这些中国来的艺术品应用于皇宫园林的设计中。据记载，1817年8月时值泰国商船返航之季，泰国大使团和随行的泰国船商向拉玛二世王禀报了在中国的所见所闻，他们说在北京、广东等地见到了皇帝的皇宫、官吏以及富商的家苑都有园林、池子、假山等作为装饰，以便在家中也能够修养身心。因此，拉玛二世便产生了在自己的王宫中修建园林的想法，于是就下令让公摩万[②]捷萨达巴丁（也就是后来的拉玛三世）按照中国园林的样式来修建皇宫园林，园林中的各种装饰物如石块、石像、门拱、亭子等全都是从中国进口。中国建筑艺术在泰国得到王室的注重，在民间也逐渐流行了起来。

---

① [苏] 尼·瓦·烈勃里科娃：《泰国近代史纲》，商务印书馆1974年版，第139—141页。

② 公摩万：泰国王族受封第五等爵位者，相当于男爵。

拉玛一世至拉玛二世执政的时期属于移民增长期，但这一时期华人在泰国社会的影响力并不大，许多华人移民抱团取暖，才慢慢出现了一些华人社区，建立起了属于华人自己的庙宇，中国传统文化只是在华人的圈子里流传，而中国建筑艺术也多是在泰国建筑的装饰上出现，还没有真正意义上的中式寺庙。

（二）拉玛三世至拉玛五世时期（1824—1910 年）

拉玛三世继续像以往一样与中国保持友好的外交关系，并于 1826 年派大使前往中国。中泰之间的贸易达到了空前繁荣，许多南部的中国沿海人民纷纷移居至泰国，有证据表明拉玛三世时期有成千上万的潮州人、福建人、海南人居住在曼谷以及其他城市里，中国移民也开始享受与泰国人平等的权利，这使华人移民能够在泰国更加自由地生活，包括能够自由修建寺庙等。中国移民浪潮的高峰由此开始，大量的移民扩大了中国文化的影响范围。

拉玛三世时期，可谓中国文化在泰传播的黄金时代，中国建筑艺术在泰国得以发展到鼎盛时期。大量来自中国的工匠有了大展拳脚的机会，此时修建的很多佛寺与宫殿带有强烈的中国建筑艺术的印记，从石柱、门窗、走廊、屋脊乃至荷花盆都具有浓厚的中国色彩，充分体现了中国建筑艺术的美学特征。拉玛三世主持修建的重要寺庙有：郑王庙、卧佛寺、太子庙等，这些寺庙有的是在拉玛三世时期建造的，有的则是早在拉玛三世以前就已经建造好，但是由于年久失修，拉玛三世为了宣扬佛教就把这些寺庙重新修建，并在修建过程中运用了大量的中国建筑元素。

拉玛四世和拉玛五世时期正值中国清政府的衰败时期，中国国内战乱不断，人民处于水深火热之中。鸦片战争之后，中国禁海令被迫解除，清政府与西方签订条约准许西方各国到中国招募劳工，中国劳工得以到海外工作。为了躲避国内战乱和贫困，沿海劳动人民不得不向海外寻找出路。此外，中国在鸦片战争中的失败，让泰国不得不重新审视这个曾经的大国。实际上，鸦片战争之后，泰国与中国的官方交往就逐渐减少，双方关系进入冷淡阶段。1853 年，泰国就停止了对中国的朝贡关系。但是由于中泰民间的交往仍旧频繁，泰国对华人移民的政策不变，仍旧优待中国移民并鼓励华人移居至泰国。直到 19 世纪 90 年代，平均每年仍有 17600 名华人移民至泰国。[①] 由此可见，中泰双方民间关系尚无恶化现象。

拉玛三世至拉玛五世时期属于中国沿海人民移居泰国的高峰时期，这是因为相比于中国，泰国处于一个相对和平的时期，国内经济繁荣发展，社会安定，但是中国国内连年战乱，社会动荡，人民遭到压迫。帝国主义的枪炮敲开中国的国门后，在帝国主义和封建主义的压迫下难以谋生的中国沿海人民大量外流，华人纷纷涌进泰国等东南亚国家。尽管拉玛四世后泰国政府忙于与西方列强周旋，与中国官方交往逐渐减少，但是民间的来往仍十分频繁，中国文化随着华人移民潮流大量涌进泰国。

（三）中国文化元素在曼谷王朝初期著名佛寺及宫廷建筑中的体现

曼谷王朝初期为了弘扬佛法，新建或是修缮了许多座佛寺建筑，在这些佛寺建筑中，有的运用了大量的中国传统文化元素，有的则借鉴了中国的建筑艺术特点，或者是完全采用了中式寺庙的建筑风格，最具有代表性的有：郑王庙、卧佛寺、龙莲寺等。

1. 郑王庙

郑王庙又称黎明寺，始建于大城王朝，寺内有五座高耸的婆罗门式尖塔——巴埌塔。拉玛三世时期又重新修建，在原主塔 18 米高的塔身基础上又增高到了 79 米，可以说我们现在所看到的郑王庙就是拉玛三世时期修建完成的。而修建塔身的装饰材料和寺内的装饰物都是拉玛三世下令从中国购买而来的，寺中到处可见中国传统文化元素，持刀把剑的关公像、惟妙惟肖的动物雕刻，以及各座塔身镶满的彩色瓷砖和玻璃嵌片等。值得一提的是，在寺庙入口处摆放着一座憨态可掬的弥勒佛，而弥勒佛是中国大乘佛教八大菩萨之一，是中国民间普遍信奉、广为流行的一尊佛。汉传佛教中的弥勒佛形象出现在一个信奉小乘佛教国家的寺庙里，其影响可见一斑。

郑王庙得名于纪念带领泰族人民抵御外敌，建立吞武里王朝的泰王郑信。而后曼谷王朝拉玛二世的遗体更是安放在主塔底部，由此可见，

---

① 中山大学东南亚史研究所：《泰国史》，广东人民出版社 1987 年版，第 183 页。

郑王庙在泰国佛寺建筑中的重要性。而如此重要的寺庙，其装修与装饰充满了浓厚的中国色彩，体现华人与泰族人民的亲缘关系与深厚友谊。

2. 卧佛寺

卧佛寺以其卧于神坛上长达46米的大佛而闻名，卧佛寺是拉玛三世时期改建的重点寺庙之一，整个改建时间长达7年零5个月之久，整个佛寺改建中加入了大量的中国传统文化元素，使之成为这一时期受中国传统文化影响的建筑代表。尽管卧佛寺并不是初建于拉玛三世时期，但是拉玛三世下令重修后，将其作为泰式按摩学校以及文化艺术中心，并将建筑、历史、佛史、医药、格言、文学、地理、风俗习惯等有关内容刻于碑文之中，置于卧佛寺大殿走廊的柱子上、墙壁上及各佛殿、排亭中。

卧佛寺属于泰式佛寺，但其佛塔上有着形形色色的中国彩色瓷片，这种将彩色瓷片镶嵌于建筑物上的做法是中国潮州一带特有的嵌瓷技艺。而这些瓷片大多也都是从中国进口的，有一些则是华人在泰国烧制的。[①]此外，身着中国文武将服饰的门将石像在这座佛寺中也可以找到，武将身着战袍，手持大刀，威风凛凛，文将手持书卷，双眼炯炯有神地注视远方。佛寺的主体建筑上还有各种精美的壁画。拉玛三世以前泰式壁画采用的是明暗对比的艺术手法，即为昏暗色调衬底，主体部分用明亮色彩突出，这样便形成了独具特色的泰式壁画，自从拉玛三世接触了中国绘画以后，佛寺中的壁画便更多地体现为中国山水画的立体体现形式。同时油彩、贴金等技法也使壁画更加生动形象，奢侈非凡。

3. 龙莲寺

除了在建筑上带有中国文化元素的泰式寺庙外，拉玛三世至拉玛五世时期还出现了很多从建筑风格到供奉的神佛完全中式的寺庙，其中龙莲寺就是最典型的代表。龙莲寺的布局基本上采用了中国传统建筑布局的方法，以大雄宝殿为主体，房子按照中国风水原则为南北走向。龙莲寺自上而下都有中国典型的建筑装饰手法，大殿的拱形瓦盖、屋檐、屋脊等都用了中国风格装饰，最典型就是象征着中国的龙纹装饰，屋脊上的二龙戏珠雕刻，直观地体现出了受中国文化的影响。

---

① 晰博：《古代中国外销瓷与东南亚陶瓷发展关系研究》，云南大学出版社2015年版，第149—153页。

龙莲寺内供奉着大乘佛教佛陀和中国道教的多个神仙，例如，释迦牟尼佛、弥勒佛、观音菩萨、四大天王、财神爷等。平时的香客除了华人之外，不少泰人也会不时到庙里参拜。由此可见，华人移民将多神崇拜的信仰特质带入泰国，体现出了移民文化的多样性，而这些文化也影响到了泰国社会。

除了佛教建筑受中国文化影响外，泰国的宫廷建筑也受到了中国文化的影响。大皇宫中也有类似郑王庙中的中式彩色瓷片镶嵌技艺和中式的庭院元素。位于曼谷北郊的邦巴因夏宫中有一座中式宫殿——天明殿，又称威哈甲龙殿，始建于1889年，是一座由华商集资建造献给拉玛五世的典型中式宫殿。宫殿的红柱、琉璃瓦屋顶等设计，殿中还有中文书写着“五世皇”的字样，足以体现拉玛五世与华商们的深厚情谊。

泰国佛教及宫廷建筑里常见的中国建筑元素还有很多，例如，中式凉亭、奇石假山、大石鼓、中式雕塑石像等。这些中国建筑元素被大量引进泰国并应用于佛教及宫廷建筑中，其原因可以总结为三条：

第一，自从拉玛二世时期开始泰国国内就很少有战乱发生，对外贸易得以渐渐恢复，其中又以与中国的贸易关系最为密切。大量的华人移民涌入泰国，随之带来了中国传统文化。华人移民得到了当局的扶持，与泰国当地人的融合度也较高，所以中国的建筑元素得以融入泰国的传统建筑中。

第二，繁荣的中泰海上贸易使泰国王室从中获得大量利润，有足够的财富去建造与修缮佛寺和宫殿，加上拉玛三世等执政者对中国艺术的喜爱，因此中国建筑元素就被广泛引入泰国并出现在各个寺庙以及皇宫中。

第三，曼谷王朝初期通过海上贸易从泰国运输到中国的商品有：大米、兽皮、象牙、香木、柚木、红木、硝石、铅、锡等，当这些商品在中国销售完后，从中国运回的商品有：丝绸、瓷器、纸张等。当泰国商船从中国返航时就需要一些重的东西来压住船舱，以免途中发生颠簸摇晃，造成船上商品的损失。而中国的石像、雕塑等很容易找到且价格也相对便宜，所以被泰国船商拿来作压舱物。当他们回到泰国时这些压舱物就被运到寺庙中作为装饰物，既美观又与寺庙的环境相融合。

二 曼谷王朝初期西方文化的传入及对建筑的影响

泰国与西方文明的正式接触始于大城王朝，从16世纪初到17世纪末，葡萄牙、荷兰、西班牙、法国、英国等先后与当时的暹罗有过商业贸易和外交上的往来，并在王都阿育塔耶城郊形成大大小小的侨民村。西方侨民不仅带来了基督教，也带来了西式的风俗习惯、衣着服饰、建筑风格等。但在当时西方文化元素并没有给泰国的传统文化造成太大的冲击和影响，基本上只是出现在各自的侨民村里。1688年，暹罗发生了驱逐西方殖民者的运动，此后将近一百年的时间里，都没有再出现过西方传教士、商人和冒险家大批涌入的现象，泰国与西方国家基本上处于断交状态。因此可以说，西方文化真正意义上对泰国造成影响，是从曼谷王朝开始的。

（一）曼谷王朝初期西方文化传入的背景

拉玛一世执政时，王朝初建，在与西方列强的交往中仍采取封闭的政策，严格限制与西方的贸易。直至拉玛二世时期，才重新开始接触西方国家。1820年4月，葡萄牙要求在泰国设立领事，并获得泰国政府给予的一小块土地建立商管，但是葡萄牙与泰国的贸易额并不多。1821年，沉寂了130多年的英国再次敲响了泰国的大门，要求与泰国通商，虽然最后得到拉玛二世的同意，但是由于英国干的是买卖鸦片的违法勾当，因此并没有真正意义上实现通商。

1824年至1826年，英缅战争爆发，英泰两国关系才有所改善，英国得以在泰国国土上进行贸易。1833年，美国也要求与泰国通商，虽得到允许，但是只能同英国一样享受同等的权利。进入泰国的西方人不仅有商人和政治家，还有传教士等。此时的泰国已经向西方略略敞开大门，西方文化得以传入泰国，并对泰国产生影响。

直至拉玛四世以前，泰国对待西方仍持保守的态度，而泰国社会也仍保存着旧传统。到了拉玛四世时期，打开国门和社会改革已经势在必行。拉玛四世自年少时起就受到了西方文化的影响，对西方文化有所好感，向西方学习成为他即位后厉行的政策。1855 年 4 月 18 日，拉玛四世便与英国签订了泰国历史上著名的《鲍林条约》，拉玛四世做出种种让步，便是希望能够获得西方国家的好感，但是这一不平等条约实际上却为西方的入侵提供了不少便利。此后西方列强也纷纷要求与泰国签订不平等条约，给泰国社会带来了极大的影响。

拉玛四世时期，西方列强纷纷涌入，泰国对此明显感到招架不住，因此便进行了一系列社会改革。引入西学、废除旧礼、主张平等措施纷纷被提出。在宗教方面，拉玛四世打破了排斥外来宗教的旧念，提出宗教自由，尽管拉玛四世是一位虔诚的佛教徒，但是他与西方基督教、天主教和伊斯兰教的教徒关系也十分密切。拉玛四世允许他们在泰国修建礼拜堂、清真寺等。拉玛四世对待宗教问题的态度，使多种宗教得以在泰国扎根，他在这一方面的德行被后人广为赞扬。

到了拉玛五世时期，泰国忙于处理与西方列强的事务，社会改革的方向更多的是向西方靠拢。拉马五世废除了奴隶制度以及各种封建依附关系，学习西礼，主张平等。在教育方面，开设新学堂，打破传统的寺院教育模式，学习欧洲教学大纲进行教学，并将自己的子孙送往欧洲学习。拉玛五世进行的一系列社会改革，奠定了泰国朝西方现代化发展的基础。

拉玛三世到拉玛五世时期，泰国处于一个由封建封闭逐渐向西方打开国门的时期。西方文化大规模涌入泰国，泰国人民的生活习惯也更多地模仿西方，如服饰、饮食习惯等。西方文化的影响最先体现在贵族阶层，然后自上而下地影响到泰国人民，西方文化也得以在泰国建筑艺术上体现出来，许多西式元素在泰国建筑中也可以找到，例如著名的大皇宫，里面就有很多受到西方文化影响的建筑或建筑装饰。

（二）西方文化影响下的泰国宫廷建筑

拉玛三世至拉玛五世时期随着西方殖民者的不断进入，泰国以及东南亚国家都受到了西方文化影响。建筑因其能够保存较久的年限，是传承文化的重要途径，使建筑成了文化影响的物化形态。拉玛三世至拉玛五世时期受西方文化影响而建造的宫廷建筑便是明显的标志。

拉玛四世时期提倡宗教自由，使天主教、基督教、伊斯兰教等外来宗教在泰国得以发展，这些外来宗教在泰国建立起大量的宗教建筑，教堂就是这些外来宗教建筑的典范。教堂里蕴含着西方文化中的宗教观念、建筑风格、绘画雕刻、音乐诗歌、工艺制作、语言文字等多种西方文化要素，是作为西方宗教意识形态物化的具体体现。西方文化以教堂为中心向外传播并逐渐影响到泰国社会各个角落，并通过教堂的表现形式进一步影响泰国人民在建筑装饰以及建筑风格上的美学取向。例如在建筑装饰方面，泰国建筑室内陈设也越来越倾向于西式风格，西式的绘画、雕塑等元素被应用于室内装修，水晶材质与欧式家具和泰国的传统文化元素相得益彰。

大皇宫是集泰国传统文化和外来文化于一体的建筑综合体。大皇宫规模最大的宫殿——节基殿始建于拉玛五世时期，整座建筑的基本结构是英女王维多利亚时代的风格，但却有一个泰国传统的庑殿式大屋顶：尖顶入云，檐角翘起，多层重叠，描金绘彩，体现出泰国文化的包容性与独特性。

另一座受到西方文化影响的宫廷建筑则是邦巴因夏宫。邦巴因夏宫是一处王室避暑行宫，始建于大城时期，大城王朝没落后，曾被荒废长达 80 年之久。拉玛四世和拉玛五世先后对此行宫进行修缮和扩建，为其加入了许多西式元素，从建筑外部的石柱、雕塑到内部桌椅、壁画陈设都具有浓厚的西式色彩。

西方文化对建筑的影响最初体现在泰国宫廷建筑中，到后来社会慢慢开放后，西式建筑在泰国民间也多了起来。但西方文化对泰国佛教建筑的影响极少，甚至很难在泰国佛教建筑中找到西方文化元素，这与在佛教建筑和宫廷建筑中都有出现的中国文化元素有所不同。

三　曼谷王朝初期中西方文化对泰国佛教及宫廷建筑影响不同的原因

泰国有学者认为，印度文化对泰国的影响表现在宗教，西方文化对泰国的影响表现在物质，而中国文化则影响泰国人生活的各个方面。为什么中国文化能够深入影响到泰国人民生活的方方面面，乃至影响到作为泰国人民精神支柱的佛教以及佛教建筑，而西方文化能够对泰国宫廷建筑产生影响但却对佛教建筑产生极少的影响呢？本文认为应该从中西两种文化影响泰国社会的不同方式进行分析。

（一）中国文化影响泰国社会的方式：上下各方慢慢渗透

曼谷王朝初期华人在泰国社会各阶层的覆盖面是十分大的，从下层人民至上层社会都有华人的身影，从农民、渔民、小商贩、手工艺者、商人乃至政府官员，都有华人的参与。有学者专门对此时期在泰华人的职业进行分类，最后总结得出占泰国华人最多数的潮州人主要发展农业以及铁路修建，福建人是矿藏开掘的主要劳动力，客家人则与潮州人一样，主要参与铁路建设方面的工作，广东人从事的是海上贸易相关的职业，最先来到泰国的海南人则从事园林耕种、捕鱼和造船等职业。[①] 广泛的职业范围使华人在泰国社会各方面的建设发挥着重要的作用，也使华人有更多表达中国文化的机会。

该时期的泰国对华人采取的政策是平等对待的政策，不把华人当作外人。一旦华人融入当地主流社会之后，无论是在政治方面，还是在经济方面或文化教育方面，他们就拥有了与当地民族同样的权利与自由，国王也会赐予那些具有才智的华人封号。华人担任政府或军警方面的高层领导也是十分常见的，而这些高层职务之前一直都被视为当地民族垄断的职位。在其他行业和领域，华人也得到与当地民族一样的同等对待。

在宗教信仰方面，泰国人信仰的是小乘佛教，而华人信仰的是大乘佛教，尽管两者属于不同流派，但皆同属于一种宗教，在佛教教义和戒律上也有相似之处，两者之间具有一定的包容性。而这种相似的宗教体系使两国人民比较容易接受对方的信仰特质。例如华商在乔迁和新开店铺时都会邀请泰国僧人前来念经祝福，举办红白事时亦然。泰人允许华人在泰式佛寺中捐资建造中式的祠堂。华人后代既可以到华人的寺庙拜佛，也可以到泰国人的寺庙中礼佛，长大后还可以到泰国佛寺中接受教育。由此可见中国文化与泰国社会的融合。

---

① ［泰］黄璧蕴：《泰国华人作用——泰国曼谷王朝拉玛三世至拉玛五世王时期华人社会（公元1824年至公元1910年）》，上海大学出版社2010年版，第44—47页。

此外，在语言、文学、音乐等方面也有中泰文化互相融合的迹象。对中国文化而言，广泛分布在泰国社会各阶层的华人极大地提升了华人影响力，相似的宗教意识、泰国对华人的优待政策乃至中泰两国人民的通婚使华人移民得以将中国文化深度融入泰国社会中，达到了你中有我、我中有你的状态。华人与泰人的融洽关系有助于中国文化渗透到泰国社会的方方面面，甚至影响到作为泰国人民精神支柱的佛教及其建筑。

（二）西方文化影响泰国社会的方式：从上至下强制推行

拉玛三世至拉玛五世时期进入泰国的西方人主要有传教士、富商、外交官等，他们主要是对西方殖民文化的宣扬及泰国资源的掠夺。这些西方人处于一个相对较高的阶层，而且在泰国的西方人的数量也远不如华人的数量多，在泰国底层社会的基础较为薄弱，不能像华人般深入泰国社会。1884 年罗斯尼（Rosny）对泰国人口估计说：泰国人口总数约 590 万人，泰国人人数占有 160 万人，华人人数占有 150 万人，马来西亚人人数占有 100 万人，老挝人人数占有 100 万人，剩下的是其他国籍人数。由此可见，西方移民所占比例比较小。

在宗教信仰方面，西方的基督教、天主教等传入泰国多少都带有一定的殖民色彩，虽经过西方传教士的推崇得以传播，但最终并没有得以广泛传播并深入泰国社会。这是因为西方宗教与泰国小乘佛教的教义相去甚远，在神格方面，基督教、天主教只信奉天主耶稣一个神，而小乘佛教信奉的是释迦牟尼化身的佛祖，两种截然不同的神格更是让接受了几百年佛教文化洗礼的泰国人难以接受。尽管泰国的统治阶级提倡宗教自由，但是在弘扬佛教的立场方面是坚定不移的。

相比中国文化在泰国的自然融合，泰国人对西方文化的接纳显得有些被动。除了西方传教士等文化传播者对西方文化进行文化输出外，拉玛四世和拉玛五世为了救国而摒弃了传统的观念，大力弘扬西方文化，以期获得西方列强的好感，这是带有一定政治目的的西式改革，也是具有强迫性的灌输。拉玛四世邀请了英国女教师来向他及宫廷贵族子女教授英语和其他近代科学，在宫廷中推行西方教育这一做法，当时受到了部分大臣的反对。为了解放劳动力，拉玛五世颁布法令废除奴隶制以及各式各样的封建依附关系，虽然法令早在 1874 年就已经颁布，但是只在曼谷和周边一些省份得到贯彻执行，泰北及一些偏远地区直至 1903 年前都抵制废除奴隶制。在进行社会改革时，拉玛五世就曾鼓励民众须穿上衣，吃饭时使用刀子和叉子，而在正式场合中，例如觐见国王时必须穿西装，免除跪拜礼，但是直至现在，泰国民众在觐见皇室时仍会行跪拜礼，这体现了泰国人民对西方文化的被动接纳。

大城王朝末期和吞武里王朝时期，西方文化在泰国的传播出现了断层，导致了曼谷王朝初建立时西方文化在泰国社会融合并不顺畅。当西方国家再次以殖民者的身份进入泰国时，泰国人民对此是有所防备的，尤其是在宗教方面，因此无论是在宗教理念还是宗教建筑方面都很少有看到西方文化对泰国传统的佛教产生影响。

拉玛三世至拉玛五世时期，尽管西方文化不如中国文化般深入影响到泰国社会的精神支柱方面，但是由于泰国王室贵族对西方文化的青睐，在宫廷中极力推崇各种西方文化，也使西方文化深深影响了泰国宫廷文化包括宫廷建筑等方面。

四 结语

从曼谷王朝初期的佛教建筑和宫廷建筑的风格分析中可以看出，历代华人不断移居泰国奠定了华人在泰国的社会基础，华人与泰人相近的生活习惯及宗教信仰，使中泰两国能很好地融合在一起。中国文化在泰国自然融合，使中国文化深深影响了泰国的宫廷建筑以及作为泰国人民精神支柱的佛教。

西方文化自拉玛四世以后得以再次传入泰国，此时西方殖民者以入侵东南亚为目的而对泰国进行文化输出，尽管泰国统治者以其精明的政策摆脱了被殖民的厄运，但泰国的社会文化也不可避免地受到了一定的影响，体现在建筑方面就是皇家宫廷建筑出现了西式元素。实际上，在曼谷王朝初期，西方文化在泰国的融合并不如中国文化那么自然，泰国人对西方文化的吸收显得有些被动。历史带来的教训，使泰国人民对待西方文化显得小心翼翼。

总之，曼谷王朝初期，中西方文化由于各自历史特定的原因，对泰国影响的深度与广度也各不相同，正如泰国学者所说的，西方文化对泰国的影响表现在物质上，中国文化对泰国的影响则为各个方面。以此为鉴，我们可以看出泰国这个国家和民族从总体上对外来文化的应对和接纳方式。

第六编

华侨华人参政与治理能力现代化研究

海外华人政治参与对政治体制转型与民主化的影响：论马来西亚华人的政治抉择和角色（2008—2018）

［马来西亚］祝家丰*

一 前 言

马来西亚华人1957年独立前就已参与马来西亚国内的政治活动。从反殖民抗争到争取独立，华人扮演了一定的角色。马来西亚的华人政治虽不主导国内的政治发展，但由于华裔选民的投票趋向未呈现一致性，这往往引起学者和政治领袖的关注。华裔选民在大选的投票行为所呈现的不一致性和在支持执政党与反对党之间摇摆一般被学者称为“钟摆效应”。这种投票行为促使执政党与反对党更需努力去争取华人的选票。华裔选民的选票是倾向于执政党或反对党，通常取决当时的政治趋势和国阵政府是否能向华社交出一份亮丽的成绩单。当华社在20世纪80年代末期面对各种困境与权益被蚕食下，华裔选民在1990年大选里倾向支持反对党以实现两线制。但当马哈迪于90年代初实施以发展主义为主导的小开放政策，华裔选票在1995年和1999年大选又大量回归国阵。

在1969年种族流血冲突事件发生后，马来西亚的政治格局更进一步衍生为以巫统一党独大的种族霸权政治体制。华人族群亦面临政治边缘

* 祝家丰，马来亚大学中文系副教授。

化的局面。华裔人口在全国人口的百分比也下滑至2017年的23.2%。华人已沦为少数族群，其政治力量亦受影响。但有鉴于华裔选民的“钟摆效应”之投票行为，他们往往能在大选里扮演着关键性少数的角色。当马来西亚政治出现分裂时，华裔选票更能扮演着举足轻重的角色。这可从1998年安华被开除副首相一职后所引发的“烈火莫熄”政改运动中看出。当时的马哈迪政权在大量流失马来人的支持后，就是靠华裔与印裔选民的支持才能稳住其政权。在2008年举办的第十二届总统大选，华裔选民再次发挥了其关键性少数的角色。在该届大选上他们大量地把选票投给反对党而引发了马来西亚政坛罕有的政治海啸。

2008年3月8日所发生的政治海啸可说是马来西亚政治的另一个政治分水岭。它不只催生了政治新格局，而且也给马来西亚政治发展带来深刻的影响。由于国阵政府失去其在国会里一贯保有的三分之二多数议席，由巫统主导的一党独大的政治格局亦被打破。国阵政府失去五个州属的执政权更进一步蚕食了其政治正当性。2008年3月8日的大选（亦称308大选）成绩也彰显了跨越族群的投票趋向，催生了多元族群政治。这使盘踞马来西亚政坛多年的种族政治面临严峻的挑战。除此以外，由人民公正党、民主行动党和回教党组成的人民联盟（民联）迅速崛起成为国阵的强势竞争对手。这两个阵线的形成使两线制的雏形再次出现于马来西亚政坛。

两线制可说是马来西亚华人的夙愿。华人族群的第三股政治势力——华团在1986年提出两线制理念以制衡巫统的政治霸权并一劳永逸解决华族的困境。虽然两线制的雏形曾在1990年和1999年的大选出现，但它不能在马来西亚的政治格局里存活下来。在22年的迂回政治发展后，两线制在政治气候更有利的局面下重现马来西亚政坛。华裔选民在308政治海啸里大力支持反对党虽促使马来西亚的政治民主化发展向前迈进了一大步，但巫统领袖与支持者对华人的投票行为深感不满和不安。由于华裔选民在大选里发挥了关键性少数的作用，许多巫统领袖认为这是华人政治势力的崛起。这股力量的出现将挑战马来人的政治宗主权地位。例如时任巫统署理主席和副首相慕尤丁在选后接受专访就对这股华人政治力量的出现感到担忧，因为它能左右国家政局（《马来西亚前锋报》2008年4月13日）。这不安情绪促使巫统的支持者组织了一系列马来人非政府组织以捍卫马来人的权益和特权。[①] 因此许多巫统领袖与支持者认为两线制的出现将削弱马来政治势力。

二 2008年大选后的政治新格局与脉动

在这新政治格局下，不只是自独立以来由联盟与国阵独揽国家政权的形势已有所改变，更重要的蜕变是巫统一党独大之局面已被海啸浪潮击破。有鉴于马来西亚的政治生态一直以来都由巫统所掌控，因此国内的各种执政论述如马来人主权/宗主权、马来人议程、马来人的宰制都面临被挑战或取代的危机。另外巫统政客所惯用的付诸种族政治的手段亦面对挑战。在新政治格局下，以上的论述不只需面对来自民联的挑战，巫统在国阵的成员党亦纷纷发出反对声音。马华公会和民政党之领袖在政治海啸后提出制衡巫统，落实更实质的权力分享的论调；有人更提出解散国阵并成立一个多元族群的政党以因应多元族群政治的来临。除此以外，支持巫统的马来民族主义团体亦纷纷群起发声要其继续捍卫马来人主权与马来人权益。他们还于2008年3月20日成立了马来人团结行动阵线并以马来人主权受到威胁的口号来号召马来族群务须团结一致。这些都是308政治海啸发生后所衍生的后续发展。有政论者评述这些政治乱象是马来西亚在民主化道路上需经历的阵痛。

308大选所催发的政治海啸不只冲破巫统一党独大的格局，马来西亚政坛亦步入剧变的年代。反对党势力的激增使国阵政府，尤其是巫统面对前所未有的挑战。巫统在马来西亚政坛唯我独尊的地位亦开始有所动摇。另外，国阵成员党尤其是马华公会、民政党及国大党在308大选受到严重挫败。因此国阵政府在选后的应对策略都由巫统主导。由于意识到

---

① 巫统支持者迅速在大选后，即2008年3月20日就成立了马来人团结阵线（Barisan-Bertindak Perpaduan Melayu，BBPM）以捍卫马来主权。马来人团结阵线于5月2日在新山举办了一个以“马来民族之存亡取决于马来主权”为主题的3天大会。同年8月一个倾向巫统的独立国会议员依不拉欣阿里注册了土著权威组织（Pertubuhan Pribumi Perkasa Negara，简称Perkasa）。该组织快速崛起成为一个捍卫马来人权益的种族性组织并得到许多巫统右派领袖及保守的马来人的支持，前首相麻哈迪亦是其强力支持者。此外2008年11月5日一个马来联合团体Gabungan Melayu Perak发动了为数两千余名马来人到霹雳州向霹雳苏丹请愿以吁请维护马来主权与马来人的权益（《东方日报》2008年6月11日）。

国阵政府可能在下一届大选失去联邦政府之执政权，巫统有极强烈的危机感。为了恢复其政治正当性和挽回各族选民的心，巫统领袖用尽各种方法来笼络民心。对于反对势力，国阵政府就利用国家机器来打压和分裂其势力以达到弱化反对党阵线。

有鉴于国阵政府在308大选大量流失华裔选票，巫统领袖在选后初期曾积极要挽回华裔选民的心。当时他们的认知是在马来选票大分裂下，他们急需华裔选民的支持以稳住其政权。因此对华裔选民而言，国家领导人实施了一系列亲民的举措。虽然国阵政府采取了一系列讨好华人的临时举措，但这些行动还是不足以提升华人对国阵的支持率。华社一直以来所争取的制度化拨款和制度化增建华小及公平对待华人诉求并没得到国家领导人的回应。在继续流失华人的支持下，国阵政府因此在接踵而来的补选中处于挨打的局面。在西马举行的后308九场补选中，民联以势如破竹的气势赢得了七场补选并打破了国阵在补选中占优势的神话。[①] 这样的补选成绩再次证明华裔选票倾向反对党阵线，亦说明了民联已有能力与国阵抗衡。

巫统领袖在积极挽回马来选民的心而采取了迥异的策略，该党曾在2009年9月底召开脑力激荡会以讨论党的政治路向。在会上，该党达成更积极争取马来人的支持之议决（《星洲日报》2009年4月10日）。这是因为其领袖认为在308大选后华人的反国阵情绪依然浓烈，他们无望争取回华裔选民的支持。有一些领袖更强调他们无须依靠国阵的成员党而能独立在马来西亚的政坛里存活。这些领袖认为他们能通过玩弄种族和宗教伎俩得到更多马来人的支持。[②] 因为他们意识到夺得更多的马来人游

---

① 在马来西亚政治史中，国阵政府从来没有在补选里受到如此之挫败。国阵失利的补选计有槟城峇东埔国席（2008年8月16日）、瓜拉登嘉楼国席（2009年1月17日）、霹雳武吉干当国席（2009年4月7日）、吉打武吉士南卯州席（2009年4月7日）、槟城本南地州席（2009年5月31日）、吉兰丹玛力勿莱州席（2009年7月14日）和槟城柏玛当巴锡州席（2009年8月25日）。国阵只在森美兰峇眼槟榔州席补选（2009年10月11日）和乌鲁雪兰莪国席补选（2010年4月25日）中获胜。在赢了槟榔州席补选后，国阵才开始扳回劣势。

② 这种趋向可从308大选后巫统在两场补选中所用的竞选策略中看出。在槟城峇东埔（2008年8月26日）和瓜拉登嘉楼（2009年1月17日）举行的国席补选中，巫统发动了以“拯救马来人”为主轴的竞选运动。该党的领袖和支持者付诸各种种族政治手段来提高马来人的支持率。另外，巫统的支持者在反对兴都庙迁建在马来人为多的雪州莎安南社区时竟于2009年8月28日持着血淋淋的牛头示威。此项示威行动明显是得到一些巫统领袖之默许和支持。

离选票，才是巫统生存之道。在如此的思维引领下，再次彰显了巫统并不打算摒弃其种族政治。更让华人愤慨的是，该党为了恢复其在马来社群的政治正当性，无不用种族政治到其极。该党的元老级领袖东姑拉查里就批判：

> 有迹象显示，巫统可以通过分裂种族和操纵宗教的办法来赢回马来族群的支持。这是一个对整个国家的错误解读，它低估了大多数拥有良好意识和开明的马来人。(The Malaysian Insider, 2009. 11. 10)

在2011年4月16日举行的沙捞越第十届州选可说是马来西亚2013年大选各政党的热身赛，亦可验证各政党将获得的支持率。虽然国阵政府再次执政该州，但却大量流失华裔选民的支持。代表国阵出征华人选区的沙捞越人联党只赢获一个华人选区，华基反对党——民主行动党在12个华人选区狂胜。如此的州选成绩进一步说明了华裔选民在2008年大选所催生的民心思变之倾向已难以挽回。这样的政治发展促使巫统的右翼领袖加剧他们要放弃华裔选票的想法。他们的思维直接影响了巫统的喉舌《马来西亚前锋报》一直以来所秉持的种族性报道。这可从该报的助理总编辑Zaini Hassan于2011年4月24日发表了一篇与首相那吉“一个马来西亚”施政理念背道而驰的文章《赶紧驱动一个马来人，一个土著》。接着，该报亦猛烈攻击民主行动党是一个玩弄种族政治的华人沙文主义政党。

三　2008年政治海啸对华人政治的影响

2008年3月8日马来西亚第十二届的大选成绩让许多政治观察家大跌眼镜。从2004年的狂胜到2008年的重挫，执政的国阵在308大选之成绩可说是个大逆转。它不只丧失了在国会里的三分之二多数议席的优势，也失去了五个州属的政权。该次的大选成绩一举改变了马来西亚的政治版图，国阵的霸权局面亦被冲破。政治学者与观察家把该次的大选突变形容为政治海啸。但该次的政治剧变并没给大马政治生态带来灾难，反之它却促使马来西亚迈入政治发展的新里程碑。马来西亚的政坛出现两个势力相当、可互相竞争和博弈的阵线。

对于308政治海啸所促成的雏形两线制，华人社群可说是乐见其成。在这方面国阵里华基政党领袖对两线制的出现亦持有积极的看法。这有异于1990年和1999年大选时他们皆不看好当时所出现的两线制。此次他们对新政治格局抱有积极的看法可说是他们体认到巫统一党独大给国阵与各成员党带来的戕害。这些领袖支持两线制，因为他们极想国阵能做出改革以因应新的政治局面。在他们看来，两线制下民联的崛起将给国阵带来挑战并促使它做出改革。例如，当时的民政党代主席许子根就公开说明国阵不需畏惧两线制所带来的竞争，并认为那是一种健康的政治发展（The Star，2008.06.21）。另一名民政党领袖杜全焕欢迎308大选所出现的政治新格局，并认为唯有两线制才能制造竞争的政治制度，进而把马来西亚的民主空间扩大。时任马华公会总会长黄家定亦认为雏形两线制的出现对国家及人民都是个好现象，只要各政党能公平施政，健康的两线制也是人民所期待的发展（《星洲日报》2008年4月25日）。该党的副总会长蔡细历也指出两线制让人民有选择的机会，他们可在比较国阵和民联后投票，人民欢迎健康的竞争。

对于新政治格局的出现，国阵里华基政党的接受和支持立场可说是在人们意料之外。马华公会和民政党支持两线制是希望巫统能做出改革，如此一来国阵才能重新获得人民的支持并恢复其政治正当性。他们希望巫统能放弃其一党独大之势力并与他们共享权力或是以制衡的方式来平衡巫统的政治力量。虽然马华公会和民政党接受和支持两线制，但却无助于强化两线制的形塑。这两党的领袖无法把接受与支持两线制的力量转化为实际的行动。在308大选后，制衡巫统以促使国阵转变为更有效率的阵线的呼声在国阵成员党中此起彼落。但在后308的政治格局里，他们无法落实此项行动。由于这两党经历了308政治海啸的挫败后，他们已完全丧失了制衡巫统的政治实力。另外，巫统的一些领袖非常不满国阵里的华裔领袖指责巫统的一党独大是造成华基政党失利的原因。政治海啸亦冲击了巫统的政治势力，许多巫统精英感受到前所未有的危机感（Ahmad Atory，2009），这也使他们采取不协商与不妥协的立场。

在此种情况下巫统并没有解决在朝华人政党的不满。因此巫统在国阵里的地位还是稳如泰山，继续支配国阵的其他成员党。该党的一些领袖和支持者还是依然故我地玩弄种族分裂伎俩。有些领袖更是骄横自大。这可从巫统槟城升旗山区部主席阿末依斯迈于 2008 年 8 月 23 日发表针对华人的“寄居论”之言辞中看出。当时的首相曾指示他向华社道歉，但他却不听从指示。时任副首相纳吉只好代表巫统向华社道歉（《马来西亚前锋报》2008 年 9 月 3 日）。由此可见马华公会和民政党根本无法改变巫统在国阵里一党独大的格局。因此国阵难以重新获得华裔选民的支持，马华公会欲恢复其在华社的政治正当性之努力也深受影响。

在这样的政治发展趋势下，国阵里的华人政党领袖终于了解要促使巫统改变和放弃其种族政治是一项艰辛的工作。因此有些领袖开始对巫统和国阵感到失望，这亦引发了一股马华公会和民政党领袖与支持者的退党浪潮。[①] 除了以上的退党浪潮，华裔年轻人参加反对党已成为后 308 政治发展的一项显著趋势。其实年轻人参与反对党早已始于 1998 年的“烈火莫熄”政改运动。[②] 但在 2008 年大选前和 308 政治海啸过后年轻人投身反对党有激增的趋势。在 308 大选，前学运分子出来参选的现象可谓空前热烈并缔造了以往未有的纪录。这现象的出现是因为有一批学运分子在大学毕业后就直接活跃于人民公正党和民主行动党。他们在大学时期参与学运活动让他们有机会训练其领导才能和组织能力。这些经验与能力使他们在各自的政党里冒出头来并被挑选为 308 大选之候选人。代表人民公正党出征 2008 年大选的前学运分子如表 1 所示。

---

① 当时选择退党的重要领袖是来自马华公会的蔡锐明、陈仪乔、林武灿等人和来自民政党的李家全、杜全焕及陈记光，相关详情参阅祝家丰（2011：238—240）的报告。

② “烈火莫熄”政改时期，那些同情安华的各院校之学运分子都受到校方的打压。这情况反而造成来自各族群之学运分子倾向于支持反对党以表达他们争取公正和社会改革之决心。在华裔学生群体里，他们于 1998 年创办了马来西亚青年学生民主运动（简称学运）。学运是一个全国华裔大专生组织，它为各地的学生争取权益和福利并提供援助。在学运与政治环境的影响之下，许多华裔大专生毕业后选择加入人民公正党和民主行动党，相关资料可参阅祝家丰（2011：240—244）的研究。

表1　　以人民公正党名义出征 2008 年大选的前学运分子

候选人	选区	成绩	多数票（票）
王敬文	N17 武吉登雅（槟城）	赢	1904
沈志勤	N36 班台惹雅（槟城）	赢	1258
曾敏凯	N44 新板波赖（霹雳）	赢	3386
郑立慷	N45 迪遮（霹雳）	赢	175
颜贝倪	N14 万挠（雪兰莪）	赢	4192
林秀凌	N8　马接（马六甲）	败	1639

资料来源：作者整理自 New Strait Times 2008 年 3 月 10 日报道的第十二届大选资料。

除了人民公正党成功吸引了大批前学运分子，民主行动党在这方面也有斩获。虽然该党一直以来被国阵政府视为华人政党，但民主行动党并不是一个种族性政党。其民主社会主义之斗争理念宣示了该党的跨越种族路线。此外，该党数十年来能一直坚持扮演着监督国阵政府的角色，也形成一股吸引年轻人的力量。因此为数众多的大专毕业生选择了该党作为实现他们改革社会的理想的依仗。在 308 大选有机会代表该党出征的前学运分子如表 2 所示。

表2　　以民主行动党名义出征 2008 年大选的前学运分子

候选人	选区	成绩	多数票（票）
刘镇东	P48 升旗山（槟城）	赢	16122
黄伟益	N28 光大（槟城）	赢	3328
李映霞	N22 莲花苑（雪兰莪）	赢	8085
欧阳悍华	N28 斯里肯邦岸（雪兰莪）	赢	7244
陆兆福	P130 亚沙（森美兰）	赢	13151
	N11 罗白（森美兰）	赢	6928
陈弘缣	P190 斗湖（沙巴）	败	4867

资料来源：作者整理自新海峡时报 2008 年 3 月 10 日报道的第十二届大选资料。

这两批前学运分子出征了 2008 年大选并顺利当选州议员或国会议员为马来西亚的政治生态带来影响。他们的当选不只强化了人民公正党和民主行动党，而且也巩固了民联的地位。他们的当选显示了各族选民，尤其是年轻人亦支持反对党。有鉴于他们深受“烈火莫熄”政改运动的影响，因此他们的政治理念是跨越族群的多元族群政治。他们坚决反对由国阵自独立以来所奉行的种族政治。虽然这批国州议员有些是来自民主行动党，但他们却是安华领导的非种族性政治路线的中坚支持者。这批后起之秀对马来西亚未来是否能走出种族政治扮演了举足轻重的角色。他们对308政治海啸所催生的多元族群政治极其珍惜。这可从他们跨种族性的言论和不分肤色为选民提供选区服务的举措中看出。

前学生领袖与学运分子在308大选前后积极参与反对党的趋向扭转了之前这群学生倾向于支持和参加马华公会的趋势。譬如20多年前大学毕业生都竞相以加入马华公会为荣。但在后“烈火莫熄”和后308政治海啸时期，马来西亚华裔大专院校参政的毕业生皆选择人民公正党与民主行动党。他们认为唯有这两党能实现他们要改革社会及维护人民利益的理想。因此马华公会只吸引了极少数的“烈火莫熄”和后“烈火莫熄”时代的华裔大学毕业生加入该党。当时加入马华公会的毕业生计有吴健南、吴渐彪、李锡锐及陈绍谦等人。他们之中只有吴渐彪有机会出征308大选，但他却铩羽而归。再加上一些州属已由民联掌权，马华公会和民政党失去分配政治资源的机会。该因素更强化了华裔青年对国阵华人政党的离心力，所以这两党越来越难吸引年轻人入党。

四 2013年大选与华人反对政治

前首相纳吉在2013年的505选战成绩揭晓当晚就以“华人海啸”来形容国阵的竞选成绩。如与308大选所发生的政治海啸相比，他显然不满意国阵再次大量流失华人选票。虽然国阵在他首次领军作战下成功保住联邦政府的执政权，但其阵营的表现并不达标。纳吉原本预计能重夺国会三分之二的多数议席和雪兰莪州政权，但是这两个目标皆落空了。国阵在此届大选的成绩其实还比不上2008年普选的成绩。其所赢获的133个国会议席比上一届大选少了7席，州议席则从307席滑落至275席。尤为严重的是国阵只能获取47.38%的全国选票；反观民联却赢获了50.87%的选票（Lee，Thock，2014：26）。聊以让纳吉与巫统领导层告慰的是该党的选战表现比上一届的成绩有显著的进步。该党的国席从308大选的79席提升至88席，州议席则增加了2席至241席。巫统的略好表现也让国阵重夺吉打州政权和保住霹雳州政权。

无论如何，国阵的整体表现却被其他成员党的差劲表现所拖累，尤其是华人政党惨不忍睹的表现所拖累。由于华裔选民在505大选中铁了心要实现政党轮替的局面，因此他们的选票都投向民联阵线。马华公会在此届大选中面临民政党在308选战的命运。在马来西亚政坛叱咤几十年的马华公会几乎被第二次政治海啸连根拔起。民政党也在政治海啸2.0的大潮中挣扎求存，只赢获了微不足道的1国3州的议席。表3对比了华基政党在505与308大选的表现。

表3　马来西亚半岛华基政党在2008年和2013年普选的表现（国州议席）

单位：席

政党	2008年大选		2013年大选	
	国席	州席	国席	州席
马华公会	15（40）	30（89）	7（37）	11（88）
民政党	2（12）	4（31）	1（11）	1（29）
民主行动党	26（35）	72（92）	31（36）	91（95）

注：括号内为竞选议席总数。

资料来源：New Straits Times（7.5.2013）& Tew（2011：222－235）。

马华公会的候选人在国州议席的竞选中兵败如山倒，该党的两名部长（江作汉与曹智雄）和两名副部长（何国忠与李志亮）皆在华裔选民的反对政治之浪潮中无法捍卫其在上届大选所赢获的国席。马华公会在505选战中只竞选37个国席，比上一届少了3席。[①] 由于大量流失华裔选票，该党只能在巫裔居多的选区或混合选区胜出。在所赢获的7个国席中，有4席是马来选民居多，另外3席是混合选区。马华公会在华人居多的选区皆一败涂地。表4详列了马华公会所赢获国席的选民结构和多数

① 该党把三个国席，即旺莎玛朱、地不佬及关丹让给巫统出征，因为巫统领导层认为它们在这三个议席有更高的胜算。但巫统的候选人依然在这三区败选。

票分析。

表4　2013年大选马华公会所赢获的国席分析

序	国席编号	州属	国席名称	选民族裔结构（%）				候选人	多数票（票）
				巫裔	华裔	印裔	其他		
1	P077	霹雳	丹绒马林	53.49	27.25	14.02	5.24	黄家泉	4328
2	P135	马六甲	亚罗牙也	58.49	27.80	12.87	0.85	古乃光	11597
3	P089	彭亨	文冬	44.61	43.88	9.12	2.4	廖中莱	379
4	P142	柔佛	拉美士	36.53	46.46	15.08	1.94	蔡智勇	353
5	P148	柔佛	艾依淡	57.91	37.96	3.96	0.17	魏家祥	7310
6	P158	柔佛	地不佬	47.42	38.19	13.26	1.14	邱树祥	1767
7	P165	柔佛	丹绒比艾	52.11	46.50	1.07	0.32	黄日升	5457

资料来源：New Straits Times（7.5.2013）。

由于华裔选民在前几届的大选选择了钟摆式的投票行为，马华公会在1995年至2004年的普选中都有所斩获并保有一定的政治势力。但该党的选战成绩之大幅度滑落始于2008年的大选，2013年之大选更见证了其全线溃败。这样的选战成绩说明了马来西亚华人对马华公会的政党认同已起了根本的变动，以往该党在各届大选所享有的认同板块已被转移至民主行动党和人民公正党。诚然第十三届大选可说是华人选民的重组性选举。[①] 在华裔选民欲在505大选实现政党轮替的浪潮下，马华公会与民政党可说是溃不成军。大选成绩说明华人已在政治上豁出去，也不在乎马华公会的存在和摒弃了“有人在朝好办事”的思维。因此该党虽不至于陷入泡沫化，但已无可避免地步入式微与“被告别”的困境：

> 第十三届大选，则是华人选民明确宣示“告别马华”，期望重回政治主流的集体表态，马华公会无法解读这个时代精神，还错估形势，意图以不入阁来绑架华社主流民意，最后反遭民意席卷。但是，

① 潘永强：《第十三届大选：华人政治的重组性选举》，潘永强、吴彦华编《未完成的政治转型：马来西亚2013年大选评论》，2013年，第59页。

> 华人选民为了重返政治，不惜短暂切割与建制的关系，不在乎失去华人部长，这种吊诡实反映出对现有建制的集体告别与彻底失望，在呛声与出走之间，皆需要勇气与决心，也是华人社会自主公民的艰难抉择。①

2008 年政治海啸所产生的反对政治继续在 2013 年普选里发酵与扩散，民主行动党是此次选战的最大赢家。该党在西马半岛所竞选的 36 个国席中赢获了 31 个国席。在一些国席，其候选人以超过 4 万多票多数选票击败马华公会之候选人。在华人反对政治影响下，民主行动党除了在 505 选战中缔造了辉煌的战绩外，该党亦取得了数项标杆性的进展。该党向来都是依赖华人的选票，但自 2008 年大选巫裔选民已开始支持该党的候选人。这个趋向在 2013 年的普选里更明显了，民主行动党的候选人能在混合选区胜出证明了这个政治新趋势。除了华人居多选区，该党在西马竞选了 14 个混合国会选区并在 9 个选区胜出。如果不是马来选民的支持，民主行动党是无法缔造以往所不能达到的成绩。例如位于吉隆坡周边的沙登国会选区可说是混合选区之典型例子，该区拥有 39.57% 的马来选民，48.63% 的华裔选民，印裔选民则占 11.04%。民主行动党的候选人王建民却能以巨大的多数票（42206 票）赢获该选区。华社的反对政治与城市巫裔选民的鼎力支持，即马来选民的支持率从 2008 年的 36% 递增至 2013 年的 43%，促成了该区民主行动党候选人的高额多数票。

此外，505 大选成绩亦为民主行动党的发展注入多元族群的元素。该党一直以来都被巫统视为华人沙文主义政党，但其选战成绩证明了其马来领袖一样得到多元族群选民的认可。该党的两名候选人，即槟城的再里尔（Zairil Khir Johari）和彭亨的莫哈默阿里夫（Mohd Ariff Sabri）② 都在各自的国会选区胜出。另一名领袖东姑朱布里（Tengku Zulpuri Shah

---

① 潘永强：《第十三届大选：华人政治的重组性选举》，潘永强、吴彦华编《未完成的政治转型：马来西亚 2013 年大选评论》，2013 年，第 65—66 页。

② 莫哈默阿里夫曾是巫统彭亨州领袖，亦在巫统旗帜下被选为州议员。再里尔则是巫统元老佐哈里之子。

Raja Puji）则在彭亨州文德甲州议席取胜。尤为重要的是他们都是把来自马华公会的候选人拉下马。

在2013年的大选前纳吉虽然有意愿要把马来西亚带上“中庸与改革”之道，但选战成绩显然宣示了他的执政理念受挫。他原本的理想是通过赢回华族与印裔的支持，国阵政府将在大选里重获三分之二的国席以成为一个强势政府。在华人求变和求换政府的投票趋向下，选后衍生的政治格局是国阵依然是弱势，但巫统却强势主导着执政政府。由于巫统在选战里靠着乡区的马来票源而增加其国州议席，这说明了巫统党内的保守和右翼势力得到乡区马来人的支持。身为党主席，纳吉在施政时必须考虑党内的这股势力。尤其是在2013年年末面对党选时，其施政方针明显右倾以确保其党主席一职不受到挑战。这可从他在党选前，即2013年9月14日推出的马来经济赋权政策看出来（《东方日报》2013年9月15日）。

有鉴于当时巫统的保守势力在前首相马哈迪的撑腰下，其在党内的影响力日益膨胀。纳吉虽贵为国家首相和党主席，但他明显是属于弱势的，必须向这股势力妥协以免他重蹈前任首相阿都拉被逼下台的覆辙。所以纳吉往往不愿意对付那些把国内政治种族化的巫统党员。因此在后505的政治发展中，马来西亚的政坛与社会充斥了各种种族和宗教激化的事件。从非穆斯林禁用“阿拉”字眼、伊斯兰宗教局突击检查雪兰莪基督协会并扣押其马来文版的《古兰经》、基督教牧师被指怂恿伊斯兰教徒叛教到2014年的“华人是入侵者”的言论，[①] 彰显了马来西亚的多元文化社会正滑向撕裂和分化的局面。

五 华人的政治抉择与诉求：为民权与国家寻求出路

自1957年独立以来马来西亚华人对2013年的普选最充满热忱、憧憬与期待。许多华人认为他们手中的一票能换掉旧政权并促成马来西亚第

---

① 此番“华人为入侵者”的言论是由保守的伊斯兰组织穆连会（ISMA）主席于2014年发表的煽动性言论。

一次的政党轮替格局。因此华裔选民在选前对各种政治活动，尤其是民联的政治讲座和募款活动都大力支持。在槟城和新山的民联政治讲座更得到成千上万的选民到来聆听而造成万人空巷之景观。[①] 有鉴于意识到手中一票的重要性和能带来的改变，由反对党所发动的“回乡投票”浪潮不只吸引了到国内各地工作选民的支持，它亦横扫旅居世界各地马来西亚华裔公民。[②] 此外，选前也出现了之前罕见的各种华人社团、知识界和文化人群体、大学生组织和企业家纷纷站出来公开呼吁选民勇于利用手中的一票以促成马来西亚的改变。这样的趋势见证了马来西亚华人社会少有的政治总动员。在“反风”向全国各地疾吹之下，华人之选票几乎一面倒地投向反对党。

在 2013 年大选前夕，华社所吹起的“反风”可谓非常强劲，许多政治观察家都认为政治海啸将再次来袭。这股“反风”彰显了马来西亚华社对国阵政治协商模式的失望和唾弃。华人 2013 年大选的投票行为可说是对国阵一党独大的政制由不满到绝望的具体表态。由于华人的许多问题和困境自 1969 年以来一直在原地踏步，没有获得解决。例如面对华社极需增建新华文小学（华小）的诉求，国阵政府往往只会根据“政治需要”，在必要时，尤其是国阵政府在全国大选或补选面临反对党严峻挑战之际，宣布搬迁和增建一些华小。在此情况下，搬迁和增建华小已沦为执政党捞取华人选票而分派的“政治糖果”。譬如国阵政府在 1999 年大选面对由前副首相安华发起的“烈火莫熄”（Reformasi）政治改革运动时，[③] 宣布增建 6 间新华小和搬迁 13 间微型华小。到了 2004 年大选，由于选情对国阵政府一片大好，政府就一间新华小也没增建或搬迁。但到了 2008 年大选，局势对国阵政府不利之际就于 2008 年 1 月 30 日宣布增建与 1999 年大选同样数额的 6 间新华小和搬迁 13

① 有关选民对民联和国阵的竞选活动之支持和参与，可参阅王国璋（2013）的选举观察报告。

② 那些旅居国外的马来西亚华裔选民对 2013 年大选的关注和返乡投票之浪潮可说是空前的，可参阅潘婉明（2013）的相关报告和分析。

③ 这项政治运动的产生起因于前副首相安华因政见分歧而被时任首相马哈迪于 1998 年 9 月 2 日革除所有官职与党职。这项开除行动造成安华的支持者和马来选民极端不满并引发他们展开了一系列的街头示威与抗争。

间微型华小。这些由政治人物派发的“政治糖果”，其许诺易如反掌，但实践起来却满途荆棘。当地的华社与家长引颈长盼新华小的设立。譬如，1999 年宣布增建的安邦华小二校（位于吉隆坡周边）竟需耗时 9 年，2008 年才正式启用，这可苦了当地的华裔家长。同年宣布增建的彭亨州关丹中箐华小分校，时至 2012 年年中才落成。另一个极端的例子是雪兰莪州的沙登新村华小二校，其在 1967 年已获得批准并操作的校舍竟需耗时 20 年（于 1987 年）才正式成功迁校并启用（董总，2004：608；洪嘉玲，1998）。[①]

在 2008 年大选后所举行的 16 场补选期间及第十三届大选将来临之际，华校可说意外得到各种拨款；[②] 国阵领导人也纷纷到各地为新华小举办动土礼。但这些举动并不代表华校将面对顺境了。新华小在举办动土礼后，其建委会须面对筹款、图测批准、政府拨款延迟拨出、工程延误的许多问题。因此新华小的筹建可说是荆棘满途，雪兰莪州敦陈修信华小的建校过程是个典型的例子。该校在 2006 年 9 月 27 日获得了教育部长口头允准建校，但其正式批准公函却迟至四年后的 2010 年 6 月 26 日才发出。虽然建委会已得到白字黑字的信函，建校工程却不能展开。原因是市议会根据校地拥有权归属于巫统 Kota Raja 支部主席而不是该校董事部而拒绝发出建校工程准令。只有在该市议会的坚持下，时任教育部副部长魏家祥才于 2011 年 4 月签署正式将敦陈修信华小的校地转至该校董事部（《东方日报》2011 年 8 月 30 日）。此案例说明了在的华基政党没有积极地跟进新华小的筹建过程。其领导人和党的地方领导层往往只在动土礼上高调亮相，过后就对建校工程不闻不问了，新华小的筹建也因此耗上数年才能建成。

诚然马来西亚华文教育发展困境的症结在于国阵政府所实施的单元

---

① 沙登新村华小二校 1967 年已获得批准设立，当时是暂借沙登新村华小一校校舍上课。过后沙登区时任马华公会州议员叶炳汉配合该区华人社团成立了建校工委会以积极向教育部争取建设沙登新村华小二校新校舍。政府批准该区的两片新校地原为国小校地，基于一所新国小已于 1985 年建竣，但其学生仅有 200 人，建校工委会便以该区已设立了国小而其新生并不理想为由，申请将另一片校地转换为华小。此项申请过程虽遇到各种阻碍，但建校工委会最终成功在 1987 年建竣该校，有关此项建校详情，可参阅洪嘉玲（1998）的报道。

② 譬如首相纳吉于 2011 年 10 月 22 日到访雪州四大华人稠密区时宣布拨款总额 1260 万元给双溪龙华小、加影新城华小、锡米山华小和龙溪华小。

教育政策。有鉴于教育问题直接涉及国族建构取向，再加上其与种族政治纠葛不清，华文教育已演变为政治问题。在这样的格局下，马来西亚的华文教育问题须用政治方法解决。很多时候，华教问题的解决方案往往是在任的华人政党与巫统政治协商和妥协下的产物。第十四届大选前马来西亚的政治格局是由巫统独揽政权，所以华教问题的解决需符合该政党领袖之意愿。但巫统领袖向来都是奉行排外的马来民族主义并以单元化的教育政策为国族建构方向。因此所谓的通过政治协商而达到的有关华教问题之解决方法，一般都难于达到华社的要求。为了争取华教的平等权利，华社里的华团和华教人士只好通过向政府施压或对教育部的各种举措做出抗争。譬如，董总在 2012 年就发动五次抗争大会以争取华教权益（见表 5）。

表 5　　2012 年董总所发动的抗争

序号	抗争名称与争取课题	日期	参与人数（人）
1	“1125 和平请愿大会”——反对 2013—2020 教育大蓝图	2012. 11. 25	10000
2	“926 华教救亡与抗议行动”——向国会提呈华教八大诉求	2012. 9. 26	2000
3	“729 申办华仁中学分校和平请愿大集会”——在昔加末复办独中	2012. 7. 29	7000
4	“520 申办关丹独中和平大集会”——开办关丹独中	2012. 5. 20	4373
5	“325 华教救亡抗议大会”——师资短缺问题	2012. 3. 25	10000

资料来源：作者整理自报章新闻。

2008 年后除了华人问题，马来西亚华人为了国家的未来和追求更完善的政治体制，更热诚地参与各项政治改革运动。由公民社会组织“干净与公平选举联盟”（以下简称净选盟）自 2007 年所发动的 Bersih（公平与干净选举）游行得到华人群体的支持与参与。由于 1969 年种族流血冲突的阴影，华人一般都不敢走上街头示威。[①] 但自从参加 2011 年 7 月 9 日举办的 Bersih 2.0 后，他们对威权和警察的镇压不再惧怕，勇敢地走上街头示威以争取马来西亚的改革。示威的参与者不再局限于年轻人，华裔中年人和老年人也集体上街展现公民抗命，留下深刻的民主烙印。

> 民众大规模上街，打破了 513 种族暴动阴影，突破分而化之的刻板种族印象，如华人怕乱及留在家屯粮，不敢参与集会。[②]

到了 2012 年，华人更积极地参与公民抗争的运动。如果 Bersih 2.0 的上街示威者有 5 万人，但到了 Bersih 3.0（于 2012 年 4 月 28 日举办），各族群的参与人数就激增至 10 万人。在 2015 年 8 月 29 日至 30 日举办的 Bersih 4.0，示威人数更攀升至 20 万人。由于参与的华人众多，多名巫统领袖谴责这是华人的抗争游行。此外马来西亚的重要华团组织，隆雪华堂在更早的数年前就积极地参与形塑公民社会力量。它自 2005 年举办第 22 届全国华人文化节时提出“迈向公民社会”的愿景后，就推动与其他非政府组织串联。更在 2007 年 12 月 19 日成为首个推介公民社会奖的华团。当马来西亚出现了一系列宗教信仰自由和改信宗教的争端，隆雪华堂的民权委员会发起了联署活动促请各界尊重马来西亚自由与多元的价值并捍卫家庭与人道精神。除了扮演公民社会团体的角色，隆雪华堂已意识到跨族群工作在马来西亚政治剧变中的重要性。因此该组织自 2009 年起就积极落实此项工作，其具体成果是在 2011 年 10 月 29 日与 20 个来自不同领域、跨族群的非政府组织共同组成了“马来西亚行动方略联盟”，可说是完成了隆雪华堂要为国家建言、积极参与国家建设的跨族群计划之目标（姚丽芳，2015：225）。

---

① 虽然“烈火莫熄”（Reformasi）政治改革运动于 1998 年发起时曾引起一些华裔年轻人走上街头与友族同胞展开政治抗争，但当时的华人多数是持有保留态度，可参阅祝家丰（2011）的相关研究。

② 杨凯斌：《序言：人民力量在网络与街头齐飞》，《共赴 709——Bersih 2.0 实录》，2011 年，第 2 页。

六 政治转型的艰难：种族霸权国家的韧力

纳吉在主政后和505选战中选择了向中间选民靠拢的竞选策略，采取了中庸的施政方针，并积极向华裔选民发放各种好处以赢回华裔选票。但大选成绩宣示了华裔选民不买国阵政府的账，他们显然把选票都投向反对党以实现政党轮替的局面。如此的投票趋向促使纳吉在失望之余就用“华人海啸”来阐明国阵不理想的战绩。[①] 但身为国家领导人以此种简单化的论述来概括选民投票趋向可谓是不明智之举。纳吉的这项指责使党内的保守与右翼分子趁势种族化2013年的大选成绩。接下来，华人便被许多巫统领袖视为不懂得感恩的族群，其党喉舌《马来西亚前锋报》更于2013年5月7日在封面提出“华人你们到底还要什么?”的责问。

在后505的政治脉动中，有迹象显示巫统正加剧通过分裂种族和操纵宗教的课题来赢回马来族群的支持。在得不到华裔和城市选民的支持下，它只好进一步巩固其基本盘，即乡区马来人的选票以确保该党能在第十四届大选中继续执政。由于乡区马来选民普遍受教育程度不高，巫统可轻易利用《马来西亚前锋报》来制造2013年大选后马来人已面临政治和宗教危机的假象以达到煽动马来族群的情绪。另外，巫统被发现资助右翼马来组织来继续渲染和煽动种族和宗教情绪。譬如著名的马来民族主义组织土权（Perkasa）就公开承认得到政府的资助（Malaysiakini，25. 12. 2013）。此外，法国学者Sophie Lemiere对现今马来组织的研究更发现巫统利用马来帮派组织来为其作政治动员并默许其各种活动以期达到暴力同谋的利益（Loone，2013）。

从以上的事件来看，巫统可说是不惜利用各种手段来维持其政权。在操控各种手段和政治论述下，巫统所主导的马来西亚党国体制可说是

---

① 国阵在2013年大选的成绩不达标的因素除了华裔选民倾向支持反对党外，其他肇因是因为流失城市选民和中产阶级的选票，有关2013年的选战成绩和选民投票趋向分析，可参阅潘永强和吴彦华（2013）的报告。

稳态型的和坚韧性的（resilient）。该党能塑造如此的政治体制全赖它拥有强大的体制修复能力并做出各种快速的反扑行动（潘永强，2008：34）。在后505大选新的政治格局下，由于国阵其他成员党的弱化，巫统掌控的党国体制更向该党倾斜。这可从505选战后，巫统众领袖的心态与308大选后所出现的忧虑与危机意识有着极大的差别。其领导的国阵政权更执意要推行以马来人议程为主的国策。

七　2018年种族霸权体制的崩解：华人政治夙愿的实现

2013年大选后虽然纳吉继续领导着一个相对韧性的政权，但其后马来西亚发生了一连串事件而使国阵政府弱化。首先是一马公司所发生的丑闻造成纳吉首相的威信和诚信受到严重的打击。[①] 紧接着由于巫统党内的一些领袖，如党的署理主席和副首相慕尤丁、副主席兼部长沙菲益阿达、党财政和第二财政部长胡斯尼不满纳吉的行为而呼吁展开公开调查。纳吉为了遮盖其丑闻而于2016年6月24日革除了前二人的党职和官职。前首相马哈迪也退出巫统以抗议纳吉的不当行为。马哈迪和慕尤丁于2017年另一个马来人政党土著团结党以继续和纳吉领导的巫统抗衡。沙菲益则回到沙巴州组织了以马来人为主的沙巴民兴党。一马公司的丑闻造成巫统政治精英的分裂，此项发展进一步弱化了巫统。

虽然伊斯兰党于2015年6月16日脱离民联，但反对党阵线在土著团结党和国家诚信党加入后成立了更强大的希望联盟（希盟）。尤为重要的是希盟在2018年大选前推举德高望重的马哈迪出任领导人和出任首相的人选。此项政治变化使马来政治，进一步分裂成五股势力，即巫统、伊斯兰党、公正党、土著团结党和国家诚信党。马来政治势力分裂所带来的影响在2018年大选中显现出来。由于巫统在2008年与2013年的大选中只需和民联竞争马来选票，但到了2018年大选它必须与伊斯兰党和希

---

① 虽然之前有谣传关于一马公司的弊端，但直至2015年《华尔街日报》揭露纳吉以私人户头收取26亿元的马币丑闻后，马来西亚人民哗然，才惊觉事情非同小可，相关详情可参阅林宏祥于2016年编著的《马来西亚大崩坏：从1MDB看国家制度腐败》。

盟争取马来人的支持。在马来选票三分天下的局面里，巫统流失了许多马来选票，这造成其候选人在许多国会选区纷纷败北。因此它所赢获的国会议席从2013年的88席剧降至54席（Faisal，2018：269），总共丢失了34席。这样的选战成绩只能让得到77席的国阵拱手把联邦政权让给赢获122个国席的希盟。巫统、马华公会、印度国大党和民政党亦因此首次成为马来西亚政坛里的反对党。

虽然国阵在2018年的败选可以归因于全民海啸，但华人海啸的效应尤为显著。根据估算，马来西亚华人从2008年大选就有80%的选票投给反对党，到了2013年这一比率增至85%，来到关键性的鏖战，其比率剧增至95%。为何华人如此铁了心要投反对票？除了要落实真正的两线制的夙愿，华人对纳吉政权的彻底失望也造成了他们这样的投票行为。这主要是纳吉在2013年大选后的施政方向更走向种族偏锋，专注于落实马来人议程和煽动马来人情绪以保住巫统的政权。纳吉通过与保守和马来种族主义的非政府组织合作和动员巫统的支持者（Funston，2016：99—102）。例如这些组织在嘉马尤诺斯的领导下2015年9月16日在吉隆坡的唐人街举办了一场声势浩大的红衫军大集会以声讨华人参加Bersih 4.0的集会。纳吉虽然没有现身大集会，但他对此项抗议大会给予支持和感谢主办集会的团体和团队（Funston，2016：102）。这些组织如PERKASA、ISMA和PEKIDA办的各种政治大集会都得到巫统领导层的默许和支持。有鉴于此，马来西亚的后2013年选战之政治发展是朝向更为种族化和情绪化的格局（Case，2013）。华人也因此常常被指责和成为代罪羔羊。譬如穆斯林消费人协会就呼吁马来人杯葛那些支持反对党的华人企业（Case，2013：514）。

国阵里的华人政党对巫统和右翼的马来非政府组织之种族性动员和各种污蔑行为，一般都无力加以谴责和遏止。华人对巫统的不满进一步加深，再加上马来西亚经济的恶化，因此在2018年大选里，华人可说是群起反对巫统和国阵政府。这样的投票趋向造成国阵里的华人政党遭遇了毁灭性的挫败。马华公华在2013年政治海啸里仅存的7个国会议席，再次失去6个，硕果仅存的一席是由魏家祥赢获的艾依淡国席。[①] 民政党在此次的选战中全军覆没，在国会和州议会完全没有代表权。表6详列了华人政党最近两届大选的表现。

表6　华人政党在2013年与2018年大选的成绩（国席和州议席） 单位：席

	2013年大选		2018年大选	
	国席	州议席	国席	州议席
马华公会	7（37）	11（88）	1（39）	2（90）
民政党	1（11）	3（29）	0（11）	0（31）
民主行动党	38（51）	95（103）	42（47）	101（105）

注：括号内为竞选席位。

资料来源：New Straits Times（7 Mei 2013）；Tew（2011）；Chin（2018：297）；《星洲日报》（2018年5月11日）。

八　结语

308大选成绩开创了马来西亚政治发展的新纪元。政治海啸所冲击出来的政治格局已使马来西亚处在一个政治转折的重要关口。两线制和多元族群政治的出现对马来西亚的政治生态产生深刻的影响。民联的形成与巩固使两线制雏形在后308的政治发展中日渐完善。人民公正党、民主行动党和伊斯兰党在308大选赢获了更多的国州议席使它们更能扮演好反对党的角色抑或是执政党的角色。此外，安华重返政坛并成为民联的推动者与主导者，他亦成功凝聚和巩固了反对党阵线。所以308政治海啸所催生的民联和2017年成立的希盟肯定比1990年的人民阵线/回教徒团结阵线及1999年的替代阵线强大。它的出现已威胁到国阵在2018年大选的执政地位。虽然反对党阵线面对一些纷争和危机，但其领袖在为促成两线制以使马来西亚走向民主化道路的大前提下皆能放下歧见。这正是迈

① 马华公华在2019年11月16日举办的丹绒比艾国席补选中获胜，因此该党现今拥有两名国会议员。

向政党轮替的良方。

后308的政治格局为马来西亚的两线制和政党轮替带来曙光。马来西亚的政治发展正处于落实两线制的历史契机。民联有了强大的马来政治势力作为后盾及安华在前线推动与主导，马来社群对反对党阵线之戒心也逐渐弱化。这是因为他们之中已开始意识到华人不能夺取马来政治权力并成为马来西亚政治权力的主导者或支配者。但这些看法与认知只在马来中产阶级和城市选民中发酵。由于2008年的政治海啸冲击了巫统的执政信心，当时在党内所催生的危机心态促成其领导层积极展开行动以修复被侵蚀的政治正当性。该党利用其一贯使用的偏激种族与宗教手法以吸引马来选民的支持。此外，该党亦支持和利用后308政治海啸所出现的许多马来保守和右翼组织以成为其政治动员的工具。该党在2013年后采取种族偏锋的策略来收复其失地，虽然失去华裔选民的大力支持，但该党却赢回许多马来人的支持和选票。作为一个执政56年的种族霸权政党，巫统拥有强大的机制和许多政治资源来修复和巩固其政权。马来西亚的308与505大选成绩正说明了在发展中国家的坚韧型和霸权性的政治体制不易转型的例子。

虽然如此，巫统在2015年的分裂和一马公司的丑闻冲击下，其主导的政权被严重侵蚀。到了2018年的普选，华人锲而不舍的投票行为终于使掌权61年的国阵政府崩解并带来政党轮替的格局。马来西亚华人自2008年的政治海啸后，认为他们手中的一票能换掉旧政权并促成改朝换代。因此他们对2013年和2018年的普选充满热忱、憧憬与期待。追根究底华人这么积极地参与居住国的政治，无非是为了改善社会地位和追求平等权利。由于华人在巫统政治霸权的统治下，在各领域受到边缘化和不平等的对待，因此华人早在1986年就提出两线制以制衡巫统。这可说是马来西亚华人的睿智和积极的行动以落实对他们有利的政治格局。马来西亚华人的政治参与对其国的民主化影响深远。

美国华人政治取向变化与成因分析:以 2016 年大选为例

万晓宏　刘晓东*

导　论

2016 年 11 月 9 日，美国大选结果出炉，共和党不仅夺取总统宝座，而且在参众两院也继续保持多数党地位，为特朗普新政府在未来两年顺利推行内外政策奠定基础。在此次大选中，美国华人精英的表现也十分亮丽，其中赵美心、孟昭文和刘云平连任联邦国会众议员，谭美·达克沃斯（Tammy Duckworth）当选联邦国会参议员，在州和地方层面还有多位华人精英当选议员或市长等公职；华人社团在选举中从事选民教育和选举动员取得显著成效；最让人惊讶和关注的是，许多来自中国大陆的华人新移民在此次大选中旗帜鲜明地高调支持共和党总统候选人特朗普，他们的政治取向变化不仅吸引国内媒体和民众的眼球，而且引起海外华人社区和国内外学界的热烈讨论。但关于当代美国华人政治取向的研究，无论是在理论层面还是在实证层面，国内外学界都鲜有论及。[①] 本文尝试运用政治取向的相关概念和理论，系统深入地分析当代美国华人的政治

---

* 万晓宏，华南师范大学政治与公共管理学院教授、博导、副院长；刘晓东，美国《侨报》执行总编辑。

① 相关分析仅见［美］孔秉德、尹晓煌主编《美籍华人与中美关系》，新华出版社 2004 年版，第 87—107 页；万晓宏《当代美国华人政治参与（1965—2012）》，暨南大学出版社 2012 年版，第 112—116 页。

取向及其在2016年大选中的变化，包括政党认同取向、候选人取向和议题取向的变化，以增进学界对当代美国华人政治取向变迁和现状的理解，也有助于消除国内外媒体和民众的疑惑。

一 政治取向的概念及相关理论

要了解华人为什么在2016年美国大选中高调支持特朗普，除了要了解他们的社会经济地位状况，还要了解他们的政治取向。所谓政治取向（Political Orientation）是指政治主体通过特定方式的政治社会化而形成的关于政治系统的认知、情感、价值、信念、态度等心理结构及其特征。[①]也有学者认为，政治取向指个人对各种政治事务和政治关系的看法，如政治制度、政治领袖、政治党派、政治事件、公共政策及个人在社会中的地位。[②] 二者虽然表达方式有异，但本质上没有太大区别。政治取向主要取决于个人对政治体制的态度及其参与程度。从政治态度上看，政治取向可以简单地划分为自由与保守；从经济层面上可以按重公平和重效率两个取向来划分。据研究发现，在当代美国社会，华人选民在大选中投票的政治取向可以具体分为政党认同取向、候选人取向和议题取向。但三者的界限并非泾渭分明，可以说，在某种程度上这三种政治取向是相互联系相互影响，综合发挥作用，影响他们的投票行为。其中，政党认同取向在有些著作和论文中也被称为党派依附或党派归属（Party Affiliation），即华人选民在投票时特别注重候选人的党派，并且只投票给自己所归属的党派，包括民主党、共和党或第三党。候选人取向是指参政经验较少、尚无固定政见的选民，他们投票时常常只注意候选人的个人形象、性格和谈吐等特征或族裔背景。而议题取向是指选民投票给政见最符合自己愿望的候选人，而不考虑候选人的党派和个人品质等背景因素。这些不同的政治取向决定他们在各种选举中，尤其在大选中的投票偏好

① 参见百度百科词条“政治取向”，http://baike.baidu.com/item/%E6%94%BF%E6%B2%BB%E5%8F%96%E5%90%91。

② ［美］孔秉德、尹晓煌主编：《美籍华人与中美关系》，新华出版社2004年版，第87—88页。

（Voting Tendencies）。当然，影响美国华人在大选中的投票偏好主要取决于以上三个主要政治取向，具体还可以深入他们在美国社会经济阶梯中所处的地位，以及地域分布、移民状况、文化背景和世代状况等非经济因素的影响。

二 当代美国华人政治取向分类与变迁

如上所述，当代美国华人选民在大选中投票的政治取向与其他美国选民在大选中投票的政治取向没有区别，都可以分为三大类型，包括政党认同取向、候选人取向和议题取向，具体的发展变迁如下。

（一）政党认同取向

所谓“政党认同取向”投票是指选民投票时特别注重候选人的党派，而且只投票给自己所归属的政党。美国是个典型的两党制国家，政权在共和党与民主党之间交替执掌。一个人或一个族裔集团要参政，必须加入某个政党。可以说政党认同是参政的基础。虽然近年来由于电视和社交媒体的广泛使用对政党在选举中的作用有所削弱，但政党在美国选举政治中的地位与作用仍然举足轻重，任何参政者都不敢轻视。影响美国人政党认同的因素有很多，如社会经济地位、地域分布、族群差异、宗教信仰、家庭传统和对某一政党领袖的爱戴等。通常，共和党比较保守，坚持小政府大社会，主张减税发展经济，创造就业，倡导个人责任。而民主党比较自由，坚持大政府小社会，政府应承担更多社会责任，主张全民福利。在美国，共和党的支持者以富人、企业主管、专业人员、小企业主和商人为主；民主党中虽然也有富人，但主要成员是知识分子、中下阶级和少数族裔。

美国的各个少数族裔大多数有较强的政党认同，如黑人强力支持民主党，拉美裔也主要认同民主党，而亚裔由于内部构成较为复杂，各族裔之间的政党认同差异较大，其中日裔和菲裔选民主要认同民主党，越南裔选民认同共和党，而华裔和韩裔内部的分歧较大，支持民主党、共和党与无党派的比例相近，可谓三分天下。就美国华人而言，“二战”后移民美国的第一代华人倾向于支持共和党，主要是与当时共和党的反共、强调个人责任和重视家庭等理念相合。而大部分土生华裔支持民主党，因为民主党在移民改革、双语教育和社会福利方面对少数族裔照顾比较多。但大多数华裔选民在选民登记时自称无党无派。

在美国政治中，政党认同是衡量一个人政治取向的最可靠和最重要标准。1992 年美国总统大选前，美国《世界日报》与“亚洲商联”民意测验中心进行的全美华人民意调查显示，华人的政党认同界线并不明确。在接受调查的1289 人中，自称是独立选民的比例高达 57.7%；民主党仅占 11.1%，其中忠贞民主党员仅占 5%，党性不强的民主党员占 6.1%；共和党比例稍高，占 31.1%，其中忠贞共和党员占 17.8%，党性不强的共和党员占 13.3%。[①] 2000—2001 年全美亚裔政治调查发现美国华人的政党认同有如下特点：“当问到华人的政党认同时，33% 的华人受访者表示他们通常不考虑这些术语，近 25% 的华人受访者不知道如何回答该问题。洛杉矶华人受访者中不能确定政党认同的比率最高，为 65%，纽约为 44%。在有政党认同的华人中，76% 认同民主党，19% 认同共和党。洛杉矶华人中民主党与共和党的比例为 22% 比 12%，其差异比旧金山华人要小，旧金山华人中认同民主党和共和党的比例为 40% 比 3%。”[②] 据亚太裔法律中心在 2004 年 11 月 2 日美国大选日的问卷调查显示，超过 57% 的亚裔选民投票支持民主党候选人克里，亚裔民主党和无党派人士的支持率更高，超过 60% 的无党派人士将选票投给克里。在亚裔选民中，华裔选民 38% 支持布什，61% 支持克里；柬埔寨裔分别为 53% 对 45%；菲律宾裔分别为 43% 对 56%；日裔选民分别为 37% 对 62%；韩裔分别为 40% 对 58%；越南裔选民分别为 54% 对 43%。[③] 华裔对民主党的支持仅次于日裔。

从上述统计数据可以发现，有政党认同的华人选民仅占所有华人选民中的少数，大多数华人选民属于无党无派或独立选民。从上述美国华人政党认同取向的变迁数据也可以发现，1992 年以前，在有政党认同的

---

① 美国《世界日报》1992 年 10 月 22 日第 B1 版。

② Pei-te Lien, “Behind the Numbers: Studying the Political Attitudes and Behavior of Chinese Americans”, pp. 15 – 16.

③ 《亚裔选民显示投票热情 亚太法律中心问卷调查 支持克里者远远超过布什》, http://www.chinesetoday.com/Detail.cfm? c = news&s = n_ america&d = 11 – 5 – 04&n = D1。

美国华人当中，支持共和党的较多，支持民主党的较少。1992 年民主党执政以后，由于采取了一系列照顾少数族裔和弱势群体的政策，华人当中支持民主党的越来越多。尤其是经历比尔·克林顿八年执政的经济繁荣之后，有政党认同的美国华人中支持民主党的占绝大多数，而支持共和党的华人越来越少。这种现象一直持续到 2016 年。由于民主党内外政策的极左化，导致部分华人的政党认同取向转向共和党，在 2016 年大选中实现大爆发，支持共和党的美国华人选民显著上升。这也说明政党认同取向是个变量，而非常量，是不断变化的。

（二）候选人取向

所谓“候选人取向”是指参政经验相对较少，尚无固定政见的选民，他们投票时往往只注意候选人的个人形象、性格和谈吐等因素或族裔背景。1988 年 4 月加州洛杉矶县蒙特利公园市议员选举后的一项针对各族裔选民的研究调查显示，各族裔选民，包括 433 名华人、335 名白人、267 名日裔、259 名拉美裔和 69 名其他亚太裔，投票受到影响最大的是候选人的个人言行及竞选宣传，英文报纸在竞选中的影响力占第三位，比非英语媒体的影响力更大，即使华人选民也不例外。该研究发现，亚裔选民大多强烈支持亚裔候选人。如市议员选举得票最高的华裔候选人赵美心获得 88% 的华人选票，75% 的日裔选票，她还获得拉美裔及白人 1/3 的选票，因而以高票当选。①

2000—2001 年全美亚裔政治调查发现，所有受访者，无论投票与否，对他们都问同样的假设性问题——“如果你有机会决定两个候选人担任某一政治职务，其中一位是亚裔，如果两人品质相同，你会更可能投亚裔的票吗？”华人以 71% 的压倒性多数投票支持亚裔，22% 不确定。在都市地区该比例变化不大。作为一个整体，亚裔投票支持亚裔的比率不高，为 60%。其中越南裔最高，为 75%；最低的是日裔和南亚裔，分别为 22% 和 24%。当这些支持者被问及“如果亚裔候选人不太合格，你们会投他或她的票吗？”有 36% 的华人，但只有 24% 的亚裔表示肯定支持；

---

① 美国《世界日报》1988 年 7 月 30 日第 26 版。

在越南裔中支持率最低。[①] 这表明，在决定投票时华人比其他亚裔更重视候选人的族裔背景，而不是个人品质。

据亚太裔法律中心在2004年11月2日美国大选日进行的问卷调查结果显示，与2000年一样，大多数亚裔选民仍然对民主党情有独钟，对克里的支持率远远超过布什，很多亚裔选民表示，对事务的处理态度和经验，是他们选择候选人的主要取向，然后才是政党。[②]

一般来说，当某一选区只有一位华裔候选人时，华人选民大多会把选票投给该华裔，但当该选区同时有两位或更多华裔参选同一职位时，华人选民可能只有从其个人能力与政见方面来决定投谁的票。实践中也是如此，大部分华人选民都把候选人的族裔背景放在第一位，而把党派和政见放在第二、第三位。譬如，在1992年旧金山市议会的选举中，华人选民中投票支持华裔候选人谢国翔的占96.6%；在教育委员选举中，支持余胤良的华人选民达88.2%；在华埠没有做竞选工作的华裔候选人法安琪也得到40.3%的华人选民的支持。[③] 可见，华人选民在投票时有较强的候选人取向，而且华人选民重视候选人的族裔背景甚于其品质和能力。

（三）议题取向

所谓“议题取向”是指选民投票给政见最符合自己愿望的候选人，而不考虑候选人的党派和个人品质等背景因素。从政治参与理论上来说，这是最为理性的投票选择。但在当今日益多元化的美国社会中，选民常常只就候选人对自己关心的某一特殊问题的立场来决定其投票的取向。随着华人选民素质的提升，参政意识的觉醒，持议题取向的也在不断增加，呈上升趋势。自20世纪80年代以来的每次总统大选中，民主、共和两党总统候选人的“中国政策”一直是部分华人选民投票的重要影响因素之一。例如，在1992年的总统选举中，来自中国大陆和台湾的华人选

---

① Pei-te Lien, “Behind the Numbers: Studying the Political Attitudes and Behavior of Chinese Americans”, p. 17.

② 《亚裔选民显示投票热情 亚太法律中心问卷调查 支持克里者远远超过布什》，http://www.chinesetoday.com/Detail.cfm? c = news&s = n_ america&d = 11 - 5 - 04&n = D1。

③ 美国《世界日报》1992年12月14日第B6版。

民对两党候选人对台海局势的看法更加关心，而来自香港的华人选民则更关切两党候选人对 1997 年香港回归后的发展前景的看法。[①]

20 世纪 60 年代中期以来，由于电视广告在竞选中的广泛使用，候选人的形象和选举议题变得越来越重要，政党在选举中的主导地位开始明显下降。美国选民跨党投票和分裂投票（所谓“分裂投票”是指华人选民在选举中有时跨党投票，有时候投自己认同政党的票。如在总统大选中许多华人跨党派投票，但在地方公职选举中投自己认同政党的票）的情况变得日益普遍，而且大都集中在政党认同微弱及独立选民群体中。整体而言，跨党派投票和分裂投票的盛行不只是因为候选人形象和议题的吸引所致，其真正的关键是，20 世纪 60 年代中期以降美国选民政党认同日益式微的大趋势。

华人在美国是少数族裔，人口少，选民少，如果分为民主党、共和党和独立选民这三派，并各自分散投票，这样难以形成像黑人、犹太人、希腊裔、爱尔兰裔那样的集团投票影响力，以维护与增进自身的权益。自 20 世纪 80 年代以来，美国华人逐渐认识到这种分裂投票的缺点，为了改变这种现象，许多华人精英人士和华人参政团体多方呼吁，要求华人社会团结起来，实行跨党派投票或分裂投票，在各级选举中集中选票投给关心自己利益的候选人。因此，近年来，华人选民以议题为取向的跨党派投票和分裂投票已成为普遍现象。

笔者以为，华人选民在政治选举中持单一取向的投票者并不多，应该说，随着华人在政治参与上的日臻成熟，选民投票的决定因素应该是对上述三种政治取向的综合考虑，只不过更关注、更倾向于哪一种取向而已。在实际选举过程中，这三种政治取向不是绝对分离的，而是综合发挥作用，只不过有时某一取向起主导作用。例如，在 2004 年的总统大选中，小布什之所以成功获得连任，第一位的原因是他坚定的反恐立场和国家安全政策赢得选民的信任，第二位的原因是其经济和医疗保健主张，第三位的原因才是宗教信仰和反对同性恋等主张。但在这次大选中，70% 以上的华人选

---

① 林启文：《美国华人政治参与活动之研究（1965—1993）》，硕士学位论文，（台湾）政治大学，1993 年，第 194 页。

民支持克里，主要是因为民主党一贯比较照顾少数族裔的权益。[①] 可见，综合考虑决定了华人在此次大选中的投票取向。随着华人选民参政意识的提高，综合考虑以上三种政治取向的华人选民会逐渐增加。

三 华人选民在2016年大选中的政治取向变化与成因

根据美国《侨报》对2016年大选的系列报道资料，从政治取向的上述三种类型来观察和分析可以发现，在此次美国大选中，华人的政治取向和投票偏好与主流社会相比发生了以下四个方面的重要变化：

第一，从政党认同取向、议题取向和候选人取向分别进行分析，可以把此次大选中华人的投票取向分为选择派、平衡派、两难派和参与派四大派别。

其一，选择派：这些华人通常有较强烈的政党认同取向，他们坚定地选择支持两党总统候选人希拉里或特朗普。其二，平衡派：这些华人的政党认同感通常不太强烈，但议题取向较强，他们认为民主党在此次大选中一些议题上的主张确实走得太过了或太左了，例如，主张高福利政策，支持教育平权法案，支持非法移民合法化、支持同性恋和跨性别厕所法案等，所以华人选民需要站出来，通过投票支持特朗普，来平衡民主党候选人希拉里的影响。[②] 其三，两难派：许多华人选民的候选人取向较强，他们认为，特朗普和希拉里这两个总统候选人都是“烂苹果”，不愿意投票支持他们当中的任何一个人，于是他们选择放弃投票或投票支持第三党。[③] 其四，参与派：许多华人超越这三种政治取向，认为美国华人选民虽然人数少，在选举中难以发挥关键性影响，但一定要参加投票，发出华人选民的声音，具体投谁无所谓，只要投票“刷出华人存在感”，这样无论谁当选都不能忽视华人的政治诉求，未来无论是什么族裔

① 万晓宏：《当代美国华人政治参与（1965—2012）》，暨南大学出版社2012年版，第116页。

② 田霞：《如今，很多华裔发现民主党的政策越来越过分了》，美国《侨报》2016年11月8日。

③ 周飞兵：《投票站义工：华人要多做实事》，美国侨报网，2016年11月10日，http://news.uschinapress.com/2016/1110/1085354.shtml。

的政客都不敢忽视华人选民的政治力量。①

第二，从投票的取向和结果来看，在此次美国总统大选中，投票支持特朗普的主要是老人、“愤怒的白人”蓝领工薪阶层，他们通常受教育程度低，而投票支持希拉里的主要是年轻人、少数族裔和受教育程度高的知识分子。

作为少数族裔的美国华人选民，包括老移民、新移民、华裔第二代和第三代，整体上他们中的大多数在此次大选中还是多数投票支持希拉里，支持特朗普的华人选民主要是来自中国大陆的华人新移民，他们所占的比例并不高，但在此次选举中发出的声音比较大。根据CNN的出口民调显示，此次大选中有58%的白人投票支持特朗普，只有37%支持希拉里，而高达88%的黑人、65%的西裔和65%的亚裔投票支持希拉里。②美国《侨报》主编刘晓东预测，美国华人支持希拉里的比例可能略低于65%。据美国《世界日报》报道，全美多个亚裔民权团体及工会组织联合进行的一项选举日之前的民调结果显示，全国亚裔选民投票支持希拉里出任总统的比例高达75%，在各亚洲族裔选民中，印度裔的支持率最高，达87%，华裔选民的支持度为69%。加州亚裔投票支持希拉里的平均比例为79%，支持特朗普的占13%。但在摇摆州中，以伊利诺伊州亚裔选民支持希拉里的比率最高，达84%，支持特朗普的有12%。其次是宾州，支持希拉里的为83%，支持特朗普的是15%。弗吉尼亚州亚裔有78%支持希拉里，21%支持特朗普。得州和北卡州亚裔支持希拉里的比率均为73%，但得州有19%的亚裔支持特朗普，北卡州支持特朗普的亚裔为22%。佛州支持希拉里的亚裔为72%，支持特朗普的有23%。内华达州的亚裔选民则有60%支持希拉里，34%支持特朗普。在族裔方面，华裔选民有69%支持希拉里。最高的是印度裔的87%，其次是菲律宾裔的78%，越南裔为74%，韩裔是65%，日裔64%。③美国华人参政团体80/20促进会在选前做的详细民调结果显示，华裔群体的投票意向根据

① 侨报评论员：《2016年大选 华人刷出存在感》，《侨报·社论》2016年11月8日。

② 简恒宇：《川普到底怎么赢的？全美出口民调揭露：这些人把他送上白宫宝座》，台湾风传媒，2016年11月11日，http://www.storm.mg/article/188470。

③ 《全美75%亚裔大选投票支持希拉里 华裔支持率为69%》，中国侨网，2016年11月16日，http://www.chinaqw.com/hqhr/2016/11-16/113114.shtml。

"身份背景"不同出现分化现象。20 世纪 90 年代初以后从中国大陆来美的华裔，75% 支持共和党候选人特朗普；来自中国台湾、中国香港以及东南亚的华裔选民，也包括早期从中国大陆来的华裔选民，65% 以上支持民主党候选人希拉里。前一个群体对特朗普的支持率虽然很高，但选票数量并不太多。一方面因为这一群体中有相当数量的人还没有获得投票权；另一方面因为部分新移民不够了解美国选举，甚至会错过选民登记等重要环节。此外，这次大选中，华裔群体有大量"不投票"现象或"散票"。[①] 大选前，美国华人全国委员会主席薛海培预测，华裔选民将有 60%—65% 投票给希拉里，大陆新移民或"微信上的华人"大多投票支持特朗普。[②]

影响华人在此次大选中大多数投票支持希拉里的主要因素如下：其一，从社会经济因素上看，华人整体作为经济上和政治上的弱势群体，传统上认同民主党的公平理念。最近二十多年来，美国华人多把民主党视为自身利益的代言人。事实上，目前三位华裔联邦国会众议员赵美心、刘云平和孟昭文，还有唯一的华人联邦国会参议员谭美·达克沃斯都是民主党人。其二，从地域上看，此次特朗普获得总统选举的胜利，被认为是以"农村包围城市"。确实，从美国的选举地图（红色代表共和党，蓝色代表民主党）来观察，可以发现，选举地图上显示"两边是海水，中间是火焰"。即在此次大选中，大批"沉默的乡下人"用选票说话，选择特朗普作为他们的代言人。据统计显示，全美城市地区的选民有 59% 投票支持希拉里，投票支持特朗普的只有 35%；而在农村地区，投票支持希拉里的只有 34%，投票支持特朗普的高达 62%。华人选民主要分布在蓝色的海水之中，即主要分布在民主党的大本营加州和纽约州。2013 年美国有 452 万华人，其中居住在加州和纽约州这两大蓝州的就占了一半以上。在投票日，美国《侨报》驻纽约记者采访了华人选民，大部分人表示把票投给了希拉里。其三，从年龄因素上看，在主流选民中，年轻

① 徐一帆：《吴仙标：不同华裔群体投票分化》，美国侨报网，2016 年 11 月 10 日，http：//news. uschinapress. com2016/1110/1085317. shtml。

② 徐一帆：《投川？投希？华人这一票投给谁》，美国侨报网，2016 年 11 月 5 日，http：//news. uschinapress. com2016/1105/1084722. shtml。

人多投票支持希拉里。在 18 岁到 44 岁的选民中，52% 把票投给希拉里，44% 投给特朗普。在华人中间，党派取向也有着同样鲜明的代际特点。希拉里的支持者占据了“两头”：首先是“沉默的老移民”，尤其是经历了“克林顿繁荣”的中老年华人，他们认同民主党主要是出于经济原因，他们寄望希拉里能带回美国的“黄金时代”，而不信任毫无国家治理经验的特朗普。美国《侨报》所访问的老移民和老侨团体，多支持希拉里。“新生代的小华人”，即华人第二代和第三代，他们多数认同民主党，主要是因为他们多数拥有强烈的自由和公平意识。他们中的大多数支持民主党主要出于社会原因。在许多议题（issue），如同性恋，他们持宽容的态度。他们从小就与各种肤色的同学一起读书，长大，因此对族裔多元化、非法移民，乃至穆斯林都持包容态度。他们因此成为自由派桑德斯和希拉里的热情支持者。美国《侨报》主编刘晓东的女儿就是一个典型的例子，此次是她第一次投票支持希拉里。因此，在此次大选中，“沉默的老华人”和“新生代的小华人”多属“希粉”或“稀饭”，即希拉里的支持者。

第三，从候选人取向上来观察，此次选举中最值得注意的是前所未有的“愤怒的华人新移民”现象。

在此次大选中，华人倾向共和党的数量显著增长，成为特朗普的狂热粉丝和坚定的支持者。这些“愤怒的华人新移民”或者称为“微信上的华人”有以下四大特点：其一，他们绝大多数是来自中国大陆的第一代移民，尤其是 20 世纪 90 年代中后期移民美国的中国大陆华人新移民。“美国华人特朗普助选团”的团长王湉甚至不是美国公民，只是美国永久居民。美国华人全国委员会主席薛海培在接受《侨报》访问时表示，估计来自中国大陆的华人占美国华人总数的 30% 左右，因为他们在微信群里非常活跃而被称为“微信上的华人”，其中投给特朗普的选票可能会是一半，甚至超过。其二，他们受教育程度高，英语水平高，专业好，工资收入高，经济状况普遍良好，敢于和白人主流社会竞争，比老移民更有自信。这与美国主流社会的状况相类似。在这次选举中，年收入 5 万美元到 10 万美元的中产阶级中，多数票投特朗普。华人中的高收入群体也有同样的投票倾向。一名在微软任职的张先生告诉美国《侨报》，他属于高收入群体，要交很多税。然而许多美国人不工作却可以生活无忧，因此他支持特朗普。其三，他们在投票中呈现出强烈的反多元化、反福利主义的保守倾向。他们对墨西哥裔，甚至对非洲裔美国人有很明显的歧视。这一点，甚至已经被主流媒体注意到，认为这与新移民来自族群高度单一的中国大陆，缺乏多元生活环境有很大关系，广州人可能是个例外。其四，他们非常高调，非常执着，释放了超出其数量比例的政治能量。他们组织了各种华人助选团，如北美华人特朗普助选团、金橙俱乐部等，他们与特朗普见面，为特朗普在全美多个州扫街拜票，提供巨额政治捐款，并在31座美国大城市用飞机拉出“美国华人支持特朗普”（Chinese Americans for Donald Trump）标语为特朗普做宣传或助选。他们还占据了微信圈，在微信圈里挺特朗普的帖子，远远超过挺希拉里的帖子。

第四，决定美国华人投票给两位候选人的主要因素是三种取向的综合影响，其中议题取向发挥了关键性作用。

小布什时期的劳工部部长助理、共和党人董继玲（Chiling Tong）在接受美国《侨报》采访时就清晰地表示，华人多数还是支持希拉里，但支持特朗普的华人声音很大。加州大学洛杉矶分校在选后的一项多种族政治民意调查结果也显示，只有25%的美籍华人支持特朗普，并不占华人的大多数，但他们非常有组织，他们有网页，在社交媒体尤其是微信上特别活跃，社会能见度较高。[①] 据“全美亚裔民调”10月的数据，全美华人30%支持民主党，7%支持共和党，其余61%为独立立场。对于候选人，华人52%支持希拉里，11%支持特朗普。这份调查以英语进行，所以被认为调查对象多在第二代和第三代华人范围，即ABC（出生在美国的华人）。而另一份非正式的网上民调，是由华人微信公号“Civil Rights”进行，显示支持特朗普的华人高达81.2%，支持希拉里的仅有12.6%。这个民调的对象，属于第一代新移民华人范围，主要是过去30年从中国大陆通过留学、投亲以及近年通过投资移民等方式定居美国的华人。这份虽然是非正式民调，却和很多华人表现出来对特朗普的支持，有相当的契合度。此外，还有其他有名的华人微信公众号，主要也是以

① 蔡晓颖：《特写：特朗普支持者是美国华人的主流吗?》，BBC中文网，2017年4月7日，http://www.bbc.com/zhongwen/trad/world-39524424。

第一代新移民华人为主，都一边倒支持特朗普。①

为什么会出现这种现象？在美国，华人的政治取向是一个变量，而非常量。如上所述，1992年以前，美国华人多数是支持共和党的。之后发生逆转，支持民主党的逐渐增加，2000年之后开始占大多数。2016年美国华人的政治取向明显倾向共和党有两个方面的主要原因。首先是来自民主党的推力因素（push factor），主要是表现在一系列的政治议题上，尤其是最近两年来发生的一系列事件是触发剂：其一是社会治安方面。民主党执政期间发生了一系列对华人的歧视性事件，如ABC辱华事件、SCA5提案、梁彼得案、华裔间谍案、黑人创作歌曲公然鼓励抢劫华人等，这些歧视与不公正待遇使华人的参政意识开始觉醒，不再甘心做沉默的“哑裔”，除了游行示威之外，他们开始积极介入选举政治，支持共和党候选人特朗普。其二是教育公平方面。自1996年，加州禁止公立大学在招生时将种族视为一个考虑因素。但2014年，加州西班牙裔议员赫南德兹（Ed Hernandez）提出了大学入学按族裔比例的第五号加州宪法修正案（Senate Constitutional Amendment No. 5），即SCA-5提案。修正案提倡废除禁令，从而让少数族裔有更多的入学机会。如果修正案获得通过，不少华人担心他们的孩子进入名校的机会变低。余胤良、刘璇卿等民主党的三位华裔州参议员却投了赞同票，虽然他们后来收回，但在许多华人看来，这些民主党政客就是胳膊肘朝外拐。换言之，如果SCA-5提案获得通过，华裔子女进入公立大学的机会更少，难度会更大，竞争更加激烈，因此民主党的这一平权法案（Affirmative Action）诉求，被华人解读为偏向拉美裔、非裔，而打压华裔。② 其三是福利和移民事务方面。特朗普和共和党主张小政府，低税收和低福利，反对非法移民。中国文化的价值观和理念与共和党有许多相似之处，如强调家庭、自食其力、对社会比较保守，因此共和党在争取华人选票上有优势。而美国华人群体以合法移民为主体，在465万华人中，非法移民仅仅有28万，在

---

① 一娴：《特朗普赢了，华人能从中获得什么？》，观察者网，2016年11月12日，http://newrss.guancha.cn/toutiao/toutiaopost/yixian/2016_11_12_380274.shtml?tt_from=weixin_moments&tt_group_id=6351862015880249602。

② 蔡晓颖：《特写：特朗普支持者是美国华人的主流吗？》，BBC中文网，2017年4月7日，http://www.bbc.com/zhongwen/trad/world-39524424。

1150 万非法移民中占比很低，因此，华人认为民主党“大赦”非法移民，构成了对华人合法移民，尤其是新移民在就业和福利上的直接威胁。他们认为“民主党执政这么多年，做了太多损害华人利益，满足其他族裔利益需要的事情”。[①] 其四是性取向方面。民主党支持最高法院关于同性恋合法化的判决，奥巴马政府又发布关于跨性别厕所的行政命令，要求那些拿了联邦政府资金的学校都要允许跨性别者以及变性人可以使用他们自己想去的厕所。这些诉求得罪了本质上思想相对保守的华人，尤其是刚刚来自中国大陆的、比较保守的新移民。其次是来自共和党的拉力（pull factor）方面，此次主要表现为特朗普因素，因为他并非典型的共和党人，他在挑战美国“政治正确”上的高姿态，以及旗帜鲜明的保守主义立场，还有华府局外人的身份，吸引了大批厌倦“政治正确”政客的华人。以致他们在“骗子”希拉里和“疯子”特朗普之间选择了后者。

四 结语

综上所述，政治取向是个变量，而非常量。美国华人投票时的政治取向也是一个变量，包括政党认同取向、候选人取向和议题取向。三者相互影响综合发挥作用，决定美国华人的政治取向和投票偏好。在 2016 年美国大选中，华人政治取向的变化具有以下四个显著特点：第一，美国华人的政治取向是在不断的变化之中，不仅取决于他们自身经济状况的变化，也取决于他们所处地域环境、移民状况和代际状况等非经济因素。在此次大选中，来自中国大陆的新移民华人强烈支持特朗普就受到上述多种因素的影响。第二，美国华人的政治取向，还取决于两党的各自政策诉求是否能针对华人的群体诉求。目前，美国华人总体上还是支持民主党，但可以预测，在未来，如果民主党和共和党的政策继续沿着目前的轨道推进，那么偏向共和党的华人将会越来越多。第三，本次美国大选，将以华人，尤其是中国大陆华人新移民前所未有地高调介入而记入美国华人参政的历史。当然，由于美国华人人口相对较少，占美国

---

① 张苗：《民主党对合法途径的移民不公平》，美国侨报网，2016 年 11 月 5 日，http：//news. uschinapress. com2016/1105/1084722. shtml。

总人口的比例太低，而且主要集中在传统的民主党铁票州，如加州、纽约州和马萨诸塞州，导致他们的选票影响力难以发挥关键性作用。但近年来，随着摇摆州的华人人口也在显著增长，如此次大选的宾夕法尼亚是关键摇摆州，华人选民如果都出来投票，是能够发挥关键性作用的，但确实这样的州非常少，片面强调华人选民能够发挥关键性影响力不太妥当，不宜过分夸大。第四，与 2016 年发生在美国主流社会的“丑陋选战”一样，在华人社区的选战中也是一样，充满戾气、谣言、抹黑和谩骂。正如美国华人全国委员会主席薛海培所说，他自己专注美国选举政治 20 余年，此次大选期间，人与人之间关系剑拔弩张、硬拉“党性”的氛围前所未见；而以不文明为基础的参政议政方式，不可能是好的参政议政。未来美国华人参政的道路仍然任重而道远，但可以肯定的是他们的政治参与度将会越来越高。

“浙西南革命精神”与青田华侨

周　峰*

三百多年的青田华侨史中，那部分参加革命的青田华侨所书写的斗争史，是我们浙江革命史的重要组成部分。这些华侨中的绝大部分人，并未在浙西南的千山万壑中直接战斗过，但是在异国他乡，从中国共产党诞生初期，到抗日战争和解放战争，他们一直伴随着中国革命的成长，在近现代中国人民争取民族独立、人民解放的道路上，他们从未缺席过。他们是海外革命事业的先行者、探索者，他们以自己的革命行动为浙西南革命增光添彩。追忆和缅怀他们那段可歌可泣的革命历程，能为浙西南人民注入一股精神力量，在新时代的干事创业征程中，让我们能以奋进者的姿态，劈波斩浪、扬帆远航。

一　参加革命的青田华侨

青田华侨是浙西南人民中走得最早、行得最远的一群人。他们从当时封建落后的东方到了文艺复兴之后的西方，接受了现代文明的洗礼。在世界共产主义运动与中国革命先驱的影响下，他们也是最早一批接触和接受共产主义思潮的中国人。许多青田华侨直接参加了俄国十月革命、法国共产主义运动和西班牙内战。很多华侨回国之后，经历中国共产党的诞生初期、抗日战争和解放战争，伴随着中国革命的成长，成为坚定

* 周峰，青田县侨联主任科员。

的共产主义战士。

（一）参加革命的俄国青田华侨

1. 孙言川

孙言川（1880—1921），青田县仁庄镇孙山村人。在旅俄华侨中，孙言川是最具影响的重要人物。出国前曾受过良好教育，清末民初赴俄国经商，受俄国大革命熏陶，投身俄国革命。1917 年 4 月，为保护侨胞合法权益和人身安全，中华旅俄联合会（1918 年年底改为旅俄华工联合会）在彼得格勒成立。他担任旅俄华工联合会干事（共有干事 15 名）和中文秘书，负责编辑《旅俄华工大同报》。1918—1920 年，该报共出版 50 期，每期 3000 份。苏联外交部将此报转送军事部门分发给在俄红军中的中国士兵阅读。[①]

每逢周日，孙言川必到兵工厂宣讲革命道理。据说，他曾与列宁同桌用餐。1917 年俄国大革命期间，孙言川为保护旅俄华工的合法权益及人身安全，做了大量有意义的工作，促成大批侨胞在第一次世界大战后安全返国。1918 年 6 月 18—24 日，代表 10 万华工的全俄第三次华工代表大会召开，列宁和孙中山被聘为名誉主席，孙言川被选为大会秘书。大会期间，建立了由 12 人组成的俄共所属团体，被大会授权与俄共建立联系。1921 年，孙言川奉命回国，行前列宁曾嘱咐他回国后发动革命。令人惋惜的是，返乡途经杭州时孙言川因病去世。孙言川是青田早期华侨中的革命先驱。

2. 郑秾

郑秾，仁庄镇罗溪村人，1894 年出生。年轻时到上海做苦工。1914 年，法国政府在上海招募华工，应募去法国挖城壕。1917 年，胞兄郑桂南在俄罗斯做皮鞋，郑秾和一些华工转赴俄罗斯参加革命武装，在克里姆林宫当近卫军战士，并加入共产党。1923 年，退伍回青田与吴柳钗结婚。1927 年，再次赴苏经商，与苏联东方大学留学生、中共党员谢文锦来往密切。1928 年 7 月，中共六大在莫斯科闭幕后，同谢文锦等回青田。

---

① 周望森、陈孟林主编：《青田华侨史》，浙江人民出版社 2011 年版，第 29 页。

1930年5月15日，红十三军第一团路过青田阜山，郑秾参加红军攻克平阳县城，开仓济贫。同年秋，攻打黄岩县乌岩镇失利。1931年，定居兰溪孟湖乡包郎殿村，以行医、教拳术为掩护，在兰溪、龙游、汤溪、寿昌县等地农村，向农民宣传革命道理，秘密发展红军组织，成员达1355人。1932年春，成立中国工农红军第十三军第二师，自任师长。1933年7月，在龙游县大宇殿召开龙游、兰溪、汤溪、寿昌县红二师骨干会议，要求积极做好武装暴动的准备，赴桐庐等地筹划枪支、弹药、手榴弹和匕首。10月30日，因叛徒江天吉出卖，在桥头江渡口上渡时被浙江保安处逮捕。各县先后被捕红二师成员118人。12月15日，郑秾在龙游县西门外就义。1982年4月2日，浙江省人民政府追认其为革命烈士。[①]

3. 杨勉

杨勉，方山乡邵山村人，1912年出生，1926年跟随父亲来到苏联，后到苏联俄国青年会学校航空机械科学习航空机械工程，1928年加入苏联共青团。读书期间，曾为中共驻共产国际工作组做俄文翻译。1934年因母亲的召唤，回国，在青田方山乡安家育子。之后去上海工作，被国民党抓入监狱。1936年12月的西安事变改变了杨勉的命运。根据第二次国共合作规定，国民党把狱中的共产党政治犯全部释放。出狱后，杨勉义无反顾地去延安。1937年在延安杨勉加入中国共产党。杨勉因精通俄语而成为中国与苏联联系沟通的重要人物。延安时期，历任陕甘宁边区政府交际科科员，中央军委一局编译处翻译、陕甘宁边区留守兵团司令部科长、处长等职。20世纪50年代，苏联赫鲁晓夫来中国，杨勉任毛泽东与赫鲁晓夫的翻译。新中国成立后历任外贸部的处长，中国国际信托投资公司党组成员、事务部总经理，国家外贸部办公厅副主任、顾问（副部长级）。

4. 周观仙及其子周建新

周观仙，山口镇山口村人。1917年，跟随乡人赴俄罗斯经商。1917年，十月革命爆发，旅居俄国各地的6万华工参加了布尔什维克领导的

---

① 周望森、陈孟林主编：《青田华侨史》，浙江人民出版社2011年版，第231页。

革命运动，许多华工为此抛洒鲜血乃至献出生命。[①] 周观仙作为在俄华工的一员，也参加了当时的十月革命。周观仙回国后进入山口石雕厂工作，并在解放战争期间，成为青田县地下党组织联络员。新中国成立后，周观仙成为青田县第一、第二届人代会代表。

周观仙育有五子一女。周观仙由于经历过俄国的十月革命，深觉工业对一个国家的重要性，所以他教育子女要科学救国，除了长子周体楠学医，其余的子女全都成为工程师。长子周体楠，青田县人民医院第一任院长；次子周体标，又名周建新，1938 年准备出国，遇上抗战全面爆发，为了生计，周建新辗转丽水和杭州参加工作。在杭州，周建新遇到了在青田山口中学读书时的老师柯里，柯里当时已是中共地下党员。经柯里介绍，周建新于 1946 年 6 月加入共产党，投身革命，随后任力余铁工厂中共地下党支部书记。在白色恐怖的岁月中，他冒着生命危险向工人群众宣传党的政策，扩大党的队伍，领导工人进行罢工斗争。[②] 1949 年杭州解放，周建新就任浙江省总工会常委、生产部长。后来历任杭州机床厂、萧山电机厂、浙江新华机械制造厂、东风机械厂的厂长，1982 年 5 月离休。

（二）参加革命的法国青田华侨

1. 吴祚侯、张竹仙、陈育黄等

吴祚侯，仁庄镇吴岸村人，1907 年出生，1923 年与其兄吴仲言一起赴法经商。1924 年 1 月在巴黎郊区比央谷，吴祚侯经由当时的共产党人任卓宣、张竹轩介绍，秘密加入共产党。当时在巴黎，任中共旅欧支部的领导有周恩来、邓小平、任卓宣、李富春等。

20 世纪 20 年代，在法国巴黎西部的比央古工业区和里昂火车站等地，有 3000 多名青田籍华工、商人和勤工俭学的学生，他们在中共旅欧支部的领导下分别参加了华工夜校、华工俱乐部的学习和活动。

---

① 张建华：《百年"十月革命"——旅俄华工与十月革命前后中国形象的转变》，《学习与探索》2009 年第 1 期。

② 杭州市新四军研究会：《隐蔽战线的斗争——中共杭州市地下党部分同志的回忆录》，《火红年代》（四）。

在给旅欧华侨灌输马列主义思想的同时，中共旅欧支部也在积极吸收发展党员，建立党组织。根据《中共青田党史》第一卷记载，中共旅欧支部先后在法国巴黎、里昂、马赛和比利时、德国等地建立了党组织。1921 年春，旅法勤工俭学的中国学生建立共产党小组。1922 年秋冬改为中国共产党旅欧支部。当时在法国比央谷旺脑铁工厂和巴黎十二区里昂车站工作的青田华侨张竹仙、吴岩进、陈育黄和在阿伯公学勤工俭学的吴祚侯等 7 名青田华侨，在 1923 年年底到 1924 年夏，加入了中国共产党，并建立了比央谷、里昂车站两个海外中共青田小组，小组长分别为张竹仙、陈育黄。①

2. 吴顺钦、吴顺夷兄弟

吴顺钦，仁庄镇雅林村人，1894 年出生，20 世纪 20 年代出国，在法国务工时加入中国共产党，回国后在北方做党的地下工作。其弟吴顺夷，生于 1902 年，20 年代赴法，加入中国共产党，后回国在北方做地下工作。②

3. 林德光

林德光（1907—1990），山口镇山口村人。1927 年从青田去意大利，再辗转奥地利、匈牙利，1928 年到达法国。他在巴黎市郊的汽车厂、造丝厂工作过。1933 年 3 月，由何以端、周竹安介绍，在巴黎郊区加入共产党。③

1935 年 7 月，吴玉章受中共驻共产国际代表团派遣，从莫斯科到巴黎，领导《救国报》的出版发行，并建立印刷厂。林德光被推荐到《救国报》社工作，并任中共支部委员、印刷厂党小组组长。由于吴玉章在法国没有居留手续，林德光与同乡金映光一起负责做吴玉章的掩护工作。在吴玉章的领导下，林德光和同人们努力工作，还得到了法国共产党的帮助，之后将《救国报》改为《救国时报》，发行量达 2 万多份，在欧洲、美洲、亚洲有 43 个国家和地区有订户。在国内，北平、天津、上

① 周望森、陈孟林主编：《青田华侨史》，浙江人民出版社 2011 年版，第 230 页。

② 《仁庄镇三溪吴氏族谱》。

③ 徐定楷：《早期青田华侨共产党人》，青田网，2019 年 4 月 7 日，http：//www. zgqt. cn/5339465. html。

海、南京、西安、延安乃至东北、新疆都有上万读者，影响力极大。

1938年3月，根据党组织的安排，林德光、金直夫、金映光、何志宏、黄里（均为青田华侨）及朱世伦、曹若铭等，从法国马赛乘船回国。时任广州八路军办事处廖承志派出干部到香港，将他们接到广州。4月底，他们到武汉，受到汉口《新华日报》总社长潘梓年等的欢迎。林德光被选为报社支部委员、印刷部副主任。1939年，随《新华日报》社辗转到重庆，林德光任印刷部主任，同年4月，林德光与十多位同志被组织派赴延安中央党校学习。之后，林德光负责中共中央机关印刷厂的工作。

1945年11月，林德光被派往东北工作，分别任《东北日报》印刷厂副厂长、东北印刷管理处经理、沈阳新华印刷总厂厂长、辽宁省出版局顾问等职。1982年8月，离休。

林德光从巴黎到重庆，从延安到东北，一生奋斗在出版印刷战线上，为新中国的出版事业做出了杰出贡献。

4. 金映光

金映光（1913—1983），县城西门外人，1933年随上海一马戏团赴德国汉堡谋生，由进步华侨介绍，在德国参加反帝大同盟，在华侨中散发革命读物，宣传革命思想，曾受到德国纳粹当局的搜查和监视。1934年去法国巴黎，参加中国共产党领导的抗日救国会，参与印刷发行中共刊物与传单。1935年5月，他在法国加入共产党（法共中国支部）。1936年，奉命调到吴玉章主持的海外著名中文报纸《救国时报》工作，担任《救国时报》行政组长。1938年回国后，长期从事中共机关报行政工作。①

5. 金直夫

金直夫（1908—1995），油竹雅岙人。1934年赴法国做工，并参加革命活动，1936年加入中国共产党。1938年，回国投入抗日，长期从事工会工作。曾任全国总工会副主席，并当选为党的八大代表，是全国人大第一、第二、第三届代表和全国政协第五、第六届委员。②

---

① 周望森、陈孟林主编：《青田华侨史》，浙江人民出版社2011年版，第232页。

② 周望森、陈孟林主编：《青田华侨史》，浙江人民出版社2011年版，第232页。

6. 何宏志

白洪斋（1912—1998），又名何宏志，油竹叶山人。1929 年赴法国做工。1933 年参加巴黎华侨抗日救国会，积极从事抗日救国活动，1935 年加入中国共产党。1938 年在吴玉章的安排下，回国参加革命，长期在东北地区工作，曾任齐齐哈尔市副市长、市人大副主任。①

20 世纪三四十年代，在法国的温溪镇高冈华侨卓克仁、卓文廷父子等大批青田人会同留学生及爱国侨胞打起爱国大旗，组织旅欧浙江华侨协进会，宣传爱国抗日，并募捐资金，产生很大影响。

在法国的这些青田华侨，曾经在中国革命的萌芽期，就与中国革命的一批伟人先驱并肩作战，一起战斗在巴黎。

（三）奋战在西班牙“国际纵队”里的青田华侨

1936 年至 1939 年的西班牙内战，是第二次世界大战的前奏，震撼全球。它更为特别的地方在于，数以万计的志愿者从世界各地来到前线，组成的西班牙“国际纵队”。纵队里，可谓“明星云集”②，有美国大作家海明威、战地摄影师卡帕、法国大师加缪、英国作家奥威尔、英国诗人奥登、智利诗人聂鲁达、南斯拉夫革命家铁托和加拿大医生白求恩等。鲜为人知的是，这场战争中还有上百位中国志愿军，其中至少有四位是青田华侨，他们是：杨春荣、张树生、刘廷凤和刘竹岩。

杨春荣，青田旅法华侨、共产党员。赴西班牙前，在法国比映谷雷诺汽车厂当厨师，在那里加入了中国共产党。西班牙内战爆发后，雷诺汽车厂的法国共产党支部决定，组成一个百人“雷诺连”去西班牙参战。1938 年 3 月 14 日，杨春荣抵达西班牙，在国际纵队第 14 纵队第 4 营 1 连当步兵。同年 9 月，杨春荣在埃布诺河战斗中，头和肋骨受伤。1939 年 1 月随国际志愿军撤退，后被囚于法国古尔斯集中营。10 月 27 日离开集中营，他跟张树生等六位中国战士，从法国马赛乘船返回中国，参加抗日战争。

---

① 徐定楷：《早期青田华侨共产党人》，青田网，2019 年 4 月 7 日，http：//www. zgqt. cn/5339465. html。

② 倪慧如、邹宁远：《当世界年轻的时候：参加西班牙内战的中国人（1936—1939）》。

张树生，青田旅西班牙华侨，精通西班牙语。1938 年春天，他在战场被佛朗哥军队活捉。他精通西班牙语，发挥个人魅力，竟然说服了关押他的西班牙看守，放他逃生。白天他就隐藏起来，等到夜晚再寻找出路，经过六天六夜，终于逃出敌人的地盘。劫后归来，他被安排进了西班牙装甲兵学院，毕业后在西班牙共和国人民军第 50 师第 195 纵队指挥处从事交通工作。西班牙共产党对他评价很高，认为“他是一个好士兵。他一直表现得有纪律，而且圆满完成他的任务。是一位优秀的反法西斯者”。之后，张树生凭借精通西班牙文，帮助战友林济时在集中营内出版了一份《中国抗战情报》。随后，张树生加入了共产国际的一个外围组织“赤色救援会”。10 月 27 日，张树生与杨春荣等六人一起在集中营中获救，从法国马赛乘船回国，参加抗日战争。

原青田县四都人（现山口镇）刘廷凤和刘竹岩参加西班牙内战，结果刘廷凤罹难于异域，刘竹岩有幸升为军官。①

二　参加革命的青田华侨的先锋精神

从这些参加革命的青田华侨身上，我们看到了浙西南革命精神在域外的体现。

第一，敢为人先的开拓精神。青田华侨有着近 300 年的历史，这段辉煌的革命斗争史，在历史的长河中，闪烁着耀眼的光芒。是他们最早接触共产主义思想，并坚定地参加革命。不论是在俄国莫斯科的孙言川、郑秾，还是在法国巴黎的张竹仙、吴岩进、陈育黄、吴祚侯等人，他们一旦接触了革命思潮，以那种敢为人先的开拓精神，坚决地接受了革命思想，并切身进入革命队伍中去。

第二，心忧天下的爱国精神。青田华侨的革命史，也是一部浩然正气、热血丹心的爱国史。在国家危难时期，在法国的青田华侨积极响应海外青田党小组，发动侨界积极参加示威游行，声讨帝国主义罪行，声援国内的正义斗争，并且纷纷捐款捐物，支持国内的抗战事业。抗战时，在海外的华侨杨勉、金映光、金直夫、林德光、何宏志、杨春荣、张树

① 周望森、陈孟林主编：《青田华侨史》，浙江人民出版社 2011 年版，第 46 页。

生等，在心忧天下的爱国激情激励下，毅然决然地放弃国外的生活，回到国内，参加抗战。

第三，不畏艰险的拼搏精神。当郑秾面对革命低潮时，当杨勉面对国民党反动派的监狱生活压迫时，当林德光、金映光面对国民党反动派的逼迫时，他们作为革命者，表现出了不屈不挠、不畏艰险的精神。

第四，大爱无疆的国际主义精神。在各国无产阶级和劳动人民反对剥削和压迫，争取民族解放的斗争中，青田华侨与国际主义战士相互支持、相互援助。也正是因为杨春荣、张树生、刘廷凤和刘竹岩等中国战士，本着这种国际主义精神和使命，出现在西班牙的"国际纵队"中，才引得之后的像白求恩、卡帕、柯棣华等国际主义战士，出现在中国的抗日战场上。

三 参加革命的青田华侨之先锋精神的历史形成

浙西南革命精神是党领导浙西南人民在长期的革命斗争中形成的伟大精神，而参加革命的青田华侨所展示的先锋精神则是20世纪二三十年代海外共产党人与革命华侨精神的历史概况。浙西南革命精神与革命华侨斗争的实践紧密联系在一起，是党的历史和青田华侨为争取革命胜利、民族独立的斗争相结合的产物，有着深厚的历史积淀。

共产党的领导为青田革命华侨的先锋精神的形成提供了根本保证。伟大的党培养伟大的精神，伟大的精神滋养伟大的党。革命精神离不开共产党的培育，浙西南革命精神也是如此。不论是深受俄国共产党人影响而参加俄国十月革命的孙言川、郑秾、周观仙，受旅法中共先驱者影响而入党的吴祚侯、张竹仙、陈育黄、吴顺钦、吴顺夷、林德光、金映光、金直夫、何宏志，还是参加西班牙"国际纵队"的杨春荣、张树生、刘廷凤和刘竹岩等，他们都是在接受共产党人精神的召唤与滋养，才成了革命队伍中的一员。虽然他们都经历了极其艰难的革命过程，但是在这个过程中，他们锻造了青田华侨参加革命的先锋精神。

近代世界革命的历史变革为青田革命华侨的先锋精神的形成提供了前提条件。在中国共产党领导浙西南人民开展革命斗争之前，近代欧洲及中国社会已经发生了深刻的历史变革。共产主义思潮已经在欧洲传播与蔓延，而中国的无数仁人志士正在不断寻求救国救民的道路。而当革命的曙光在欧洲特别是俄国首先出现，一批中国革命的先驱者迅速来到欧洲，学习并接受了革命思想。而在欧洲生活的青田华侨，自然成为首批传播与实践革命思想的第一批受众群体。当社会风气发生变化，新式教育开始兴起，要求社会变革的呼声此起彼伏，推动了人民的觉悟与觉醒。这些都为青田革命华侨先锋精神的形成提供了前提条件。

参加世界与中国革命斗争实践为青田革命华侨的先锋精神的形成提供了肥沃的土壤。青田华侨参加俄国的十月革命、法国的共产主义运动、西班牙的“国际纵队”，乃至回国参加抗战与解放战争，他们的斗争有高潮也有低潮，有胜利也有挫折，有经验也有教训，他们的经历就是近代世界革命与中国革命的一段缩影，跌宕起伏、精彩纷呈。他们面对残酷斗争，顽强奋斗，付出巨大牺牲。正是在他们所经历斗争实践的肥沃土地上，开出了绚丽的先锋精神之花。

参加革命青田华侨所形成的先锋精神就是浙西南革命精神的一部分，虽然是在党领导浙西南人民进行新民主主义革命时期形成的，但是并没有过时，而是历久弥新。先锋精神价值不仅在过去的革命、建设中发挥过重要作用，而且对今天推进“丽水之干”担纲“丽水之赞”，推动丽水高质量绿色发展仍然具有重要的现实意义，具有崭新的时代价值。

第 七 编

双向移民与社会治理研究（上）

国际移民与上海城市发展

陈志强*

19世纪中叶，伴随着鸦片战争的硝烟，上海被强行开埠通商，由此开始了早期现代化进程——由农业时代的城市向工业时代的城市转型。在这一转型过程中，移民和租界形成上海城市发展的两大助推器。据统计，1885年，移民约占上海人口的85%，1930年占78%。① 英法租界作为“帝国飞地”，在近代中国特殊环境下发挥了“孤岛”② 和“蓄水池”③ 效应，容纳了无数外侨和国内难民，为上海人口和工商业发展发挥了示范作用。

一 帝国飞地，移民天堂

2005年8月，《纽约时报》刊登了一篇题为《上海——远东的盛宴》的文章，称“上海这座为贸易而生的摩登城市早在19世纪下半叶就成为连接西方的商业纽带。来自英国、法国、德国和美国的商人在那里定居，

---

* 陈志强，上海商学院国际移民研究所教授。

① 邹依仁：《旧上海人口变迁的研究》，上海人民出版社1980年版，第112—113页。转引自范伯群《移民都市与移民小说——论清末民初上海小说中的移民题材中长篇》。

② “孤岛”，指在战乱频仍的近代中国，“国内政令所不及”的上海租界对历次战争与封建军阀势力的侵扰具有相当大的抗干扰性。

③ 蓄水池，指由于“孤岛”的安全功能，上海租界出现了数次大的难民潮涌入，使上海人口剧增。参见章银杰、李峰《上海租界移民功能略析》，《安阳工学院学报》2005年第5期，第99页。

后来白俄罗斯难民也来了。他们建立了亚洲第一个有电话、自来水和电力供应的大都市，一个充斥着毒品、军阀、妓院和巨富的城市”。[①] 这段话揭示了一段史实：上海的繁荣与鸦片战争后被开辟为租界有密切关系，一方面，上海的发展历史写满了帝国主义列强带给中国的屈辱；另一方面，帝国主义的入侵客观上却促进了上海城市的发展。

1843 年 11 月 17 日，按照《南京条约》，英国首任驻沪领事巴富尔和上海道台宫慕久宣布上海正式开埠，允许英商租地居留。开埠之初，上海的国际移民只有 50 人，以后逐年增多。国际移民带来了上海人口的繁荣。开埠时上海的人口，包括县城内、城郊以及各个村镇不足 25 万人。县城以北的郊区（后来的外国租界）只有大约 500 名居民。到 1853 年，上海人口超过 50 万人，1900 年超过 100 万人，1915 年超过 200 万人，1930 年超过 300 万人，1947 年超过 400 万人，1949 年初达 546 万人。

从开埠到上海解放的一个多世纪中，上海先后出现三次移民潮：第一次是太平天国期间，长江中下游地区尤其是江、浙一带，大批难民涌入上海，十年间仅两个租界就净增人口 11 万；第二次是抗日战争期间，上海两个租界人口增加 78 万；第三次是解放战争期间，上海人口增加了 208 万。

由此可见，上海人口的迅速增加，主要是外来移民所致，其中租界人口的剧增是主要原因。“晚清上海国际移民国籍之分散也是中国的其他城市所无法比拟的，这种异质化的程度，恐怕连唐代最开放的长安也难望其项背。”[②] 这批来沪的国际移民，有从政的、经商的，也有传教、行医、兴学、办报等的。到 1942 年，上海的国际移民人数达到 15 万人，至 1949 年上海解放，国际移民仍有 2.8 万人。这些移民主要来自英、法、美、日、德、俄、意、葡、波兰、捷克、印度、越南、韩国等近 40 个国家。

---

① R. W. Apple Jr. , “Shanghai, a Far East Feast”, *The New York Times*, October 9, 2005, http: //travel. nytimes. com/2005/10/09/travel/09shanghai. html? _ r = 1&scp = 1&sq = Shanghai%20%20%20%20%20%20Fareast&st = cse.

② 邹振环：《晚清上海的国际移民与海派文化的多元组合》，《探索与争鸣》1997 年第 4 期，第 32 页。

二 冒险家的乐园 工商业的起点

许多外国移民是怀着“改造东方”的梦想和野心来到上海的，上海也确实成了“冒险家的乐园”。到了20世纪30年代，这些外国人已经把上海看作他们永久的家了。①

（一）国际移民奠定了近代上海贸易、金融、经济中心的基础

上海作为通商口岸，外国人首先在外滩及其附近设立了各式各样的商行，到19世纪中期已有120多家。② 随着贸易的发展，航运业应运而生。1850年，英国大英轮船公司的航线延伸至上海。1867年美国太平洋邮轮公司、1868年英国海洋轮运公司等相继进入上海。19世纪70年代中期，日本三菱邮轮公司开始在日本与上海之间航行。80年代以后，德、俄、加拿大等国的远洋轮运都已直达上海。③ 与此同时，专业轮船公司层出不穷。航运业的发展，推动了船舶修造业的发达。④

贸易的发展促进了金融机构的兴盛。英商首先于1847年在上海创立东方银行（又称丽如银行），后来相继开设有利、麦加利（也称“渣打银行”）和汇丰银行分行。1890年，德华银行在上海开设总行。此后，日本、俄国、法国、比利时、美国、荷兰的银行也相继跟进。

1895年中日甲午战争后，日本凭借《马关条约》取得了“在中国通商口岸城邑，任便从事各项工艺制造”⑤ 的特权。根据“利益均沾”的最惠国待遇，英、美、法、德等国，同时取得了投资设厂的权利。1911年以前，外商在上海开设的工厂有英商21家、美商5家、德商4家、法

① 汉超：《霓虹灯外》，上海古籍出版社2004年版，第123页。

② 沿黄浦江外滩由北至南的商行有：怡和洋行、大英轮船公司、沙逊洋行、仁记洋行、琼记洋行、萧士兄弟洋行、宝顺洋行、图诺尔洋行等。

③ 1880年，美国远洋轮运公司开辟由纽约直达上海的航线。上海有20家左右的外国洋行各自有一两艘轮船，航行于长江和沿海口岸。

④ 19世纪50年代，逐渐在虹口和浦东形成了两个船舶修造业中心。到60年代，有两家上海造船业巨头，一家是英国人设在浦东的祥生船厂；另一家是美国人设在虹口的耶松船厂。

⑤ 薛有志：《日本对中国直接投资的历史、现状与未来》，《现代日本经济》1996年第5期，第11页。

商8家。外商在上海设立的企业，有相当一部分与金融资本相结合，形成了几个垄断集团，如怡和集团、英美烟草公司、日本东亚兴业会社、日华纺织株式会社、内外集团等。

(二) 国际移民促进了近代上海市政建设和房地产开发

外商经济扩张的同时，租界当局在租界内的市政、公用事业设施建设相继展开。1856年，第一条西式马路在法租界外滩建成，名黄浦滩路，原是沿江滩地（1945年更名为中山东一路）。20世纪初，西式近代化马路已纵横交错，还经常“越界筑路”（越出租界筑路）。在1866年前静安寺路（今南京西路）也已建成，南京东路与南京西路已经相连。[①]

上海第一条国际海底电缆于1871年由丹麦大西北电报公司从香港敷设到上海，当年又从日本长崎延伸到上海。1883年，上海的国际有线通报已可直接与日本、中国香港、新加坡、欧洲联系。1910年，英商上海德律风公司已在上海安装了一万号电话交换设备。[②] 1865年租界内路灯开始用煤气，当时上海旧城内由于火油是舶来品，火油灯被称为“洋灯”，家用还不普及。在路灯使用煤气时，谣传：“地火盛行（当时名之曰地火灯），马路被灼。”[③] 使用电灯之际，以为电灯之电，即是空中雷电之电，认为使用电灯，将遭天报，有雷殛之虑。[④] 饮用自来水时，“甚至谓水有毒质，饮之有害，相戒不用。”[⑤]

伴随着贸易、金融等各行业的发展，城市建设大规模展开，房地产业兴起。19世纪20年代初开始，外滩金融区内银行大厦、办公大楼相继拔地而起，到30年代已形成巍峨参差、鳞次栉比、具有世界各国风格的建筑群，被称为“万国建筑博览会”。[⑥] 外滩还有1910年建成的豪华的

---

① 1895年以后，租界当局修建了虹桥路、白利路（今长宁路）、罗别根路（今哈密路）、北四川路、大西路（今延安西路），1914年填洋泾浜，并修建爱多亚路（今延安东路）等20多条马路 。1908年，有轨电车在大马路（今南京路）上行驶。

② 《中国近代邮电史》，人民邮电出版社1984年版，第64—66页。

③ 唐振常：《近代上海探索录》，上海书店出版社2004年版，第66—67页。

④ 1882年7月租界便开始用电灯。1892年，公共租界当局建造发电厂，实施路灯用电灯。自来水1881年在租界内出现，1883年英商自来水公司在杨树浦建成放水。

⑤ 唐振常：《近代上海探索录》，上海书店出版社2004年版，第66—67页。

⑥ 英国汇丰银行大厦1921年奠基，1923年建成。

“上海总会”（又称皇家总会，作为英国侨民活动的场所）和著名的“沙逊大厦”（建于1928年，新中国成立后改名为和平饭店，因其楼的高度及内外装饰豪华，当时被誉为“远东第一楼”）。

租界房地产业的兴起，是在1853年9月上海小刀会起义以后。从1853年9月至1855年2月，上海县城一直被小刀会占领，结果造成第一波难民潮涌入租界——只有西方侨民可以居住的“外国居留地”。太平天国末期，上海的外国租界里已有超过11万的中国人逃入租界，建房出租给中国人的房地产业兴盛起来。① 到了1860年，英租界里共有这样的房子8470幢。19世纪晚期上海房地产巨头都是西方人，在20世纪30年代早期，南京路沿线，几乎一半产业都属于哈同。②

上海租界人口的迅速集中，市政建设的极大改变，为租界商业的发展创造了条件。上海商业中心也逐步由旧城区向租界转移，主要集中在黄浦江外滩一带，以后又从南京路由东向西逐步扩展。

（三）国际移民促进了上海民族工商业的发展

在国际移民创办的产业刺激下，从19世纪60年代起，到处活跃着“兴旺而又富裕的中国商人。这些商人所从事的商业活动和西方商人的经营范围同样广泛”③。

他们的经济活动主要集中在市内商业和埠际贸易。在外商洋行的带动和影响下，上海较早产生新式商业。这些新式商业首先出现在同外商密切相关的一些行业中，特别是洋布业、五金业、西药业等经销进口货的商业行业。

上海开埠后，洋布进口逐渐增加，外商洋行最初通过京广杂货店为其试销洋布。④ 以后出现专营洋布的商店，到1858年，上海有清洋布店

---

① 从1853年9月到1854年7月，英租界的广东路和福州路上相继建造了800多幢成排的二层楼房；更多的楼房则散布在租界的西北地区、外滩附近，以及洋泾浜一带。

② 哈同，犹太人，当年闻名上海滩的“地皮大王”。现在的铜仁路，当初称“哈同路”。

③ 勒费窝：《怡和洋行——1842—1895年在华活动概述》，上海社会科学院出版社1986年版，第47页。

④ 广货店是广东人在上海开设的经营各种进口洋货和广东手工业品的零售店，京货店是本地人开设的专门销售北京手工业品的零售店。后来广货店亦兼售京货，京货店也销售洋货，于是就有京广杂货店之称，又统称为华洋杂货店，为近代百货业之始。

十五六家，形成了洋布商业行业。这些洋布店多为国内移民开设，其中宁波籍商人开设的就有五家。开埠后，进出频繁的外商轮船和先后建立的外资工厂，清政府兴办的军、民用工业和私人资本工业增加了对五金器材的需要，于是在19世纪60年代，五金商业开始产生，到20世纪初该行业已颇具规模。第一家五金店是1862年叶澄衷①开设在百老汇路（今大名路）的顺记五金洋什货号。上海的西药业也是国内移民为主开设的。自1850年英国药剂师洛克开设了第一家外商药房，及至30多年后才出现第一家华人西药店——中西药房。而后相继开设了华英、中英、中法、华美、万国、五洲等西药店，逐步形成了西药行业，其中中法、五洲、万国等药房为宁波人所开设，俗称“无宁不成市”。②

19世纪初，上海的进出口贸易扩大，促使了上海的埠际贸易增长，从而形成了一支从事埠际贸易的商人队伍。全国各地的商帮大量集中在上海。宁波旅沪经商者达数万人，主要从事进口贸易、五金颜料业等。宁波商人还长期操纵上海总商会。广东帮商人在上海经营的多为杂货铺。安徽帮商人主营茶叶和徽墨。江西帮商人主营瓷器、茶叶、土布和纸。山东帮商人以贩运豆饼、豆油及大豆为主。天津帮商人从事京货贸易。此外，上海还有湖北帮、湖南帮、四川帮、山西帮、钱江帮、绍兴帮、南京帮、扬州帮、苏州帮。③

百货公司始创于西方资本主义国家，采用股份有限公司模式，规模大，资金多，经营商品广，是一种大型综合百货商店。上海最早的百货公司是英国惠罗公司，1904年在南京路、四川路转角设立分公司，后来还有西商泰兴公司、福利公司等。外商百货公司的开设刺激了中国百货业同行的投资竞争。④

---

① 叶澄衷，上海巨商之一。19世纪末，他开设的商店和工厂达600多家。

② 上海的一些百年老店，如邵万生南货店、三阳南货店、亨得利和亨达利钟表店、蔡同德堂国药号、泰康食品商店、协大祥绸布店等都是宁波人所开设。

③ 据1918年统计，各地商帮在上海开办的行、号约有340家。四川帮约有74家，集中在福州路；汉口帮约有58家，集中在广东路、汉口路；广东帮约46家，集中于江西路、四川路；山东帮约42家，集中于山东路、爱多亚路（今延安东路）。

④ 1915年，黄楚九在西藏路南京路口创建“新世界”商场，后来还创设了“新新舞台”（后改名天詹舞台）和“大世界”游乐场。1917年至1926年，广东籍华侨商人在南京路先后开设了“三大公司”：先施公司、永安公司、新新公司。

从事买办商业是上海商人的又一大特点。“买办”是外商洋行所雇用的中国代理人，承担的任务是替洋行收购土产或推销洋货。上海的买办基本上都是来自广东和几个江南城市的移民。在19世纪下半叶，罗素公司在上海雇用了10个买办，怡和洋行雇用了15个买办，而宝顺洋行则雇用了6个买办。上海不少成功的商人，尤其是大型企业创办人，都曾经是买办。1925—1926年，“上海工商会议公所”[①] 45%的董事和22%的会员拥有双重身份：既当买办，又当老板。[②] 如大买办虞洽卿[③]自己经营的进出口业务闻名上海。

从上海城市的崛起历史中可以看出，正是由于“开埠”所产生的国际移民涌入，才使上海成为中国工商业的重镇。

三　吸纳与排斥：新一轮发展的人口政策

1990年4月18日，浦东正式开发。新上海的快速发展，使上海对资金、技术、劳动力的需求大大增加，于是外国商人纷至沓来。截至2006年年底，外国在沪就业者已达33824人。在来自152个国家的上海“洋打工”者中，按照国籍来分，名列前十位的分别是：日本、美国、韩国、新加坡、德国、马来西亚、加拿大、法国、澳大利亚、英国，其中，日本人占31.8%，美国人占11.7%，韩国人占8.8%。[④] 来自这10个国家的“洋打工”者占外籍工人总数的85%。面对日益庞大的国内外移民人口，从可持续发展和国际性大都市建设的角度看，上海只有从历史中汲取营养，在实践中开拓思路，才能为新一轮发展铺平道路。

第一，要继续放开胸襟，吸纳更多优秀的外国人进入上海。一个国际性大都市，其常住外国人一般占到总人口5%以上，而上海目前的比例

---

① 即“总商会”，1904年称“上海商务总会”，1912年正式称“上海总商会”。

② 卢汉超：《霓虹灯外》，上海古籍出版社2004年版，第45页。

③ 虞洽卿，辛亥革命时曾资助同盟会经费，1927年蒋介石“四一二”政变，他亦以财力支持。1914年，他创办三北埠轮公司的时候已是“海上闻人”。1928年荷兰银行为他举办任“华经理”25周年庆典，并颁予荷兰政府勋章。1936年10月，公共租界当局将西藏路改为虞洽卿路。

④ 朱国栋、刘红、陈志强：《上海移民》，上海财经大学出版社2008年版，第132页。

还不到1%。据统计，现在常年在上海的外国人在10万以上，而在20世纪40年代，常住上海的外国人最多的时候是15万人，但到70年代末，这个数字曾一度减少到700人。上海要吸纳人才，必须降低优秀人才的入沪门槛，开通急需人才的“绿色通道”。

第二，人口红利的消失，是上海新一轮发展的又一个难题。[①] 上海在人口红利消失后，尤其在国际金融危机加剧的背景下，如何继续扩大开放，改变贫富差距拉大的现状成为当务之急。这就需要坚持以科学发展观为指导，积极实行既内外有别又内外衔接宽松适度的人口政策，提高人口管理的人性化标准，促进上海人口流入与流出双向旺盛的良好局面。

第三，扩大上海的人才“热炉效应”。目前，与内地相比，上海在基础设施和文明程度上有比较优势，使之成为国内日资企业最集中的地区，日资企业数量占全国总数的四分之一。其次是韩国企业。在中国的韩国投资企业共达52000多家，其中在上海超过8000家。韩国企业在华投资的增多，也促使大批韩国人到中国生活、工作，从而成为置业的新生力量。继北京、青岛之后，上海正在成为韩国投资客的下一个目标。

第四，在入籍问题上，宽严相济适度调整是关键。外籍人士入籍标准宜严，国内移民市民化标准宜宽，这是中国人口膨胀和上海人口老龄化、国际移民涌入中国的潜在压力和世界各国移民控制趋紧的现实所决定的。今后，应当以技术移民和商业投资移民为主制定相关移民政策。

第五，积极促进外来移民的融合与认同。应当客观公正对待移民所起的作用，做好移民安置工作，解决移民后顾之忧，同时要关注第二代移民问题和移民犯罪、移民队伍的分层化，营造良好的移民融入氛围，对于促进上海更好更快可持续发展具有重要意义。

---

① 人口红利指依靠劳动力优势所带来的经济高速增长局面，往往表现为“高增长—平物价—高就业”模式。中国的人口红利促进了经济高速增长，但没有带来人们预期的高就业和高收入，随着老龄化时代来临，中国人口红利在消失。

浙江拉美的经济互补与合作

——基于两地双向移民及浙企投资的实践

张一江*

中国和拉美两大地区各自的资源禀赋及产业结构具有很强的互补性，促使这两大经济体不断加强经济贸易合作和产业对接与投资。自20世纪70年代尤其进入21世纪以来，中拉关系迅速升温。截至2019年11月，拉美已有24个国家同中国建立外交关系，其中巴拿马、多米尼加、萨尔瓦多是最近3年建交，尚有7个国家未建交，分别是危地马拉、洪都拉斯、海地、巴拉圭、圣文森特和格林纳丁斯、圣基茨和尼维斯、伯利兹。此外智利、秘鲁和哥斯达黎加3国与我国签订了自由贸易协定。21世纪初起中拉经历长达十余年的“经贸合作黄金增长期”，带动了双边关系全面发展。2012年中拉贸易额高达2612亿美元，中国成为拉美第二大贸易伙伴和主要投资来源国。而拉美则是中国重要的资源类产品进口来源地，拉美基础设施建设领域的巨大需求，使拉美成为中国开展国际工程的重点市场。

自2012年始，中拉两地面临着经济下行和经济结构调整的压力，因原油、矿产品大宗商品价格持续下跌及中国对拉美资源需求减少等原因，中拉贸易规模明显萎缩，双边贸易合作进入盘整阶段。这种情况下，两地政府尤其是中方做出了大量的努力，例如2014年习近平主席访问拉美期间提出分别构建“五位一体”的中拉新关系及“1+3+6”中拉合作新

* 张一江，浙江越秀外国语学院西班牙语系副教授。

框架，2015 年李克强总理访问拉美时提出中拉产能合作“3 ×3 模式”，积极推动中拉经贸关系的转型。2018 年 11 月习近平主席出访拉美并出席了在布宜诺斯艾利斯举行的二十国集团领导人峰会。可喜的是 2018 年中拉贸易额又创 3074 亿美元历史新高，较去年同期增长 18.9%，结束了持续多年的低迷状况。对于包括巴西、智利、秘鲁和乌拉圭在内的许多国家来说，中国已是其最大贸易伙伴。中拉经贸合作在“一带一路”的大框架下迈入了稳健增长的新时期。

拉美虽距离浙江遥远，但浙江与拉美两地一直保持着密切的经贸往来。这当中，众多在拉美的浙江籍移民及在浙江经商的拉美移民发挥了重要的桥梁作用。近年来，浙江企业一直致力于开拓拉美这一新兴市场，在发达经济体经济普遍疲软的当下，越来越多的浙商把目光投向拉美。据浙江省商务厅数据统计，2016 年前 10 个月，浙江对拉美地区本年出口累计高达 1217 亿元，占出口比重 8.5%；进口额达 301.7 亿元，占比 8.4%。拉美已成为浙江省第四大出口市场，成为浙江出口新的增长点。在此背景下，进一步加强对拉美经贸合作的研究，鼓励积极开拓拉美市场，对加快实施“走出去”“一带一路”国际合作的战略，确保拉美与浙江经济合作的多元化具有重要的现实意义和深远的战略意义。

一 浙江拉美两地经济产业结构异同性

（一）海洋地缘经济的相似性

众所周知，浙江地处东海之滨，东靠太平洋，拥有宁波、舟山、大小洋山等天然良港，海洋资源丰富，交通便利，历史上就有古越人经白令海峡到达秘鲁成为印第安人祖先之说法，作为福建的邻省浙江也充分参与了明清两朝更替时开启的被称作“马尼拉大帆船”的中国、菲律宾、拉美三角贸易。浙江及拉美同样重视开发利用海洋、发展海洋经济。两地民众善于从事海洋渔业，舟山沈家门与秘鲁卡亚俄同列世界四大渔港。类似浙江重视港口经济及海洋运输服务，以巴拿马为代表的拉美各国重视发展海洋服务经济，依据其自身优势提供运河船闸、造船或提供登记和海员。拉美很多国家也以“太平洋国家”自居，浙江与拉美虽隔着太平洋相望，但对海洋的亲近易与拉美民众拉近心理上的距离。

（二）经济产业层次的互补性

进入21世纪以后，拉美重新回归“初级产品出口”发展模式，主要靠出口优质的自然资源、初级加工制成品和农产品来推动经济发展。拉美在农、林、牧、渔业等产业有着较大的优势，有着丰富的矿产资源、稀有贵重金属及大量的原油储存。而浙江素有“七山二水一分田”之说，自然资源较为缺乏，主要依靠出口轻工业制成品。这样，浙江与拉美地区的发展模式上具有很强的互补性，即拉美能为浙江提供优质的资源从中获得经济发展的原动力，而浙江能为拉美提供价廉物美的工业制成品。因此，浙江和拉美两地经济产业层次具有很强的互补性。

（三）贸易商品种类的互补性

目前，拉美是丝绸、陶瓷器、针织或钩编服装、自动数据处理设备、箱包、照明设备及配件和鞋类等9种产品的全球最大市场，是普通棉织物、音箱接收与录制设备和贱金属制家用器具3类产品的全球第二大市场；在纺织物制服饰用品、普通人造纤维织物、童车和玩具、蒸汽锅炉、刀具、建筑材料等其他17类产品上，拉美还是仅次于欧美发达国家的第三大市场，而上述产品在中国的主要产地就是浙江省。

就浙江块状经济来说，丝绸、针织或钩编服装等传统产地分别是杭州、宁波、温州，自动数据处理设备制造集中在杭州、宁波和台州等地，平湖和宁波是国内箱包制造出口重镇，上虞、慈溪分别是中国重要的照明设备、开关插座生产出口基地，温岭、温州分别是主要的塑制拖鞋、皮鞋制造地。特别重要的是柯桥、义乌拥有全球最大的轻纺织品及日用小商品交易市场。传统上这些商品主要出口目的地集中于欧美日等地。随着上述国家经济的衰退，浙江和拉美市场形成有效对接，浙江转向拉美出口。

二　海外移民经济的相似性衍生出浙江拉美双向移民趋势

除了共同拥有深厚的海洋情结外，浙江人和拉美人还有一个共性，即富有冒险精神，愿意去海外发展，将所获侨汇寄回原籍国，成功人士愿回国投资从而带动母国经济发展。中国银行青田县支行是全国外汇存款最多的县级银行，而墨西哥、古巴侨汇收入也在全球各国排名位居前三。浙江拉美人在两地经济合作参与程度加深，双向移民趋势越来越明显。

（一）浙江籍移民参与拉美经济的现状

浙江籍特别是温州、青田人很早就前往欧洲、拉美移民并自主创业，这几年绍兴、台州、杭州人在智利、秘鲁等国经商也不在少数。拉美各国中，华人移民最多的是秘鲁、巴拿马、巴西、墨西哥、智利及古巴等。统计数据显示，在巴拿马共和国 407 万人口中有超过 30 万华人，比例超过 8%。而在巴拿马城做生意的商人中，每 10 个里面就有 3 个浙江人。早年在巴拿马的浙江移民多半从事小型商品零售业、商业服务业，后来拓展到轻纺行业，不过近来随着中巴经济往来的加强，照明、太阳能光伏、会展等行业也受到越来越多的关注。这种现象也普遍体现在其他拉美各国。

（二）拉美移民深入浙江块状经济的表现

拉美民众也自发地离乡背井前去欧洲、美国等地发展。最近几年全球最大小商品市场所在地的浙江义乌成了国内最多西语国家人口族群的居住地，日均 1 万左右的拉美籍商人在这里进行采购活动。入住义乌三星级以上宾馆可获取免费西班牙语版小商品市场指南，转播 CCTV 西语频道，义乌市公安局配有懂西语的外事警察，某种程度上义乌可算是对拉美籍人士最友好的中国城市。很多秘鲁、厄瓜多尔及玻利维亚商人在柯桥的中国轻纺城从事纺织品贸易，甚至把自己的子女送到中国学习语言及文化。双方性格共性和义乌小商品城的独特存在，无疑使拉美在浙江的移民更易充当中国与拉美两地开展经济产业互补及合作的桥梁。

三 "一带一路"框架下浙江拉美合作现状分析

（一）浙江开放性经济需要进一步开拓拉美市场

当前浙江企业特别是中小型企业多数以贸易形式走进拉美市场，类似块状经济和特色小镇，浙江对拉美经贸行为具有抱团型自发集聚出海的特征。2010年前后，浙江诸暨枫桥多家衬衫企业在巴拿马科隆自由贸易区设立贸易代表处，利用其低关税进口仓储再转口至墨西哥、哥伦比亚等国家。但随着国内服装行业不景气，现许多代表处已相继撤回。而温岭、温州不少制鞋企业也在巴拿马科隆或智利伊基克设立商贸代表处。众多浙江绍兴纺织品生产贸易公司逐渐将秘鲁、厄瓜多尔及玻利维亚视作重要的出口市场。这三国居民组成的共性是以克丘亚、艾马拉为代表的土著印第安人及印欧混血的梅斯蒂索人累加后在全国总人口比重分别为77.5%、80%和83%，仅次于危地马拉，上述人种对纺织品需求量极大，偏爱混搭颜色，要求产品质量中等价格低廉，这对中低端轻纺业为主导产业的绍兴而言，更具有扩大出口目标市场的价值。

有必要提及智利北部城市伊基克在浙江与拉美中低端贸易中扮演的角色。该城人口30万，自1975年起拥有美洲第二、南美最大的自由贸易区——ZOFRI自贸区，与阿根廷、玻利维亚、秘鲁、乌拉圭、巴拉圭和巴西的陆地交通极为便利，是南美洲各国同太平洋国家之间的主要贸易集散地。由于其进口关税的免除政策、发达的国际公路网、大规模的海运能力、独特的地理优势，更拥有大量太平天国军队后裔的华裔人口，故浙企普遍喜欢在伊基克设立贸易公司，据不完全统计共有200余家，占中资企业总数近一半。

（二）浙江对拉美经贸可持续发展需要进一步调整经贸投资方式

中国目前在拉美投资的企业以国有大企业为主，集中在矿产、交通和通信等领域，投资额巨大，但容易受到双边国家政治外交关系的影响。拉美国家特别是委内瑞拉、巴西、阿根廷等与中国存在政府间投资协议。而与其他省市大型国企市场行为投资或政府行为投资截然不同，以中小民企为代表的浙江企业在拉美投资情况更复杂、更有风险，但受到拉美各国政府乃至来自类似美国等第三国阻力却更小，船只小掉头快。浙企从最初建立办事处、营销网络，到在出口国建立生产工厂，浙江企业在拉美地区寻找商机、开拓市场“走出去”的步伐越来越快。

截至2016年6月底，经商务部门备案核准，浙江在巴西投资累计共有77家企业，在墨西哥投资累计共有60家企业，在阿根廷投资累计共有17家企业，投资主要集中在批发业、零售业、仪器仪表、文化、办公用品、机械制造业、采矿等行业。

浙江网新公司在巴西南大河省府阿雷格里港投入1.3亿美元合建规模为230kV输电线路和变电站，其运营周期为30年。宁波东方日升新能源有限公司投资5亿美元在墨西哥杜兰戈州建设300MW太阳能光伏电站。该州是全球光照最好的地区之一，年平均日光照时间近7小时，这是宁波资本对墨西哥最大的投资项目。新昌浙江三花控股集团进行一系列国际并购后，2015年又投资建设墨西哥工厂。当前也有浙商考虑利用智利阿塔卡马沙漠优越的星空观测及太阳能资源进行投资。

知名民企万向集团控股的浙江大洋世家股份有限公司，20世纪90年代就前往阿根廷200海里经济专属区从事海外作业。这家拥有8艘大型鱿鱼钓船的渔业公司，不仅将鲜嫩海鲜送往中国及欧美市场，还为当地创出200个、500个直接或间接工作岗位，产品年出口金额近2000万美元。类似大洋世家，浙江蓝雪食品有限公司南美投资成功案例的关键在于南美本地化，直接收购当地公司或入资控股，以拉美籍员工为主来开展各项业务。

作为浙江省乃至全国较早“走出去”的企业之一，杭州华立集团于1987年起就涉足国际贸易领域，不断调整经贸投资方式，从中外合资企业到国际贸易部再到进出口公司、海外设立工业园区，不断试水与突破。该企业具有国际化发展视野，逐步在全球布局3个到4个投资基点。在具备泰国泰中罗勇工业园的成功实践后，于2016年起尝试开发针对美国及拉美市场的墨西哥工业园区项目，不久也将在北非某国建设面向欧非两大洲的工业园区。华立集团海外投资亮点总是优先考虑投资项目的上佳地理位置，能否为浙江企业集群式投资海外发展助力，与国家“一路一带”倡议是否相衔接，具备对外开拓和培育新外需增长点的双重意义。

2017 年华立、富通集团和墨西哥桑托斯家族在新莱昂州联合开发北美华富山项目，为首次由中资在墨设立的工业园。园区规划面积 8.47 平方公里，计划分三期开发，第一期面积 208 公顷、总投资 11640 万美元。预计吸纳 80 家中资或世界各地企业，入园投资额预计 15 亿美元，为所在地提供 2 万个就业岗位。

目前园区已通过规划、审批，进入开发建设和招商阶段。华立集团 CEO 肖琪经表示，建成后的华富山工业园将成为中国民营企业走进北美的第一站。但特朗普上台后美墨双边关系的新动态对该项目的招商实施成功与否无疑增添了许多变数。

（三）浙江拉美服务贸易合作投资的现实性

近几年，浙江省以电子商务为代表的服务贸易发展势头迅猛，在全国位于前列，与拉美合作潜力巨大。墨西哥、巴西、阿根廷、智利等国在金融、保险、航运、旅游、教育、投资方面均各具优势，而浙江在电子商务、金融科技创新、文化创意、港口物流等领域也有世界级巨头，比如阿里巴巴、蚂蚁金服、全球吞吐量居首的宁波舟山港务。因此出口中方具有优势的技术、创意和服务，同时引进拉美国家的服务优势，积极推动双方文化的交流，拓展双方服务贸易的合作空间，让服务贸易和相互投资成为浙江与拉美深化合作的新亮点。

迄今为止，阿里巴巴已和拉美政府签署了三个谅解备忘录。2014 年阿里巴巴与巴西邮政建立合作关系。2017 年年初，马云飞抵阿根廷，达成一项协议，帮助阿根廷将水果、海鲜、食品和葡萄酒销往中国。墨西哥总统培尼亚·涅托于 2017 年 9 月 6 日特意专访阿里巴巴杭州总部，代表墨西哥政府与阿里巴巴培训中小企业全球化以及农村电商、支付、物流等方面进行经验交流并展开合作。虽因墨西哥国内后续进展缓慢，但培尼亚总统对一家浙江民企的重视程度，称得上是中墨关系史上浓墨重彩的一笔。

基于马云世界级电商巨头的影响力，阿里巴巴进入拉美市场的途径首先得到各国政府高层人士的大力欢迎，再而下沉寻求地方政府及中小企业的支持及配合。依照马云的说法，阿里巴巴的进入及发展电子商务还有助于拉美地区摆脱中等收入陷阱、促进社会转型。

四 浙江企业与拉美经济互补合作成功助力考量

总体而言，在拉美投资的浙江企业一部分发展得非常好，但有一部分像在其他国家一样遭遇一些问题，有的是因为法律理解不到位，有的是因为市场原因，具体可能是不够充分了解当地各项政策，员工管理困难重重，项目推进速度缓慢而最终导致项目停滞乃至失败。浙江作为中国改革开放的前沿阵地，理应高瞻远瞩作为全国开拓拉美市场的“先行者”和“排头兵”。因此，有必要从政府政策引导、支撑层面和企业自身的角度来探讨对策，为浙江企业进军拉美地区选择合适的投资策略提供一定的借鉴及参考。

（一）利用浙江拉美两地双向移民优势，转变思路加强宣传，政府层面重视拉美市场，增进两地企业了解

传统上浙江省对外经济贸易的主战场是亚洲和欧美市场，对拉美市场缺乏足够的重视。在后金融危机时代，浙江各级政府应转变思路，重新认识世界经济格局中拉美市场的重要地位，力求体现在政府的各项工作中。在欧美及亚洲等传统市场稳定的基础上，要提高对拉美市场战略地位的认识。

鉴于拉美与浙江地理相隔遥远的“空间距离”和人文交流有限的“心理距离”，政府应承担“指南针”和“宣传筒”双重职能，为浙江企业和拉美牵线搭桥。一方面，加强对省内企业在拉美贸易领域的宣传，为企业开拓拉美市场提供有效引导和知识准备。另一方面，政府及企业代表团可利用出访考察等交流机会，向拉美政府、企业介绍浙江省情和企业运作状况。利用浙江华侨在拉美人数集中的优势，举办“浙江月”“企业周”等形式多样的活动，推广浙江企业的投资形象。此外，省里拥有各类商务平台，类似杭州、宁波、义乌、柯桥举办的各种形式的商贸展会、贸易投资洽谈会适当向拉美地区倾斜。

（二）出台财政、金融、税收等相关政策，进行重点扶植

财政政策方面，可在扶植企业“走出去”的专项资金中适当向开拓拉美的企业倾斜，探索设立浙江省中小企业开拓拉美市场专项支持基金，打造一批浙江优势产业在拉美聚集发展的基地，支持有条件、有实力的中小企业实施海外并购方式开拓拉美市场，快速获取核心生产要素。

推进发展更高层次的开放性经济，积极培育本土民营跨国公司，对海外投资项目考察、营销费用、项目贷款符合相关条件的企业，可向商务主管部门申请补助或贴息，政府对企业“走出去”绩效突出的给予一定奖励。对在开拓拉美市场中成效良好的企业进行重点培育，对发展远景广阔但暂时遇到困难的企业给予强力扶植。

（三）企业对拉美投资做足功课，选择合适目的地，制定有远见的投资方案

拉美地区对于外国直接投资普遍欢迎，但部分国家管控较严格，许多领域禁止或严格限制外资进入，因此浙江企业在投资对象国目的地选择时要充分考虑各种因素。有效了解拉美国情，投资前就对象国政治、经济和法律稳定性进行综合考量，特别是与中国是否签署双边投资协定、有否用投资合同来保障中国投资者资产安全这两点对浙江民企尤为重要。总体可因地制宜，采用灵活多变的投资方式，规避政治或金融风险，尽量选择政局稳定、社会治安良好的国家，更重要的是选择好当地合适的投资合作伙伴。

（四）加强外语专业及研究智库建设，大力培养面向拉美的复合型新人才

中小企业走进拉美市场意味着对西班牙语、葡萄牙语等语种人才的巨大需求，同时也需要全方位地了解拉丁美洲政治、经济、文化、法律等知识，这就对外语专业人才培养和研究机构建设提出了更高的要求。浙江现开设西葡语本科高等院校仅有 3 所，分别为浙江大学、浙江外国语学院及浙江越秀外国语学院，其中浙大去年新设，历史最久的越秀也不过十余年，唯有浙外专设拉丁美洲研究所，与开设近十所的山东、江

苏及北京等地院校相比数量和底蕴相差甚远。而最矛盾的一点是浙江省恰恰因义乌大量拉美籍商人和浙企拉美投资热的存在，对西葡小语种人才需求又是全国最多的省份，故浙江省内既具备贸易经济法律知识又具备西葡语言能力的复合型人才紧缺。

总之，随着全球新一轮科技创新驱动产业变革和经济结构调整，浙江企业加大了对外投资力度。浙江传统制造企业积极转型升级，正在不断从传统产业向中高端产业稳步迈进，在做好主营产业的同时，通过收购、合并、投资的方式进入信息、环保、健康、旅游、时尚、金融、高端装备制造业等产业。而直接建厂、全球并购、成立产业园，这些都是浙江企业目前“出海”拉美的有效方式，但投资产业领域有待扩大。我们也应当充分利用浙江拉美双向移民数量增加的趋势来加强中拉两地的“一带一路”的国际合作。此外也需进一步做好广义的“产学研”工作使之有效地服务潜力巨大的浙江拉美两地经济互补合作。

法国移民政策国内研究综述

苗思雨　詹　娜*

法国拥有悠久的移民历史，外来移民是法国人口的重要组成部分。移民为法国社会经济发展提供了劳动力保障，为法兰西文化注入了新的文化元素。法国拥有引以为傲的移民政策模式——“共和模式”。但与此同时，移民也给法国社会带来了许多问题。法国移民政策决定着法国移民的命运，重要性不言而喻。根据笔者收集归纳，就近些年来国内学者关于法国移民政策的相关研究进行整理，以期对法国移民政策有一个更直观的了解。

国内学者对法国移民以及移民问题的普遍关注是在近几年才开始的，有关法国移民研究的专著目前还比较少见。国内研究多从欧洲这样一个宏观的角度来分析欧洲移民问题，基本不涉及具体国家，有的在列举个案时提及法国，例如厦门大学李明欢的《国际移民政策研究》①、山东大学宋全成的《欧洲移民研究——二十世纪的欧洲移民进程与欧洲移民问题化》②、东北师范大学梁茂信的《现代欧美移民与民族多元化研究》③等；另一个分析视角是多对欧洲的移民政策的由来、欧盟移民制度以及欧盟现在的移民政策所面临的困境进行分析，相关研究主要有郝鲁怡的

* 苗思雨，华中师范大学历史文化学院硕士研究生；詹娜，华中师范大学历史文化学院副教授。

① 李明欢：《国际移民政策研究》，厦门大学出版社 2011 年版。

② 宋全成：《欧洲移民研究——二十世纪的欧洲移民进程与欧洲移民问题化》，山东大学出版社 2007 年版。

③ 梁茂信：《现代欧美移民与民族多元化研究》，商务印书馆 2011 年版。

《欧盟国际移民法律制度研究》[①]、文峰的《欧盟非法移民治理研究》[②]、伍慧萍的《移民与融入——伊斯兰移民的融入与欧洲的文化边界》[③] 等；对欧洲移民的国别研究主要集中在德国与法国。目前国内还没有法国移民政策专题的论著。近些年来，国内学术界对于法国移民政策相关论文研究显著增多，本文将从研究领域进行梳理和探讨。

一 对法国移民政策进程的研究

法国移民政策与法国移民历史息息相关，19 世纪以来，法国经历的四次大的移民输入的浪潮；经过这四次移民潮，法国从一个单纯的民族国家演变为非典型意义的现代移民国家。随着法国移民的逐渐增多，法国经历了从宽松到紧缩的移民政策，从 19 世纪初到 20 世纪 70 年代以“共和同化模式”为特征的法国移民政策取得了巨大的成功，以“共和同化模式”为特征的法国移民政策，成为世界上成功的移民政策的典范。山东大学宋全成教授的《从民族国家到现代移民国家——论法国的移民历史进程》[④] 一文对于法国移民悠久的历史进程进行了梳理，其《20 世纪 70 年代以前法国移民政策的成功因素》[⑤] 从政治因素、人种因素、宗教因素、社会心理因素四个方面分析了从 19 世纪初到 20 世纪 70 年代以“共和同化模式”为特征的法国移民政策的成功因素。作者认为在 20 世纪 70 年代之前，法国的移民政策取得了巨大的成功。而 70 年代出现的石油危机，法国社会经济发展衰退，大量来自非洲、亚洲国际的移民和非法移民尤其是穆斯林移民成为法国外国移民主体种种因素，使外国移民由边缘化社会问题发展为法国核心社会问题。

法国移民政策经过不断调整，尤其是 2005 年法国骚乱凸显了法国政

---

① 郝鲁怡：《欧盟国际移民法律制度研究》，人民出版社 2011 年版。

② 文峰：《欧盟非法移民治理研究》，暨南大学出版社 2012 年版。

③ 伍慧萍：《移民与融入——伊斯兰移民的融入与欧洲的文化边界》，上海人民出版社 2015 年版。

④ 宋全成：《从民族国家到现代移民国家——论法国的移民历史进程》，《厦门大学学报》2006 年。

⑤ 宋全成：《20 世纪 70 年代以前法国移民政策的成功因素》，《吉林大学社会科学学报》2007 年第 7 期。

府在移民问题上的治理危机之后，国内学者有关移民政策研究成果增多，主要代表有卡琳娜·盖哈西莫夫和李明欢合作研究的《“共和模式”的困境——法国移民政策研究》。[①] 文章追溯了法国移民政策“共和模式”的形成及内涵，梳理了20世纪下半叶法国移民构成及相应的社会政治经济变迁，在此基础上，分析法国曾引以为豪的“共和模式”在当今社会遭遇的困境，结合评介法国学者的相关研究成果，探讨当代法国移民政策的基本走向及社会效应。作者指出移民政策中最根本的原则是接纳国的国家利益。劳焕强的《法国的移民情况与移民政策》[②] 介绍了法国从相对宽松到逐步紧缩，从主动接纳第三世界移民到选择性策略移民政策的转变，分析了“选择性移民”条款的软肋在于，没有想到法国在选择的同时也在被选择，这一政策充满争议。作者认为2005年法国骚乱问题的实质不是文明的冲突，而是社会融合、文化融合的偏颇。而解决种族融合问题，需要通过政治努力完成。刘力达在《2005年法国骚乱后的法国移民政策研究》[③] 中认为2005年法国骚乱发生后，法国调整了移民政策及措施，但是这些调整仍然是共和模式的延续和强化，并没有改变以共和国精神为指引的熔炉模式。

法国移民政策与法国华人利益联系紧密，国内也出现了法国华人与移民政策一起探讨的研究新视角。《法国移民政策与近五年华人移民》[④] 旨在考察移民立法对华人移民与其故国关系的重要性。首先阐明法国华人社群及新移民的形象；其次探讨法国最近的移民立法及华人新移民的反应；最后考察将华人新移民与中国关系包括在法国协作发展规划政策阐明的官方架构之内的可能性。文章将法国移民政策与侨乡联系的发展结合，在当时是一种崭新的视角。李明欢、钱海芬的《萨科奇的移民政策与法国华人社会问题》[⑤] 研究法国总统萨科奇的“选择性”移民政策

---

① 卡琳娜·盖哈西莫夫、李明欢：《“共和模式”的困境——法国移民政策研究》，《欧洲研究》2003年第4期。

② 劳焕强：《法国的移民情况与移民政策》，《中国民族》2008年第3期。

③ 刘力达：《2005年法国骚乱后的法国移民政策研究》，《法国研究》2012年第2期。

④ 卡琳·杰拉西莫芙：《法国移民政策与近五年华人移民》，陈欣译，《华侨华人历史研究》2000年第1期。

⑤ 李明欢、钱海芬：《萨科奇的移民政策与法国华人社会问题》，《侨务工作研究》2008年。

及务实的经济外交方略对当地华人华侨及法华社会产生的影响。赵晔琴在《传统与延续：法国移民政策的演变及华人移民的历史——兼论20世纪以来巴黎华人移民空间的演变》① 中考察了法国移民政策由宽松到紧缩的演变，法国华人迁移的历史、构成以及巴黎华人移民空间的形成与发展现状。虽然文章单纯地将法国移民政策演变和华人移民历史分化为两个章节，彼此之间并没有紧密的联系，不免有唐突介绍和联系之说。但是文章高度的概括性和精准分析使得具有较高的参考价值。

王军发表于《外国教育研究》上的《法国的移民教育》② 一文，是我国第一篇专门研究法国移民教育的文献。文章研究了20世纪70年代至80年代法国移民教育政策的产生、发展、演变的过程和实施的效果，并对这一时期内的法国移民教育政策做出了评价和分析。由于文章研究的时间跨度较短，并没有全面系统地展开了解法国移民教育政策。近些年关于法国移民教育政策的最新研究成果有姜峰、肖聪的《法国移民子女教育政策述评》③ 与肖聪的《法国移民子女中小学教育政策内容分析》④，以教育学的视角考察法国移民教育。将法国移民教育政策置于法国的社会、政治、经济和文化的背景下并对政策的内容予以考察和分析，尝试将政策分析的视角引入其中研究，客观深入地分析法国的移民教育政策。

袁晓聪的《法国的穆斯林移民政策评析》一文⑤以法国穆斯林移民的生存现状与困境作为出发点，从政策目标、实施手段、最终实施效果三个维度对法国穆斯林移民政策进行分析，认为当前法国移民政策“共和模式”取得成功的同时，也存在一定的局限，并造成了多元主义与共和主义的内在冲突，因而法国移民政策需要与时俱进，但文章并未提出新的解决方法。

---

① 赵晔琴：《传统与延续：法国移民政策的演变及华人移民的历史——兼论20世纪以来巴黎华人移民空间的演变》，《法国研究》2015年第4期。

② 王军：《法国的移民教育》，《外国教育研究》2001年第4期。

③ 姜峰、肖聪：《法国移民子女教育政策述评》，《外国教育研究》2011年第5期。

④ 肖聪：《法国移民子女中小学教育政策内容分析》，硕士学位论文，西北师范大学，2011年，第5页。

⑤ 袁晓聪：《法国的穆斯林移民政策评析》，《改革与开放》2016年第6期。

二 关于法国移民社会问题的研究

对“二战”后的法国移民来说，政治对抗、经济矛盾，也造成入境移民多是来自东欧、北非、亚洲寻求政治避难的难民和一些非法移民。尽管法国政府在20世纪70年代以后便开始限制入境移民数量，但是20世纪以来的两大移民浪潮，特别是随着“冷战”格局的解体和经济全球化的推动，已经使法国这个老牌的民族国家呈现了移民国家的特征，随着移民的大量涌入，围绕该群体产生的各种各样的问题以前所未有的方式呈现在法国政府面前。21世纪以来国内关于法国移民社会问题的研究成为热点，研究多从法国移民产生的社会问题入手，分析法国移民政策“共和模式”弊端的根源，力求寻找一种新移民模式。

国内关于法国移民政策凸显出的移民问题相关成果较多，王家宝的《法国移民问题浅析》[①] 认为19世纪以来外国移民对法国的人口增长、经济振兴起着重要的作用，但却没有受到正确的对待，而法国根深蒂固的种族主义思想是法国排外的实质。马胜利的《“共和同化原则”面临挑战——法国的移民问题》[②] 从2002年总统选举极右排外势力勒庞得势现象引出法国是否成为排外国家的问题，从共和同化原则的理性与现实、遇到的挑战、“移民改造法国”三个方面分析当前法国移民困境。作者认为法国从大革命时期对移民奉行的“共同同化原则”曾将上千万外来的欧洲移民造就成法国公民，而“二战”后新移民问题超越了法国“大熔炉”的同化能力，法国的社会文化结构正在由共和“大一统”模式向多元文化社会模式演变。宋全成的《论法国移民社会问题》[③] 从社会、经济、文化价值观以及政治四个层面分析了20世纪70年代以来由法国移民引发的社会问题。其《论法国移民社会问题的政治化——一种政治社会学的视角》[④] 则从政治学和政治社会学的视角就法国移民社会问题的政治化

① 王家宝：《法国移民问题浅析》，《史学理论研究》1996年第3期。

② 马胜利：《“共和同化原则”面临挑战——法国的移民问题》，《欧洲研究》2003年第3期。

③ 宋全成：《论法国移民社会问题》，《求是学刊》2006年第3期。

④ 宋全成：《论法国移民社会问题的政治化——一种政治社会学的视角》，《山东大学学报》2010年第1期。

进行初步探索，作者认为，法国移民社会问题政治化趋势会越来越明显，外国移民因争取平等权利而抵抗法国主流社会的行动将进一步激化法国政治文化中共和主义和多元主义的矛盾。宋全成的成果凸显出了对法国移民问题逐渐向多角度多学科研究的倾向。刘力达的《高认同与高冲突：反思共和模式下法国的移民问题及其政策》[①] 认为法国的共和模式建构了移民个体的高度认同，但是在国家和主流社会对少数族裔的接纳和认同问题上又具有高度的冲突性。由此得出结论，共和模式以无视族群和文化差异的公民平等理念同化少数民族个体，导致族群冲突。陈玉瑶的《法国移民问题探析》一文,[②] 从展现移民历史以及围绕“移民”产生的各种问题入手，总结和分析法国移民整合政策的变化，揭示了法国移民政策变化背后所反映的思想理念的转变。作者认为，通过分析法国移民整合政策的发展历程，从最初的“同化主义”到专门为移民群体设计的各种倾斜性政策措施，再到新近出台的新移民入境监管举措，这一变化的背后反映的是法兰西国家—民族治理理念从“同化主义”到“公民身份平等思想”到“交融文化”理念的变化。

此外，刘丽姿的《当代法国移民问题的凸显及研究探析——以努瓦利耶移民史研究为中心的历史考察》[③] 有一个独特的视角，从努瓦利耶移民史研究的独特视角出发，利用自下而上的研究模式探究法国移民问题。有关此专题的研究国内学者都有一个共同点，认为 2005 年法国骚乱是法国移民社会问题研究的关键点。

三 法国穆斯林移民问题研究

在国内外法国移民问题研究中，构成法国移民问题的外国移民主要是来自非洲、亚洲和南美洲等发展中国家和地区的移民，对法国移民问题而言，外国移民的主体是来自非洲等地区的穆斯林移民。所以在此将法国穆

---

① 刘力达：《高认同与高冲突：反思共和模式下法国的移民问题及其政策》，《民族研究》2013 年第 5 期。

② 陈玉瑶：《法国移民问题探析》，《法国研究》2014 年第 3 期。

③ 刘丽姿：《当代法国移民问题的凸显及研究探析——以努瓦利耶移民史研究为中心的历史考察》，硕士学位论文，浙江大学，2013 年，第 6 页。

斯林移民问题作为一个模块研究。穆斯林移民是在第二次世界大战初期大批来到法国的，直到 20 世纪 70 年代末，一些骚乱等社会问题逐渐呈现出来，特别是在 2005 年法国大骚乱后，我国学者也开始重点关注法国穆斯林移民问题。国内研究多从政治制度、教育、文化等社会学角度出发。

临沂大学魏秀春的《“文明的冲突”，还是种族主义？——试析法国政府的穆斯林移民政策》[①]《当代法国政府的穆斯林政策——以法国政府与伊斯兰教的关系为例》[②]，两篇文章在国内比较具有代表性。魏教授指出，法国历史上一直推崇的“共和模式”成为来自北非的穆斯林移民融入法国公民社会的瓶颈。法国社会对穆斯林移民及其后代的偏见与歧视，使得“共和模式”濒临破产境地。法国的“共和模式”和穆斯林移民政策应适应新的社会环境，与时俱进。刘冬的《社会学视野下的法国穆斯林移民问题》[③] 利用西方社会学中研究族群关系的社会排斥理论和文化认同理论从内、外因两个方面入手研究法国穆斯林问题产生的原因。其最新发表的文章《法国穆斯林移民问题的原因剖析》[④] 认为法国穆斯林在多个领域与主体社会处于“断裂”状态，以及法兰西文化与伊斯兰文化的异质性又进一步加深了法国社会对穆斯林群体的偏见和歧视，这更激发了法国二代穆斯林移民借助暴力发泄自己的不满，表达自己的诉求。作者还提出解决穆斯林问题的对策。

此外，张秋彦的《法国穆斯林移民问题探析》[⑤]、朱剑虹的《法国社会中穆斯林移民问题研究》[⑥]、冷皎的《“伊斯兰化”争议下的法国穆斯林问题研究》[⑦]，三篇文章都是从宗教因素研究法国穆斯林移民问题及对

---

① 魏秀春:《“文明的冲突”，还是种族主义？——试析法国政府的穆斯林移民政策》,《世界民族》2007 年第 5 期。

② 魏秀春、谢济光:《当代法国政府的穆斯林政策——以法国政府与伊斯兰教的关系为例》,《广西社会科学》2007 年第 3 期。

③ 刘冬:《社会学视野下的法国穆斯林移民问题》，硕士学位论文，中国社会科学院研究生院，2007 年，第 5 页。

④ 刘冬:《法国穆斯林移民问题的原因剖析》,《阿拉伯世界研究》2016 年第 1 期。

⑤ 张秋彦:《法国穆斯林移民问题探析》，硕士学位论文，暨南大学，2011 年，第 6 页。

⑥ 朱剑虹:《法国社会中穆斯林移民问题研究》，硕士学位论文，上海师范大学，2013 年，第 4 页。

⑦ 冷皎:《“伊斯兰化”争议下的法国穆斯林问题研究》，硕士学位论文，云南大学，2015 年，第 56 页。

策，在之前法国穆斯林研究的基础上研究法国社会的伊斯兰化争议、法国穆斯林面临的社会融入问题、探究缓解法国穆斯林问题的新思路。

四 关于法国移民同化融合政策的研究

随着近些年来法国穆斯林移民问题凸显，因此引起的法国骚乱频繁发生，尤其近期以法国奥贝维利耶为代表的街区治安状况恶化、针对华人的暴力案件增多，旅法华界为呼吁改善治安开展示威游行活动。如何使法国移民更好地融入法国主流社会，关于法国移民同化融合政策研究引起国内外学者重视。

高津英的《法国——融合成为潮流》① 一文，认为社会移民问题是法国内政中的难题之一，法国原有的就业、社会福利、社会治安等问题与当前社会的融合矛盾十分突出，为此法国坚持融入原则，采取措施加快移民融入，这种融合政策有助于保持国内的经济发展和社会稳定。马珺的《社会稳定的构建：法国的移民融合与启示》② 一文以法国的移民融合理论“共和模式”为基础，结合法国政府以促进移民融合为目标的各项具体政策，分析法国移民融合政策的积极作用、消极影响、目前存在的问题，对产生移民冲突的原因与启示进行探讨。谢璇娟的《两战期间法国移民同化问题探析》③ 一文通过探讨两次世界大战期间在法的欧洲移民被同化的历程，旨在说明同化问题出现的根源。作者认为两战期间移民同化问题的根源在于法国社会对待移民群体的态度——不宽容。在如今的北非移民同化问题上，法国政府应该树立一种更加宽容开放的态度。彭姝祎的《法国移民的融入困境——〈查理周刊〉血案引发的思考》④ 从法国巴黎爆发震惊全球的《查理周刊》惨案——12人因该刊用漫画形式讽刺穆斯林先知而被两名北非裔移民青年枪杀入手，指出恐怖主义背

① 高津英：《法国——融合成为潮流》，《瞭望新闻周刊》2005 年第 3 期。

② 马珺：《社会稳定的构建：法国的移民融合与启示》，硕士学位论文，华东师范大学，2007 年。

③ 谢璇娟：《两战期间法国移民同化问题探析》，《怀化学院学报》2007 年第 4 期。

④ 彭姝祎：《法国移民的融入困境——〈查理周刊〉血案引发的思考》，《当代世界》2015 年第 3 期。

后的根源——由来已久的移民特别是穆斯林移民对法国社会的融入困难。探究移民问题的根源是社会层面的歧视与排斥、文化层面的融入失败、移民后代的认同困难。作者认为需从根源着手，在了解穆斯林移民的经济社会处境和心理状态的基础上，破除歧视和排斥，从经济、社会和文化等各个维度促进移民的全面融入。

五 总结

纵观国内学者关于法国移民政策的相关研究历程，移民政策研究经历了一个由浅入深、由表及里的过程。尤其是进入21世纪以来，体现出专题研究、多学科交叉研究的特点，针对法国移民政策，从移民历史、移民问题、移民融合等多角度，在历史学、政治学、经济学、教育学、社会学等不同学科领域进行研究，国内学者取得了不少丰硕的成果。关于法国移民政策国内研究状况还有以下几点思考：首先，虽然关于法国移民政策研究角度多样、学科多元，但研究成果比较分散，有的以资料介绍性为主，有的注重评论法国移民政策的某一侧面，总的来说，与国外学者相比，在法国外来移民和移民问题研究领域，国内学者起步较晚。就目前已有的成果来看，相对比较单薄，因此在研究深度和广度上都有待进行新的探索。其次，法国移民政策与华人移民国内学者研究较少，随着华人移民在法国移民中所占的比例增加，华人移民在法国移民中的作用与影响也越来越大，针对法国华人移民如何应对法国移民政策的研究就显得尤为重要，目前国内关于法国华人移民处于研究起步阶段，可以作为值得深入研究的主题。最后，20世纪90年代末，随着移民带来的社会问题愈演愈烈，法国政府拿出的措施不是文化多元共存，而是试图弱化族群特征的反歧视政策，试图用反歧视的方式重塑移民对法兰西民族国家的信心，增强公民认同。陷入困境中的“共和模式”移民政策没有像其设想的那样给法国带来整齐划一的国家认同。以“同化”做幌子，用“肤色无差别”的政策做掩饰，这种做法反而加深了族群对立。关于法国“共和模式”的研究，法国移民政策是在原模式下的调整，还是向多元文化社会模式转变，研究还须深入。

关于“俄式”移民观的几点思考

——以俄罗斯对旅俄华侨华人的政策为例

孟思岐*

一　什么是“俄式”移民观

曾有欧洲学者将俄罗斯的人口形势总结为：“欧洲的出生率和非洲的死亡率”，自苏联解体以来，俄罗斯人口问题直至今日仍未彻底解决。据俄罗斯塔斯社报道，俄政府的“2020—2022 年俄罗斯社会经济发展预测说明”以及“联邦预算草案”表明，俄罗斯人口自然减少将持续到 2023 年，① 如俄罗斯联邦国家统计局发布的《俄罗斯社会经济状况》报告显示，2019 年前 9 个月，俄罗斯人口的自然减少水平与 2018 年同期相比，人口自然减少为 17.34 万人。② 人口问题影响下的劳动力短缺成为俄罗斯面临的另一大问题，远东、滨海边疆区目前所存的大量适龄人口更偏向迁移至中央地区，该现象使劳动力短缺、分布不均问题愈加严重，《2019—2025 年俄罗斯联邦国家移民政策构想》指出，“国际移民流向俄罗斯联邦可弥补人口的自然减少，同样吸引外国劳务移民有利于保障俄罗斯经济良好发展，应促进国际移民与国内社会经济发展相

* 孟思岐，暨南大学国际关系学院华侨华人研究院研究生。

① 《透视俄罗斯》，http：//tsrus. cn/shehui/2019/11/01/667625（2019 年 12 月 6 日访问）。

② 俄联邦国家统计局，Федеральная служба государственной，https：//www. gks. ru/wps/wcm/connect/rosstat_ main/rosstat/ru/statistics/publications/catalog/doc_ 1140096034906（2019 年 12 月 5 日访问）。

协调。俄罗斯既是第四大移民原籍国也是第四大移民目的国”[①]，可见不论是人口流出或人口流入，国际移民[②]已经成为俄罗斯需要关注的一种社会现象。

从沙皇俄国至今天的俄罗斯，历任政权控制下的国内高层、学者以及民众对是否需要大规模引进移民基本持两种态度：支持者认为大规模引进移民有利于改善国内的人口结构，弥补劳动力空缺，促进俄罗斯的经济发展；反对者认为大规模引进移民会挤压俄罗斯人的生存空间，经济发展的同时也会引发社会安全、领土安全与文化安全等问题，笔者将这种既渴望移民带来经济效益又惧怕移民损害安全利益的矛盾的、摇摆不定的移民观称为“俄式”移民观。

俄罗斯历任政府不断重组移民组织机构，也不断改变相关立法与决定。笔者通过梳理旅俄华侨华人的发展历程，发现潜藏在各时期移民政策下的“俄式”移民观，沙皇俄国时期，远东地区政府急需大量劳动力，于是涌入了许多来自中国等东亚国家的劳工，起初俄国群众称他们为“勤劳的劳动者”，但随着城市建设工作的基本完成，庞大的外来移民群体在远东地区反而成为危害社会稳定的“危险分子”，在俄国掀起“黄祸论”，俄国政府随即采取一系列排华的移民政策，大量旅俄华侨华人选择回国。再次出现中国移民的高潮是在苏联解体后，这些来自中国的商人群体既是缓解当地民众生活危机的“友”，也是危害经济安全与领土安全的“敌”，在俄罗斯境内掀起“中国人口扩张论”，于是联邦政府再一次收紧移民政策。由此可知，“俄式”移民观主要受国家安全因素（经济安全、社会安全、认同安全以及国家领土安全）影响，保障国家、民族利益是制定移民政策的原则，在移民观影响下的移民政策不断在“松与紧”间徘徊。

---

① 联合国，https：//news. un. org/zh/story/2019/11/1046431（2019 年 12 月 6 日访问）。

② 俄罗斯法律中，合法移民包括劳务人员、公司驻外人员和留学生，只要超过旅游规定的 15 天期限，即可算作移民。俄罗斯学术界中，“китайскаямиграция”（中国移民）一词泛指在俄罗斯境内生活的中国人，无论其是否取得长期居留权或国籍。由于在中国“移民”一词使用与俄罗斯差别较大，所以笔者在文中用“旅俄华侨华人”一词代替“китайскаямиграция”（中国移民）。

二 当下“中国人口威胁论”是否真正存在?

中俄从 20 世纪 80 年代起逐渐开展劳务合作，90 年代，苏联解体后的新生俄罗斯联邦政府面临着一系列问题，以重工业为主的俄发展模式很难满足民众的生活需求，卢布贬值，大多数民众收入低微，急需质量好又便宜的产品，在劳动力与商品需求极大的背景下，俄境内涌入大批做易货贸易的“倒爷”与务工人员。人口危机的影响下，远东地区人口结构失衡，长期缺少劳动力资源尤其是专业技术人员，于是 1992 年中俄之间签订《中华人民共和国政府与俄罗斯联邦政府关于在社会劳动领域进行合作的协议》，2000 年中俄双方签订了《中华人民共和国政府和俄罗斯联邦政府关于中华人民共和国公民在俄罗斯联邦和俄罗斯联邦公民在中华人民共和国的短期劳务协定》，为两国的劳务合作奠定了法律基础。尽管旅俄华侨华人为中俄两国的文化交流、贸易往来和经济发展做出了巨大贡献，但两国关系整体上仍呈“上热下冷”状，如据俄罗斯科学院远东分院历史所维·拉林研究员 1995 年统计：仅 1993 年至 1995 年，俄罗斯各报刊就刊登了 150 余篇“中国人口威胁论”①；1998 年发生警察针对华商的查收事件；2009 年莫斯科“6·29”切尔基佐夫市场关闭事件；光头党等极端民族主义者对旅俄华侨华人的袭击事件，以及不断在俄罗斯出现的反中抗议游行事件（如 2004 年的“波罗的海明珠”工程事件）。随着中俄关系的稳步发展，中俄元首的战略引领和密切交往成为推动两国关系深层次发展的重要动力，目前中国稳居俄罗斯第一大贸易伙伴国地位，2019 年前 11 个月中俄贸易额已经超过 1000 亿美元，对俄“走出去”和战略性大项目合作成效显著，② 但俄罗斯民间反中情绪反而愈加强烈，2018 年奥尔洛夫地区抗议输入中国劳工事件，2019 年抗议中企在贝加尔湖建厂事件等，这既是 19 世纪 70 年代“黄祸论”为代表的排外情

---

① 邓兰华、张红：《俄罗斯华侨华人与俄联邦的移民政策》，《华侨华人历史研究》2005 年第 2 期，第 32 页。

② 商务部召开例行新闻发布会，http：//www. mofcom. gov. cn/xwfbh/20191212. shtml（2019 年 12 月 13 日访问）。

绪的复苏，也是当今中俄友好关系发展道路上的障碍，究其原因，既有历史文化影响因素，也受当今复杂的社会背景影响。

（一）"中国人口威胁论"产生的原因

第一，俄罗斯的"移民"一词通常泛指绝大部分居住在其境内的"外国人"，并且无论其是否取得该国国籍或长期居留权，所以官方对中国移民的界定也较宽泛，导致许多调查中在俄中国移民数量实际上被放大许多，并且非法移民人数被夸大，比如有一篇文章称，到 2050 年在俄联邦约有 1000 万中国移民，就人口数量而言，他们将成为俄罗斯境内第二大民族，[①] 由于俄罗斯民众普遍对成为移民大国没有心理准备，所以对模糊的中国移民数量感到恐惧，并且有资料显示，夸大的旅俄华侨华人人数，渲染"中国人口威胁论"，迎合当局政府内的"亲西派"，在一定程度上有利于获得上级拨款。

第二，历史上黑龙江以北的大片领土曾属于中国，并且在远东地区城市建设发展史中，华工扮演着重要角色。虽然目前两国政府间领土纠纷问题已全部解决，但俄罗斯人对辽阔的土地拥有一种特殊的情结，"外源型"民族主义使他们警惕领土安全受到侵犯。乌克兰危机后，俄罗斯的目光逐渐转向东方，如今俄远东联邦管区共有 1783 个有外国投资项目，其中中国投资占该地区外国投资总额的 80%，[②] 而在俄罗斯与中国毗邻的边界处，中国境内的人数远多于俄罗斯的人数，在此背景下，他们始终担心中国以人口扩张的形式重新夺回沙俄时期俄国占领的 155 万平方公里的土地。[③]

第三，强烈的种族排外情绪。俄罗斯的主体民族为俄罗斯族，信奉东正教，拥有包括上帝优选民族观、救世责任与弥赛亚意识的俄罗斯民

① ［俄］亚历山大·G. 拉宁：《中国移民在俄国——中国移民对俄国远东发展的贡献》，李宏为译，《历史档案》1994 年第 2 期，第 133 页。

② 《透视俄罗斯》，http：//tsrus. cn/jingji/caijing/2019/09/09/667021（2019 年 12 月 10 日访问）。

③ Ученые：китайцы могут стать вторым по численности народом в России к 2050 году，26 октяб ря2016г，http：//tass. ru/obschestvo/3735857，转引自巴·埃列朗《俄罗斯远东地区中国移民问题研究》，硕士学位论文，黑龙江大学，2018 年。

族精神，很难容忍其他民族抢占本民族的经济利益。[①] 通过一组分析报告可知，四分之一的俄罗斯族人反对其他民族的移民进入俄罗斯，其中东正教徒更倾向于反对种族不同的移民，[②] 如旅俄华侨华人的民族宗教与俄罗斯族人不同，会被俄罗斯族集体视为文化局外人，在俄生活时经常受到排挤。以俄罗斯的房屋出租情况为例，据调查俄罗斯居民发布的每 10 个出租房屋的广告中，就会有一个标注“只租给俄罗斯人”[③]。

第四，如今的中国是全球第二大经济体，中俄间经济差距逐渐拉大，中国经济地位的提升和能源需求的不断增加引起了俄罗斯各阶层的强烈反应，俄罗斯某位政治军事分析家认为，“中国 95% 的可能是未来针对俄罗斯开展大规模军事侵略的侵略者”[④]，而部分俄罗斯民众认为吃苦耐劳的旅俄华侨华人威胁了其个人生存空间，抢占属于本地人的工作机会。

第五，部分中国企业影响了当地的公共利益，如“龙兴集团”事件，该公司建立后不但未履行 80% 的工作岗位要留给当地居民的约定，而且被多次举报有违反环保法规的行为，污染当地生态环境，除此以外还有少量中企破坏俄罗斯的森林资源问题，部分旅俄华侨华人非法经商行为等，损害了经济安全、社会安全、生态安全。莫斯科的独立民调机构“列瓦达中心”9 月发布的报告表明主张限制劳工移民的受访者，从 2017 年的 58%，以及 2018 年的 67%，增至 2019 年的 72%，其中 39% 的人更主张限制中国移民。在俄罗斯人心目中，目前最为厌恶的人，中国人排在第四。[⑤]

（二）关于当下是否存在“威胁论”的结论

通过查阅相关资料即可证实，该威胁论很难成立，原因如下：

---

① 王祎：《民族性格与心理对中俄两国民间交往的影响探析——以切尔基佐夫市场关闭为例》，《华侨华人历史研究》2012 年第 2 期，第 9 页。

② Anastasia Gorodzeisky，“Opposition to immigration in contemporary Russia”，*Post-Soviet Affairs*，Vol. 35，No. 3，2019，pp. 205 – 222.

③ 方福前、单爽：《中俄劳务合作：问题与出路》，《俄罗斯经济与政治发展研究报告》，2016 年，第 335 页。

④ 米·阿列克谢耶夫、立木：《中国移民会威胁俄罗斯吗？——滨海边疆区的地区安全和民族关系》，《东欧中亚市场研究》2001 年第 5 期，第 30 页。

⑤ 联合日报，https：//eunited. com. my/296484/（2019 年 12 月 6 日访问）。

第一，由于中国人口基数大，人口流动频繁且数量可观，但实际上，赴俄中国移民数量在俄罗斯的限制性移民政策影响下，与其他地区的中国移民数量相比并不多，如表1所示，近几年中国移民人数有明显的下降趋势，并且在全部俄联邦外来移民总数中占比不高。

表1　入俄中国移民人数占入俄移民总人数的百分比统计表（2012—2018年）

单位：人

年份	俄联邦外来移民总数	来自中国的移民	占比（%）
2012	417681	8547	2.05
2013	482241	8149	1.69
2014	590824	10563	1.79
2015	598617	9043	1.51
2016	575158	8027	1.40
2017	589033	8237	1.40
2018	565685	7067	1.24

注：本表数据采自俄罗斯联邦国家统计局官方网站，数据更新至2019年6月28日。①

第二，俄罗斯对劳动力的庞大需求促使中国人赴俄罗斯务工创业留学等，赴俄的动因主要为改善经济生活条件，大多是自发前往，并没有受到政府的资助，所以中国政府"人口炸弹"形式占领远东地区的说法显然是假的。而在中国的俄罗斯移民人数增长显著，如表2所示，2018年甚至超过中国赴俄人数，许多俄罗斯人看好中国日益增长的食品市场为俄罗斯农产品和食品供应商提供了巨大的商机，也更愿意留在商贸环境比较安全的中国。

第三，俄罗斯移民政策中的配额数量整体上更倾向于与俄罗斯亲缘性更强的独联体国家，文化、语言、外貌、生活习惯上的相似特点使独联体国家的移民在社会融入上更加迅速，俄罗斯居民更容易接纳他们的

---

① 俄联邦国家统计局，Федеральнаяслужбагосударственной，http://www.gks.ru/free_doc/new_site/population/demo/migr2.xls（2019年12月10日访问）。

加入，并且如今严格的移民政策（如需通过俄罗斯语言、历史、法律考试的测试制度），加大了移民的难度，文化认同差异成为旅俄华侨华人融入当地社会的障碍。要注意到部分俄罗斯人的排外情绪，不是仅针对旅俄华侨华人，有的是针对所有外来移民，有的是针对族群不同的移民。

表2　俄罗斯移民中国的人口数与移民国外人口总数占比统计表（2012—2018年）

单位：人

年份	俄联邦移出移民总数	去往中国的移民	占比（%）
2012	122751	4358	3. 55
2013	186382	7527	4. 04
2014	310496	8607	2. 77
2015	353233	9821	2. 78
2016	313210	8837	2. 82
2017	377155	7600	2. 01
2018	440831	7544	1. 71

注：本表数据采自俄罗斯联邦国家统计局官方网站，数据更新至2019年6月4日。

第四，随着中国不断加快的改革开放进程，经济状况同俄罗斯相比较好，赴俄移民有了新的特点，在远东地区的旅俄华侨华人，更多的希望从事与俄罗斯相关的工作，但住在中国。[①] 同时对永久居留俄罗斯的热情逐渐下降，甚至赴俄意愿并不强烈，务工人数减少，投资与旅游人数增加，但中国移民在俄的确存在违法、扰乱社会秩序、破坏俄自然资源的不良现象，一定程度上威胁到俄罗斯的生态环境。

综上所述，在当今俄罗斯社会，对华警惕、误解的民众的确占有一部分，但仅根据部分事件就得出“中国人口威胁论”是不客观的，两国高层频繁来往的同时，中国也应当注意与俄民众间的互动，切忌“自话自说”，开展有效公共外交，建立针对俄罗斯的危机性公共外交，妥善处

---

① 拉林、阎国栋：《俄罗斯的华人移民——社会问卷调查研究》，《华侨华人历史研究》2009年第3期，第16页。

理各危机。

三 如何走出“俄式”移民观下的“认同怪圈”

传统的俄罗斯人，深受民族精神的影响，日常生活与工作都遵循东正教传统，在移民政策上也更偏向于独联体国家，对其他民族的移民倾向限制条件严格的政策；而中国移民赴俄罗斯的目的大多为赚钱，价值观与俄罗斯人有很大不同，对加入俄国籍兴趣不大。两者由于认同差异问题遂陷入移民问题上的“认同怪圈”，部分俄罗斯人对本民族群体认同较高，排斥旅俄华侨华人；而旅俄华侨华人对家乡祖国认同感更高，“落叶归根”者占多数，受到差别对待后对俄认同感更低，在俄通过各种合法的、非法的途径赚钱，少数人损害了俄罗斯的经济安全，从而使俄罗斯人更加排斥旅俄华侨华人，旅俄华侨华人融入俄罗斯社会更加困难，形成了中俄移民问题的“认同怪圈”。怪圈的存在是两国友好关系长期发展进程中的隐患，如近些年发生的贝加尔湖事件与光头党事件，都说明“认同怪圈”需两国政府与人民共同解决。

（一）俄罗斯方面

首先，应当破除俄罗斯人脑海中“中国在移民领域对俄罗斯来说是一个危险国家”的根深蒂固的观念，对待中国移民应当理性客观，将这种移民看作正常的移民现象，而不是损害俄罗斯国家利益的移民问题。其次，应适当放开移民政策而不是使用配额制差别对待，限制中国的移民人数，应清楚地认识到，俄罗斯的远东地区建设以及国家今后及发展，需要来自中国务工人员与企业，限制移民数量并不是解决问题的方法。再次，加强移民与俄执法机关的管理，先规范俄罗斯的中国移民的统计工作，对中国移民数量有准确的报告，消除群众的误解，而后提高执法机关的工作效率，加大对相关机构的督察工作。最后，加强对社会融合的支持力度，加强各级别的监督机制，杜绝在移民问题上的腐败问题。

(二) 中国方面

首先，加大对非法移民的处罚力度与管理力度，从根源处遏制部分偷越国境人员的侥幸心理，对有非法移民倾向的农民展开普法教育，配合俄方共同打击非法移民现象。其次，针对赴俄务工人员、企业成员、留学生，安排出国前的培训课程，学习俄语，促进旅俄人员了解俄罗斯的风俗习惯、宗教信仰以及法律法规，使他们快速融入俄罗斯社会，并且减少违法犯罪事件的发生，尤其是中国企业做到争取自身利益的同时给当地居民带来福利。最后，发挥当地优秀旅俄华侨华人的作用，以更自然且易于让人接受的方式消除误解，如莫斯科雍和轩饭店创始人孙雷，旅居俄罗斯近 30 年，联合其他华商成立了“俄罗斯滨海边疆地区华人工商联合会”，帮助华人融入社会，也在当地开展慈善事业，深受俄罗斯群众的喜爱，是促进中俄交流的民间使者。

国际侨汇对减贫的影响分析

林　勇*

一　前言

据世界银行统计，20 世纪 70 年代以来国际侨汇持续增加。1976 年全球国际侨汇仅有 117.4 亿美元，到 2018 年已经接近 6900 亿美元，增长了近 60 倍。① 七八十年代，全球侨汇的 60% 以上都流入了高收入国家，然而从 90 年代开始，国际侨汇加速流向发展中国家的趋势越来越明显（见表 1）。2017 年全球国际侨汇增长了 6.6%，总量约为 6250 亿美元，其中流向中低收入国家的侨汇达到 4770 亿美元。2018 年全球国际侨汇增长了 10.3%，达 6890 亿美元，其中流向中低收入国家 5280 亿美元，创下历史纪录。由表 1、表 2 可以看出，全球国际侨汇的绝大多数都流入了发展中国家特别是中低收入国家，2010 年全球侨汇的 73% 流入了中低收入国家，2017 年该比例已经超过了 80%。

表 1　　1976—2009 年全球国际侨汇估计数据　　单位：100 万美元

年份	1976	1980	1990	2002	2009
全球总量	11740	36696	68384	169243	415977

* 林勇，福建社会科学院华侨华人研究所所长、研究员。

① World Bank Group, "Migration And Remittances, Recent Developments and Outlook", *Migration And Development Brief*, 30 December 2018: 2.

续表

年份	1976	1980	1990	2002	2009
高收入国家	7417	18930	37510	58266	108890
发展中国家	4323	17766	30874	111018	307088

资料来源：World Bank Group, Migration and Remittances Factbook (2nd Edition) 2011, p. 37。

表2　　2010—2020年中低收入国家国际侨汇（包括预测数据）

年份	2010	2015	2016	2017	2018e	2019f	2020f
侨汇总量（10亿美元）							
中低收入国家*	343	449	442	477	528	549	573
东亚和太平洋地区	96	127	127	133	142	148	155
欧洲和中亚地区	38	43	43	52	63	65	68
拉丁美洲和加勒比地区	57	68	74	79	87	90	93
中东和北非地区	39	51	51	54	59	61	63
南亚	82	118	110	117	132	138	144
撒哈拉以南地区	32	41	37	41	45	47	50
全球总量	469	592	586	625	689	715	747
增长率（%）							
中低收入国家	11.4	0.2	-1.5	7.8	10.8	4.0	4.3
东亚和太平洋地区	19.4	3.7	-0.5	5.1	6.6	4.2	4.7
欧洲和中亚地区	4.9	-16.6	-0.6	20.9	20.0	4.0	4.6
拉丁美洲和加勒比地区	2.6	6.1	7.4	7.9	9.3	3.8	3.9
中东和北非地区	18.2	-5.3	-0.4	6.0	9.1	2.7	3.5
南亚	9.5	1.5	-6.1	5.7	13.5	4.3	4.1
撒哈拉以南地区	11.1	5.8	-8.8	10.3	9.8	4.2	5.6
全球总量	8.5	-1.5	-1.0	6.6	10.3	3.7	4.5

注：e = estimate，即估计数；f = forecast，即预测数。*世界银行按2016年度的收入水平进行的分类。

资料来源：World Bank Group, "Migration And Remittances, Recent Developments and Outlook", *Migration And Development Brief*, 30 December 2018, p. 2。

从全球来看，国际侨汇总量超过了官方发展援助（ODA），成为发展中国家尤其是中低收入国家最重要的外汇来源之一。世界银行统计数据显示，1990—1995 年国际侨汇规模还小于官方发展援助，到 1996 年以后超过 ODA，此后更是持续稳定增长，到 2018 年已经达到 ODA 的 3 倍多。同一时期，国际侨汇的发展稳定性也超过了 FDI、私人债务和证券投资（Private debt and porfolio equity）。[①] 此外，国际侨汇在发展中国家 GDP 的比重日益增加，在部分国家国际侨汇占 GDP 比重甚至已超过了三分之一。2018 年该项指标世界排名第一的汤加达到了 35.9%，排在第二、第三、第四名的吉尔吉斯、塔吉克斯坦和尼泊尔也分别达到了 35.1%、32.2% 和 30.1%。[②]

发展中国家的经济发展普遍都面临储蓄、外汇和投资短缺的问题，巨额的侨汇资金流入对发展中国家的经济社会发展带来了显著影响，在某种程度上国际侨汇对资金短缺产生了一定程度的弥补效应。由于国际侨汇通常以满足母国家庭基本生活需要和改善住房为主要目标，直接流入收款国移民家庭，通过增加收入、改善生活水平从而实现减缓贫困的目标，具有直接减贫效应。同时，国际侨汇往往用于消费或健康、教育等领域支出，有助于母国人力资本的改善，从而达到间接的减贫效应。

目前国内尚缺乏对国际侨汇减贫问题的关注，国际学术界对国际侨汇是否具有减贫效应也未达成一致意见。部分文献认为国际侨汇显著降低了发展中国家的贫困水平。比如 Adams 和 Page（2005）对发展中国家国际侨汇的研究发现：国际侨汇与贫困之间显著负相关，国际侨汇占国内生产总值的比例每增长 10%，导致贫困减少 1.6%。Anyanwu 和 Erhijakpor（2010）利用 1990 年至 2005 年 33 个国家的面板数据，检验了国际侨汇对非洲国家减贫的影响，指出国际侨汇显著减少了贫困。Petreski 等（2017）从消费和制度环境的视角探讨国际侨汇对减贫的影响，研究发现在良好的制度环境下，国际侨汇对消费特别是在健康和教育方面的投入

① World Bank Group, "Migration And Remittances, Recent Developments and Outlook", *Migration And Development Brief*, 30 December 2018: 2.

② World Bank, "World Development Indicators, For Data and Forecast Methods", https://data.worldbank.org.cn/indicator/BX.TRF.PWKR.CD.DT? view = chart.

间接影响了贫困。Hassan（2017）对亚洲、非洲、拉丁美洲国家研究的基础上，明确指出，这些地区国际侨汇具有很强的减贫效应，政府应该将国际侨汇视为重要的减贫手段。

另一部分文献的观点则认为国际侨汇无助于减贫，甚至产生负面影响。Chami 等（2005）在分析了 1970 年至 1998 年 113 个国家的国际侨汇以后，指出侨汇与 GDP 增长负相关，国际侨汇不利于减贫。De Haas（2005）的调查也发现，由于投资环境不完善、国际侨汇的波动性以及移民政策等因素的限制，国际侨汇并不一定有助于改善收款国居民的生活水平条件。Ratha（2005）的研究着眼于国际侨汇与贫困水平的相互作用，指出贫困水平与国际侨汇的因果关系是单向的，国际侨汇能够减少贫困，但贫困程度越高国际侨汇收入越少，因而国际侨汇对贫困影响也就越小。同时贫困程度更高的国家不一定会收到更多的侨汇，比如贫困程度最高的撒哈拉以南非洲国家国际移民数量少，因而国际侨汇也少，对贫困的影响不显著。Giuliano 和 Ruiz-Arranz（2009）通过考察国际侨汇的用途，发现国际侨汇主要用于移民家庭消费和子女教育，导致移民家庭与非移民家庭之间的生活水平存在差距，收入不平等加剧，对减贫产生不利影响。

综合分析，我们初步认为：中低收入和中高收入国家的国际移民及其侨汇可能存在差异，由此导致国际侨汇影响减贫的渠道不同，国际侨汇对减贫的最终效应也有可能存在差别。有鉴于此，在已有研究文献的基础之上，本文首先考察 1996—2016 年 66 个发展中国家的国际侨汇对贫困广度和贫困深度的影响，随后对 37 个中低收入国家和 29 个中高收入国家进行比较，并对估计结果进行稳健性检验。

二 样本选择与数据来源

发展中国家目前仍然普遍存在贫困现象，贫困数据相对比较丰富，时间序列数据也比较完整，因此国家样本可供选择的较多。本文根据数据可获得性筛选出包括中国、肯尼亚、巴西、俄罗斯等 66 个发展中国家 1991—2016 年的 26 年样本。世界银行按人均国民收入对世界各国的发展水平进行分组，即高收入、中等偏上收入、中等偏下收入以及低收入，各收入组别上下限值的单位均为现价美元。按照这个分组标准，我们把66个发展中国家分为中低收入国家和中高收入国家两个样本组。前者包括低收入国家和中等偏下收入国家，共29个；后者包括中等偏上收入国家和高收入国家，共37个。分组回归能够进一步对不同收入水平国家和地区国际侨汇减贫效应进行比较。

本文将因变量设为贫困广度（贫困人口比例）和贫困深度（贫困差距）。贫困广度用每人每天生活费低于1.90美元（2011年购买力平价）的人口比例表示，贫困人口比例趋低就表示贫困状况好转，趋高则相反，表示贫困状况恶化。贫困深度用每天生活费低于1.90美元（2011年购买力平价）的贫困差距表示，贫困差距缩小表明一国贫困程度得到缓解，反之，则表明一国贫困程度加深。

解释变量。本文的核心解释变量是国际侨汇和经济发展。国际侨汇是指海外移民（包括季节性劳工和其他短期劳工）从其东道国寄回母国亲友的私人汇款，世界银行统计数据采用国际货币基金组织《国际收支手册》第6版中所定义的个人转移及职工报酬两项之和。[①] 本文的国际侨汇变量分别用国际侨汇占国内生产总值GDP比例（国际侨汇1，REMP）和国际侨汇总额（国际侨汇2，REMT）代表。国际侨汇的增加可能有助于其家庭成员获得额外收入并提高生活水平，我们预计国际侨汇有助于减贫，两项国际侨汇指标的估计系数均为负值。经济发展变量用GDP增长率代表，经济发展水平的改善意味着贫困人口获得更多收入从而达到减贫的效果，我们预计其估计系数为负值。

控制变量。根据相关文献，本文选择的控制变量包括金融发展、人口增长、就业、城镇化、外国直接投资、教育发展、就业和通货膨胀等，分别用私人信贷、人口增长率、15岁（含）以上总就业人口比率（百分比）、城镇人口占总人口比例、外国直接投资净值占GDP的百分比、公共教育支出和年通胀率代表（见表3）。我们预计金融发展、就业、城镇化、外国直接投资和教育发展等控制变量都有利于减贫，估计系数都应该为

---

① 根据第六版《国际货币基金组织国际收支和国际投资头寸手册》中的定义，国际侨汇是两个主要组成部分的总和："员工薪酬"和"个人转移"。参见IMF（International Monetary Fund），*Balance of Payments Manual*，6th ed.，Washington，DC：2010。

负值。人口增长和通货膨胀不利于减贫，其估计系数预计为正值。本文所使用的所有数据都来自世界银行发布的世界发展指标（World Development Indicator）。[①]

表3 数据来源与变量说明

变量	说明
贫困广度（PV）	贫困人口占总人口的百分比。其中，贫困人口是按2011年国际购买力平价（PPP）衡量的每天消费支出低于1.90美元的人口的比重（%）
贫困深度（PVG）	按2011年国际购买力平价（PPP）衡量的每天消费支出低于1.90美元贫困线衡量的贫困差距，用贫困线的百分比来表示（%）
国际侨汇1（REMP）	已收劳工汇款和职工报酬占国内生产总值（GDP）的比例（%）
国际侨汇2（REMT）	已收劳工汇款和职工报酬的总额，以现价美元计
经济发展水平（GDPG）	GDP年增长率（%）
金融发展（FD）	私人部门的国内信贷，即金融公司向私营部门提供的金融资源占GDP百分比（%）
人口增长（POPG）	人口增长年度百分比（%）
就业（EMP）	15岁（含）以上总就业人口比率（模拟劳工组织估计）（%）
城镇化（URB）	城镇人口占总人口比例（%）
外国直接投资（FDI）	外国直接投资净值占GDP的百分比（%）
教育发展（EDU）	特定财年，公共教育支出总额（经常性支出和资本性支出）占政府各部门支出总额的百分比（%）
通货膨胀（INFL）	按消费者价格指数衡量的年通胀率（%）

三 实证检验与结果分析

（一）特征描述与计量方法

数据的统计特征如表4所示。1991—2016年66个发展中国家的贫困广度均值为12.38%，最小值为0，最大值达到了83.10%，标准误差为

① World Bank，"World Bank Open Data，Free and Open Access to Global Development Data"，https：//data. worldbank. org. cn/indicator.

16.22；而贫困深度的均值为4.36%，最小值为0，最大值为48.40%，标准误差为6.80。初步的统计数据表明，贫困广度的离散程度明显大于贫困深度，也就是说，样本国家在人口贫困的广度方面差别较大，而在贫困的深度方面差别较小。在国际侨汇方面，国际侨汇占GDP比例的均值为4.83%，其最大值和最小值分别为45.45%和0.01%，标准误差为7.36。这一数据说明样本国家国际侨汇的差别相对较大。经济发展水平均值为3.34%，最大值为25%，最小值为－14.42%，说明样本国家之间经济发展水平相差悬殊。外国直接投资、人口增长、就业、城镇化、通货膨胀5个变量在样本国家之间或同一样本国家的不同时期也存在一定的差异。

表4　　主要变量的描述性统计

	平均值（%）	最大值（%）	最小值（%）	标准误差	观察值
POVW	12.382	83.100	0.0000	16.223	396
POVG	4.3674	48.400	0.0000	6.8011	396
REMP	4.8342	45.456	0.0155	7.3671	396
REMT	25.842	624.990	0.0072	53.131	396
FD	40.864	158.385	3.8290	30.930	396
GDPG	3.3416	25.114	－14.420	3.7252	396
POPG	1.1041	5.5391	－2.2584	1.1407	396
EMP	58.908	87.817	36.696	9.7603	396
URB	56.830	87.360	11.482	18.038	396
FDI	4.7564	55.075	－1.8556	6.2699	396
EDU	15.699	37.520	4.9573	4.1862	396
INFL	8.0058	96.094	－1.4014	9.6326	396

资料来源：根据世界银行WDI数据库（2019年3月21日更新）计算而得。

表5显示了各变量间的相关系数，由于相关系数较小，表明变量之间不存在显著的共线性问题。除教育发展以外，其他各变量的估计系数与我们的预期完全一致。第一，表5直观地展示了国际侨汇、经济发展水平与贫困之间的负向关系，同时金融发展、城镇化和外国直接投资这几个变量与贫困水平也是负相关关系。从统计角度看，说明一国的国际

侨汇、经济发展、金融发展、城镇化和外国直接投资有利于减少贫困。第二，人口增长和通货膨胀与贫困变量正相关，说明人口增长越快、通货膨胀越高越不利于减贫。第三，教育发展与贫困正相关，与我们的预测不一致，说明可能由于受到其他因素的影响，教育发展没有产生减贫效应。下面我们将通过实证分析进一步加以检验。

表 5　　主要变量间的相关系数

	POVW	POVG	REMP	REMT	FD1	GDPG	POPG	EMP	URB	FDI	EDU	INFL
POVW	1											
POVG	0.9478	1										
REMP	-0.1262	-0.1336	1									
REMT	-0.0946	-0.1418	-0.0013	1								
FD	-0.3230	-0.2655	-0.1654	0.0298	1							
GDPG	-0.1139	-0.1602	0.0165	-0.0141	-0.0880	1						
POPG	0.5184	0.5014	-0.1551	-0.0210	-0.1384	-0.2421	1					
EMP	0.4002	0.4243	-0.2788	-0.0580	-0.0726	-0.0236	0.3981	1				
URB	-0.6139	-0.5043	-0.2565	0.0082	0.2034	-0.01687	-0.3623	-0.2152	1			
FDI	-0.0953	-0.0760	0.0872	-0.1244	-0.0190	0.3669	-0.0628	-0.0287	0.0019	1		
EDU	-0.0117	0.0094	0.0641	-0.0284	0.2142	-0.1389	0.2862	0.1269	-0.0529	-0.0364	1	
INFL	0.0677	0.0752	0.0133	-0.0380	-0.1926	-0.0464	0.0449	-0.0358	-0.0349	-0.0431	-0.2007	1

资料来源：根据世界银行 WDI 数据库（2019 年 3 月 21 日更新）计算而得 。

本文借鉴 Adams 和 Page（2005）的做法，使用增长—贫困模型研究国际侨汇对发展中国家贫困的影响。我们采用的面板数据模型如下：

$$POVW_{1t} = \alpha_0 + \alpha_1 REM_{it} + \alpha_2 GDP_{it} + \alpha_3 X_{it} + \varepsilon_{it} \tag{1}$$

$$POVG_{1t} = \beta_0 + \beta_1 REM_{it} + \beta_2 GDP_{it} + \beta_3 X_{it} + \varepsilon_{it} \tag{2}$$

式（1）中因变量 *POVW* 代表贫困广度，*REM* 代表国际侨汇占 GDP 的百分比，*GDP* 代表 GDP 增长率，表示一国的经济发展水平。考虑到还有其他因素影响国际侨汇的减贫效应，因此要加入控制变量 X。本文将人口增长、就业、城镇化、外国直接投资、教育水平和通货膨胀等控制变量纳入面板模型中。α_1、α_2、α_3 是要估计的参数，ε

为随机误差项。

式（2）中因变量 *POVG* 为贫困深度，其他变量与式（1）同，β_1、β_2、β_3 表示各变量要估计的参数，ε 为随机误差项。由于本文使用的是非平衡面板数据，考虑到国家与国家之间存在异质性可能会影响估计结果，为保障回归结果稳健，本文通过 Hausman 检验对面板数据的固定效应模型和随机效应模型进行筛选后，发现本文的面板数据更适合进行固定效应模型（FE）分析。此外，为解决模型中存在的内生性问题，本文进而采用两阶段最小二乘法（IV－2SLS）进行回归估计，其中采用的工具变量为核心解释变量的滞后项。

（二）总样本回归分析

由于本文的目的是考察国际侨汇的减贫效应，因此我们主要关注国际侨汇的估算结果。表 6 显示了运用 FE 和 IV－2SLS 方法的回归结果。无论用哪种方法，也无论是以哪种贫困指标为因变量，国际侨汇的估值系数都是负值，即发展中国家国际侨汇具有显著的减贫效应。国际侨汇是一种国际私人资金流动，能够直接流入移民家庭，贫困家庭因为有国际侨汇收入而直接导致贫困人口减少，从而达到了直接减贫的效果。国际侨汇的具体支出渠道多种多样，但通常是通过满足基本生活需要和改善住房的渠道达到减贫的目的，亦即国际侨汇通过提高移民家庭收入和消费水平从而直接减少贫困，具有直接减贫的效应。生活水平、健康水平的提高，往往会导致生产力水平的提高和人力资本的改善，同时国际侨汇为储蓄和投资提供了重要的资金来源，通过支持贫困人口就业创业、推进贫困地区的技术提升和管理水平提高等渠道促进贫困地区经济发展，从而创造出更多就业机会，形成滴涓效应，有效改善贫困人口的人均收入，继而间接达到减缓贫困的效果。表 6 显示，国际侨汇对贫困广度的影响大于对贫困深度的影响，即有利于降低贫困人口比例，但是对贫困深度差距的影响很弱。这主要是深度贫困人口由于无力支付国际移民不菲的费用而无法获得海外侨汇收入，其收入水平不受国际侨汇的影响，贫困状况不仅不会因国际侨汇而改善，而且由此还会造成收入差距的扩大。加之深度贫困人口所在地区往往金融基础设施落后，国际侨汇的投资、消费都受到限制，国际侨汇很难发挥其溢出效应。经济发展的回归系数最为显著，与贫困指标呈显著负相关关系，意味着经济越发达，收入水平越高，贫困就越少，经济发展是发展中国家减贫的重要推动力。

表6　　总样本回归结果

回归方法	FE		IV－2SLS	
变量	贫困广度（POVW）	贫困深度（POVG）	贫困广度（POVW）	贫困深度（POVG）
常数项	32.491*** 52.607	8.0992*** 29.280	47.040*** 44.201	28.866*** 22.336
国际侨汇1（REMP）	－0.4318*** －41.527	－0.1418*** －30.358	－0.3816*** －27.454	－0.3112*** －19.870
经济发展（GDP）	－0.3254*** －17.535	－0.2353*** －26.129	－1.3664*** －22.942	－2.6323*** －25.676
金融发展（FD）	－0.0827*** －35.701	－0.0330*** －31.037	－0.1159*** －27.222	－0.1363*** －24.281
人口增长（POPG）	3.2284*** 43.60919	1.3143*** 39.365	0.4785* 4.5115	2.3199*** 15.935
就业（EMP）	0.2287*** 29.907	0.1370* 39.844	－0.0842*** －8.196943	0.0044* 0.4382
城镇化（URB）	－0.4505*** －106.077	－0.1486*** －76.943	－0.2945*** －44.343	－0.1128*** －16.396
外国直接投资（FDI）	－0.0793*** －7.3396	－0.0109** －2.1133	0.1102*** 5.3833	0.4902*** 19.767
教育发展（EDU）	－0.2975*** －17.115	－0.1217*** －16.082	－0.2900*** －10.955	－0.0980*** －3.6409
通货膨胀（INFL）	－0.0134** －1.8703	－0.0095*** －6.5436	－0.1999*** －13.197	－0.2468*** －14.818
观测值	1704	1704	1680	1610
样本国	66	66	66	66

注：括号中显示的是T统计量，*、** 和***分别表示10%、5%和1%的显著水平。

其余控制变量金融发展、通货膨胀、城镇化、外国直接投资和教育发展等控制变量对减缓贫困广度和贫困深度均有显著的促进效应，说明一国的城镇化、外国直接投资和公共教育投资的增加、金融发展水平改善都有助于减贫。就业对贫困广度的影响通过了显著性检验，依据这个结果，增加就业能直接提升收入水平，能够直接减少贫困人口比例。但是就业对贫困深度却没有显著影响，这说明一方面处于深度贫困的人口就业能力比较弱，另一方面在深度贫困地区经济发展相对落后，就业机会相对有限。因此今后的减贫战略要更加重视深度贫困，实行精准扶贫措施，有效增加深度贫困人口的就业机会从而改善其收入水平。城镇化过程吸引了大量贫困人口参与建设，带动了贫困人口迁徙至城镇工作生活，从而减少了贫困人口比例。从间接影响来看，城镇会集的大量人口扩大了消费需求市场，周边贫困人口通过销售各种本地农产品而改善收入水平。外国直接投资对减贫产生正面效应，表明外资通过增加劳动力需求改善就业水平从而提高贫困人口收入，对减贫具有促进作用。作为一种人力资本投资，教育支出是发展中国家减贫的重要手段，随着贫困人口受教育水平提高，其就业谋生能力增强收入水平也会改善。回归结果显示人口增长不利于减贫，符合理论预期。从这个意义上说，发展中国家适度控制人口增量有利于减贫事业。所有变量中唯有通货膨胀与预期不一致，其估计系数符号为负值，意味着一定条件下保持一定的通胀率可以对减贫产生一定的促进效应。

（三）子样本回归分析

为进一步比较国际侨汇对不同收入水平国家减贫影响的差异，本文运用 FE 对子样本进行回归分析，由表 7 可以看出，国际侨汇对减少中低收入国家的贫困发挥着重要作用，但是对中高收入国家的减贫效应不显著。这主要是因为：一方面，由于国际移民主要来自中低收入国家，国际侨汇行为主体为低收入和中等收入移民，他们移民海外多是因为经济原因，来到东道国工作的主要目标就是满足家庭的经济需要以摆脱贫困。经济越发达的国家其居民移民海外的需求也越低，海外移民人口相对就更少，因此侨汇也相对较少；另一方面，中低收入国家居民收入水平相对更低，海外移民和国际侨汇相对也更集中，同时贫困人口比例更大，深度贫困人数众多，因此国际侨汇的边际减贫效应就更大；反之，相对中低收入国家而言，中高收入国家其海外移民和海外侨汇相对更少，贫困人口也更少，贫困率和贫困深度也更低，国际侨汇对贫困的边际效应相对也更弱。

就其他变量的估计结果而言，回归结果与表6一致。经济发展对中低收入国家的减贫效应明显高于中高收入国家；金融发展对中低收入国家的减贫效应明显高于中高收入国家；就业的增长对中低收入国家减贫效应明显，但是对中高收入国家减贫没有显著影响，表明在经济水平比较发达的国家就业减贫的边际效应相对较弱。城镇化、教育发展、外资、通货膨胀对两组不同收入国家的减贫效应没有明显差别。另外，人口增长不利于减贫，与表6的回归结果一致。

表7　　子样本回归结果

	中低收入国家		中高收入国家	
回归方法	FE		FE	
变量	贫困广度（POVW）	贫困深度（POVG）	贫困广度（POVW）	贫困深度（POVG）
常数项	24.26722*** 20.10045	2.0375*** 3.1576	23.036*** 20.55791	7.5939*** 19.401
国际侨汇1（REMP）	−0.5026** −29.527	−0.1373*** −15.396	0.1458 3.5423	0.0353 2.3697
金融发展（FD）	−0.1574*** −18.626	−0.0313*** −7.1158	−0.0093*** −2.8065	−0.0111*** −9.0280
经济发展（GDP）	−0.6349*** −17.418	−0.3363*** −15.418	0.1411*** 4.5262	−0.0681*** −6.0554
人口增长（POP）	1.9718*** 9.9139	1.0669** 10.3968	2.5672*** 22.65100	0.9739*** 23.844
就业（EMP）	−0.5137*** 31.799	0.2690*** 31.87559	−0.0095 −0.7650	0.0108 2.4776
城镇化（URB）	−0.4585*** −37.122	−0.1724*** −26.751	−0.2020*** −25.099	−0.0644*** −22.772

续表

	中低收入国家		中高收入国家	
外国直接投资（FDI）	-0.1520*** -8.6125	-0.0301*** -3.0051	-0.0025 -0.0887	-0.0527*** 5.100
教育发展（EDU）	-0.3106*** -8.6992	-0.0888*** -4.7012	-0.3160*** -11.199	-0.1205*** -12.103
通货膨胀（INFL）	-0.0118 -0.7155	-0.0157*** -5.672	-0.0156** -2.7747	-0.0072*** -3.5758
观测值	950	908	752	752
样本国	37	37	29	29

注：括号中显示的是T统计量，*、**和***分别表示10%、5%和1%的显著水平。

四　稳健性检验

为了确认上述模型的稳健性，有必要以国际侨汇总额（REMT）为解释变量对上述模型进行稳健性检验。为了消除数据的异方差问题，对该变量数据进行对数处理。本文分别对66个发展中国家、37个中低收入国家和29个中高收入国家样本的核心变量再次进行固定效应模型回归分析。如表8所示，虽然与前面的估计结果有一定差别，但都通过了显著性检验，系数的正负值与前面的结果一致，支持国际侨汇有助于减贫的结论，证明我们前面的估计结果是稳健有效的。

表8　稳健性检验结果

	66个发展中国家		37个中低收入国家		29个中高收入国家	
回归方法	FE		FE		FE	
变量	贫困广度（POVW）	贫困深度（POVG）	贫困广度（POVW）	贫困深度（POVG）	贫困广度（POVW）	贫困深度（POVG）
常数项	17.940*** (158.85)	17.125*** (140.9)	28.573*** (111.88)	10.8720*** (89.657)	6.5635*** 34.662	3.6317*** (59.079)

续表

	66 个发展中国家		37 个中低收入国家		29 个中高收入国家	
国际侨汇 2 (REMT)	-0.0621*** (-35.376)	-0.0206*** (-32.666)	-0.0914*** (-24.337)	-0.0265*** -19.724	0.0240*** (11.308)	0.0135*** (-15.213)
经济发展 (GDP)	-0.4999*** (-25.192)	-0.2922*** (-31.821)	-0.6999*** (-15.092)	-0.3888*** (-16.339)	-0.4736*** (-1.0081)	-0.074*** (-7.1154)
控制变量	控制	控制	控制	控制	控制	控制
观测值	715	728	412	412	316	303
样本量	66	66	37	37	29	29

注：括号中显示的是 T 统计量，*、**和***表示 10%、5%和 1%的显著水平。

五 结论与启示

本文基于 66 个发展中国家和地区 1991—2016 年的面板数据，考察了国际侨汇的减贫效应，并对中低收入国家和中高收入国家进行了比较分析。结论显示：首先，国际侨汇显著促进减贫，支持了国际侨汇具有减贫效应的观点。其次，国际侨汇对贫困广度的影响大于对贫困深度的影响，即有利于降低贫困人口比例，但是对贫困深度的影响很弱。最后，对中低收入和中高收入国家的比较分析显示，国际侨汇对中低收入国家的减贫效应更为显著。本文在回归中考虑了模型可能存在的内生性问题；稳健性检验证明了结论的稳健可靠性。

国际侨汇通过直接渠道和间接渠道产生减贫效应。国际侨汇直接到达原籍国移民家庭手中，有效提高其收入水平，从而实现直接减贫效应。除金融机构、汇率变动等因素外，国际侨汇在转移过程中不会遭受额外的损失或挪用，而且也不会产生利息问题，是发展中国家“自下而上”重新分配和改善福利的有效途径，因而成为中低收入国家贫困人口的“安全网”。另外，从间接渠道看，国际侨汇有助于经济增长，促进生产力水平的提升，提供更多就业机会，通过“就业与工资效应”拓展家庭收入来源从而促进收入水平、教育水平、人力资本改善等。尽管如此，由于国际侨汇属于私人资金，通常不会用于基础设施项目、公益项目等公共项目开支，而且，并非所有贫困家庭都有能力移民海外，深度贫困家庭很难直接受惠于国际侨汇，因此国际侨汇的减贫作用具有很大的局限性。

发展中国家特别是中低收入国家应该进一步关注国际侨汇的减贫作用，采取更有效措施吸引更多侨汇流入并加以有效利用。中国是全球第二大国际侨汇接收国，2017 年国际侨汇总量达 640 亿美元，侨汇的流入对社会经济的影响也不容忽视。我国应该进一步提高对国际侨汇减贫重要性的认识，科学有效引导侨汇进入基础设施、公共项目投资、生产性投资和人力资本投资等领域，充分发挥其经济发展和减贫效应。

第八编

双向移民与社会治理研究（下）

在穗中非混血儿童的教育社会化初探

林月坚*

一　问题的提出

在“一带一路”背景下，中国与非洲国家的经济文化社会交流日益频繁，中非“混血儿童”的数量也在不断增长，已成为一个不容忽视的流动性跨国群体，尤以广州最为明显。加纳学者亚当斯·博多莫（2016）预测：“在100年内，一个以中非混血为特征的群体便可能在广州出现，并开始寻求完整的公民权利。”① 香港中文大学教授高登（2017）描述：“在广州市的广园西有数百个混血儿童，给中国20年，你会看到更多的混血儿童。”② 目前在广州到底有多少中非混血儿童，并没有统一的权威数据，这一方面与中非跨国婚姻家庭的流动性强的特点有关，另一方面则由于中非跨国婚姻家庭的婚姻登记、户口登记等相关程序的同质性等因素造成官方无法对其进行精准的登记。然而，由于签证、户口、入学、就医等方面的现实状况，随之而来的问题也日趋多样化与复杂化，中非“混血儿童”在成长过程中（0—18岁）的社会适应、教育、人际交往和发展等一系列社会化问题正引起媒体和学界的重视。

* 林月坚，广东技术师范大学硕士研究生。

① Bodomo, *Africans in China: A Sociocultural Study and its Implications for Africa-China Relations*, Cambria Press, 2012.

② Mathews G. etc., *The World in Guangzhou: Africans and Other Foreigners in South China's Global Marketplace*, The University of Chicago Press, 2017.

从目前的研究现状来看，学者更多地强调非洲人在广州的社会适应和融入问题，[①] 而对中非“混血儿童”（0—18 岁）的社会化问题关注甚少。这是多方面因素综合影响的，笔者认为主要原因有三个方面，一是中非跨国婚姻家庭结构的隐蔽性、私密性以及复杂性而难以进入研究场域；二是由于中非跨国婚姻家庭的空间变动频率高而难以持续跟踪调查；三是源于中非混血儿童自身族群文化的特殊性以及儿童成长的变化快，因此研究中非混血儿童不是约几个孩子出来做访谈就可以的，是需要持续地参与观察的。

笔者从 2017 年开始对中非混血儿童进行持续性的访谈和参与观察，从“大散居式、小聚居式”的相遇、相识到“相互交错居住式”的相知。中非“伴侣”家庭多以“贸易”而生，这使中非“伴侣”选择“就近原则”居住，呈现连续空间的形态，形成相对封闭的圈层。然而由于中非混血儿童入学的困境影响着整个家庭的融入、适应和空间的重构，进而开始举家搬迁撤出商贸城附近的小区，呈现离散的空间形态，形成半开放的圈层。正如笔者对一个混血家庭做参与观察式的访谈时经常从三元里某商贸城的某单元的档口接着乘坐混血家庭的私家车经过 1 个多小时到达佛山某小区。如果是遇到家庭条件较差的中非混血家庭，笔者就要和中非混血儿童妈妈或者爸爸从小北的商贸城乘坐 1 个多小时的地铁，再转 30 多分钟的公交到达花都的某居民区。然而中非混血儿童家庭的成员几乎每天都要辗转于远离商贸城的家。空间的变动反映的不仅是中非跨国婚姻家庭及其儿童的经济、教育的变动，更是一定程度反映目前在华跨国移民群体的社会融入和社会适应状态。中非混血儿童家庭是在华跨国移民研究的一部分，也是制定全球移民治理体系的重要参考材料。本文试图基于中非混血儿童的受教育的现状，分析在穗的中非混血家庭的“孟母三迁”式策略背后的逻辑，从教育社会化的角度，建构适合跨国移民二代教育发展的路径。

---

① 梁玉成：《在广州的非洲裔移民行为的因果机制：累积因果视野下的移民行为研究》，《社会学研究》2013 年第 1 期，第 134—159 页；许涛：《在华非洲商人的社会适应研究》，浙江人民出版社 2013 年版。

二　在穗中非混血儿童的教育现状

（一）在穗中非混血儿童的教育现状

当前，中非混血儿童的家校空间已经发生从连续空间到离散空间的转变，改变了中非混血儿童教育空间与外界的相对关系，即横向的组合向度（syntagmatic dimension）和纵向的聚合向度（paradigmatic dimension）。[①] 因此，中非混血儿童受教育的空间重构形态主要有三种，一是以广州的“巧克力城”为起点，跨越和辗转于广州各区，以远离商贸城为终点；二是以广州的某区为起点，跨越地方性距离，以农村为过渡受教育空间；三是以广州的“巧克力城”为起点，流动到农村，再跨越国家边界，以非洲、美国等为临时受教育空间。因此，中非混血儿童在社会、学校、社区、家庭等不同场域的移动表现出同城市的流动孩子之间不同的文化差异，差异的文化前台展示只是肤色和头发的差异，而实际互动的后台差异是身份差异、家庭差异、个体差异、价值观差异、歧视感知差异。诸多差异的根源有制度性的、有资源分配的、有经济条件的、有文化条件的、有心理条件的等，这些前后台差异的形成有其深刻的经济、文化、心理基础，诸多差异形成并导致了一定程度上的区隔。

1. 心理区隔

教育空间的变化对中非混血儿童的社会融入与适应既是锻炼也是挑战，尤其是城市里的中非混血儿童需要跨越地方性和国家性流动到一个完全陌生的地方生活，一定意义上成了“留守儿童”或者“跨国留守儿童”。这群儿童的心理落差源于：其一，因其肤色和头发等带有非洲人的基因，自身就会自信心不足；加之在学校上学被同学起一些难听的绰号，而且这些绰号都是扎根于孩子内心的自卑的敏感源，在与同辈群体互动中直接爆发性地显现，这无疑增加了孩子的心理负担。其二，中非混血儿童在农村或者在非洲等国家上学，要么是外公外婆或者爷爷奶奶抚养，要么是叔叔姑姑帮忙照看，其代沟与代际教育的加深，使中非混血儿童

---

① ［英］安东尼·吉登斯：《社会的构成：结构化理论大纲》，李康、李猛译，生活·读书·新知三联书店 1998 年版。

更加难以融入当地的学校。其三，有些混血儿童从小就缺失父爱，妈妈也不在身边陪伴，其家庭教育、父母教育等的双重缺失，会加速中非混血儿童心理阴影的形成和心理疾病的产生。

案例1：YNL①，8岁，男，6岁之前在广州就读，6岁后回妈妈老家读书。

> 我在广州出生，是城里的孩子。我3岁就开始上幼儿园了。就在三元里附近的幼儿园，离我妈妈的档口很近。后来我5岁的时候妈妈让我转去了离通通商贸城更远的某幼儿园。妈妈说，那边幼儿园的老师和同学们不会叫我黑鬼，我也就乖乖地答应去了。如果要我说我什么时候会有意识或者有记忆发现和别人不一样的话，应该是在4岁多吧。有一次，妈妈给我买了白色的运动服，我穿上这件衣服去照镜子臭美，发现自己怎么那么黑，头发也卷卷的，很丑。我内心开始对自己不自信了，或者说有点自卑了。那时候，我觉得自己一下子明白了别人为什么叫我黑鬼了。我开始在幼儿园和别的小朋友打架，每次打架后，班主任总会在微信群里@我妈妈，说我很调皮，又打谁谁家的孩子。但是总不相信我是因为被欺负才动手的，现在想想还真的挺讽刺的。换了个幼儿园，我以为我会比较融洽地与同学相处，但是幼儿园的同学依旧要给我起外号，但是他们对我还算不错。因为离妈妈的档口远，妈妈得等档口关门了才能去接我。最早也要5点多，可是我们3点半就放学了。那么我就在幼儿园里和其他的孩子一起追逐玩耍，你那次也看到我在和那些小朋友们玩跳跳板游戏嘛，虽然我总输，但是我不是一个人在等妈妈过来接我嘛。
>
> 6岁的时候，妈妈突然和我说，妈妈给你在外婆家报了个小学。你回去湛江和外婆住在一起哈，妈妈有空就回去陪你。刚回去那会儿，我天天哭，天天想妈妈。每天放学我都要和妈妈视频。在广州

① 引文代码是根据引文来源、获得时间进行编码的。YNL是被访者的化名，20190110指访谈时间。访谈资料中括号内的内容是笔者为方便读者理解，根据访谈上下文内容而添加的注释。

> 的时候，妈妈经常带我去吃好吃的。可是在老家那上学，都没啥好吃的。而且外婆也总是不让我吃那么多零食，她觉得没营养。吃米饭才是王道。那个小学里的小朋友第一天在教室里自我介绍就叫我："小卷毛，黑不溜秋，小卷毛。"其实，他们每次这样叫我，每次都在心里提醒我和他们不一样。尽管我知道我们都是中国人，但是我们肤色不一样。我们是肤色不一样的中国人。我在幼儿园打架了，外婆不会像妈妈那样给我去找班主任据理力争，说不是我的错。外婆只会回来给我讲道理，叫我不要打架。我心里挺难受的，就觉得很委屈，我不知道为什么会这样。所以，我现在在学校就喜欢自己一个人玩。别人说我坏话，我就忍着。

像 Herry 这样的小孩从城市里的学校移动到农村里的学校，内心自我意识下的自卑和外在显著的歧视感知、代际教育的留守儿童的心理支持弱、父母陪伴的缺失等因素导致中非混血儿童的童年蒙上一层灰蒙蒙的心理阴影，从而在同辈群体自动生成差序格局，产生心理区隔。

2. 经济区隔

中非混血儿童家庭的家庭经济收入来源主要是从事服饰、首饰、家电、五金、头发、鞋子等买卖，销售对象是非洲人。因此，其家庭分工一般分为两种情况：一是妻子在档口看店和负责仓库的货源的分发等，丈夫主要负责市场的扩大即往返中非之间找客源；二是单亲母亲独自负责看店——仓库、物流——寻客源。这两种中非混血儿童家庭的工作性质相对稳定，均是创业型的个体经营为主，但是这种出口贸易的经济活动易受国家政策、国际贸易市场、国际关系等的外部条件影响，呈现收入的不稳定性。据笔者资料的整理显示，在 2013 年之前的收入有十多万元到几十万元人民币不等，但是现在能维持铺租和生活基本需求就不错了。笔者每隔一周去小北和三元里的时候也会看到这样的场景：金山象的档口换了一家又一家，越洋宾馆的档口经常在装修，装修不是为了扩大门面，而是为了省租金，缩小门面。2017 年的时候，我和金山象的档主们聊天，他们很欢迎我，总会抽空和我聊家常，甚至有些档主边忙于为非洲人做头发，边和我有说有笑。然而 2019 年，哪怕和我有 3 年朋友关系的中非混血儿童的妈妈脸上都是一副惆怅的表情，也不愿多说什么，尤其不愿意提到生意的事情。在虚拟的网络空间，笔者也看到一部分中非混血儿童妈妈的朋友圈的画风变化。和之前相比，现在她们文本编辑内容多为生意不好，出来做翻译挣外快；或者每天发多条抖音发泄抱怨生意不好。

案例2. 中非混血儿童的妈妈，林女士，36岁，有两个儿子，一个女儿。

> 你都看到了，现在生意差得很，一天都没有一个非洲人过来瞅瞅。以前，你在我档口里坐的时候，都会有络绎不绝的非洲人过来问价格。我一个小孩在私立学校每年10多万元学费，三个小孩就是40多万元。我都能负担得起来。我最小那个小孩因为在学校被歧视，我给他换了两个学校了，这样折腾了我好多钱呢。可是，现在真的坐不住了。广州经济转型，整个贸易市场不好，非洲市场日趋饱满，非洲人签证缩紧，来华成本上涨等因素，所以生意不好。我都不知道把我那三个小孩送去哪里读书。送回老家的话，我爸妈带不了那么多。所以，我打算下学期把老大送去非洲，老二送去老家，老三留在自己身边。虽然我心里很不舍，但是也没有办法。我看我有个朋友也是这样干的，你应该也见过她的小孩。

接着，通过林女士的介绍，我把正在放寒假的HDG约出来去喝东西。HDG，男，10岁，在非洲上小学。

> 我6岁就去非洲读书了。我爸妈说，去非洲学校比较省钱，而且还可以多学几门语言呢。其实吧，我宁愿在外婆家读书的，可是我舅舅家有好几个小孩，我外婆带不了那么多，所以我只能去非洲读了。其实，非洲的东西很贵的，像我在尼日利亚，一瓶可乐都要10块钱，我爷爷奶奶很疼我，可是他们好像没有什么钱，所以，我买零食的钱都省了。我在非洲上学，我妈妈会轻松一点，一般的支出都是我爷爷奶奶和叔叔姑姑出钱，他们好像不分彼此，钱好像经常互相花的。而且我姑姑们和我爸爸、叔叔们很多都不是同一个爸爸妈妈的。我妈妈说了，等我妈妈挣够钱了

就让我回中国读书。

像HDG这样的中非混血儿童由于家庭经济上的原因，被迫海外求学。根据笔者调研的资料分析，中非混血儿童妈妈的教育水平主要是中专或者大专文凭为主，爸爸的教育水平主要是高中或者大学为主，这背后的机制是中非混血儿童的爸爸曾经是来华留学生，通过商贸活动与中国女性结婚。因此，中非混血儿童家庭的经济差异体现在家庭收入的不稳定、辅导儿童学习的可操作性、能否负担得起培训机构的费用。中非混血儿童家庭中，有一部分家庭在经济和文化条件方面比较优越，但大多数家庭是比较差的。家长收入持续降低，经济水平有限，因而无法给孩子更多的、更优质的学习条件或教育资源，他们可能要疲于生活，没充足的时间管教孩子。即使很多家长有强烈的教育愿望，但与之相匹配的是弱势的教育资源，从而在经济上产生区隔现象。

3. 文化区隔

因家庭背景的特殊性，中非混血儿童在体育、语言、文化等方面具有优势。笔者认为充分发挥中非混血儿童的文化优势，可以推动中非人文交流。但是大部分的中非混血儿童的优势却并没有得到应有的重视和培养。中非混血儿童在学校教育的文化区隔体现在体育的优势因身份和性格而不被很重视和挖掘，语言的优势没有真正地得到实践，中非文化的了解流离于表层。

案例3，MLF，11岁。

我在3年级就开始参加运动比赛，在学校也取得不错的成绩。后来老师就叫我去参加校外的田径比赛，拿了第3名。我还是挺想发展我的特长的，我妈妈和老师商量过，我能不能在小升初的时候用体特生的名额。可是老师却说，我这样的成绩是不行的。我妈妈就问，能不能培训一下。结果老师不经意地说了一句，他又不是完整的中国人，培养那么好干吗。

这时，LNF的妈妈插话说：“发展体特生很难的，因为你要自己花钱去体育学校培训孩子，像Jerry那样的学校那样的老师是很少的了。

现在那些学校那些老师都很现实的，你得让学校的老师看中。其实很多学校都是有特长生培训的，但是对于我们这些孩子，老师不会上心的。”

案例4，FZJ，男。

> 我在非洲读了有3年书了。我爷爷奶奶家经济不算好。所以我就在家里附近的学校读书。我在那个学校2000多元人民币一年，要是去好的学校就要2000多美元。我因为在中国都是说中文比较多，英语只是偶尔和爸爸聊天用。结果，去到那边，竟然要学法语和英语。你知道的，尼日利亚是被殖民过的，所以，都会讲法语的。其实，非洲文化和中国文化真的不一样。他们真的拿手来吃饭，我花了很长时间都不能适应，我第二年就自己带筷子和勺子过去，所以爷爷奶奶他们也尝试学着用。他们的基督教文化很浓厚，每个礼拜都要去教会。当然，入乡随俗嘛，我也会去。我也会被问到我是哪里人，爷爷奶奶觉得我是非洲人。我觉得我的国籍是中国的，我从小接受中国文化的教育，我心里觉得我是中国人。不过，我并不在意这些东西。我觉得在非洲，那些非洲小孩并没有特别歧视或者欺负我。也许是因为我玩具比较多，经常分享给他们。不过，就是那个“Culture shock”太难了，爷爷奶奶对于我每天洗澡很困惑，我对于叔叔姑姑喷香水很疑惑。我平时会很想我妈妈，因为时差的原因，我都是隔天才能和我妈妈以及我的中国朋友聊天。

中非混血儿童的社会适应能力弱，教育空间的变化弱化其知识和文化的习得，加之中非混血儿童在日常生活中宅在家里玩电子产品，对社区的活动与文化了解甚少，自然对中国文化了解浅显。无论是在非洲读书还是在中国读书，即使拥有表达中国文化和非洲文化的话语权，但因相关知识储备不足，就会导致其文化冲击过大而难以调节自身的文化区隔和消除他者对文化区隔的偏见。

（二）孟母三迁？中非混血儿童教育空间再生产策略的背后逻辑

古代意义的孟母三迁指的是孟母为了给予孩子更好的教育环境而三

次搬家，折射教育实践的空间建构。正是因为中非混血儿童在现代性发展的社会中出现心理、经济、文化上的区隔现象，中非混血儿童父母在区隔中多次更换住所和学校。在笔者跟踪访谈的所有适龄中非混血儿童，无一例外都有过2—3 次换学校（不是常规的升学学校的更换）的经历，呈现“孟母三迁式”的图景。中非混血儿童父母不会以为这是一件很麻烦的事情，相反，他们认为这种“孟母三迁”策略是他们根据自身利益的行动突破某些不符合其自身利益的社会结构，使其产生调整的可能性。

1. 中非混血儿童教育空间再生产形成的结构性因素

（1）签证政策

签证政策的变动牵动着中非混血儿童家庭的敏感神经。因为中非混血儿童的爸爸很有可能因为签证问题被遣返，家庭就面临破裂的危险。《中华人民共和国出入境管理条例》中对在中国境内的外国人的签证发放、日常管理和服务进行了明确的规定，2013 年之后，因为各种原因广州相关部门加大对“三非”人员的管理力度。在签证的文本发放和管理中，对尼日利亚籍、多哥籍的非洲人政策进行严缩，而且增加规定：只要曾经有过不良签证记录的 5 年内不得入境。在实践中，警察每天都会在非洲人出没的场所进行签证核验，核验的频率从一天一次到一天多次。据在小北从事商业活动的报道人描述，很多非洲人被遣返回国，其中也包括一些已经在中国建立家庭并生育孩子的非洲爸爸。因此，部分中非混血儿童的妈妈就成了“单亲妈妈”，生活负担很重。笔者在三元里经常会看到中国女性背着一名混血儿童在档口整理衣服或者拖着手拖车与路边的黑人谈生意，有的甚至从事乞讨、卖淫等活动。

（2）户籍政策

根据《中华人民共和国户籍管理条例》，中国公民与外国人、无国籍人在国内非婚生育、未取得其他国家国籍的无户口人员，本人或者其具有我国国籍的监护人可以凭《出生医学证明》、父母的非婚生育说明、我国公民一方的居民户口簿，申请办理常住户口登记。所以中非混血儿童取得中国户籍是相对容易的。在穗中非混血儿童户口所在地多不在广州，只有少部分有广州的户籍。2018 年以前，在广州周边城市买了房子的家庭的孩子户籍可以迁到这些地方，如佛山市、广州市花都区。也有一些混血儿童暂时没有办法上中国的户籍，由于地域、时间、人力等方面的限制，我们没有办法对这些人进行访谈，只能通过其他报道人（如中非混血家庭母亲、当地居民、新闻媒体[①]）等渠道获取材料。很多家长对笔者表达了送孩子上好学校、公立学校的意愿，但是家庭经济、户籍、宗教信仰等因素决定了孩子的教育去向，他们多数在私立学校或者是昂贵的国际学校。其中，户籍是影响中非混血儿童入学的主要因素。

2. 教育空间再生产形成的微观基础

教育空间再生产形成的微观基础往往是多种因素造成的。首先，对上学的渴望是教育空间再生产的思想动机。中非混血儿童的妈妈从小就给孩子灌输读书可以改变命运的思想。中非混血儿童从小就跟着妈妈在档口里做生意，对在档口的无聊生活表示厌倦，对学校的生活很向往。其次，家庭收入低下以及歧视感知是教育空间再生产的促进因素。家庭收入波动大，支付孩子的教育支出就会受限，生意好，孩子的教育支出高，反之就会缩小。歧视感知在变更学校的频率中也是家常便饭。笔者目睹了一个中非混血家庭因孩子的歧视感知严重在一个学期内变更三所学校的案例，从私立学校转公立学校再转私立学校。最后，个人和家庭社会网络的支持是教育空间再生产的形成。中非混血儿童的家庭支持网络相较于普通的中国家庭具有广延性的特点，尤其是非洲家庭的亲属网络更是扩张性的，因为非洲仍然存在一夫多妻的婚姻制度而且没有计划生育的说法，这就容易造成整个家族的扩大。我曾经问过一名中非混血儿童，你以后想上哪个大学？小孩脱口而出："哈佛大学。"因为我姑姑在美国定居。尽管童言无忌，但是到国外读书确实需要一定的条件，尤其是社会网络的支持。

总的来说，中非混血儿童在考察了自身的条件下，跨越"时间"和"空间"的互动情境，充分利用当前的规则和资源，在中非混血儿童的教育空间上维持和再生产，达到了"孟母三迁式"的空间再重构。

---

① 被父母遗弃的中非混血小孩小芭比，被一个中国家庭领养。但是孩子从 5 岁到 13 岁，一直没能成功办理户籍。直到孩子 13 岁上初中了，才勉强取得中国户籍。8 年来，孩子的养父养母、当地派出所不停奔波。（《中非混血儿在兰溪马涧生活多年终于要落户了》，https://www.sohu.com/a/206389037_578871。）

三 探索在穗中非混血儿童的教育社会化的治理体系

教育社会化是根据社会化衍生出来的一个概念。教育社会化是指教育在社会广泛普及，教育内容适应社会经济建设、个体身心发展的需要，教育对象、教育资源、教育环境以及主客体诸要素能够相互融合、协调一致。[①] 笔者认为改善中非混血儿童教育空间的区隔现状主要立足于社区，发展社区教育。

（一）政府层面：加强社区服务促进社区治理

建立机制，广东率先建立“社区教育实体”，为设计全球跨国移民二代的教育方案提供启示。广州的社区是外国人聚集的地方，更是跨国婚姻儿童居住和接受教育的场所。广州属于社区教育发展良好的地区，社区教育发展已经粗具规模。政府应该简政放权，由“大政府，小社区”转变为“小政府、大社区”，将政府掌控的推动作用逐渐降低，使社区教育变成全社会的公共事业，建立起由政府与社区双向结合、互相扶持的良好发展局势。广东率先建立“社区教育实体”，有助于将广州外国人服务管理中心、国家移民局、社区、学校等多元主体组合，职责分工，提供多元化的“一条龙”服务。

创新手段，利用社区的功能，入户进行涉外婚姻和混血儿童数量的普查，建立涉外婚姻数据库。加快对中非混血儿童资料的录入，从源头杜绝存在黑人黑户的现象。加强各部门的沟通，实现一个系统多部门使用，实行信息共享，及时反馈涉外婚姻的困境，积极向高校、科研机构等专家学者讨论学习，力图探索具有中国特色的涉外婚姻办法。

（二）社会层面：社区教育引入社工、中非混血儿童协同合作治理非洲人

完善政府的购买服务体系，增加社区教育基本的经费投入，加大社

---

① 车夫：《中国学校工作实用大全》，人民日报出版社 1994 年版，第 16 页。

区教育设施建设是社区教育引入社工、中非混血培养以社工为主，中非混血儿童协助的社区志愿队伍共同合作治理非洲人。儿童协同合作治理非洲人的后勤保障。发挥中非混血儿童的语言和文化优势，召集中非混血儿童成为社工小助手；充分利用社工作用，给社工小助手讲解当前广州非洲人的情况、广州的外国人管理政策以及社工的知识等；组织社工和小助手组成服务团队，联合外国人服务中心的工作人员、移民局等移民机构合作共同服务在穗非洲人；参与非洲人相关的矛盾调解，化解冲突和纠纷，解决政府“想为而难为”的事情。通过这些实践活动，一方面可以加强理论与实践的转化的同时获得一定的报酬，增加一定的收入，另一方面也会消除对中非混血儿童的刻板印象和感知歧视。如登峰街家庭综合服务中心位于非洲人在广州的聚集区，成立于2012年，外国人服务为该中心特色服务，由政府购买其服务，为来穗外国人提供租赁房子咨询、游玩广州、信息翻译、法律咨询、基础的汉语知识学习等服务，对于长期居住在广州的外国人还提供系统的中文学习、跨文化交流、政策咨询、医疗帮扶等服务。社工机构这种小型的、专门性、非官方机构更适合在流动性较高的外国人聚集区开展有针对性的服务。

（三）文化层面：社区设立“一带一路”人才储备智库，讲好“中非合作故事”

首先，明确外国人社区教育的定位是以外国小孩、混血小孩为主要对象的集学校教育、家庭教育和社会教育为一体的结合教育，其主要目标是依托其自身的文化优势，设立“一带一路”人才储备智库，讲好中国故事，尤其是在非洲人聚集的社区，开设有关“一带一路”倡议的教育课程提供给非洲人、中非家庭，为推动“一带一路”倡议与西非国家的民间合作奠定基础。其次，社区加强政府、高校、社会组织、人民团体等的多元主体力量，部分利用非洲人、中非混血儿童的潜力资源，设置和组织多层次、多类型的立体中非文化项目、活动和教育培训，符合条件的非洲人、中非混血小孩参与到“一带一路”的建设中来。

试论20世纪80年代以来菲律宾华人经济发展状况

覃凤娟　文　雪*

中国与菲律宾交往历史悠久，华人在菲律宾的经商传统亦由来已久。1975年中菲建交，菲律宾华侨陆续归入菲籍，实现从华侨到华人的转变。从马科斯到如今的杜特尔特，菲律宾政府对华人采取经济上鼓励和重视的政策，加之良好的外部机遇，菲律宾华人经济得到了较大的发展和壮大。菲律宾华人经济是菲律宾国民经济的重要组成部分，对菲律宾社会的建设起着重要作用。20世纪80年代至今，菲律宾华人经济在发展过程中逐渐呈现出经营领域日趋多元化，同东盟其他国家华人经济相比经济实力相对较弱，跨国投资逐步扩大，企业经营管理方式仍存在较大封闭性等特点。随着经济实力和社会地位的提高，菲律宾华人逐渐参与到政治中，追求政治地位的提高成为菲律宾华人的一个新方向。

一　菲律宾华人经济发展的机遇

1975年中菲建交，中菲之间经济往来增多，菲律宾政府为更大程度地借助华人以及中国的经济力量加快国内的经济建设，从20世纪80年代中期科拉松·阿基诺总统执政（1986年2月）开始直到后来几任总统执政期间，菲律宾政府的经济政策总体上都推行经济自由化政策，鼓励国

* 覃凤娟、文雪，华中师范大学历史文化学院研究生。

内外私人资本投资，以促进菲律宾经济发展。这样的政策取向给华人经济的发展带来了比较有利的影响。

1966年马科斯上台后，菲律宾政府逐渐放弃菲化政策，鼓励华人参与国家经济建设。1966年8月，在菲律宾华裔联合会第二次代表会上，马科斯提出"要重视华侨扮演的重要角色"。此后，菲律宾政府颁布了一系列法令，采取优惠措施鼓励国内外资本参与投资和开发菲律宾经济。如1967年的鼓励投资法、1970年的鼓励出口法、1973年的废除米黍业菲化案、1974年的农业鼓励法令等诸多法令的出台，都促使华人进一步参与到菲律宾经济建设中。此外，通过了1975年的第270号总统命令书、第836号总统政令，大大放宽了华人的入籍条件，由此大量华侨加入菲籍成为华人，并享有充分的菲律宾公民权利，因此华人经济在各行各业获得迅速发展，而华人经济也逐渐成为菲律宾国民经济的重要组成部分。

到了1986年，阿基诺夫人上台，阿基诺政府更是将华人视为国家经济发展的可靠伙伴，加大了对华商的认可和支持力度。如在1991年颁布了《综合投资法案》和《外资投资法案》，给予投资者一定的所得税免税期、进口设备免除进口税等，鼓励国内外投资，客观上促进了华人经济的发展。

1992年拉莫斯执政，为充分利用华人经济上的影响力以加快经济改革步伐，拉莫斯在1994年的菲华商联总会成立40周年大会上，盛赞"商总的一些成员亦为我国经济的主要策动者。值兹20世纪的最后一个年代，商总的确能够在使菲律宾成为一个经济强国这一方面发挥重要的作用"①。

此外，在埃斯特拉达和阿罗约执政时期，菲律宾华人经济也获得了相应的支持，如菲华商联总会每届理事会成立时，阿罗约都会前往祝贺。此外，阿罗约还签署了土生土长外侨规划法案，鼓励华人充当中菲贸易的桥梁，进一步促进中菲经贸关系的发展。

现任菲律宾总统杜特尔特同样重视与中国发展贸易关系，并且重视菲律宾华人的经济作用。在2017年3月的菲华商联总会第31次全菲代表

① 庄炎林：《世界华人精英传略·菲律宾卷》，百花洲文艺出版社1997年版，第131、224页。

大会开幕式上，杜特尔特表示，他领导的政府“奉行重视发展国民经济和恢复社会秩序的国内政策以及独立自主的外交政策”。同时强调“菲律宾是一个穷国，必须发展经济，所以我寻求中国的帮助，与中国发展经贸关系”①。

此外，菲律宾参议长彭敏直三世、众议长阿华礼斯都出席了菲华商联总会第31次全菲代表大会宴会，高度赞扬了菲律宾华人的重要贡献，阿华礼斯表示“商总积极参加经贸活动助推菲律宾经济发展，为许多家庭提供援助，包括奖学金、义诊、救灾等，持续巩固中菲友好关系”②。在2019年3月的菲华商联总会全菲代表大会上，杜特尔特更是盛赞菲律宾华人“在灾难时刻所做的救灾工作、医疗工作以及捐建的成千上万所校舍、教室和康复设施，都证明了菲华无私奉献和回馈社会的决心”③。

由此观之，杜特尔特政府对于菲律宾华人持重视态度，同时希望利用菲律宾华商在经济上的作用以促进菲律宾经济的发展和社会的建设。因此，可以设想，菲律宾华人在杜特尔特政府执政期间应当会有一个相对宽松的贸易发展环境。

此外，从外部因素来看，随着中国的崛起，“一带一路”倡议的提出，中国—东盟自由贸易区的建立以及区域全面经济伙伴协议的签订，菲律宾华人面临着前所未有的投资和发展机遇，这是华人经济壮大和向外发展的良好契机。

总之，自20世纪80年代以来，菲律宾政府开始重视菲律宾华人的经济作用，并且给予华人较为宽松的发展环境，华人经济因此取得较大发展。同时，从杜特尔特政府对中国的态度以及对于与中国发展贸易的多次倡议来看，未来菲律宾华人经济应当能得到一个较为宽松的国内发展环境。

---

① 《菲华商联总会第31次全菲代表大会开幕式在马尼拉举行》，东南网，http：//usa. fjsen. com/2017－03/25/content_ 19286511. htm。

② 《菲律宾参议长、众议长出席菲华商联总会第三十一次全菲代表大会宴会》，东南网，http：//usa. fjsen. com/2017－03/26/content_ 19288823. htm。

③ 《杜特尔特出席商联总会全菲代表大会 致辞感谢菲华贡献》，香港新闻网，http：//www. hkcna. hk/content/2019/0322/752931. shtml。

二 华人经济在国民经济中的地位

华侨华人在菲律宾的经济发展史上一直扮演着重要的角色，自20世纪80年代中期以来，随着华侨入菲籍的陆续进行，华侨华人在经济上的限制逐渐被打破，因而迎来了经济的快速发展。菲律宾华商更是发挥着积极的作用，无论是大企业还是中小企业，菲律宾华商在提供就业机会和创造社会财富上都发挥着重要作用，菲律宾华人经济已经成为菲律宾社会经济中不可分割的重要组成部分。

据菲律宾雅典耀大学经济系黄淑琇教授（Ellen Huang Palanca）的研究，“1990年菲律宾最大的1000家公司中，华商公司有354家，占36%，而菲资公司344家，占35%，外资公司287家，占29%。同年，在最大的100家公司中，三类公司的比重分别为27%、30%、43%”[①]。

同时，当年“菲律宾从事制造业的大华商公司占全菲（包括外资）制造业大公司的36.7%；从事批发和零售业的华商大公司占全菲（包括外资）批发零售业大公司的51.2%；从事金融、保险、地产的华商公司占全菲（包括外资）金融、保险、地产大公司的25.7%；农林渔业、矿采业、建筑业、运输、仓储、通信业、社区社会服务业的华商公司所占的比例分别为35.3%、10.3%、15.4%、8.3%、22.9%”[②]。从上述统计数据可以看出，除了公共事业，菲律宾华人企业在各行各业都参与投资和经营，尤其在批发零售业、制造业、金融保险业、房地产业的投资经营所占比重较高。此外，从纳税情况来看，1990年“华商拥有的302家公司缴纳的税额高达18.11亿比索”[③]。

进入21世纪，菲律宾华人企业更是得到了巨大的发展。据估计，截至2009年，“菲律宾的华商资产为797.2亿美元”[④]。从上市公司的情况

---

① Edited by Ellen H. Palanca, “China, Taiwan, and the Ethnic Chinese in the Philippine Economy”, *Chinese Studies Journal*, Vol. 5, 1995, p. 53.

② 庄国土、陈华岳等：《菲律宾华人通史》，厦门大学出版社2012年版，第621页。

③ 庄国土、陈华岳等：《菲律宾华人通史》，厦门大学出版社2012年版，第621页。

④ 王望波、庄国土编：《2010年海外华侨华人发展报告》，厦门大学出版社2013年版，第73页。

来看，“截至2009年12月24日，菲律宾股市指数为3052点，共有上市企业248家”，从控股公司、董事会成员、持股结构进行分析，确定“属于华商的上市公司共有73家，占菲律宾上市企业总数30%以上”①。“73家华商上市公司总市值达到19400亿比索（421.18亿美元），约占菲律宾股市总市值的32%。”②

2010年菲律宾的十大富豪中有七位是华商，其中施至成、陈永栽、吴奕辉位于排行榜的前三名。从马尼拉小鞋店起家的施至成，个人财富达到50亿美元，多年蝉联菲律宾富豪榜榜首，旗下拥有菲律宾最大的购物中心，在2012年又收购了菲律宾国家电网30%的股权。陈永栽则拥有菲律宾最大的烟草公司、第二大的啤酒公司、菲律宾国家银行、菲律宾航空等大型企业。吴奕辉名下的企业包括高峰控股、宿务太平洋航空、罗宾森商场、菲律宾 Digitel 通信有限公司等。

2015年，《福布斯》杂志公布了菲律宾富豪排行榜，施至成、吴奕辉及其家族、吴聪满、陈永栽、郑少坚和陈觉中位列前十，施至成蝉联菲律宾首富。六大华商富豪净资产分别为144亿美元、55亿美元、45亿美元、43亿美元、40亿美元、22亿美元，位列榜单第1、第2、第3、第4、第6、第10位。③

2019年，《福布斯》杂志公布的菲律宾富豪榜中，排名前十的有七名华人，他们分别是施氏兄弟姐妹（企业创始人施至成已故）、吴奕辉、陈永栽、陈觉中、蔡启文、郑氏兄弟姐妹（企业创始人郑少坚已故）、吴聪满。七大华商富豪净资产分别为172亿美元、53亿美元、36亿美元、30亿美元、28亿美元、26亿美元、25.5亿美元，位列榜单第1、3、6、7、8、9、10位。④

在中小企业方面，华人企业也发挥着重要作用。据菲律宾2006年的调查显示，全菲经营的企业共计783066家，微、小、中三类企业总数大

① 庄国土、陈华岳等：《菲律宾华人通史》，厦门大学出版社2012年版，第621页。

② 庄国土、陈华岳等：《菲律宾华人通史》，厦门大学出版社2012年版，第622页。

③ 《2015福布斯菲律宾50富豪榜》，福布斯中文网，http：/www.forbeschina.com/ review/lis/002306.shtml。

④ 《2019年福布斯菲律宾富豪榜》，福布斯中文网，http：//www.forbeschina.com/lists/1721。

约占企业总数的78.05%。菲律宾华人大多以经商为主，据著名菲华学者洪玉华估算，“21世纪初菲律宾有超过20万家华商企业，它们绝大多数都属于中小企业”①。若以2006年的数据估算，菲律宾华商中小企业大约占全国中小企业总数的四分之一。综合考虑华人在菲律宾人口总数中所占的1.6%的比重（“2007年，菲律宾华人人数在150万人左右，约占菲律宾人口总数的1.6%”②)，可以看出华商中小企业在菲律宾经济领域中有着重要的贡献。

到了2012年，“在菲律宾注册的企业大约有99.7%属于中小企业，吸收了70%的劳动力，贡献了32%的全国经济增加值”③，考虑到华人在菲律宾以经营中小企业为主，并且若是参考2006年菲律宾华商中小企业在全国中小企业中所占的比重来看，菲律宾华人经济在提供就业岗位和增加社会经济方面所占比重应当较为可观。

因此，无论是从大企业还是中小企业的角度来看，华商在菲律宾经济中占据重要地位是毋庸置疑的，华人经济既是海外华人创造的成果，也是所属国经济中不可分割的重要组成部分。菲律宾华人通过勤劳和智慧创造出的成果既是华人的骄傲，也是菲律宾社会经济发展的重要体现。

三 菲律宾华人经济发展特点

菲律宾华人经济经过长期的发展，现已成为菲律宾国家整体经济的重要组成部分。从20世纪80年代至今，菲律宾华人经济形成了自己的一些特点，主要呈现在以下几个方面。

（一）经营领域日趋多元化

传统菲律宾华人以经营零售业为主，随着华商资本的积累与转化，华商企业经营领域开始向其他领域扩展，逐渐向多元化发展，逐步发展

① Teresita Ang See and Go Bon Juan, “China, the Chinese Economy and Ethnic Chinese Business in the Philippines”, in Leo Suryadinata ed., *Southeast Asia 's Chinese Businesses in an Era of Globalization: Coping With the Rise of China*, Singapore: Instituteof Southeast Asian Studies, 2006, p. 223.

② 王望波、庄国土编著:《2008年海外华侨华人概述》，世界知识出版社2010年版，第19页。

③ “Role and Importance of MSMEs”, http: www. dti. gov. ph/dti/index. php? P = 532.

成为工、商、农、金融、通信、保险、地产等多业并举的新的经营模式。如陈永栽集团除了经营作为其支柱企业的福川烟厂外，还经营农场、酒厂、银行、酒店、房地产、炼钢厂、航空运输等。

菲律宾华人大企业多元化经营中，对金融、保险、房地产等第三产业的投资经营较为突出。

从金融业来看，20 世纪 90 年代初，由华人控制或持多数股权的商业银行有 9 家，截至 1993 年年底，9 家华人商业银行“总资产为 2270.6 亿比索，占菲律宾国内 28 家私人商业银行总资产的 40.2%”①。在保险业方面，“1991 年年底菲律宾华资保险公司已有 23 家，占全菲保险公司总数的 16% 和保险市场业务总额的 40%”②。

20 世纪 70 年代中期以后，由于大多数菲律宾华侨已加入菲籍，开始享有在当地购置地产的权利，因此，华人购置地产创业者越来越多；同时，随着菲律宾政府推行面向出口工业化政策，对外经济活动增强，城市建设和各项基础设施的规模需求扩大，菲律宾华人企业因而竞相进入房地产业。“据统计，90 年代初全菲华商营建的公司约有 500 家”③。此外，不少华人企业集团的发迹与房地产开发有关，如吴奕辉集团在 1988 年成立罗宾森置地公司（Robinson Land Corp.），现为菲律宾四大上市地产公司之一。

（二）同东盟其他国家华人经济相比，菲律宾华人的经济实力相对较弱

根据 1992 年出版的香港《Forbes 资本家》杂志显示，大多数菲律宾华人企业集团核心人物的个人财产均低于 5 亿美元。“郑周敏个人财产估计最少为 15 亿美元，陈永栽在菲律宾（不包括国外）的个人财产超过 4 亿美元，吴奕辉超过 3 亿美元，杨应琳有 3 亿多美元，郑少坚约为 3 亿美元，施至成约为 3 亿美元，黄登土家族约为 2 亿美元，叶应禄约为 1 亿美

① 庄国土、陈华岳等：《菲律宾华人通史》，厦门大学出版社 2012 年版，第 578 页。

② 庄国土、陈华岳等：《菲律宾华人通史》，厦门大学出版社 2012 年版，第 578 页。

③ 庄国土、陈华岳等：《菲律宾华人通史》，厦门大学出版社 2012 年版，第 579 页。

元。”[①] 此外，根据1992年2月24日印度尼西亚在《经济新闻》发表的东盟国家50个最大企业家个人财富排行榜来看，当时的菲律宾华人首富郑周敏居第7位，个人财富估计为10亿—20亿美元；郑少坚居第29位，陈永栽居第31位，吴奕辉居第36位，杨应琳居第42位，叶应禄居第46位，他们的个人财富均在4亿—6亿美元。以上两种统计所估算的财富规模虽存在一定差距，但相差不大，因此仍然具有一定的参考意义（见表1）。

表1　　1992年菲律宾华人企业家核心人物个人财产排名[②]

姓名	个人财富（亿美元）		
	Forbes统计	印度尼西亚《经济新闻》发布	排名
郑周敏	15	10—20	第7位
陈永栽	4	4—6	第31位
吴奕辉	3	4—6	第36位
杨应琳	3	4—6	第42位
郑少坚	3	4—6	第29位
施至成	3		
黄登土	2		
叶应禄	1	4—6	第46位

根据厦门大学庄国土教授主持的课题组的研究成果显示，2007—2009年，“东南亚华商的资产约15051亿美元。其中新加坡为5986亿美元（占39.77%）、泰国3853亿美元（占25.6%）、马来西亚1812亿美元（占12.04%）、印度尼西亚1866亿美元（占12.4%）、菲律宾797亿美元（占5.3%）”[③]。根据2010年12月5日香港《亚洲周刊》公布的2010年全球华商1000强企业分布状况显示，“东南亚地区有81家企业入

① 庄国土、陈华岳等：《菲律宾华人通史》，厦门大学出版社2012年版，第576页。

② 数据转引自庄国土、陈华岳等《菲律宾华人通史》，厦门大学出版社2012年版，第576页。

③ 王望波、庄国土编著：《2010年海外华侨华人发展报告》，厦门大学出版社2013年版，第65页。

围1000强，新加坡31家、马来西亚24家、泰国9家、菲律宾9家、印度尼西亚8家，五国入围华商企业总资产占全球华商1000强企业总资产的24.9%"[①]。从以上数据可以看出，同东盟其他国家华人经济相比，菲律宾华人的经济实力相对较弱。

（三）跨国投资逐步扩大

随着菲律宾华人经济实力的增长，其投资经营也从菲律宾国内走向国外。如菲律宾六大华人企业集团之一的陈永栽企业集团在亚洲各国和美洲、大洋洲都建立起跨国经营网络，"从80年代起，其先后投资10亿美元在香港建立了福川贸易公司、新联财务公司和裕景房地产公司等"[②]，在1981年又在美国收购了海洋银行；1993年在厦门独资开办了厦门商业银行。此外，其在巴布亚新几内亚、关岛、加拿大都大量购置土地并置办了实业。

又如，郑周敏的亚洲世界集团主要经营房地产、金融、建筑、旅游、纺织等方面的业务，其名下集团主要有亚洲世界国际集团、大亚百货公司、开南木材公司、亚洲转播公司、亚洲乐园、交通饭店、美国亚洲土地公司、亚洲依托投资公司、美国加州银行等。其资本主要分布于菲律宾、中国台湾、美国、日本、加拿大、马来西亚等地。

而郑少坚的首都银行集团资本主要分布于菲律宾、中国大陆、中国台湾、中国香港、关岛、美国等国家和地区；杨应琳集团的资本范围更为广阔，分布于菲律宾、美国、欧洲、非洲、拉美、亚太、中东地区。

（四）企业经营管理方式虽有改进，但仍存在较大的封闭性

20世纪80年代以来，菲律宾华人企业为适应世界经济发展的新趋势，逐渐改变了家族式的经营管理方式，开始组织股份公司、公开发行股票、罗致专业人才，并将公司所有权与经营权分离。如"郑少坚的首都银行自1962年至90年代后期，行长一概由菲律宾人担任，而其他的

---

① 数据取自王望波、庄国土编著的《2010年海外华侨华人发展报告》，厦门大学出版社2013年版，第60页。

② 庄国土、陈华岳等：《菲律宾华人通史》，厦门大学出版社2012年版，第580页。

24位最高行政人员中，菲律宾人占了17位”①，但这样的做法毕竟只是少数，且早期华侨华人企业将公司的部分行政权移交菲律宾人的一大重要原因在于规避现有法律法规对华人华侨公司的限制，并非是对企业的经营管理方式进行变革。

总的来看，不少华人企业集团仍不同程度地存在着家族式封闭型的企业经营方式，所有权与经营权集中在集团家族手中。如“1991年菲律宾华资公司股票在当地股市中所占的比重只约占14%至15%。该年被列为菲律宾200家大公司中的40家华资大公司中，只有7家是上市公司”②。

可见，菲律宾华人企业集团虽一定程度上向现代企业经营管理方式迈进，但总的来看，家族式封闭型经营管理色彩仍然比较浓厚。

四 经济发展带来政治参与的提高

尽管菲律宾华人社会从总体来看以商业为主，但随着政治身份的转变和经济实力的增强，华人参与政治的意识在逐渐提高。华裔担任菲律宾政府高级职位比比皆是，如2011年“菲律宾政府各部、委、署、局的部级任命官员中，14人是华人；国会议员中有26人是华人血统，占国会议员比例超过12%；各省市及其副手中，有274名官员是华人”③。此外，还有前总统阿基诺三世的发言人陈显达（Edwin Lacierda）、科技部长蒙特约（Mario Montejo）、税务局长洪钦钦（Kim Jacinto Henares）等，现任众议长阿华礼斯就明确表示“自己父亲是中国人，出生于福建，自己有一半华人血统”④。此外，担任地方议员或任职于地方政府的华人则更多，“势力最强大的许寰戈（Cojuanco）家族则四代都是国会议员”⑤。

但从总体来说，菲律宾华人更倾向于间接参与政治，也就是通过出

---

① 庄国土、陈华岳等:《菲律宾华人通史》，厦门大学出版社2012年版，第580页。

② 庄国土、陈华岳等:《菲律宾华人通史》，厦门大学出版社2012年版，第580页。

③ 庄国土、陈华岳等:《菲律宾华人通史》，厦门大学出版社2012年版，第571页。

④ 《菲律宾参议长、众议长出席菲华商联总会第三十一次全菲代表大会宴会》，东南网，http://usa.fjsen.com/2017-03/26/content_19288823.htm。

⑤ 《世界侨情报告（2011—2012)》，暨南大学出版社2012年版，第24页。

钱出力，从幕后影响政治，体现之一是富人华人与政治家结成亲密的联盟关系，通过赞助议员来达到目的，如许寰戈家族与马科斯总统、陈永栽与埃斯特拉达总统的关系。因此有媒体将菲律宾华人形容为"华裔商人'左右逢源，八面玲珑'。他们不是政治威胁；他们出手大方却不要求（或假装不要求）任何回报；他们得了好处却不忘报答朋友和提携者；他们花钱支持竞选活动。而且，他们信守诺言——即使只是口头承诺。最重要的是，他们守口如瓶"①。

但是，随着华人经济的壮大和华人社会的发展，华人参政方式也在发生变化，菲华商联总会理事长庄前进在接受中新社记者专访时表示，"菲律宾华人已不是全部从商，而是大约一半成为专业人才，很多部长、副部长级高官延揽华裔专才当助手"。他还表示，2010 年 12 月"商总曾经邀请全菲各地民选出来的华人正副省长、正副市长和议员欢聚一堂，名单上有 250 多人，都是有华人血统的。这是一个开端，以后每年商总都会举行这样的联欢会"②。由此可见，菲律宾华人参政正向着好的方向发展。

五 结语

1975 年的中菲建交以及菲律宾华侨入籍条件的放宽，菲律宾华侨得以转变政治身份，开始以菲律宾公民的身份开展工商业经营活动，加之各届菲律宾政府对华人经济采取利用的态度，华商得以获得较为稳定的发展环境，因而在多个领域扩展业务，形成多元化、跨国化经营的特点。由于菲律宾华人经济经历了从外资到本国资本的转变，因此在发展的过程中不可避免地保留着家族式封闭经营的特点。此外，菲律宾华人由于长期处于外籍的政治身份，在经营的过程中处处受限，因此为突破发展障碍，选择与菲律宾政治人物合作，结成亲密的联盟关系是菲律宾华商，尤其是大华商的策略考虑。在这一过程中，菲律宾华人得以间接参与政

---

① "Pepe Escobar, Goodfellas, with Tagalog Subtitles", Asia Times Online, October 2, 2004.

② 《菲华商联总会理事长庄前进：华人参政机会越来越多》，中国新闻网，http://www.chinanews.com/hr/2011/05-03/3013812.shtml。

治并对政治产生一定程度的影响，但是随着华人经济实力的不断增强和菲律宾国内民主政治的前进，华人将不再仅限于追求商业利益的增加，参与到菲律宾政治中，共同管理国家，共同建设社会，也将成为作为菲律宾公民的菲律宾华人的一个希冀。

菲律宾后马科斯时期华人的经济与政治融入[*]

——庇护主义视角的考察

彭　慧[**]

一　阿基诺夫人至杜特尔特的对华政策及菲华经济的发展

马科斯下台后，菲律宾共经历了阿基诺夫人、拉莫斯、埃斯特拉达、阿罗约、阿基诺三世及杜特尔特六位总统，其对华人政策不一，总体来说时有反复，但菲华融合则是大势所趋。

阿基诺夫人时期对华人既限制又利用。一方面，她利用自身华人混血的特点，拉近与华人的关系，以获得华人选票及经济支持。在参选时，她说："各位华菲同胞可能都已知道我有华人血统，受华裔祖先遗训影响至深"，"于总统任内，将邀请能够对国家有所贡献的菲华社会贤达，积极协助政府，参与建立稳定繁荣国家之宏图"。[①] 因此她曾授意其顾问讨论如何利用华人经济实力帮助菲律宾经济复苏，并接收华界报告。1987年7月17日所颁布的《综合投资法案》中，对国内投资及外来投资提供

* 本文为中央高校基本科研业务费资助项目"双面菲律宾：菲律宾近代化过程中的两个方面"(CCNU19A06007)成果。

** 彭慧，华中师范大学历史文化学院副教授。

① 冯子平：《海外春秋》，商务印书馆1993年版，第303页。

了一些新的奖励措施，包括给予新投资者五年至八年的公司所得税免税期、进口设备免除进口税，对购买本国的生产设备可以减免相当于进口同类设备进口税的其他国内税收，放宽外籍员工的就业限制，简化海关手续，劳务费可从应课税的所得额中剔除等优惠。[①] 此外还鼓励华人参政，任命郑建祥为首席法官，康习商为工商部长，王海绵为粮食署署长，杨应琳为驻中国大使，周清琪为驻新加坡大使，还委任一批华人当市长或副市长。1987 年众议院选举中，王仁厚、许久绮、郭和盛等 12 位华人当选为众议员。[②] 但总体上，其任期内对华政策并不十分友好，譬如于 1987 年 3 月停止华人入籍委员会受理案件，改变了马科斯时期的入籍政策，同时在 1988 年 11 月暂停了相应较宽松的《外侨合法化法案》，对华人入籍问题毫不放松。在其任期内亦于 1987 年 7 月红奚礼市（Angeles City）发生反华事件。

拉莫斯时期对华政策亦是如此，对华人经济力量非常重视，并于 1993 年访华时随带六位华人“大班”，希望其能为中菲贸易有所贡献。1992 年 8 月底取消了长达 40 年的外汇管制，进一步放宽了银行、保险、建筑、零售商业等部门的投资限制，同时鼓励私人资本参与经济建设，不少华人企业集团取得了部分国营企业的股权和政府工程的经营权，如许寰哥、陈永栽为首的控股公司取得了原国营菲律宾航空公司 67% 的股权。[③] 在政治上，于 1995 年 2 月通过《共和国 7919 号法案》，允许藏匿多年的非法入境者和逃税的外办及其子女获得合法身份，也适用于拉莫斯 1992 年上台以前来菲的非法外籍人士。此法案使近 10 万非法滞留者身份合法化，其中大部分是华人。[④] 但其任期内的反华事件亦层出不穷，政府高层多次在公开场合发表反华言论，如拉莫斯国家安全顾问阿尔蒙德曾接受新加坡《海峡时报》采访，说：“我们所谓的大班们他们私下声称，可以偿还我们的国债，也就是 300 亿美元。这是一大笔钱。如果这是

① 华人经济年鉴编辑委员会编：《华人经济年鉴（1996）》，中国社会科学出版社 1996 年版，第 198 页。

② 李君哲：《战后海外华侨华人社会变迁》，辽宁教育出版社 1998 年版，第 51 页。

③ 华人经济年鉴编辑委员会编：《华人经济年鉴（1996）》，中国社会科学出版社 1996 年版，第 198 页。

④ 庄国土等：《“二战”后东南亚华族社会地位的变化》，厦门大学出版社 2003 年版，第 356 页。

通过对全社会可以接受的手段获得也行，但他们不是的。我们一定要让他们对社会负起更大的责任。”①

埃斯特拉达任职时间较短，但他与部分华人上层关系非常密切，导致其陷入政治风波时华人受到直接牵连，成为政治危机的替罪群体。阿罗约是在获得华社支持下成为总统的，且其丈夫何赛·阿罗约有华人血统。因此她上任后最初对华人态度热情，2002 年 2 月 11 日以总统身份向华人发表新年祝词，这在菲律宾历史上尚为首次。2007 年，阿罗约政府缩小“受限制外侨”名单，中国人不再受到限制。2008 年又签署行政令，放宽外籍人士永久签证条件，即在当地投资并雇用至少 10 名本地人即可，而受惠者主要是中国新移民商人。阿基诺三世时期，其亲美政策使中菲关系一度降温，而其国内华人亦受到一定影响。据环球网报道，菲律宾侨领、亚太经济与文化交流协会主席施乃康评论说，阿基诺当局的错误决策直接影响菲中关系，菲律宾华侨华人也成为受害者。“有些带有民粹色彩、戴着有色眼镜的菲律宾政客逼迫早就加入菲律宾国籍的华人站在屋顶上宣誓效忠。阿基诺本人甚至要求菲华社会最重要的社团菲华商联总会在主流媒体上发表文章，支持阿基诺当局的南海政策。”② 杜特尔特仍在任期之内，从目前来看，由于其对华相对温和的政策，因此其国内华人境遇比阿基诺三世时期有改善。

那么这 30 年菲华经济如何？就华人经济本身来看，具有以下几个特点：第一，大型华商企业集团发展，华人资本实力雄厚。从早期的小商铺、菜籽店、代理商开始，“二战”后特别是经历马科斯时期较快发展，华商企业慢慢摆脱了中间商的角色，开始发展成为大型企业财团，对其国内经济影响较大。如上所述，一般而言，可以将其分为两种类型，第一类即独立前已有一定规模的旧式家族企业，此时所占比例已大幅度下降，如吕希宗家族仍以传统椰油出口为主业，而杨应琳家族坚守 20 世纪 30 年代开始起步的保险行业，经营中华保险公司。第二类则为现代企业集团，这类集团是菲律宾向制造业转型、工业化政策推动下产生的，主营制造业、工业、地

① 庄国土：《菲律宾华人通史》，厦门大学出版社 2012 年版，第 563 页。

② 《菲律宾侨领：华侨华人成阿基诺政策受害者》，http：//world. huanqiu. com/hot/2016 - 06/9039117. html，2018 年 4 月 5 日。

产业、运输业、金融业，甚至IT业等。如郑周敏的地产集团、吴奕辉的宿务太平洋航空及食品行业、陈永栽的烟草集团等。

第二，华人企业集团涉及商业领域多元化，管理方式更为现代。因此近年来华人大型企业一改早年“木材大王”“椰油大王”等对单一行业的执着，开始在多个行业拓展。譬如吴奕辉产业涉及食品、航空、餐饮、酒店、金融、电信等。有人戏称，如果你要去菲律宾，可以搭乘“宿务太平洋航空”的飞机，再入住“假日皇冠酒店”，然后在“太阳移动”办理一张本地SM手机卡，如果需要现金则去“罗宾森银行”兑换比索，然后到“罗宾森超市”购买日用品及食品，还可以去“阿蔡家厨房”或者“约翰大叔的餐馆”享受美食。[①] 而陈永栽也从单纯的烟草行业，发展成为涉及银行、食品、航空等40多个行业，拥有上百家分公司。

第三，华人资本与当地资本融合度更高，经济上族群界限愈加模糊。菲律宾国内的现代公司管理制度及金融制度受西方影响较早，因此股份制易为华人所接受，上市融资、改组成控股公司是普遍现象，如陈永栽“联合银行”、施至成SM集团等不胜枚举。甚至中小型企业也加快上市进程，如黄书贤凤凰石油成立八个月即完成上市，实现了资本扩张。

第四，新一代华商领袖崭露头角，引领华人企业良性发展，对旧式庇护关系依附性有减少的趋势。例如，吴奕辉其子兰斯·吴，大学曾在美国宾夕法尼亚州就读，担任家族集团的高级副总裁。施至成所有子女皆为大学毕业且获得商业管理或工程学位，现担任公司各种管理职务。吴天恩家族二代也均毕业于美国各知名大学的工商管理专业。虽然对当地的政治依附并不能完全摈弃，他们更强调与各层面（政府、非政府组织、民间）搞好关系，且更加注重国际资源、现代企业管理的利用。

二 民主环境下华人与当地社会间的经济恩庇关系

由于上述菲华经济的发展，此时期其与当地社会庇护体制间的关系

① 《吴奕辉的商业哲学》，根据《第一财经》整理，http：//www. baidu. com/from =844b/bd_ page_ type =1，2018年4月7日。

有所变化。首先，由于菲律宾家族政治仍主导社会，因此菲华上层对纵向上的依附关系仍极为看重，但在民主体制下，华商群体更强调“分散投资”，同时“交陪”多位政治精英。譬如陈永栽，早在马科斯时期即为其密友之一，依靠其低息贷款地而发家。马科斯倒台后，他非常明智地与各位总统均保持了良好关系，并能使自己处于政治斗争的旋涡之外，还能保全其领导下的商总及广大华商。1998 年，阿罗约与埃斯特拉达竞争总统宝座，而陈永栽则谨慎地选择了当时民意更高的埃斯特拉达，后者上台后对其极其关照。但埃斯特拉达好景不长，在 2000 年因丑闻而遭到弹劾。在此情况下，阿罗约通过其有华人血统的丈夫与陈秘密会见，并获得了后者保持中立的许诺。而陈永栽亦在当年商总是否支持埃斯特拉达下台的决议中弃权，间接表达了对阿罗约的支持，由此在阿罗约上台后受到其热情款待，而陈永栽也公开表示对新总统的全力支持。郑周敏亦是如此。他亦与马科斯有所来往，向其献金。但他是阿基诺夫人的女儿——爱丽萨的教父，与阿基诺家族关系非同寻常。而他的儿子郑炜煌则与拉莫斯有交情。其女郑绵绵大婚时，阿基诺夫人及拉莫斯均去捧场。[①]

其次，菲华经济势力的增强及全球化的发展，促使其内部横向性的华商网络更加发达，因此部分地减轻了对纵向官商合作的依赖。在东南亚，菲华大班们与各邻国华人或非华人企业均有生意往来，陈永栽、施至成与陈有汉（泰国盘古银行）、林文镜（印度尼西亚林氏集团）及郑周永（韩国现代集团）关系密切。而在菲律宾国内，华社内部也通过联姻及集团合作的方式扩充自身的实力，譬如杨应琳与中兴银行李氏家族联姻，亦与侨领薛敏老是亲家。而吴奕辉和吴天恩也是儿女亲家，双方合作无间。[②] 在集团层面，六大集团常常相互合作对抗竞争对手。菲律宾除去华资外，亦有美资及西班牙裔资本集团，如阿亚拉家族。1994 年双方因为马尼拉国际机场项目产生矛盾，华社几大班合作将其拿下。[③] 因此，

---

① 庄炎林：《世界华人精英传略 · 菲律宾卷》，百花洲文艺出版社 1997 年版，第 142—143 页。

② Marleen Dieleman, *The Rhtythm of Strategy*: *A Corporate Biography of the Salim Group of Indonesia*, Amsterdam University Press, 2008, p. 21.

③ 汪慕恒主编：《东南亚华人企业集团》，厦门大学出版社 1995 年版，第 155 页。

华商横向网络的不断扩大使其可以借助的资源更多，这有利于群体整体实力的增强，从而减轻对上层的依附。

而在众多华商代表中，与上层有明显庇护关系的亦不在少数，如上述的陈永栽、郑周敏等，学界著述颇多，此不赘言。此外，亦有旗舰集团的施永坚，他在其摩根银行创立时，有多名当地社会名流，如前财政秘书长 Pio Perdosa，前驻外大使 Emilio Abello 等参与祝贺。而 1992 年，亦将马科斯时期的政界显赫 Querube C. Makalintal 及 Cesar E. A. Virata 延请进董事会。[①] 而杨应琳与康习商则因与总统间的亲密关系而入主政界，其家族企业亦得到快速发展。本文主要讨论与阿罗约关系亲密的蔡聪妙以及新时期杜特尔特的“总统密友”黄书贤。

蔡聪妙，晋江人，他并非出生于菲律宾，而是幼年来菲读书。曾就读于中正中学，后又考入菲律宾国立大学。他与阿罗约相识于后者任职工商部时，阿罗约上台后，他被任命为投资贸易特使。2005 年担任商总理事长，阿罗约亲自到场祝贺。

一方面，他利用与阿罗约的特殊关系，为华人特别是新移民争取权利。据报道，上述多项有利于华人特别是新移民的政策，蔡聪妙都是幕后推动者。根据菲律宾法律规定，中国人一直被列为“高风险/受限制”外侨，未经允许不可以自由进出菲律宾自由港。2007 年 8 月，90 多名中国劳工在菲律宾克拉克港口被当地政府扣押，蔡聪妙受时任中国驻菲使馆总领事郭少春委托，前往菲律宾政府进行斡旋，却被外交部与司法部踢皮球。在此情况下，他直接致电阿罗约总统，“总统很重视同中国的关系。她只问了我一句有什么要求。我说放人，她问就这样？我说是的”。事后，从法律上根本解决此事成为他努力的目标，只用了两个月，政府便修改了法令，中国公民从此不再“受限”。为此菲律宾《商报》执行副总编辑庄铭灯评论：“蔡先生出面同相关政府部门协调，动用了各方面力量，用两个月时间解决了 65 年来困扰旅菲华人生存的一

① Temario C. Rivera, “The Leading Chinese-Filipino Business Families in the Post-Macros Era: A Socio-Political Profile”, ed., Teresita Ang See, *The Ethnic Chinese as Filipinos* (*Part II*) *Proceedings of National Conference on* “*The Ethnic Chinese as Filipinos*”, Philippine Association for Chinese Studies (PACS), Vol. 7, 1997, p. 108.

个重要的问题。"[①] 此外，他还联手华社其他领袖，保护当地华人利益。菲律宾绑架勒索之风盛行，华人不堪其扰。2001 年蔡聪妙曾与蔡清洁等人代表菲律宾国家反罪恶委员会，率领华社代表拜见阿罗约，并出席反罪恶委员会会议，专题探讨治安问题，当面向阿罗约呈递治安建议书，请求保障华人人身财产安全。[②] 2003 年，他利用随同阿罗约出访的机会，向其再次请求保障华人安全，后者回国后在一月内几次召集华社会议，并委任新警察局长，以消除马尼拉华人安全隐患。[③]

当然，同陈永栽等现当代华人一样，蔡聪妙与阿罗约之间的特殊关系亦非稳定不变。2005 年阿罗约先生曝出受贿及非法赌博的丑闻后，作为时任理事长的蔡聪妙亦代表商总发表言论，表示对政府、法律系统的失望及不满，他对媒体说："第一先生的腐败问题不是他个人的，而是部分小集团集体行为，很多政客与当地的政府官员都参与了他的非法赌博活动。""商总对政府的法律体系是不信任的，我们有自己处理争端的一套体系方法……华人企业在税务、海关及其他政府机构总会遇到各种腐败现象……现在没有华商会相信政府所谓的各种'努力'……而菲律宾经济一定会受此拖累。"[④]

而与蔡聪妙相比，新生代黄书贤（Dennis Uy）则更能说明当代菲律宾华人纵横当地社会、合理利用各项社会资源。黄书贤，第三代华裔，他的发迹经历充分表明了当代菲律宾华商对纵向庇护网络与横向华商网络运用的倾向。黄书贤自小成长于达沃，是杜特尔特的同乡。达沃虽号称菲律宾第三大城市，但城区面积不大，区域内华人数量亦不多，大多数华人能通过各种渠道与老达沃——杜特尔特攀上关系，后者对当地华人及其他少数民族则比较友好。笔者在 2006 年及 2012 年两次采访当地华人时，他们均表达了对时任市长杜特尔特的赞赏。黄书贤出身小商户，其父亲经营椰干，家境尚可。1993 年黄书贤大学毕业回到达沃开始创业，

---

① 江玮、曾少聪：《阿罗约的华人密友》，《人民日报》（海外版）2008 年 12 月 12 日第 11 版。

② 《石狮市华侨志》编纂委员会编：《石狮市华侨志》，九州出版社 2013 年版，第 47 页。

③ 刘伏宝、辛丽霞：《菲华精英》，海潮摄影艺术出版社 2006 年版，第 12—13 页。

④ "Arroyo Knew Husband Involved in Syndicates，US Cable Says"，https：//www. motorcycle-philippines. com/forum/index. php？ threads/arroyo-knew-husband-involved-in-syndicates-us-cable-says. 292991/，Sep. 8，2012，2018 年 5 月 8 日。

早年曾开设餐馆，而2005年开创凤凰石油公司则是其创业的基点。这家公司目前是菲律宾国内最大的独立石油公司，开业仅八个月就上市，至2017年上半年旗下已有505个加油站。此外，他还控股切尔西物流及2GO集团股份有限公司（菲律宾著名船运公司），亦于2017年7月完成对昂德伦学院（Enderun Colleges Inc.）的收购。①

他与杜特尔特早年结交，当时杜特尔特仍是达沃市市长。而黄书贤的凤凰石油公司被指控走私石油，黄书贤向杜寻求帮助，而后者则为其向海关局求情担保，使其免于罚款。此后，二人关系日益密切。2016年杜特尔特竞选总统，黄书贤成为他的主要支持者之一（排名第四），如表1所示。

表1

贡献人	类型	总金额（比索）
Floirendo，Antonio Jr.	现金	75000000.00
Cayetano，Alan Peter	实物	71313782.63
Te，Lorenzo A.	现金	30000000.00
黄书贤	现金	30000000.00
Samuel 黄	现金	30000000.00
Bienvenido F. 陈	现金	20000000.00
Alcantara，Nicasio I.	现金	18000000.00
Mendoza，Marcelino C.	现金	14500000.00
Regino，Michael G.	现金	14000000.00
Alcantara，Tomas I.	现金	12000000.00

资料来源：Michael Bueza，“Who's who in Duterte's poll contributors list”，December 9，2016，https：//www. rappler. com/newsbreak/iq/155060-duterte-contributors-list-2016-presidential-elections，2018.6.8。

在杜特尔特上任六个月，为他的华人朋友们提供了一些商业信息和

① 《从烧烤店到菲律宾石油“小巨头”，这个福建人不简单！听“总统密友”讲述创业的秘密》，https：//mp. weixin. qq. com/s/rNUkm6sR8z6N0J2iiy86Ug，2018年6月7日。

机会，譬如在达沃市的黄书贤参与修建当地横跨该岛的道路项目。此外，还在黄书贤公司上市时前往菲律宾，证券交易所为其加油打气，这在菲律宾是第一次，笔者于2012年在达沃访问时，当地华人就告诉我，市长杜特尔特对待当地各民族一视同仁，与部分华人关系也比较亲密，譬如年长辈有Samuel Uy，年轻的则是Dennis Uy。

如果说杜特尔特上任后黄书贤的产业开始起飞，那么助力其起家并积累资产的则来自华商网络及华人内部的横向联系，他得到了包括施至成、吴奕辉及Bong Go在内几位华商大佬和政界名人的直接支持。他在经营物流公司与吴奕辉有所往来，现已成为其宿务太平洋航空的石油供应合作商。而与施至成结交更早。黄书贤家族在当地的生意需要银行业务合作伙伴，而施至成的PCI在达沃亦有分行，其经理与黄书贤父母相识并由他们介绍给黄书贤，此后双方成为生意伙伴。每当黄书贤的石油业务需要信贷时，后者会提供帮助，但仍需抵押。而2006年施至成完成对BDO的合并时，黄书贤亦完成凤凰石油的上市，此后BDO副总裁Jesus Jacinto第一次造访达沃，会见了黄书贤并提供了1亿比索无须抵押的信贷额度。这对于凤凰石油的发展极为有利，也是施至成与黄书贤关系深化的表现，华商网络中的“信任”因素发挥了极大作用。在2016年黄书贤收购菲著名航运公司2GO时，他直接去找BDO总裁Sy-Coson，正如他自己所言：“要拿下2GO，我需要一个合伙人，因为我没有足够资本。对我来说最直接的方法就是去找BDO，因为他们知道这笔交易，我很熟悉他们。他们是很好的合作伙伴，很容易来往。”① 然而，“容易来往”背后正是华商互助共同发展的原因让黄书贤成功排挤掉其竞争对手Sulficio Tagud Jr.，成为2GO的控股者。同时，他还与总统“背后的男人”——杜特尔特总统特别助理Bong Go相识已久。Bong Go亦为华人，在达沃不大的华人圈里，两人结交于早年，是年轻时的玩伴。20世纪90年代时，黄书贤就通过Bong Go与杜特尔特有所往来。因此，华人内部的互助让黄书贤完成资本跳跃式积累。

---

① 详见Chrisee Dela Paz，“How the Sy family and Dennis Uy became business partners”，https：//www.rappler.com/business/177993-sy-family-dennis-uy-business-partners，August 15，2017，2018年6月10日。

当然，黄书贤仍代表的是当地中上层华人精英，就中下层华商而言，本本分分经营店铺亦为其选择。笔者在达沃所识 Tay（戴）氏家族、吕(Go) 氏家族皆为本地经营文具商铺与食品加工行业，他们虽对两位 Uy 氏皆有所耳闻，但与其并没有直接来往，对纵向上的庇护关系似乎没有直接参与。同时，达沃的民族比较多元，当地华人在与土著及穆斯林相处时，族群边界还是比较明晰的，特别是与穆斯林几乎没有往来，且对后者有着群体偏见。但华人之间的内部交往仍比较频繁，通过宗教团体及宗亲活动保持族群凝聚力。可以看出，新时期菲律宾华人对纵向庇护依赖的减轻。

三 菲律宾民主时期的庇护政党制度

政治上，后马科斯时期恢复了民主选举制，而 1987 年宪法则制定了新的选举规则。然而，选举机器的完善、大众参与程序的提高并不能保证选举的公正，菲律宾的民主政治从本质上看，具备以下几个特点，这决定了其现代庇护政治的性质。

首先，从选举上看，菲律宾政治选举特别是总统选举，主要依赖大众宣传与政党机器的运作。对于菲律宾民众来说，个人魅力与宣传是至关重要的，因此每任总统上任前都通过对前任的指控或者对比，来彰显其个人的政治能力。但具体运作则需要依靠庇护性的选举机器。譬如阿罗约在 2004 年谋求连任时，通过前两年的政绩塑造其与前任埃斯特拉达间的强烈差异。她构筑了三个层次的选举机器：第一是她任内的官僚行政体系，此时已被她通过收编、安插亲信等方式改造成有利于其选举的机构之一。第二为其政党体系——“未来经验与忠诚联盟党”（Coalition of Experience and Fidelity for the Future），由基督教穆斯林民主力量党、自由党及国家民族联盟党、人民改革党几大政党联合而成。第三为其亲属、亲信何赛・阿罗约、小迪澳斯达多・马加帕加尔及“政治操作员”（下文将解释）李奥纳多・普诺所建构的个人性庇护网络。[①] 通过这几个政治机

① Schafferer, Christian eds., *Election Campaigning in East and Southeast Asia*, Publisher: Aldershot, England, 2006, pp. 94 – 95.

器的操作，她成功连任。

其次，菲律宾选举中最重要的机器——政党有庇护性。菲律宾政党的庇护特性主要表现在以下几个方面。

第一，政党间意识形态差别不大，是以党魁个人为核心的利益集团，党员随时会以庇护利益的转变为导向转变党派，政党内部忠诚度低。第二，相比军管法之前的两党制，后马科斯时期小党林立，政治生命短暂。以众议院选举结果为例，表 2 充分说明了近三十年菲律宾党派频繁更换的现象。

表 2　众议院选举党派“出生率”与“死亡率”

年份	出生率	死亡率	参与党派数量（个）
1946	NA	NA	7
1949	0. 33	0. 71	3
1953	0. 33	0. 33	3
1957	0. 33	0. 33	3
1961	0	0	2
1965	0	0	2
1969	0	0	2
不管期间			
1987	无	无	8
1992	0. 43	0. 50	7
1995	0. 13	0	8
1998	0. 50	0. 50	8
2001	0. 33	0. 25	9
2004	0. 73	0. 11	30
2007	0. 33	0. 40	27

注：出生率，指的是在上次选举中未获得任何席位而参加本次选举的政党所占比率；死亡率，指的是上次竞选曾获得席位但在本次选举中却一席未获的政党。这两个比率越高说明政党的政治生命越短。

资料来源：Allen Hicken，“Party and Party System Institutionalization in the Philippines”，https：//aboutphilippines. ph/files/Hicken. Philippines. pdf. p. 9.

可以看出，军管法之前除去1946年有七个政党参选外，基本都是两党主导，政党出生率与死亡率都很低。但1987年之后，特别是1998年之后，参选政党数量激增，2004年多达30个。而政党死亡率与出生率也相应有了很大提高，说明这些政党或者是新组建政党，或者已然失去竞争力，成为本次选举的“休眠政党”。相应的结果就是选举结果反复无常，易变性高。

最后，选举过程中，物质利益回报现象严重，“金钱政治”、买卖选票是常态，政党与选民之间是脆弱的现代庇护关系。而政客上台后，为回报追随者，亦可能通过贪污来进行政治分肥。因此，菲律宾近三十年几乎每任总统在其任期结束甚至任内都会被曝光各种腐败丑闻。“平民总统”埃斯特拉达任期还未结束就曝出了贪污丑闻，2000年被迫下台。2011年，阿罗约因涉嫌竞选舞弊被拘留，获得保释后又被控滥用彩票基金，被监禁在医院长达五年。她卸任后，继任者阿基诺三世指控她贪污腐败、治理不当。2014年阿基诺三世在位期间又被商界曝出其将政府巨额拨款贪污分肥，其周围的亲信与部分国会议员亦涉案其中，人数多达上百名。[①] 2017年，阿基诺三式又被正式控罪，面临刑事及贪污控告。

因此，在菲律宾，主导政治的仍是以家族为核心、以利益驱使的庇护政治。金钱、个人政治能力的展现及对选举机器的把控是关键，缺一不可。因此“个人财富、对政府资源的掌握以及向下输送利益（主要通过选举机器）是获得政治成功的重要渠道。当机器运转正常时，胁迫及强制性民主就没有必要了。由此，作为民主最大特征的选举并不一定都是竞争性的，政治精英们会通过选举程序的操控而控制选举结果”。[②]

四 当代菲律宾庇护政治体制中的华人群体

那么华人在这一过程中扮演了什么角色？可以从两个方面探讨，一

---

① 于景浩：《“政治分肥”丑闻震动菲律宾政坛》，《人民日版》（国际版）2014年5月28日第21版。

② Schafferer, Christian eds., *Election Campaigning in East and Southeast Asia*, Publisher: Aldershot, England, 2006, p. 88.

是与旧式华人影响政治的方式相同，即作为选举背后的金主，提供政治献金。上述的选举进程耗费巨大，政客们需要有强大经济能力的华人的参与。譬如在埃斯特拉达的选举中，当其民意上升时，大量华人为其提供选举资金。而根据菲律宾选举委员会所接收报告中，杜特尔特选举共接收献金375009474.90比索，耗资达371461480.23比索，是五位参选人中花钱第二多的候选人。① 而上述以两位黄先生为代表的达沃当地多位华商的巨额资助是其选举资金中的重要来源。

二是以个人身份直接参政，为其政治恩主服务。菲律宾华人作为少数民族及经济民族，难以组建族群性政党，大部分华人对政治都不感兴趣，而个别华人多以个人身份代表各自党派及利益团体参与政治。自20世纪90年代以来，此类华人数量有明显增加。1982年，首位华人参与当地巴郎盖社区选举，为华人参政掀开了新的篇章。1987年阿基诺上任后，有十多位华人当选为国会议员。② 而在这些人物当中极具代表性的是杨应琳。早在马科斯时期他凭借其出色的政治表现及经济管理能力而受到重用，担任总统经济顾问。而阿基诺夫人时期他又被任命为菲律宾驻中国大使。在拉莫斯时期又被任命为总统顾问，且成为其中国外交事宜顾问，作为"六大班"之一陪同拉莫斯访问中国。

但要指出的是，上述直接参与政治、与土著政客关系甚密的华人多半不是来自当地传统华人社会，大部分为混血后代，部分甚至刻意与华人社会保持距离。譬如直到2010年12月7日，商总第一次邀请全菲各地民选出来的华人正副省长、正副市长和议员欢聚一堂，名单上有250多人，都是有华人血统的，③ 而且时任商总理事长庄前进还表示以后会每年举行这样的活动，可见这些所谓"华人"官员与传统华社之间并没有真正的来往。而部分华人为获得土著上层恩主及选民的信任，会与华社间

① Michael Bueza, "Who's who in Duterte's Poll Contributors List", December 9, 2016, https://www.rappler.com/newsbreak/iq/155060-duterte-contributors-list-2016-presidential-elections, 2018年6月8日。

② 华人经济年鉴编辑委员会编：《华人经济年鉴（1996）》，中国社会科学出版社1996年版，第197页。

③《菲华商联总会理事长庄前进：华人参政机会越来越多》，2011年5月3日，中国新闻网，www.chinanews.com/hr/2011/05-03/3013812.shtml，2018年6月14日。

保持一定距离，如上述杨应琳。同时，华人以个人身份参政可以保证效果，最大化利用当地土著政党的政治机器及选举资源，但不可避免地要落入政党庇护选举的窠臼，而且易产生各自为政，甚至代表不同政党产生冲突的情况，不利于华人整体政治利益的维护。正如洪玉华所言："华人自己并没有形成一个统一的集团，统筹安排一致的候选人，以保证有较大机会中选，而是各行其是，各自竞选，以致互相竞争，直至互相攻击，互相挖墙脚。"①

进入20世纪90年代以后，当地华人开始踊跃参政，表现在两个方面的转变。首先，开始参与下至市镇、上至国会的各级选举，出现了一大批华人议员、省市官员，华人参政范围及人数明显增加。譬如1988年马尼拉第3区选举仅有4位华裔参加，但1992年选举则增加到11位，其中4人当选。② 而林斐洛（Alfredo Lim）则直接参加马尼拉市长选举，在华社的努力下成功当选。其次，随着菲华社会融合的加深，政治态度也开始本土化，华人内部政治分流现象比较明显。在1992年总统大选中，共9名参选人员均与华社有所联络，而华社亦表现出政治多元化倾向，选票分散。

21世纪，华人参政又有新动向，与上述多为华裔热情参与政治相比，纯华人血统的政治参与者人数增加，且获得了一定成功，如在2001年中期选举中，至少5名讲闽南语的华裔被选为众议员，2人当选省长，1人当选市长，还有大约20人当选省市议员或社长。③ 新兴华人政治家越来越多，譬如下文所述张氏兄弟——张侨伟（Sherwin Gatchalian）与张侨伦（Rexlon Gatchalian），就于2007年5月以压倒性票数胜出，分别连任描仁瑞拉市市长和当选描仁瑞拉众议员，其中张侨伦是该市有史以来最年轻的众议员。④

---

① ［菲］洪玉华：《菲律宾华人的政治地位》，《融合：菲律宾华人》（第2集），菲律宾华裔青年联合会，1997年，第71页。

② ［菲］洪玉华：《菲律宾华的政治地位：从参政王绑架说起》，《思与言》1993年第3期，第136页。

③ 朱幸福：《风云诡谲的菲岛政坛——中国资深记者对菲律宾民主的观察与思考》，中国社会科学出版社2002年版，第393页。

④ 《菲华裔两兄弟分别当选描仁瑞拉市市长及市议员》，中国网，2007年5月17日，www. china. com. cn/overseas/txt/2007 -05/17/content_ 8266960. htm。

在众多华人参政中，张侨伟作为新生代华人，其从政历程有一定代表性。张氏兄弟为菲律宾“塑料大王”张伟廉之子。1995 年毕业于波士顿大学，1997 年至 2001 年担任多家公司的管理阶层，是菲律宾领先的投资公司之一—— Wellex 集团执行副总裁，1998 年至 1999 年还担任菲律宾航空公司副董事长兼董事以及菲律宾海滨公司的副董事长，有着丰富的管理及领导经验。2001 年 27 岁时开始从政，当年代表描仁瑞拉市（Valenzuela City）第一区成为国会议员。2004 年以领先 7000 多票的优势当选描仁瑞拉市市长并连任九年。在其治下，描仁瑞拉市成长为工业化新兴城市，2012 年被菲律宾工商部评为创新卓越中心城市及宜商城市，还被世界银行评为 2011 年菲律宾宜商城市。[①] 2013 年他重新成为众议员，2016 年成功当选参议员。

其从政经历亦反映出菲律宾政客普遍的通性，譬如忠诚度不高，政治实用主义严重。2010 年与 2013 年，他曾赞扬并感谢阿基诺三世总统为“反腐败”所做出的努力，但在 2018 年又在网络发表文章，表示“这个国家已经在过去的 6 年中失去了灵魂”。因此被网民抨击为“不讨好”的“传统政客”，经常更换其政治忠诚。[②] 而在 2013 年，当时仍是国家民族联盟党成员的张侨伟，却被“联合国民联盟党”（United Nationalist Alliance）委任为竞选副经理，甚至与反对党关系甚密。“联合国民联盟党”竞选总代表 Toby Tiangco 谈道：“在宿务时早先时候他就和我们有联系了。我已经想把他拉过来了。我们会给他党内第二重要的职务，因为他懂政治，又是我的好友。”[③] 此外，他曾一度受到贪污、渎职及违反银行监管手册指控，廉政法庭认为地方自来水管理局银行收购案内部大有文章，而张侨伟家族是地方自来水管理局所收购的地方银行的股东之一。[④] 虽然指控后来被撤销，但张侨伟及其家族名声亦受到影响。

---

① 详见 wingatchalian. com/about-win/有关他的介绍。

② 《不满被称“传统政客”参议员张侨伟推特爆粗怒怼网友》，http：//www. sohu. com/a/214446491_ 206880，2018 年 7 月 4 日。

③ “Gatchalian Tapped as UNA Deputy Campaign Manager”，http：//newsinfo. inquirer. net/373659/sherwin-gatchalian-tapped-as-una-deputy-campaign-manager#ixzz5N22cTbsj ，2018 年 7 月8 日。

④ 《廉庭撤销对张侨伟控诉》，https：//www. phhua. com/news/19172. html，2018 年 7 月 6 日。

但从其政绩来看，无论是作为市长还是议员，基本都能代表菲律宾土著利益，族群痕迹不是很明显。作为参议院能源和经济事务委员会的主席，他提出多个相关提案，涉及“能源虚拟一站式商店法”“菲律宾创新法”和“贝纳姆赖斯发展局法”。此外，他主要关注教育，这是他赢得2016年选举的主要因素。他承诺通过立法在大学通过“无学费计划”。参议院已经批准了以他“免费高等教育法案”为基础的1304号法案，使贫困学生能接受得起高等教育。①

从张侨伟的例子亦可以看出，总体来看，华人参政多为适应性参政，融入菲律宾政治中已表明其政治上的很大成就，对于华人而言，块状的族群、宗教团体在政治中的影响更为直接，但在菲律宾由于菲华融合较好，而大多数参政的华人均为天主教徒或基督教徒，因此虽然每任政府均有个别官员在公开场合发表反华言论，但与印度尼西亚及马来西亚相比，其对当地政治体系的融入可以抵消族群、宗教政治动员产生的负面影响，这于菲律宾华人参政而言是非常好的政治环境。然而，华人参政的融入的政治困境没有彻底改观，由于菲律宾政治本身的弊端，华人直接参政的影响力仍不如间接“交陪”、拉拢政客有效，庇护政治、金钱政治等现象亦会出现在华人参政过程中。而目前华人参政基本仍维持在各自为政的状态，华人选票也比较分散，政治倾向亦处于多元化状态，因此华人整体的政治实力较于经济实力仍偏弱。

总体来看，当代菲律宾华人关注经济利益、漠视政治参与的传统并没有发生根本的改变。华人经济在“二战”后取得了巨大发展，但华社内部分裂多元、政治弊端及外部社会环境不够安定均阻碍了其深度参与当地政治。华人群体依靠其经商网络对当地体制的依附现象虽较“二战”前有了很大改善，但政治上的依附似乎并没有太大变化。

① 详见 wingatchalian. com/about-win/。